세상을 여는 컴퓨터 이야기

세상을 여는 컴퓨터 이야기

인 쇄 | 2021년 2월 17일 초판 1쇄
발 행 | 2021년 2월 24일 초판 1쇄

저 자 | 오일석

발행인 | 채희만
출판기획 | 안성일
영 업 | 한석범, 임민정
관 리 | 이승희
편 집 | 한혜인, 최은지
발행처 | INFINITYBOOKS

주 소 | 경기도 고양시 일산동구 하늘마을로 158 대방트리플라온 C동 209호
대표전화 | 02-302-8441 팩스 | 02-6085-0777
Homepage | www.infinitybooks.co.kr
E-mai | helloworld@infinitybooks.co.kr

ISBN | 979-11-85578-75-0
등록번호 | 제 2021-000018호
가 격 | 18,500원

세상을 여는 컴퓨터 이야기

오일석 지음

INFINITYBOOKS
인피니티북스

머리말

"5,000과 442,000,000,000,000,000! 이 책의 어느 곳엔가 등장하는 두 수이다. 이들이 무엇을 뜻하는지 찾아내려는 마음을 가지고 책을 읽어 보기 바란다. 이들 두 수 사이에 컴퓨터 역사가 오롯이 깃들어 있다."

이 책은 곳곳에 무대가 설치되어 있다. 이 무대에 앨런 튜링, 모클리와 에커트, 폰 노이만 그리고 그들의 동료가 등장하여 컴퓨터 개척에 얽힌 시대적 상황, 꿈 그리고 영광과 좌절을 들려준다.

컴퓨터 역사는 과학기술을 중심으로 펼쳐지므로 어떤 특별한 장치가 없으면 지루하고 딱딱해지기 쉽다. 이걸 어찌할까 고민하다가 '컴퓨터 역사를 스토리 방식으로 풀어보면 어떨까'라는 생각을 하였다. 그리고 군데군데 무대를 설치하기 시작하였다. 3장부터는 영특한 지우가 등장하여, 독자의 손을 잡고 책 속 여기저기를 누비고 다닌다.

이 책은 누구나 와서 즐길 수 있는 탁 트인 광장이다. 컴퓨터를 전공하는 학생도 좋고, 컴퓨터가 직업인 사람도 좋다. 컴퓨터가 마냥 좋아 얼리 어답터가 되어 있는 사람도 좋다. 컴퓨터를 신기해하는 중고등학생은 더욱 좋다. 사업 아이템을 찾는 예비 사장님도 오시라. 그리고 이야기 채집가도 꼭 들러보기 바란다. 컴퓨터 역사 속에는 무궁무진한 글감이 있다. 한 자락을 똑 떼어 한 권의 책으로 엮을 수 있다.

한때 '한국의 스티브 잡스 키우기' 열풍이 분 적이 있고, 지금은 인공지능 인력을 시급히 양성해야 한다고 조급해 한다. 혁신의 중요성을 깨달았다는 점에서 의미가 있다고 본다. 하지만 몰아치기식의 방법은 허약하다. 컴퓨터 역사를 폭넓게 공부한다면 분명 좀 더 합리적이고 지속가능한 방법을 찾아낼 수 있을 것이다.

스티브 잡스를 키운 실리콘밸리는 공기 중에 모험, 용기, 혁신, 지혜 등의 바이러스가 짙게 떠다니던 곳이었다. 이런 공기는 스탠퍼드 대학과 터먼 학장, 첨단 기술을 중시하는 인텔 같은 회사, 실패를 탓하지 않는 도리옷 같은 엔젤 투자가 등이 퍼뜨렸다. 하지만 그 뿌리는 훨씬 깊다. 컴퓨터과학 시대를 연 1936년의 앨런 튜링의 논문, 1943년부터 3년에 걸쳐 에니악을 만든 프로젝트 PX, 1950년대 초에 유니백으로 컴퓨터 시장을 창조한 모클리와 에커트, 1960년대에 소프트웨어 시장을 연 선구자들, 컴퓨터 산업을 일구려는 미국 정부의 노력, 이런 무수한 이야기를 타고 바이러스가 퍼져나간 것이다. 게다가 자두와 배나무 농장이 어우러진 환희의 마음 계곡이 선사하는 아름답고 여유로운 풍경도 한몫했을 것이다. 이런 긴 흐름을 살펴야만 길이 보인다.

컴퓨터 학문은 ACM과 IEEE이라는 양대 학회가 주도한다. 이들 학회는 세계 최고의 연구 논문을 발표하고, 세계 최고의 학자를 뽑아 수상한다. 튜링상은 컴퓨터 분야의 노벨상으로 불릴 정도로 권위를 자랑한다. 튜링상은 1966년부터 2019년까지 72명의 수상자를 배출하였다. 안타깝게도 아직까지 한국인은 하나도 없고, 앞으로도 한참 동안 없을 것 같다. 가슴 속에 큰 뜻을 품은 채 자라고 있는 우리나라 소녀와 소년이 컴퓨터 학문에 몸담고 있을 때쯤에나 수상자가 나올 듯하다.

이 책을 쓰게 된 동기는 우리나라 청소년의 꿈을 키워주려는 마음에서 나왔다. 나는 이들이 모험에 필요한 용기와 혁신에 필요한 지혜를 체득하는 길이 컴퓨터 역사에 있다고 생각한다. 컴퓨터 역사 속에는 극적인 인물과 그들이 들려주는 흥미롭고 교훈적인 이야기가 많기 때문이다. 기숙사비 때문에 맥주 값을 아끼던 대학생이 몇 년 뒤에 언론의 조명을 받는 일은 허다하다. 스티브 잡스와 빌 게이츠가 그렇고, 구글의 페이지와 브린, 페이스북의 저커버그가 바로 주인공이다. 순간적으로 의사결정을 잘못하여 추락하는 사람과 반대로 세기적인 계약을 성사시켜 갑부가 된 사람의 이야기는 경영학도에게 어떤 이론보다도 생생한 학습이 된다. 트랜지스터와 집적회로를 발명하여 노벨 물리학상을 받은 사람들의 이야기도 있다. 튜링상을 받은 사람들의 이야기는 더욱 생생하다. 마우스를 발명하여 인터페이스에 혁명을 몰고 온 엥겔바트, 포트란을 발명하여 프로그래밍에 혁신을 일으킨 배커스, 유닉스와 C 언어를 발명한 톰슨과 리치가 바로 그들이다. 이런 이야기에서 용기와 지혜를 얻은 청소년은 사람에 가까운 인지 능력을 가진 로봇을 만들거나 스스로 프로그래밍하는 컴퓨터를 만들어, 컴퓨터 학문을 주도하는 세계적인 학자나 새로운 산업을 창조하는 혁신적인 경영자가 될 것이다.

책을 쓰기 시작하고 1년가량이면 한 권의 책으로 정리할 수 있으리라 생각하였는데, 오래지 않아 잘못된 생각이란 것을 깨달았다. 내가 알고 있는 이야기를 우물이라 치면 컴퓨터 역사가 품고 있는 이야기는 바다와 같은 것이었다. 점점 불어나는 원고를 들고 어찌할까 한동안 고민하다가 두 권으로 나누기로 마음먹었다. 이번에 출판되는 책은 1권이다. 이것의 부제는 '과학 속으로'이다. 여기에 등장하는 사람들은 대개 과학기술 문제를 풀기 위해 컴퓨터를 발명하였기 때문이다. 2권은 '사람 속으로'라는 부제를 달고 나타날 것이다. 1980년대 이후에는 엔터테인먼트를 위한 게임과 멀티미디어, 영화와 애니메이션 제작을 위한 컴퓨터그래픽스, 사람의 지능을 모방하는 인공지능, 사람과 사람을 이어주는 인터넷, 소셜 네트워크, 스마트폰 등이 주요 이야깃거리이기 때문이다. 컴퓨터가 사람 속으로 파고 들어가 독특한 디지털 문화를 형성하며 삶을 뒤흔들기 시작한 것이다.

어린 시절부터 줄곧 역사가 지루하다는 편견을 가졌던 나는 『로마인 이야기』를 읽고 나서, 역사는 흥미로울 뿐 아니라 개인의 삶을 풍요롭게 하는 데 매우 중요하다는 사실을 깨달았다. 새로운 눈을 뜨게 해준 시오노 나나미 여사께 감사드린다. 이 깨달음이 컴퓨터 역사를 공부하고 글을 써보겠다는 마음의 불씨가 되었다.

2021년 1월

오일석

목 차

머리말 …… 04

등장인물 …… 14

01 튜링

케임브리지를 달리는 두뇌 …… 22

배비지의 차분 엔진과 해석 엔진 …… 28

똑똑한 계산 기계의 탄생 …… 31

튜링 기계 …… 37

튜링의 학문 세계와 삶 …… 41

튜링상 …… 45

02 모클리와 에커트

20세기에 무르익는 컴퓨터를 향한 꿈 …… 50

모클리와 에커트의 운명적인 만남 …… 53

2차 세계대전과 빠르고 정확한 계산 …… 60

모클리와 골드스타인의 집념이 만나다 …… 63

에니악 제작을 위한 프로젝트 PX …… 70

누산기의 완성을 축하해 주세요 …… 74

골드스타인, 기차역에서 노이만을 만나다 …… 78

노이만의 등장으로 일이 꼬이다 83
노이만과 폰 노이만 컴퓨터 86

에드박을 남겨 두고 떠나는 모클리와 에커트 88
모클리와 에커트 92
세계 최초의 범용 전자식 컴퓨터, 에니악 96

03 주판에서 에니악까지

컴퓨터 역사에 빠져들다 105
계산 보조 도구 107

다재다능한 학자들, 계산 기계를 만들다 109
기계식 계산기 117
시카르트의 계산 클럭 118
파스칼의 파스칼린 120
라이프니츠의 스텝드 레코너 121

프로그래밍이 가능한 기계 125
기계식 컴퓨터 128

전기에 의한 천지개벽 132
전기 기계식 컴퓨터 138
추제의 Z 시리즈 139
에이컨의 마크 시리즈 142

전자 기술에 의한 또 다른 천지개벽 144
전자식 컴퓨터 147
아타나소프의 ABC 149
모클리와 에커트의 에니악 150
영국의 초기 전자식 컴퓨터 152
전자식 컴퓨터가 진화하기 시작하다 158

04 시장으로

발명품이 시장으로 널리 퍼져 나가는 이야기 ··· 163

명품 컴퓨터, 유니백 ··· 166

둘의 야망과 좌절 ··· 166

둘의 에피소드 ··· 170

발명가와 기업가 ··· 171

홀러리스와 IBM ··· 176

세계 최초의 정보처리 기계 ··· 176

IBM의 컴퓨터 시장 데뷔 ··· 179

발명품의 시장 가치에 대한 혼란 ··· 182

컴퓨터의 시장질서 ··· 185

부정적인 분위기를 뚫고 ··· 185

두 벤처 기업의 비전과 좌절 ··· 187

IBM과 일곱 난장이 ··· 192

시장 주도권을 놓친 유럽 ··· 196

아리스모미터를 작동시켜 보다 ··· 198

계산기 시장 ··· 202

세계 최초로 상업화에 성공한 계산 기계 ··· 203

전자식 계산기와 일본의 약진 ··· 207

05 운영체제와 프로그래밍의 공진화

추상화에 의한 사용자 편의성 ··· 210

벌거벗은 컴퓨터 ··· 214

컴퓨터공학과 학생의 애환 1 ··· 219

옷을 갖춰 입는 컴퓨터 ··· 221

속이 비치는 옷 ··· 223

두터운 내복 ··· 225

OS/360에서 얻은 소프트웨어 개발 교훈 227
가상 메모리 230

컴퓨터공학과 학생의 애환 2 233
내 방에서 쓰는 컴퓨터 236
시분할 운영체제의 탄생 237
멀틱스는 성공했나? 240
PDP-7에서 탄생한 유닉스 243

06 프로그래머의 약진

바이런의 딸 에이다 251
프로그래밍이란? 254
세계 최초의 컴퓨터 프로그램 254
저급 언어 257

코볼의 어머니이자 해군 장성인 호퍼 260
고급 언어 263
초창기 언어, 포트란과 코볼 264
배우기 쉬운 언어, 베이직 267
구조적 프로그래밍이라는 패러다임의 등장 269
객체지향이라는 패러다임의 등장 273
실패에서 건진 언어, 자바 276

07 더 작고 빠르게, 그러나 더 싸게

달팽이와 치타, 에니악과 아이폰 283
불 대수에서 집적회로까지 285
논리를 수학에 편입시킨 불 285
불 대수로 전기 회로를 만든 섀넌 286

1956년 노벨 물리학상은 트랜지스터 발명가에게 ······ 291
2000년 노벨 물리학상은 집적회로 발명가에게 ······ 296
반도체의 거인, 인텔 ······ 298

펀치카드에서 플래시 메모리까지 ······ 302
메모리의 진화 ······ 305
수은 탱크로 만든 메모리 ······ 307
CRT로 만든 메모리 ······ 309
자기 코어 메모리가 이룩한 컴퓨터 성능의 혁신 ······ 310
반도체 메모리 ······ 312

자동차의 혁신과 컴퓨터의 혁신 ······ 314
미니와 슈퍼 ······ 315
미니컴퓨터 시장을 개척한 DEC ······ 316
슈퍼컴퓨터의 아버지, 크레이 ······ 320

실리콘밸리를 무대로 한 영화 ······ 324
실리콘밸리 ······ 327
스탠퍼드라는 자양분 ······ 327
불붙은 계곡, 상전벽해 되다 ······ 329

08 소프트웨어의 독립

컴퓨터 과목 재미있나요? ······ 338
소프트웨어 시장이 열리다. ······ 344
번들 소프트웨어 ······ 345
맞춤 소프트웨어 ······ 346
IBM의 언번들링 선언과 소프트웨어의 독립 ······ 349
패키지 소프트웨어 ······ 350
세계 최초로 1년에 백만 달러를 벌어준 소프트웨어 ······ 353
소프트웨어 산업을 선점한 미국 ······ 356

1955년 동갑내기 잡스와 게이츠 …… 358
승자 독식 …… 363
PC 소프트웨어 시장 …… 367
빌 게이츠가 될 뻔한 사나이 …… 369
인류 역사상 37번째 갑부, 빌 게이츠 …… 375
안고, 키우고, 소멸시키고 …… 379
킬러 응용 소프트웨어, 비지캘크 …… 383
스티브와 스티브 …… 388

09 홍익인간 소프트웨어

공개와 협업, 그리고 민주주의 …… 396
소프트웨어의 자유 정신 …… 403
상업주의에 밀리는 자유주의 …… 404
자유라는 깃발을 치켜든 스톨먼 …… 407
자유를 둘러싼 갈등 …… 410
성당과 시장 …… 414
그냥 재미로! …… 416
인터넷 사이트 …… 422
책 …… 422
학술지 …… 423

참고문헌 …… 422
컴퓨터 이야기 연표 …… 424
찾아보기 …… 434

등장인물

컴퓨터 개척 시대의 뜨거운 열정. 그것을 이어받아 현대 컴퓨터로 승화시키는 힘. 이런 열정과 힘은 어디에서 기원하고 누가 발휘하는가? 이 책은 백 명이 넘는 주인공이 등장하여, 자신의 고유한 시각으로 컴퓨터 이야기를 독자에게 생생하게 들려준다. 이야기 숲으로 들어가기 전에, 그들 중에서 뽑힌 24명의 영웅이 던지는 질문부터 들어보자.

블레즈 파스칼 Blaise Pascal, 1623~1662, 프랑스

'인간은 생각하는 갈대다'라는 유명한 문구를 담고 있는 『팡세』의 저자. 그는 세계 최초로 계산기를 만든 사람으로 알려져 왔다. 그런데 어째서 세계 최초를 시카르트에게 넘겨주게 되었을까?

찰스 배비지 Charles Babbage, 1791~1871, 영국

프로그래밍이 가능한 세계 최초의 기계인 해석 엔진을 설계한 공적으로 컴퓨터의 아버지로 칭송받는다. 그는 왜 실물 제작에 어려움을 겪고 결국 실패하게 되었을까?

어거스타 에이다 Augusta Ada Lovelace, 1815~1852, 영국

해석 엔진에서 베르누이 수를 구하는 프로그램을 작성하여 세계 최초의 컴퓨터 프로그래머로 칭송받는다. 그녀는 아버지인 바이런을 평생 만나지 못하다가 왜 죽어서야 곁에 묻히게 되었나?

조지 불 George Boole, 1815~1864, 영국

고등학교 수학 교과서에 나오는 불 대수를 정립한 사람이다. 불 대수와 컴퓨터 회로 사이에 무슨 관련이 있을까?

허먼 홀러리스 Herman Hollerith, 1860~1929, 미국

세계 최초의 정보처리 기계인 표 작성기를 발명하였다. 이 사무용 기계는 어떻게 IBM을 세계 굴지의 컴퓨터 회사로 키워 주었는가?

프레드릭 터먼 Frederick Emmons Terman, 1900~1982, 미국

스탠퍼드 대학의 학장인 그는 실리콘밸리를 반석에 올려놓았다. 그는 살구와 자두를 실은 트럭이 오가던 '환희의 마음 계곡'에 어떤 씨앗을 뿌렸을까?

하워드 에이컨 Howard Aiken, 1900~1973, 미국

하버드 마크 I을 개발하여 세계 최초로 컴퓨터를 발명한 사람으로 알려져 왔다. 그는 어쩌다가 이 명성을 독일의 추제에게 넘겨주게 되었나?

존 아타나소프 John Vincent Atanasoff, 1903~1995, 미국

라슨 판사의 판결에 따르면 그는 세계 최초로 전자식 컴퓨터를 발명한 사람이다. 하지만 왜 교과서에서는 모클리와 에커트의 에니악이 세계 최초라고 하는가?

존 폰 노이만 John von Neumann, 1903~1957, 헝가리, 미국

우리가 쓰고 있는 모든 컴퓨터를 폰 노이만 방식이라 부른다. 하지만 사회학자들은 왜 매튜 현상을 설명할 때 그를 좋은 사례로 즐겨 인용할까?

그레이스 머리 호퍼 Grace Murray Hopper, 1906~1992, 미국

컴파일러를 가진 세계 최초의 언어인 A-0를 발명하였다. 코볼의 어머니로 칭송받는 그녀는 어떻게 미국 해군 장성까지 진급할 수 있었을까?

존 모클리 John Mauchly, 1907~1980, 미국

세계 최초의 범용 전자식 컴퓨터인 에니악을 발명하고, 상업용 컴퓨터인 유니백으로 컴퓨터 시장을 활짝 연다. 그는 왜 '너무 많은 것을 빼앗겼다'라고 푸념할까?

콘라드 추제 Konrad Zuse, 1910~1995, 독일

그가 발명한 Z3는 세계 최초의 컴퓨터라는 영예를 거머쥐고 있다. 그는 왜 절친한 친구가 권유했음에도 불구하고 빠른 진공관 대신 느린 릴레이를 사용하였을까?

윌리엄 쇼클리 William Bradford Shockley, 1910~1989, 미국

트랜지스터의 발명으로 노벨 물리학상을 받았다. 어째서 자녀조차도 그의 죽음을 신문을 보고 알게 되었을까?

앨런 튜링 Alan Turing, 1912~1954, 영국

튜링 기계와 튜링 테스트를 제안한 두 편의 논문으로 컴퓨터과학이라는 학문 분야를 개척하였다. 그는 왜 자살을 택했을까?

모리스 윌크스 Maurice Wilkes, 1913~2010, 영국

케임브리지 대학에서 에드삭을 발명하였다. 그는 왜 미국까지 건너가 펜실베이니아 대학의 단기 강좌를 들었을까?

존 프레스퍼 에커트 John Presper Eckert, 1919~1995, 미국

세계 최초의 범용 전자식 컴퓨터인 에니악을 발명하고, 상업용 컴퓨터인 유니백으로 컴퓨터 시장을 활짝 연다. 뜻있는 사람들은 왜 '우리가 쓰고 있는 컴퓨터는 폰 노이만 아키텍처가 아니라 에커트 아키텍처라 불러야 마땅하다'라고 말할까?

시모어 크레이 Seymour Cray, 1925~1996, 미국

평생 동안 세계에서 가장 빠른 컴퓨터를 추구하던 그는 슈퍼컴퓨터의 아버지라 불린다. 무모하게 추월하려던 어떤 젊은이가 일으킨 교통사고로 숨진다. 크레이는 어떻게 슈퍼컴퓨터의 대명사가 되었을까?

고든 무어 Gordon Earle Moore, 1929~, 미국

세계적인 반도체 기업인 인텔의 설립자이다. 무어의 법칙이 맞는 이유는 무엇일까?

게리 킬달 Gary Arlen Kildall, 1942~1994, 미국

1970대 후반에 CP/M으로 개인용 컴퓨터의 운영체제 시장을 휘어잡았다. 그런 그가 왜 '빌 게이츠가 될 뻔한 사나이'로 불릴까?

대니얼 브리클린 Daniel Bricklin, 1951~, 미국

비지캘크라는 킬러 응용 소프트웨어를 발명하여 장난감으로 취급받던 개인용 컴퓨터를 쓸만한 물건으로 격상시켰다. 그의 성공은 왜 스티브 잡스를 덩달아 즐겁게 했을까?

리처드 스톨먼 Richard Matthew Stallman, 1953~, 미국

자유 소프트웨어 운동을 주도하여 빌 게이츠와 대척점에 선다. 그는 어쩌다 이런 운동에 뛰어들게 되었을까?

스티브 잡스 Steve Jobs, 1955~2011, 미국

애플을 설립하고, 애플에서 쫓겨나고, 애플을 위기에서 구해 다시 반석에 올려놓는다. 왜 많은 사람들이 그의 스탠퍼드 대학 졸업식 연설을 꼭 들어보라고 말할까?

빌 게이츠 Bill Gates, 1955~, 미국

마이크로소프트를 설립하여 소프트웨어의 황제가 되고 세계 제일의 갑부 자리를 차지한다. 그의 부는 어디에서 오는 것일까?

리누스 토르발스 Linus Benedict Torvalds, 1969~, 핀란드

협업이라는 실험적인 방식으로 리눅스의 개발에 성공하고 소스 프로그램을 공개한다. 누군가 그의 사회적 실험을 계속하고 있을까?

CHAPTER

01

튜링

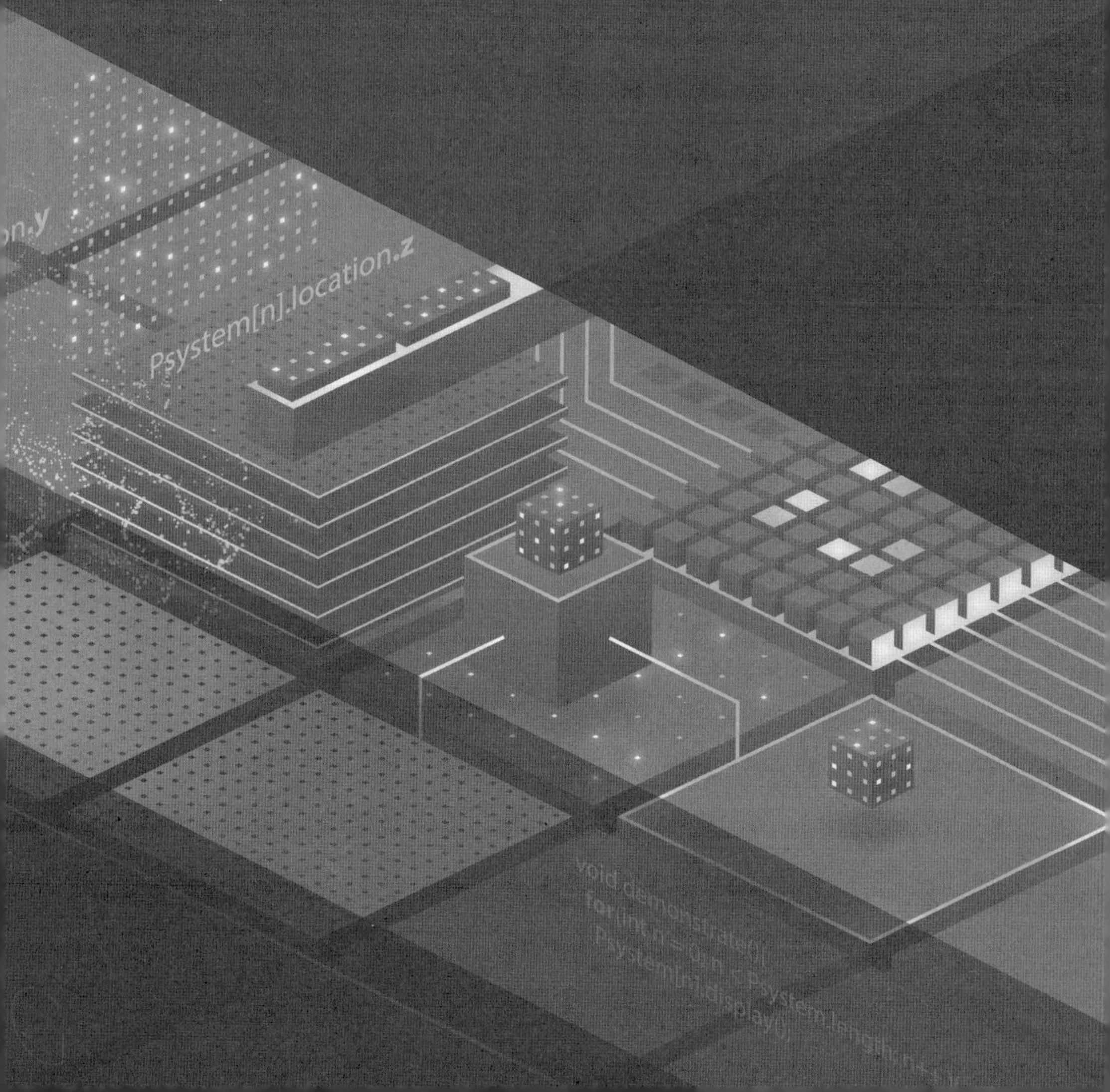

01

튜링

케임브리지를 달리는 두뇌

영국 케임브리지는 대학 도시답게 조용하면서도 뜨거운 열정이 곳곳에 배어 있다. 도시를 대표하는 캠강River Cam은 생각 외로 작다. 명성을 좌우하는 것은 크기가 아닌 또 다른 것인 모양이다. 강변을 따라 예사롭지 않게 빨리 달리는 청년이 보인다. 앨런 튜링이다. 튜링의 눈에 산책하고 있는 뉴먼 교수가 들어온다. 서서히 속도를 줄여 뉴먼 교수 앞에 멈춰 선다.

"뉴먼 교수님, 안녕하신지요."

"튜링 군 아닌가. 마라톤 연습하고 있나? 방해가 되지 않는다면 저기 벤치에 앉아 이야기를 나누면 어떻겠나."

케임브리지 대학을 따라 흐르는 캠강의 풍경이다. 케임브리지 대학은 튜링 기계를 제안한 튜링, 에드삭을 개발한 윌크스 교수 등의 활약으로 초창기 컴퓨터 역사를 화려하게 장식한다.

"좋습니다. 어차피 달리기를 마칠 때가 되었습니다."

"자네 무척 빠르군. 오늘은 얼마나 달렸나?"

"마라톤의 반을 달렸습니다."

"마라톤이 42.195킬로미터이니 그것의 반은 21킬로… 지금 그 먼 길을 달렸다는 말인가? 대단하군. 얼마나 걸리던가?"

튜링은 시계를 본다.

"1시간 20분 달렸습니다."

"대단하군. 대단해. 아마추어 마라톤 대회에 나가면 등수에 들고도 남을 기록일세."

"감사합니다."

"몸은 마라톤에 쓰고 있고… 요즘 자네 머리는 어디에 쓰고 있나?"

"새로운 연구에 몰두하고 있습니다."

"그것이 무엇인지 무척 궁금하군. 어느 단계인가?"

"마무리 단계에 와 있습니다. 논문 초안을 거의 작성한 상태입니다."

"그래… 달리면서도 자네 머리 속을 뱅뱅 맴돌고 있을 그것은 무엇인가?"

"제가 오랫동안 생각해 온 주제는 '계산이란 무엇인가'라는 것입니다."

"3+5와 같은 계산 말인가?"

"그렇습니다. 그런 계산을 자동으로 할 수 있는 추상 기계를 고안했습니다."

"추상 기계라… 그러니까 아직 실제 세계에 존재하지 않는, 어떤 수학적인 모형인가?"

"정확합니다."

"그것이 무엇인지 무척 궁금하군. 지금은 자네가 지쳐 있어 곤란할 듯하고… 내일 설명해 줄 수 있겠나? 내가 도와줄 여지도 있을 듯하네."

케임브리지 대학의 교수 맥스웰 뉴먼(Maxwell Herman Alexander Newman, 1897~1984, 영국)이다. 그는 튜링의 스승으로, 튜링의 학문적 활동에 큰 영향을 미쳤다. 2차 세계대전 중에는, 런던 근교 블레츨리 파크에 있는 영국군의 암호 해독 연구소에서 당시 세계에서 가장 뛰어난 독일군의 에니그마 암호를 해독하는 업무를 수행하였다. 전후에는 튜링과 함께 맨체스터 대학에서 컴퓨터를 개발하는 업무에 참여한다.

"고맙습니다. 제가 바라던 바입니다."
"그럼 내일 내 연구실을 방문하도록 하게."
"내일 뵙겠습니다."

튜링은 어제 달리기 탓인지 몸은 좀 무겁지만 마음은 하늘을 날 듯 가볍다. 뉴먼 교수의 방문을 열자, 무엇보다 커피 향이 코를 자극한다. 연구실은 곳곳이 책으로 덮여 산만해 보이지만 그 속에 나름의 질서가 보인다.

"어서 오게. 튜링 군. 자네를 위해 커피를 준비해 두었네."
"고맙습니다."
"자네 손에 들린 건 무엇인가?"
"논문 초안을 가져왔습니다. 어젯밤에, 제 아이디어를 교수님께 어떻게 설명할지 곰곰 생각해 보았습니다."
"고맙네."

뉴먼 교수는 튜링이 건넨 원고를 살펴본다.

“「계산 가능한 수와 결정 문제에 응용」이라… 제목이 무척 흥미롭군. 계산 가능한 수라… 그럼 계산 불가능한 경우도 있단 말인가?”

“그렇습니다. 교수님께서 방금 말씀하신 것이 핵심 아이디어입니다.”

“계산 가능이라… 문득 이런 생각이 드는군. 벌써 100여 년 전 이야기인데… 우리 영국에 자동으로 계산하는 장치를 만들려고 애쓴 배비지라는 사람이 있었지. 자네도 알 것 같은데, 배비지는 실제 기계의 제작도 시도하지 않았나. 그 기계의 이름이 해석 엔진이던가… 실물 제작에 성공하지는 못하였지만, 프로그래밍까지 가능한 기계였으니 혁신적인 생각 아니겠나. 그 이후로는, 프로그래밍이 가능한 계산 기계에 대한 연구는 진전이 없었지. 모두들 당장 돈이 되는 계산기를 만들어 파는 데 급급하고 있지. 자네 논문이 제안하는 기계는 프로그래밍이 가능한가?”

“물론입니다. 그때그때 프로그램만 바꾸어 주면, 현재 수학자들이 다루는 거의 모든 문제를 풀 수 있습니다.”

"흠… 그럼 실물 제작도 염두에 두고 있나?"

"저는 수학자입니다. 실제 기계의 제작보다는 수학적인 모형으로서 추상 기계를 제안한 것입니다. 누군가 뛰어난 공학자가 나타나 실물 제작을 위해 같이 일할 수 있다면 저로서는 더 바랄 나위가 없겠습니다."

"나로서도 그런 날이 꼭 오기를 바라네. 그런데 계산 가능이라…"

"이 기계를 통해 계산 가능한 것과 불가능한 것을 구분 지을 수 있습니다."

"그래. 계산 불가능한 것도 존재하던가?"

"그렇습니다. 그것이 제 논문의 핵심 결론입니다."

"그래서 자네 논문 제목에 '결정 문제에 응용'이 붙어 있는 게로군."

"바로 그것입니다. 1900년대 초반에 힐베르트는 이 세상에 존재하는 모든 결정 문제의 답을 구할 수 있는 어떤 방법이 존재할 것이라고 단언했습니다. 분명 존재하는데 우리가 그것을 아직 찾지 못한 것뿐이라는 주장이지요. 하지만 얼마 지나지 않아 그런 방법은 존재하지 않는다는 것을 괴델이 불완전성 정리로 증명했습니다."

"그렇지. 수학자에게는 잘 알려진 사건이지."

"제 이론도 괴델과 같은 결론에 도달했습니다."

"자네 말이 맞다면 아주 중요한 연구 결과일세. 미국 프린스턴 대학의 처치 교수도 몇 달 전에 비슷한 연구 결과를 발표한 적이 있지."

"정말입니까? 그렇다면 제 연구는 이미 다른 사람의 뒤를 밟은 것에 불과하다고 보아야 할까요?"

"반드시 그렇지만은 않을 것 같네. 처치 교수는 그가 개발한 람다 이론 틀에서 결론을 이끌어 냈는데, 같은 결론이더라도 전개하는 방법이

다르다면 얼마든지 새로운 이론으로 받아들여질 수 있다네. 자네 논문에는 추상 기계가 등장하고 그것을 프로그래밍할 수 있다니, 거기에 다른 사람과 차별되는 자네만의 아이디어가 담겨 있는 것 같네. 실제로 제작할 수 있는 기계에 한발 다가간 느낌이네."

"그렇습니다. 제 결론은 모두 이 추상 기계를 통해 만들어집니다."

"이제 머리로만 따지기 힘든 곳에 와 있는 듯하네. 저기 칠판 보이지. 우리의 두뇌를 저기로 가져가는 것이 좋을 것 같군."

배비지의 차분 엔진과 해석 엔진

찰스 배비지(Charles Babbage, 1791~1871, 영국)

배비지는 은행원의 아들로 태어났다. 그가 태어날 당시 유럽에서는 산업혁명이 한창 진행되고 있었고, 와트는 증기 기관, 자카드는 방적기 개발에 몰두하고 있었다. 배비지는 케임브리지 트리니티 대학에서 수학을 전공하였다. 하지만 수학의 길을 벗어나, 기계 장치의 발명이나 공장의 생산 과정 효율화 등에 많은 공헌을 하였다. 그의 업적 중 가장 두드러진 것은 단연 자동 계산에 있다. 그는 차분 엔진difference engine과 해석 엔진analytical engine을 설계하였고, 당시의 정밀 기계공학을 이용하여 실제 기계의 제작을 시도하였다. 그의 설계도에는 현대 컴퓨터가 지닌 여러 개념이 나타나 있다. 따라서 많은 사람이 배비지를 '컴퓨터의 아버지'라 부른다. 물론 튜링이나 노이만 같이 전자 시대에 태어나 현대식 컴퓨터의 개념을 정립한 사람들이 반대 목소리를 낼 소지도 있지만.

잠시 배비지가 살던 시대로 가 보자. 유럽은 신이 모든 가치의 중심을 차지한 어두운 중세 시대를 1000년 가까이 이어 왔다. 14세기 후반에 시작한 르네상스는 이 깜깜한 터널에 한 줄기 빛을 비추었고, 사람의 이성이 중심에

런던 과학박물관에 전시되어 있는, 1991년에 제작된 차분 엔진(왼쪽)과 그것의 핵심 부품인 톱니바퀴(오른쪽)이다. 이 복제품은 제대로 작동하였는데, 배비지의 설계도가 완벽에 가까웠음이 입증된 셈이다. 후손이 실물을 제작한 일은 컴퓨터의 아버지라 칭송되는 배비지에 대한 최소한의 예의일 것이다.

서고 과학기술이 그것에 힘을 보태는 새로운 시대가 열리게 된다. 배비지가 태어난 18세기 후반은, 이미 뉴턴이 만유인력 법칙을 발견한 후였고, 고전적인 항해술과 천문학뿐 아니라 물리학과 같은 새로운 학문 영역이 정립되고 있었다. 이들 학문 분야뿐 아니라, 군대는 포술에서, 은행이나 기업은 사업 영역에서 대규모 계산을 필요로 하였다. 따라서 이러한 요구에 대응하기 위해 계산을 전문적으로 하는 직업인이 있을 정도였다. 이런 시대적인 상황에서 천부적인 발명가인 배비지가 자동 계산 장치의 고안에 관심을 가진 것은 자연스러운 일이었을 것이다. 그는 단순 반복 계산을 인간 지성의 가장 저급한 일로 보았다.

배비지는 1822년 기계식 계산 장치를 설계하고, 그것을 차분 엔진이라 이름 지었다. 그는 이 설계도를 실물로 옮기기 위해 어떤 방법을 사용하였을까? 물론 현대의 우리가 누리고 있는 전자 기술은 없었다. 그는 정밀 기계 기술에 주목하였다. 정밀하게 제작된 톱니바퀴를 일렬로 이어 붙여 여러 자리의 10진수를 표현할 수 있으며 연산은 바퀴의 회전으로 수행할 수 있다. 배비지의 꿈은 원대했다. 그리고 그의 설계도는 완벽에 가까웠다. 하지만 현실은 그리 만만치 않았다. 실물 제작에 드는 비용을 마련하는 데 어려움이 따랐다. 또한 그의 완벽한 성격은 설계도를 자주 바꾸게 만들었고, 그 바람에 여러 번 처음부터 다시 제작하는 이중의 어려움이 생겼다. 결국 차분 엔진은 완성되지 못하고 꿈으로 남게 된다.

배비지는 차분 엔진의 실패에 굴하지 않고 기능을 크게 개선한 해석 엔진을 설계하였는데, 이 기계는 현대 컴퓨터의 원형으로 평가된다. 이전 기계들과 달리 '프로그래밍이 가능'하였기 때문이다. 외부에 프로그램을 입력하는 장치가 있어, 그것을 통해 프로그램을 바꾸어 주면 다른 종류의 계산을 수행할 수 있게 된 것이다. 이 프로그램은 현대 컴퓨터와 마찬가지로 선택과 반복 명령어를 수행할 수 있었다. 배비지가 컴퓨터의 아버지로 불리는 이유가 바로 여기에 있다. 하지만 개발 자금 부족 등의 여러 가지 이유로 인해 해석 엔진은 실제로 제작되지 못한다.

1991년, 런던 과학박물관은 배비지 탄생 200주년을 맞이하여 차분 엔진의 설계도를 꺼내들고 실제 제작에 들어간다. 그 결과 31자리까지 정확하게 계산하는 자동 계산 장치를 얻었다. 배비지의 설계도는 몇 가지 사소한 오류를 빼고는 완벽하였던 것이다.

배비지와 같은 시대에 유명한 시인인 바이런의 딸이자 러브레이스 백작의 부인인 어거스타 에이다(Augusta Ada Lovelace, 1815~1852, 영국)가 있었다. 그녀는 배비지가 꾸는 꿈의 시대적 의미를 가장 깊이 이해하고 적극 후원한 사람이었다. 해석 엔진의 설계도를 완벽하게 이해한 그녀는 그 기계를 위한 프로그램을 작성하였는데, 이로 인해 그녀는 세계 최초의 '컴퓨터 프로그래머'로 불린다. 실물이 없어 실제 실행은 해보지 못했지만, 그렇다고 역사적인 의미가 퇴색되진 않는다. 1970년대에 미 국방성은 새로운 프로그래밍 언어를 만드는 프로젝트를 진행하고 있었는데, 1979년에 그 언어는 에이다라는 이름을 얻는다.

똑똑한 계산 기계의 탄생

튜링은 칠판에 그림을 그리기 시작한다. 그림은 아주 간단하다. 튜링은 칠판과 뉴먼 교수를 번갈아 보며 이야기를 계속한다.

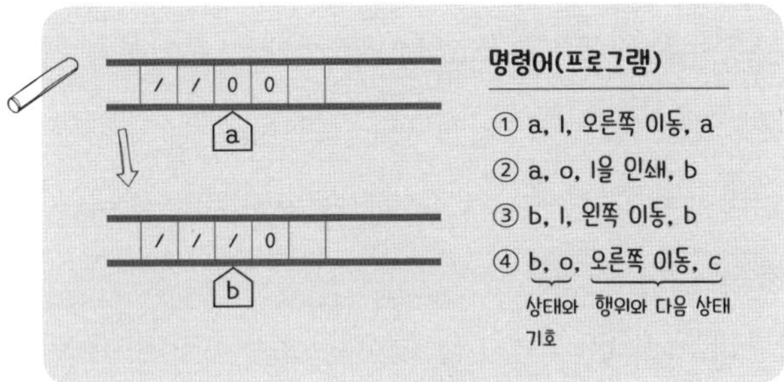

"제 논문에는 칠판에서 보는 것 같은 추상 기계가 등장합니다. 일종의 수학적 모형입니다. 보시는 바와 같이 이 기계는 테이프와 헤드만 가진 매우 단순한 장치에 불과합니다. 테이프는 좌우로 무한정 길고 셀로 나뉘어 있습니다. 셀에는 0 또는 1의 기호가 기록되어 있습니다. 비어 있는 셀도 있습니다. 헤드는 어떤 상태를 가지며, 그것이 가리키는 현재 셀의 기호를 읽거나 그곳에 새로운 기호를 기록할 수 있습니다."

"흠…"

"이제부터 이 기계의 동작을 설명하겠습니다. 헤드는 자신이 가리키고 있는 현재 셀의 기호를 읽습니다. 헤드는 읽은 기호와 자신의 상태에 따라 다음 행위를 결정합니다. 칠판에 있는 그림에서 헤드의 현재 상태는 a이고 읽은 기호는 0입니다. 헤드가 수행할 행위는 미리 정의된 명령어에 따릅니다. 이 명령어가 프로그램에 해당합니다."

"추상 기계라 이름 붙인 이유를 알겠군."

"이 기계는 칠판 오른쪽에 적혀 있는 명령어에 따라 분명하고 정확한 행위를 합니다. 명령어는 두 부분으로 구성되는데 앞부분은 현재 상태와 읽은 기호를 뜻하고, 뒷부분은 행위를 의미합니다. 현재 상태와 읽은 기호가 a, 0 이므로 명령어 ②를 선택합니다. 그리고 지정된 행위가 '1을 인쇄, b'이므로 현재 셀에 1을 쓰고 b라는 상태로 전이하게 됩니다. 결국 칠판 아래쪽에 있는 상태로 바뀌게 되는 것이지요."

"상태 전이라… 분명 자동차와 같이 멍청한 기계는 아니군."

"자동차가 멍청하다니요."

"자동차는 한 가지 일만 하지 않나. 단지 속도와 방향만 조정할 수 있을 뿐이지. 그러니 멍청하다는 소리를 들을 수밖에."

"그렇게 볼 수 있겠네요. 기계공학자들이 들으면 항의할 수도 있겠지만…"

"걱정 말게. 이 방에는 수학자만 있질 않나. 자네의 추상 기계가 이제 이해가 되네. 이 기계는 명령어만 바꿔주면 덧셈도 하고, 뺄셈도 하고, 숫자열을 뒤집을 수도 있을 것 같은데. 이 명령어 집합이 바로 프로그램이 되고. 내가 맞게 보았나?"

"그렇습니다."

"수학에서 다루는 아주 복잡한 함수도 사실 간단한 몇 가지 연산의 복합체 아닌가? 곱셈도 덧셈을 반복하는 것에 불과하고. 그런 면에서 보면 자네의 기계는 단순함에도 불구하고 매우 강력할 것으로 보이네."

"바로 그것입니다. 이 기계는 원주율 π도 계산할 수 있습니다."

"흠… 원주율도 계산할 수 있다?"

"원주율도 결국 덧셈과 뺄셈으로 구성된 식을 계산하여 얻을 수 있으니까요."

"그렇군. 그런데 자네 커피 잔이 비었네. 자, 채워줄 테니 잠시 커피를 마시고 있게. 나에게 자네 논문을 읽을 시간을 주게."

뉴먼 교수는 튜링에게 커피를 따라 준 뒤, 소파에 몸을 깊이 묻고 논문 읽기에 빠져든다. 한참 침묵이 흐른 후 뉴먼 교수가 말을 꺼낸다.

"논문에 두 가지 예가 나오는군. 0과 1이 번갈아 등장하는 01010101…의 열을 만드는 문제와 1의 개수가 점점 증가하는 001011011101111011111…의 열을 만드는 문제로군. 프로그램은 생각 외로 간단하고, 프로그램만 바꾸면 다른 일을 하는 기계가 되는군. 아주 흥미로운 착상일세. 혁신적인 아이디어가 분명해."

"정수 n을 n+1개의 1로 표현했을 때 그것의 두 배를 구하는 프로그램도 쉽게 고안할 수 있습니다. 예를 들어 3을 테이프에 01111000…로 표현했을 때, 그것의 두 배인 01111111000…을 만들어내는 것…"

"잠깐만… 튜링 군. 말을 끊어 미안하네. 내 딴에는 무척 급했네. 절대 힌트를 말하지 말게. 내가 집에 가서 연필과 종이를 가지고 두 배 곱을 수행하는 프로그램을 짜 보겠네."

"좋습니다."

"이렇게 하면 어떻겠나? 내가 성공하면 자네가 밥을 사고, 실패하면 내가 사겠네."

"꽤 불공정한 게임인 듯 합니다. 제가 살 확률이 100%에 가깝습니다."

"자네 나를 과대평가하는군. 오늘 밤, 잠자기는 틀렸네. 하겠나?"

"좋습니다."

"이제부터 자네의 똑똑한 기계를 '튜링 기계'라 부르겠네."

"고맙습니다."

"튜링 기계는 혁신적이라네. 내가 그걸 설명해 보겠네."

"저에게는 더없이 영광스러운 일이 되겠지요."

"자네가 제안한 기계는 크게 두 부분으로 구성되네. 첫 번째는 실제 세계에 존재하는, 손으로 만질 수 있고 눈으로 볼 수 있는 어떤 장치이네. 테이프와 헤드가 여기에 해당하지. 한 번 만들면 쉽게 바꿀 수 없는 '딱딱한' 그 무엇이지. 두 번째는 물리적인 실체가 없는 어떤 코드일세. 명령어가 여기에 해당하네. 이 명령어는 우리의 두뇌 회전으로 얼마든지 새로운 것을 만들어 바꿔치기 할 수 있지. '부드러운' 그 무엇이라 볼 수 있지. 부드러운 명령어를 바꿔치기 하면, 딱딱한 장치는 뺄셈도 하고, 덧셈도 하고, 원주율도 구하고, 숫자열을 뒤집기도 한다네. 분명 자동차보다 똑똑한 기계일세."

"교수님이 말씀하신 의도를 알겠습니다. 아까 말씀하신 실제 제작을 다시 생각하신 것 아닌지요?"

"눈치도 빠르긴… 그건 다음에 다시 토론하기로 하고, 수학자의 길을 계속 걸어 보기로 하세."

"좋습니다."

바깥은 어둠이 깔리기 시작한다. 어스름한 바깥 분위기와 대조적으로, 뉴먼 교수의 연구실은 열기로 점점 뜨거워진다.

"아직 두 가지 질문이 남았네."

"좋습니다."

"첫 번째는 명령어를 어디에 저장할지에 관한 것이네. 데이터는 테이프에 기록하는데 명령어는 어디에 기록하는가?"

"사실 수학이라는 추상 세계에서는, 어디에 기록할지는 관심 밖이라 볼 수 있습니다. 명령어가 존재하기만 하면 되는 것이지요. 하지만 저는 거기에 머물지 않고 프로그램을 데이터와 함께 테이프에 기록하는 방법을 논문에 제시하였습니다. 저는 그 기계를 범용성을 뜻하도록 유니버설 기계라 부릅니다. 그 기계를 이해하려면, 명령어를 테이프에 기록할 수 있는 어떤 코드 체계로 변환하는 방법을 먼저 이해해야 합니다."

"그렇군. 튜링 기계가 유니버설 튜링 기계로 승진했군."

"확실한 승진이지요. 교수님의 표현 속에는 위트가 담겨 있어 대화가 항상 즐겁습니다."

"고맙네. 이제 하나의 질문만 남았네. 튜링 기계와 결정 문제가 무슨 관련이 있나? 결정 문제라 함은 답이 참 또는 거짓 중의 하나가 되는 문제 아닌가."

"그렇습니다. '1+2+3+…+10은 100을 넘는가?'와 같은 문제입니다. 이 문제의 답은 거짓이 되겠지요."

"그렇지. 힐베르트는 어떤 결정 문제를 입력으로 주면 그것의 답을 자동으로 구해 주는 어떤 방법이 존재할 것이라 믿었지. 게다가 이 세상의 모든 결정 문제를 풀 수 있는 어떤 방법이 존재한다고 성급하게 떠들다가 괴델에게 망신을 당했지."

"저는 이런 생각을 해 보았습니다. 프로그램 자체를 데이터로 간주하고, 그것을 튜링 기계의 입력으로 주는 것입니다. 주어진 수의 두 배를 구하는 프로그램은 헤드가 일정한 순서에 따라 일을 하고 멈추겠지요. 하지만 01 패턴을 반복하여 010101…을 만드는 프로그램은 무한정 일을 하게 됩니다. 멈추지 않는 것이지요."

"그렇겠지."

"여기에서 핵심은 어떤 프로그램을 입력으로 주었을 때, 그것이 멈출 것인지 아니면 영원히 멈추지 않을 것인지를 판단하는 결정 문제입니다. 그리고 이걸 판단하는 튜링 기계는 존재하지 않는다는 것을 증명한 것입니다. 저는 이것을 정지 문제halting problem라고 부르고, 논문의 11장은 바로 정지 문제를 다루고 있습니다."

"그렇군. 이제야 머릿속의 안개가 모두 걷힌 느낌이네. 자네의 논문 내용도 훌륭하지만 그것을 설명하는 것도 못지 않게 훌륭했네. 오늘 자네의 설명은 간단하지만 강력한 명강의였다네."

"고맙습니다."

"벌써 밖이 어둑해졌네. 집에 가면 만사 제쳐 놓고 자네 논문을 자세히 읽어 봐야겠네. 처치 교수의 논문과는 결론은 비슷하지만 전개 방식에서 근본적으로 다르네. 걱정하지 말고 학술지에 투고하게. 마지막 한 마디… 튜링 기계는 수학뿐 아니라 자동 계산 장치의 제작에 상상 이상의 영향을 미칠 것 같네. 물론 프로그래밍이 가능한 장치."

"고맙습니다. 교수님의 귀중한 시간과 값진 조언에 감사드립니다. 좋은 저녁 시간 보내시길 바랍니다."

튜링 기계

튜링 기계Turing machine는 앨런 튜링이 1936년에 발표한 논문 「계산 가능한 수와 결정 문제에 응용」에 처음 등장한다. 이 추상 기계는 현대식 컴퓨터를 위한 수학적 토대를 제시하였다고 평가된다. 다른 측면에서 바라보면, 컴퓨터가 어떤 형태를 갖추어야 하는지에 대한 밑그림을 보여주었다고 볼 수 있다.

튜링 기계는 매우 간단하다. 아래 그림에서 보는 바와 같이 테이프와 헤드 그리고 프로그램으로 구성된다. 테이프는 좌우로 무한히 길며 셀로 나뉘어 있다.

튜링 기계의 사례

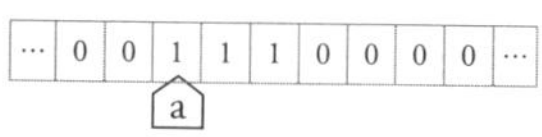

프로그램

명령어 번호	현재 상태	현재 기호	행위	다음상태
①	a	1	오른쪽 이동	a
②	a	0	1을 인쇄	b
③	b	1	왼쪽 이동	b
④	b	0	오른쪽 이동	c

프로그램에 따른 튜링 기계의 동작

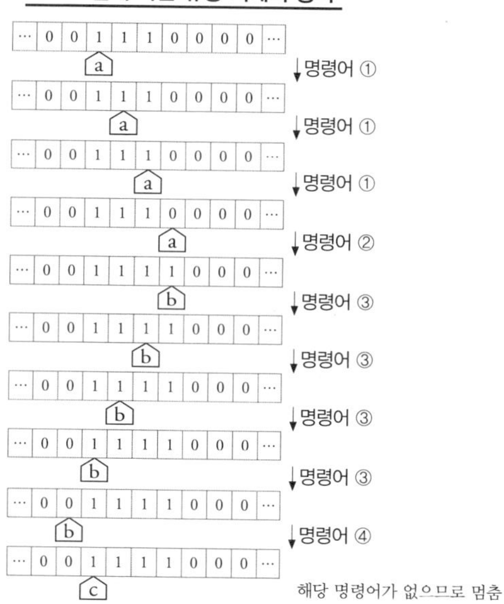

각 셀에는 0 또는 1의 기호를 기록할 수 있다. 또는 공백으로 둘 수도 있다. 헤드는 어떤 상태를 가진다. 또한 좌우로 한 칸씩 움직일 수 있고 현재 가르키는 셀의 내용을 읽을 수 있고 새로운 기호를 쓸 수 있다. 이 기계는 미리 지정된 프로그램의 지시에 따라 작동한다. 그림을 살펴보기로 하자. 테이프에 …001110000…이 기록되어 있고, 헤드의 '현재 상태'는 a이고 '현재 기호'는 1이다. 프로그램은 네 개의 명령어로 구성된다. 이 프로그램은 어떤 일을 할까?

튜링 기계는 헤드의 현재 상태와 현재 기호에 따라 명령어를 선택한다. 명령어를 선택한 후, 그것이 지정하는 '행위'를 수행한 후 헤드는 '다음 상태'로 전이한다. 이 기계는 이러한 과정을 반복하는데, 현재 상태와 현재 기호에 해당하는 명령어를 찾을 수 없으면 그때 멈춘다. 튜링 기계는 장치도 간단하고 프로그램의 동작도 무척 단순하다.

앞에 있는 그림의 튜링 기계를 실행시켜 보자. 그림의 아랫쪽에 단계별로 실행 결과를 보여준다. 맨 위에 있는 테이프는 초기 상태를 나타낸다. 헤드의 현재 상태는 a이고 현재 기호는 1이다. 따라서 프로그램에서 명령어 ①이 선택된다. 이 명령어에 따라 헤드를 한 칸 오른쪽으로 이동시키고 헤드의 상태는 a로 전이한다. 즉 두 번째 테이프 상태가 된다. 이러한 과정을 반복하면 결국 맨 아래에 있는 상태가 된다. 이제 헤드의 상태는 c이고 현재 기호는 1인데, 이에 해당하는 명령어가 없다. 따라서 튜링 기계는 멈춘다.

이 프로그램의 동작을 곰곰이 생각해 보자. 우선 헤드는 오른쪽으로 이동하며 연속된 1을 지나쳐 처음 만나는 0을 찾는다. 그렇게 찾은 0을 1로 바꾼 뒤, 헤드는 방향을 바꾸어 왼쪽으로 전진한다. 결국 맨 왼쪽 1에서 멈춘다. 결과적으로 연속된 1의 열 오른쪽에 1을 하나 추가하는 셈이다. 정수 n을 n+1개의 1의 열로 표현한다면 — 예를 들어 그림의 …00111000…은 정수 2를 표현한 것 — 이 프로그램은 어떤 정수에 1을 더하는 일을 한다.

앞에서 살펴본 바와 같이 튜링 기계는 무척 단순하다. 하지만 튜링 기계는 수학이 다루는 거의 모든 수식과 함수를 계산할 수 있을 정도로 강력하다. 문제에 따라 프로그램만 새로 작성해 주면 된다. 이러한 사실에 대한 증명이나 깊은 이해는 이 책의 범위를 넘는다. 단지 아래 문제를 풀면서 튜링 기계에 대해 조금 더 익숙해지기로 하자. 문제 1은 단순히 따라 해보면 된다. 문제 2는 약간의 창의력이 필요하다.

문제 1: 아래 프로그램은 무슨 일을 하나?

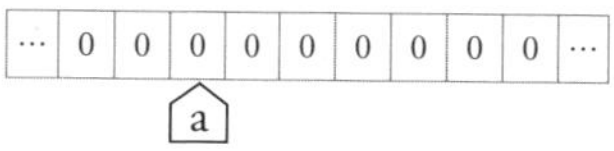

프로그램

①	a	0	오른쪽으로 이동하고 1을 인쇄	a
②	a	1	오른쪽으로 이동	a

문제 2: 테이프에 두 정수 x와 y가 0을 사이에 두고 기록되어 있다. 이 둘을 더하는 프로그램을 작성하라.(정수 n은 n+1개의 1의 열로 표현한다. 예를 들어 …011111011100…은 x=4와 y=2인 셈이다. 이 경우 결과는 …0111111100…이 되어야 한다.)

튜링 기계가 현대 컴퓨터에 어떤 기여를 했을까? 튜링 기계는 하드웨어와 소프트웨어가 구분되어 있다. 테이프와 헤드는 하드웨어이고 프로그램은 소프트웨어이다. 튜링 기계가 사용하는 프로그램은 명령어의 집합인데 이것은 현대 컴퓨터의 기계어 명령어와 매우 유사하다. 튜링의 논문에는 유니버설 튜링 기계도 등장한다. 프로그램을 어떤 규칙에 따라 변환하면 그것을 테이프에 저장할 수 있다. 즉 프로그램과 데이터를 테이프에 같이 기록할 수 있는 것이다. 헤드는 명령어와 데이터를 번갈아 보며 계산을 수행한다. 이와 같이 프로그램과 데이터를 별개의 장치가 아니라 같은 장치에 저장하는 저장 프로그램 개념은 현대 컴퓨터의 핵심을 이룬다.[1] 튜링 기계에는 이미 저장 프로그램 개념이 등장하고 있다.

튜링이 살던 시대에는 이미 전기와 전자 기술이 발달되어 있었으므로, 테이프와 헤드, 그리고 그것을 제어할 수 있는 장치를 제작할 수 있었다. 튜링의 추상 기계는 마음만 먹으면 실제 제작이 가능한 것이었다.

1 이러한 개념을 저장 프로그램stored program이라 부르는데, 1945년의 존 폰 노이만의 보고서에 나타나 있어 이런 방식의 컴퓨터를 폰 노이만 컴퓨터라 부르게 되었다. 현재 우리가 사용하고 있는 컴퓨터는 모두 폰 노이만 컴퓨터이다. 하지만 누가 원조인지에 대한 논란이 지금도 끊이지 않고 있다.

점심 시간을 지난 카페테리아는 한산하다. 늦은 점심을 먹던 튜링은 문으로 들어서는 뉴먼 교수를 발견한다.

"뉴먼 교수님, 그동안 잘 지내셨나요?"

"잘 지낸다네. 우리 본 지도 꽤 되었군. 내기에 이겨 자네에게 점심을 얻어먹은 일은 지금 생각해도 즐겁다네."

"내기에 진 저도 즐겁기는 마찬가지입니다. 그런데 이렇게 늦은 시간에…"

"점심을 놓쳐 가볍게 식사하러 들렀네. 학술지에 실린 자네 논문을 읽었네. 교수들의 반응이 꽤 좋다네. 프로그래밍이 가능한 튜링 기계를 모두 신기해 하고 있다네."

"감사합니다."

"수와 함수를 다루는 추상적인 수학 세계와 키보드와 전자제어 장치 같은 만질 수 있는 실제 세계의 중간 지대에 놓인 느낌이네."

"저도 같은 생각입니다."

"그래서 말인데 우리 주위에 나돌아 다니는 장치들을 긁어 모아 실제 기계를 만들어 볼 생각은 없나? 자네가 나선다면 나도 적극 돕도록 하겠네. 미국은 몇 년 내에 이런 기계를 제작할 것으로 보이네. 배비지의 후예인 우리 영국인이 뒤진다면 체면 문제 아니겠나."

"저도 흥미가 있습니다. 하지만 제 연구 결과를 더 깊이 있게 만드는 일이 우선으로 보입니다. 그래서 처치 교수 밑에서 박사 과정을 하기로 하고 다음 달에 미국으로 갈 예정입니다."

"프린스턴 대학 말인가?"

"그렇습니다."

"그것 잘 되었군. 내 제안이 무산되어 무척 섭섭하지만 말일세."

"죄송합니다."

"그곳은 두뇌의 소굴이라네. 세계적인 수학자 노이만이 있는 곳이라네. 그뿐인 줄 아나. 물리학에서 선두를 지키고 있는 아인슈타인도 그곳에 가면 볼 수 있을 것이네. 그 교수들의 강연이 있다면 만사 제쳐 놓고 들어 보게나."

순간 튜링의 눈은 광채로 빛나고 얼굴 빛은 흥분으로 가득 찬다.

"정말입니까?"

"그렇다니까. 자네는 영영 영국으로 돌아오지 못할 수도 있네. 그들은 자네를 붙들어 매어 놓으려 할 걸세. 내 말이 틀리지 않을 것이네. 조심하게."

"교수님의 유머는 언제나 저를 즐겁게 합니다."

"농담이 아닐세. 특히 노이만 교수를 조심하게."

"잘 알겠습니다."

앨런 튜링 (Alan Turing, 1912~1954, 영국)

튜링의 학문 세계와 삶

튜링은 두 편의 논문으로 컴퓨터 과학 시대를 열었다. 첫 번째 논문은 현대 컴퓨터의 수학적 모형을 제시한 것으로 '튜링 기계'라 부른다. 두 번째는 어떤 기계가 지능을 가졌는지 여부를 판별하는 기준을 제시한 논문으로 '튜링 테스트'라 부른다. 두 번째 논문은 심리학과 철학에 관련된 학술지인 『마인드』에 실렸는데, 이런 이유로 튜링은 철학에서도 주요 인물로 다루어지고 있다. 철학자의 관심이 '기계가 지능을 가질 수 있나' 또는 '기계가 생각한다는 것이 대체 무엇일까'에도 미치기 때문이다.

1. 「계산 가능한 수와 결정 문제에 응용On computable numbers, with an application to the Entscheidungsproblem」, 『런던 수학회 학회지Proceedings of the London Mathematical Society』, 제2권 42호, 230-265쪽, 1936년.[2]

2. 「계산 기계와 지능Computing machinery and intelligence」, 『마인드Mind』, 제50권, 433-460쪽, 1950년.[3]

이러한 두드러진 공헌으로 인해 컴퓨터 분야의 세계적인 학회 ACMAssociation for Computing Machinery은 튜링상을 제정하여, 1966년부터 매년 컴퓨터 과학 분야에 탁월한 공적을 쌓은 사람을 선정하여 시상하고 있다. 『타임』 지는 1999년에 세기의 100인이라는 특집호를 발간하였는데 튜링도 끼어 있다.

튜링은 1912년 영국에서 태어났다. 부모가 인도 주재원이었던 탓에 영국의 친척집에 맡겨져 외로운 어린 시절을 보내게 된다. 성장한 후 케임브리지의 트리니티 대학에 몇 번 응시하였지만 실패하고, 대신 케임브리지의 킹스 대학에 입학하여 수학을 전공한다. 졸업 후 킹스 대학의 연구원으로 일하였는데, 1936년에는 튜링 기계의 모태가 되는 세계적인 논문을 발표한다. 1936~1938년에는 미국 프린스턴 대학에서 박사 학위를 취득한다. 프린스턴 대학의 고등연구원에 근무하는 존 폰 노이만 교수로부터 고등연구원에 남아 함께 컴퓨터를 제작해 보자는 제안을 받지만 거절하고 영국으로 돌아온다.

튜링은 영국으로 돌아온 후 2차 세계대전의 여파로 암호 해독에 몸담게

---

2 http://www.comlab.ox.ac.uk/activities/ieg/e-library/sources/tp2-ie.pdf에서 다운로드 받을 수 있다.

3 https://www.csee.umbc.edu/courses/471/papers/turing.pdf에서 다운로드 받을 수 있다.

된다. 그는 독일군이 사용하던 당시 세계 최고의 암호기인 에니그마의 암호를 해독하는 일을 담당하게 되는데, 탁월한 능력으로 연합군이 승리하는 데 크게 공헌한다. 전쟁이 끝난 후 런던의 국립 물리연구소의 권유로 튜링 기계를 실제 제작하는 일에 착수한다. 이 기계의 이름은 ACE였다. 튜링은 설계도를 완성하고 야심차게 실물 제작에 착수하지만, 여러 가지 현실적인 벽에 부딪쳐 완성하지 못한 채 연구소를 떠나게 된다.

이후 튜링은 맨체스터 대학으로 이적하는데, 거기서 그의 관심은 기계 지능으로 바뀐다. 그는 컴퓨터 프로그래밍, 인공지능, 신경망 등의 연구에 몰두하였으며, 튜링 테스트로 잘 알려진 세계적인 논문을 쓰게 된다. 튜링 테스트에는 판정관이 등장한다. 판정관의 이웃 방에 사람 또는 기계가 놓여 있는데 통신선으로 대화를 진행할 수 있다. 판정관은 이웃 방에 있는 상대가 사람인지 기계인지 알아내려 집요하게 질문을 퍼붓는다. 이때 판정관을 속여 그가 사람이라고 판정하게 할 수 있는 기계가 있다면 그 기계는 지능을 갖추었다고 말한다. 튜링 테스트는 매우 단순한 개념이다. 하지만 인공지능이라는 학문 분야에 주춧돌을 놓는 중요한 시발점이 된다.

튜링은 달리기 애호가였다. 1947년에 아마추어 마라톤 대회에 참가하여 2시간 46분 3초에 주파한다. 당시 올림픽 기록에 10분가량 뒤지는 기록이었다. 튜링은 동성애자였다. 그가 살던 당시의 영국에서는, 동성애는 형사 처벌 대상이었고 사회적 냉대도 심하였다. 그는 1952년 경찰에 체포되고 유죄 판결을 받는 굴욕을 당하게 된다. 튜링은 1954년 독이 든 사과를 베어먹고 자살한다. 엘리자베스 2세 여왕은 2013년에 튜링을 사면한다. 「이미테이션 게임」은 튜링의 삶을 조망한 영화이다.

프린스턴 대학의 고등연구원은 겉으로 조용해 보이지만, 연구 활동은 세계에서 가장 뜨거운 곳이다. 튜링은 고등연구원 건물에 있는 노이만 교수의 연구실을 노크한다.

프린스턴 대학의 고등연구원IAS(Institute of Advanced Study) 전경이다. 아인슈타인과 괴델 같은 세계적인 학자가 연구에 몰두한 곳이다. 고등연구원은 컴퓨터 역사에 자주 등장한다. 우리가 사용하고 있는 컴퓨터의 구조는, 이 연구소 소속인 폰 노이만 박사의 이름을 따 폰 노이만 컴퓨터라 부른다. 노이만은 세계 최초의 전자식 컴퓨터인 에니악의 제작에 관여하였으며, 고등연구원에서 IAS 컴퓨터를 만든다.

"튜링 군, 어서 오게."

"안녕하셨는지요?"

"박사 논문은 모두 마무리했나?"

"그렇습니다."

"자네도 알다시피 자동 계산 기계에 대한 관심은 어느 학문 분야에서든 매우 뜨겁다네. 자연과학이던 공학이던, 이제 얼마나 빨리 계산하느냐가 연구 성과를 좌우하는 시대에 접어들고 있네. 여기에 근무하는 아인슈타인도 예외는 아니지."

"잘 알고 있습니다."

"1936년에 『런던 수학회 학회지』에 실린 자네 논문을 읽어 보았네. 자네가 제안한 기계는 비록 추상 모델이고 생긴 것은 소박하지만 그 힘은 막강한 기계이더군."

"고맙습니다."

"그 모델은 현재 인류가 가지고 있는 기술을 잘 활용하면 얼마든지 실제 기계로 만들어 낼 수 있을 것이네."

"저도 그렇게 생각합니다."

"그래서 말인데… 박사 논문을 끝낸 후 영국으로 돌아가지 말고 여기 남아 자동 계산 기계를 만드는 일에 몰두해 보면 어떻겠나. 그걸 완성하면 누구보다도 아인슈타인이 가장 좋아할 걸세."

"교수님의 제안에 감사드립니다. 하지만 저 개인적으로 다른 일을 계획하고 있습니다."

"…"

이렇게 헤어진 두 사람은 각자의 길을 가게 되는데, 둘 다 컴퓨터 역사에 길이 남는 인물이 된다.

튜링상[4]

튜링상은 1966년부터 시상하였으며, 컴퓨터 분야에서 가장 권위 있는 상으로 여겨지며 컴퓨터 분야의 노벨상으로 불리기도 한다. 튜링상은 제정된 지 반세기가 지났으며, 2019년 기준으로 공동 수상자까지 포함하면 72명의 수상자를 배출하였다. 그중 여성 수상자는 2006년의 앨런과 2008년의 리스

4 https://amturing.acm.org/

코프, 2012년의 골드와서이다. 대한민국은 과학 분야의 노벨상 수상자가 없듯이, 컴퓨터 분야의 노벨상으로 평가되는 튜링상의 수상자가 아직 없다.

수상자 명단은 다음과 같다.

2019 캐트멀Edwin Catmull, 핸러핸Pat Hanrahan: 3차원 컴퓨터 그래픽스, 영화 산업에 영향

2018 벤지오Yoshua Bengio, 힌턴Geoffrey Hinton, 르쿤Yann LeCun: 딥러닝, 인공지능

2017 헤네시John Hennessy, 패터슨David Patterson: 컴퓨터 구조 설계와 평가, 마이크로프로세서

2016 버너스리Tim Berners—Lee: 월드와이드웹, 웹 브라우저

2015 디피Whitfield Diffie, 헬만Martin Hellman: 공개키 암호 기술

2014 스톤브레이커Michael Stonebraker: 현대 데이터베이스 시스템

2013 램포트Leslie Lamport: 분산 동시성 시스템

2012 미칼리Silvio Micali, 골드와서Shafi Goldwasser: 암호학, 복잡성 이론

2011 펄Judea Pearl: 확률과 인과 추론, 인공지능

2010 밸리언트Leslie Valiant: 기계 학습, 계산복잡도, 병렬분산 컴퓨팅

2009 태커Charles Thacker: 세계 최초의 개인용 컴퓨터인 제록스 알토와 이더넷이라는 근거리 통신망

2008 리스코프Barbara Liskov: 프로그래밍 언어에 이론적이고 실용적인 공헌

2007 클라크Edmund Clarke, 에머슨Allen Emerson, 시파키스Joseph Sifakis: 효율적인 모델 검증 기법

2006 앨런Frances Allen: 컴파일러 최적화와 병렬 실행

2005 나우르Peter Naur: 알골 60이라는 프로그래밍 언어

2004 서프Vinton Cerf, 칸Robert Kahn: TCP/IP라는 인터넷 프로토콜

2003 케이Alan Kay: 제록스 알토라는 개인용 컴퓨터와 스몰토크라는 객체지향 언어

2002 애들먼Leonard Adleman, 리베스트Ronald Rivest, 샤미르Adi Shamir: 공개 키 암호화 기법

2001 달Ole-Johan Dahl, 니가드Kristen Nygaard: 객체지향 언어 시뮬라

2000 야오Andrew Chi-Chih Yao: 의사 난수와 암호화 등의 계산 이론

1999 브룩스Jr. Frederick Brooks: 컴퓨터 아키텍처, 운영체제, 소프트웨어 공학

1998 그레이Jim Gray: 데이터베이스와 트랜잭션 처리

1997 엥겔바트Douglas Engelbart: 대화형 컴퓨터의 미래 비전과 핵심 기술

1996 누에리Amir Pnueli: 시간성 논리, 프로그램과 시스템 검증

1995 블럼Manuel Blum: 계산 복잡도 이론을 세우고 암호학과 프로그램 검증에 응용

1994 파이겐바움Edward Feigenbaum, 레디Raj Reddy: 대규모 인공지능 시스템과 그것의 효용성 입증

1993 하트마니스Juris Hartmanis, 스턴스Richard Stearns: 계산 복잡도 이론

1992 램슨Butler Lampson: 분산 개인 컴퓨팅 환경과 구현 기술

1991 밀너Robin Milner: 계산 가능 함수 논리, ML 언어, 병행 수행

1990 코바토Fernando Corbato: CTSS와 멀틱스라는 범용, 대규모, 시분할, 자원 공유 시스템

1989 카한William Kahan: 부동 소수점 연산 등의 수치 해석

1988 서덜랜드Ivan Sutherland: 스케치패드라는 컴퓨터 그래픽스 시스템

1987 콕키John Cocke: 컴파일러 이론과 RISC 기반 컴퓨터

1986 홉크로프트John Hopcroft, 타잔Robert Tarjan: 알고리즘과 자료구조

1985 카프Richard Karp: 네트워크 흐름과 조합적 최적화 문제를 위한 알고리즘, NP 완비성

1984 비르트Niklaus Wirth: 파스칼 언어

1983 리치Dennis Ritchie, 톰슨Kenneth Thompson: 유닉스 운영체제

1982 쿡Stephen Cook: 계산 복잡도와 NP 완비성

1981 커드Edgar Codd: 데이터베이스 관리 시스템

1980 호어Antony Hoare: 프로그래밍 언어

1979 아이버슨Kenneth Iverson: 프로그래밍 언어

1978 플로이드Robert Floyd: 효율적이고 안정적인 소프트웨어

1977 배커스John Backus: 포트란 언어

1976 라빈Michael Rabin, 스콧Dana Scott: 유한 요소기계

1975 뉴웰Allen Newell, 사이몬Herbert Simon: 인공지능, 인간 인지 심리학

1974 커누스Donald Knuth: 알고리즘 분석과 프로그래밍 언어, 『컴퓨터 프로그래밍의 예술』이라는 책 저술

1973 바크만Charles Bachman: 데이터베이스

1972 데이크스트라Edsger Dijkstra: 구조적 프로그래밍

1971 매카시John McCarthy: 인공지능

1970 윌킨슨James Wilkinson: 수치해석

1969 민스키Marvin Minsky: 인공지능

1968 해밍Richard Hamming: 오류 탐지와 교정이 가능한 코드

1967 윌크스Maurice Wilkes: 세계 최초의 저장 프로그램 방식의 컴퓨터인 에드삭

1966 퍼리스Alan Perlis: 프로그래밍과 컴파일러 기술

2008년 튜링상은 MIT의 교수인 바바라 리스코프(Barbara Liskov, 1939~, 미국)에게 돌아갔다. 그녀는 1968년에 스탠퍼드 대학에서 박사학위를 취득하였는데, 미국에 있는 대학의 컴퓨터학과에서 박사학위를 취득한 여성으로는 최초이다. 그녀의 지도교수는 1971년에 튜링상을 받은 매카시 교수이다. ACM이 밝힌 수상 이유는 '데이터 추상화, 결함 감내, 분산 처리에 관련된 프로그래밍 언어와 시스템 설계에서의 실용적이고 이론적인 공헌'이다.

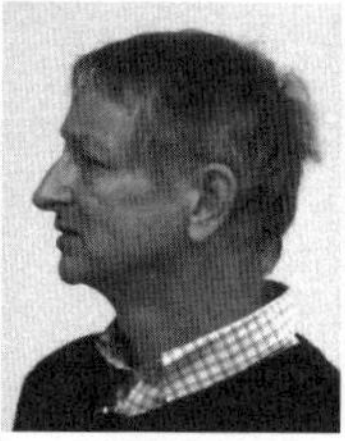

벤지오와 힌턴, 르쿤은 딥러닝을 통해 인공지능을 활성화시킨 인물이다. 현재 우리가 사용하고 있는 영상인식, 음성인식, 언어번역기 등은 모두 딥러닝을 가지고 만든다. 이세돌을 이겨 세계적인 스타가 된 알파고도 딥러닝 기술을 이용하여 만들었다. 이들은 2018년 튜링상을 공동 수상한다.

2019년 튜링상은 3차원 컴퓨터 그래픽스 세계를 개척한 캐트멀과 핸러핸에게 돌아간다. 3차원 애니메이션 영화인 토이스토리, 벅스 라이프, 슈렉 등은 이들이 개발한 컴퓨터 그래픽스 기술로 만들었다. 2009년에 개봉하여 흥행에 크게 성공한 아바타는 실사와 컴퓨터 그래픽스를 혼합해 만든 영화이다. 현재 개봉하는 영화는 거의 모두 사실감을 높이는 동시에 제작 비용을 절감하기 위해 컴퓨터 그래픽스를 사용한다.

CHAPTER

02

모클리와 에커트

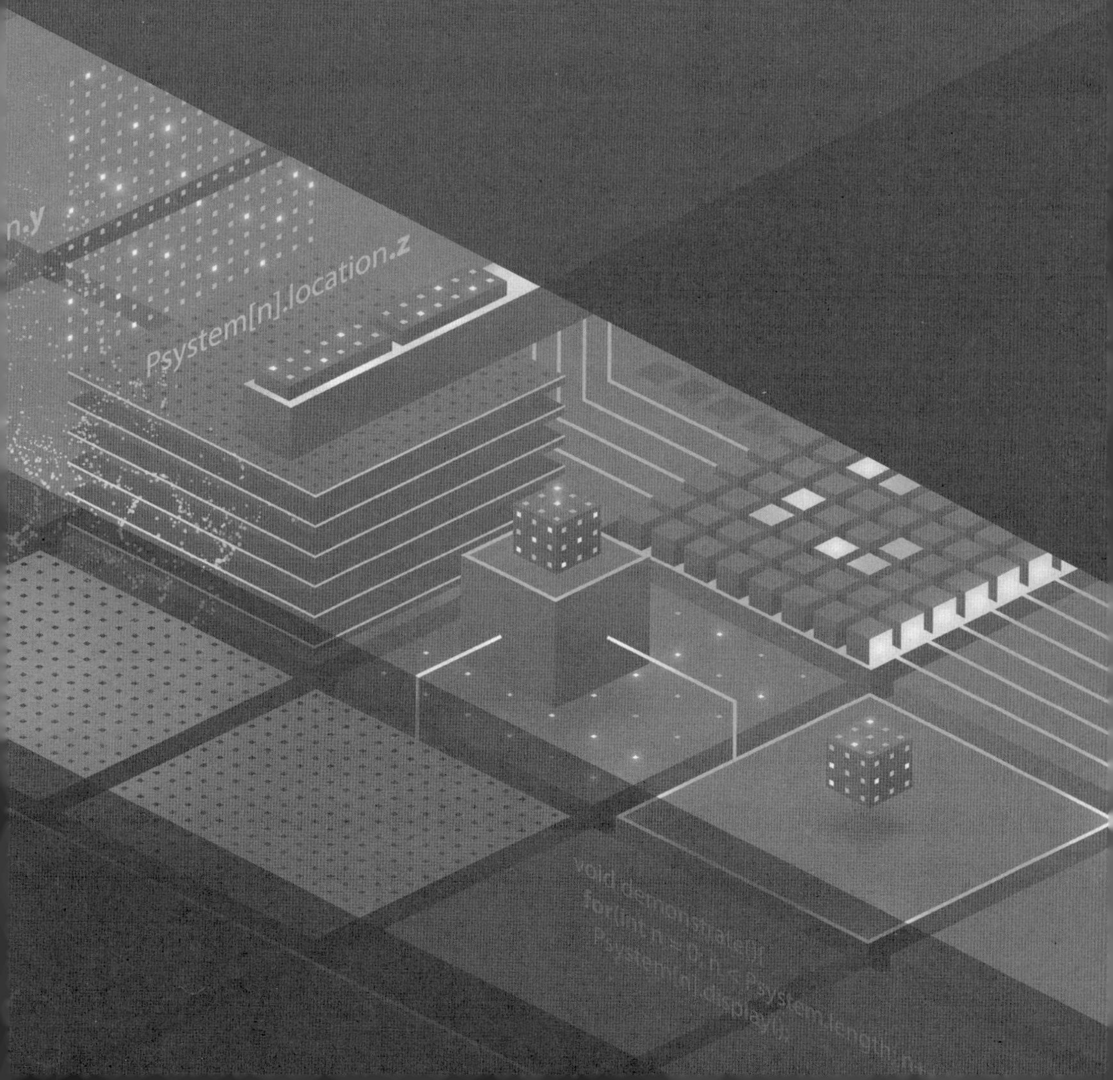

02

모클리와 에커트

20세기에 무르익는 컴퓨터를 향한 꿈

컴퓨터의 역사에서 1940년대는 특별한 시간이다. 이때 들어 미국과 영국, 독일은 계산을 자동으로 할 수 있는 기계를 제작하는 데 열을 올린다. 그 와중에 성공의 환희를 맛보는 사람이 있는가 하면 뒤에서 실패의 눈물을 흘리는 사람도 있다. 그런데 왜 1940년대인가? 1800년대 초반에 배비지가 일생을 바친 차분 엔진과 해석 엔진 이후에 잠잠하다가 왜 이때 다시 열을 올리게 되는가? 역설적이게도 중요한 이유 중 하나는 2차 세계대전이다. 군은 전쟁을 승리로 이끄는 데 빠르고 정확한 계산이 필요했던 것이다.

전쟁의 승리는 군인의 용기와 전투력도 중요하지만 빠르고 정확한 계산도 그것 못지않게 중요하다. 비행기가 지상의 목표물에 정확히 포탄을

떨어뜨리기 위해서는 비행기의 속도, 높이, 위치를 고려해야 하며 그 외에도 풍속, 습도, 기온 등을 고려한 복잡한 방정식을 풀어야 한다. 어느 순간에 어느 방향으로 떨어뜨려야 한단 말인가? 답은 계산에 있다. 포병도 마찬가지다. 포의 특성뿐 아니라 현지의 지형과 기후를 고려한 정확한 사격표가 있어야 한다. 그때그때 상황에 맞추어야 하는 엄청난 양의 계산이 쌓여 있다. 정확도가 높은 군대는 낮은 군대를 압도하게 된다. 2차 세계대전에서 한때 불리한 상황에 몰린 연합군은 빠르고 정확한 계산을 위해 수학을 전공한 여성들을 모집하여 그들을 '컴퓨터'로 활용하였다.[1] 하지만 여전히 수요가 공급을 압도하는 상황에 지쳤고, 빠르고 정확한 계산을 할 수 있는 컴퓨터라는 '기계' 제작에 거금의 개발비를 투자하기로 한다. 이러한 상황에서 인류 문명의 기념비라 할 수 있는 세계

1 그 당시에는 계산을 전문적으로 하는 직업인을 '컴퓨터'라 불렀다.

최초의 전자식 컴퓨터인 에니악이 탄생한다.

2차 세계대전의 전투 장면이다. 전투 현장에 있는 군인들은 눈치채지 못하겠지만, 이들이 사용하는 기계는 수학이 만들어내고 수학으로 작동한다.

에니악의 탄생에는 또 다른 시대적 배경이 있다. 그것은 바로 전기와 전자라는 기술의 발명이다. 이들 기술이 실용화됨에 따라 자동 계산에 활용할 기틀이 생겼으며 많은 과학자들의 아이디어를 자극하게 된다. 전기는 인류가 그것의 정체를 이해하기 전부터 존재하였다. 그것을 제어하는 능력을 갖기 전까지는 번개가 무섭듯이 전기는 두려움 그 자체였다. 하지만 인류는 전기를 이해하기 시작하였고, 특성을 수식으로 표현하고 수식을 기반으로 레이더와 라디오 같은 장치를 만들어 활용하기에 이른다. S극과 N극으로 표현하는 자기도 마찬가지이다. 미국의 에디슨은 전기를 이용하여 전구를 만들었으며, 덴마크의 풀젠은 자기를 이용하여 음성을 기록하는 녹음기를 만들었다. 19세기 후반과 20세기 초반은 이러한 발명이 봇물을 이룬 시대였다. 이러한 기술 성숙도는 당시 과학자와 공학자에게 컴퓨터를 제작하고 싶은 간절한 마음을 불러 일으켰으며, 발명의 즐거움과 성공의 환희를 안겨준 가장 중요한 요인이었다.

펜실베이니아 대학의 무어 스쿨 전경이다. 이곳에서 세계 최초의 범용 전자식 컴퓨터인 에니악이 탄생한다. 에니악을 제작할 당시, 이 건물 지하에서는 수학을 전공한 100여 명의 여성들이 사격표를 제작하는 데 여념이 없었다. 이들은 수작업으로 계산을 하였으며, 이들의 공식 직함은 컴퓨터였다.

배비지는 자동 계산 장치를 만들려는 열정과 아이디어 그리고 두뇌를 가졌지만 불행하게도 전기 기술이 없는 1세기가량 앞선 시대에 살았다. 그는 톱니바퀴로 수를 표현하고 연산을 하며, 증기 기관을 동력으로 사용하는 설계도를 완성하였다. 하지만 그것조차도 그가 살던 시대의 정밀 기계 기술의 한계로 제작에 실패하고 말았다. 전기와 전자 기술은 20세기의 과학자들 앞에 배비지에 비해 훨씬 넓은 상상의 세계와 실현 가능성을 펼쳐준 것이다.

모클리와 에커트의 운명적인 만남

1941년 여름, 미국 펜실베이니아 대학의 무어 스쿨(전기공학과)에서는 특별한 강연이 벌어지고 있었다. 장비를 현대화하고자 하는 군이 후원하는 첨단 전자 기술의 활용에 관한 강연이다. 이 강연의 청중에는 필라델피아 근교에 위치한 어시너스 대학의 교수인 모클리도 있었다. 강연의 조교를 맡고 있던 에커트는 쉬는 시간에 자연스럽게 모클리와 대화를 나누게 된다.

"안녕하세요. 모클리 교수님."

"그런데요. 어떻게 내 이름을?"

"수강자 명단에서 교수님 성함을 보았습니다. 저는 이 대학의 대학원 학생 에커트이고, 강연의 실습 조교를 맡고 있습니다."

"반갑습니다. 나는 어시너스 대학의 물리학과에 근무하고 있습니다.

이 강연은 향후 첨단 전자 기술의 흐름을 주도할 정도로 중요한 것으로 보입니다. 전자 기술을 어떻게 발전시킬지와 어디에 활용할지에 대한 미국과 유럽의 과학자와 공학자들의 지적 호기심은 폭발 직전으로 보입니다."

"저도 그렇게 생각합니다. 지적 호기심도 굉장하지만 전자 기술을 활용하여 각 분야에 꼭 필요한 자동 장치를 만들려는 시도도 이미 광범위하게 벌어지고 있습니다."

"나보다 사정을 더 잘 알고 있는 듯하네요. 그런데 에커트 군은 전자 기술에 어떤 경험을 가지고 있는지 궁금해집니다."

"저는 레이더의 정확도를 높이는 일을 해 보았습니다. 기존 레이더의 기계식 부품을 전자식으로 대치하는 것입니다. 그리고 액체를 채운 음향 탱크에서 기존 액체를 수은으로 대치하여 상당한 성능 개선 효과를 보았습니다."

"대단한 실력입니다. 무어 스쿨에는 군과 관련된 연구가 많은가요?"

"그렇습니다. 레이더뿐 아니라 잠수함의 위치를 탐지하는 장치 개발 등 아주 많습니다."

"아마 필라델피아 근교에 군 시설이 많은 탓이겠지요."

"그렇습니다. 게다가 미분 해석기를 보유하고 있는 탓도 있습니다. 기어와 바퀴로 만들어져 구닥다리 같아 보이지만, 현재 미분 방정식을 푸는 데 그만한 장치도 없습니다. 미분 해석기는 이 건물 지하에 있는데 자주 놀러 갑니다."

"그렇게 자주 사용하나요?"

"쓰러 가는 것이 아니라 보러 갑니다."

"볼품없는 기계를 보러 자주 간다?"

"미분 해석기가 아니라 미모의 컴퓨터를 보러 갑니다. 그녀들은 미분 해석기를 다루는 데 귀재입니다. 젊고 아름답기까지 하고요."

"충분히 그럴만하군요. 언제 나도 구경가야겠네요. 미분 해석기 핑계 대고."

"그런데 교수님께서 강연에 참석하신 특별한 동기가 있으신지요?"

"그렇습니다. 나는 예전부터 기상 예측에 관심이 많았습니다. 그래서 기상 자료를 가능한 한 많이 수집해 두었고, 지금도 새로운 관측 자료가 쌓여가고 있습니다."

"그런데 기상 데이터와 전자 기술이 무슨 연관이 있는지…"

"얼핏 보면 관련이 없는 사물이 자세히 보면 밀접하게 관계를 맺고 있는 경우가 많습니다."

"…"

"기상 데이터와 전자 기술을 연결하는 고리는 바로 계산입니다."

"계산이라고요?"

"그래요. 기상 자료 속에는 일정한 패턴이 들어 있다고 보입니다. 패턴을 수학식으로 모델링한다면, 모델로부터 내일 또는 향후 며칠 간의 날씨를 꽤 정확하게 예측할 수 있게 되리라는 것이 내 믿음입니다. 사실 이미 입증된 간단한 모델이 여럿 있습니다."

"모클리 교수님. 저는 여태껏 생각해 보지 못한 재미있는 발상입니다. 저는 날씨란 그저 자연의 질서와 변덕이 교차하며 생기는 것이고, 그것이 시인의 시상을 자극하는 정도로만 보았는데요."

"자연은 분명 어떤 법칙에 따라 움직이지요. 실제로 얼마나 질서 있는 법칙을 따르는지는 잘 모르겠습니다. 그것이 질서 정연할수록 내 믿음에 힘을 실어주는 셈이 되지요."

"음…"

"간단한 예를 들어 봅시다. 온도와 소나기 사이에는 어떤 연관성이 있을까요?"

"글쎄, 지역마다 차이가 있지만 어떤 지역에서는 온도가 높으면 소나기 올 확률이 높을 것 같습니다."

"바로 그것입니다. 온도뿐 아니라 습도까지 본다면 어떨까요? 온도도 높고 습도도 높다면 소나기 올 확률의 추정치는 더욱 정확해지겠지요."

"그렇네요."

"게다가 구름의 밀도와 양을 측정할 수 있는 기상 측정용 비행기를 정부가 운영한다면, 날씨를 더욱 정확하게 추정할 수 있습니다. 이런 비행기는 이제 정부가 마음만 먹는다면 얼마든지 운영할 수 있습니다. 군용기 중에 몇 대만 차출하면 됩니다. 그럴 가치가 충분히 있습니다. 왜냐하면 정확한 날씨 예측을 한다면 산업 생산을 증대시키는 데 공헌할 뿐 아니라 재해 예방에도 큰 역할을 할 수 있습니다. 군이 작전 수행 계획을 짜는 데도 도움이 되지요."

"그렇군요."

"하지만 자연이 수학으로 표현할 수 있는 법칙을 얼마나 잘 따르느냐는 사람의 영역을 벗어난 신의 영역입니다. 그런데 다행히도 사람이 노력하면 잘 할 수 있는 별도의 영역이 있지요. 바로 정확하고 꼼꼼하게 관찰 자료를 수집하고, 자료를 토대로 수학을 이용하여 모델을 정확하게 정립하는 작업입니다. 이 작업은 바로 우리 인간의 영역이고 그것을 해보려는 것이 나의 생각입니다."

"그리고 수학적 모델링을 하려면 방대한 양의 계산이 필요하다는 말씀이네요."

"바로 그것입니다."

"그럼 교수님께서는 전자 기술을 자동 계산 장치를 제작하는 데 활용하겠다는 의도를 가지고…"

"바로 보았습니다."

"아주 흥미로운 생각입니다."

"전자를 계산에 활용하려는 발상은 이미 널리 퍼진 상태입니다. 나는 이곳에 오기 직전에 아이오와 대학의 아타나소프 교수의 초청으로 그곳에 며칠간 머물렀습니다. 아타나소프 교수는 진공관으로 만든 자동 계산기를 보여주었는데 무척 흥미로운 기계였습니다. 진공관으로 숫자를 표현하고 덧셈과 같은 연산을 수행하는 것이지요. 진공관은 전류의 흐름에 따라 서로 다른 상태를 표현할 수 있기 때문에 전류 흐름을 조절하여 수를 표현할 수 있습니다."

"저도 견학하고 싶은 마음이 굴뚝같습니다. 그런데 536 × 12와 같은 계산을 실제 수행하는 것을 목격하셨는지요?"

"전체적으로 기대에 비해 실망이었습니다. 그 기계는 겉은 전자식이지만 전체로는 기계식이라 말하는 것이 맞습니다. 중간 과정에 사람이 개입해야 하므로 자동이 아니라 수동입니다. 그리고 실제 완성되지 않아 작동이 불가능하였습니다."

"그만큼 자동 계산 장치의 제작이 어렵다는 반증으로 볼 수 있겠네요."

“그렇습니다. 아마 진공관이라는 전자 기술로 영영 불가능한 일인지도 모르지요. 하지만 나는 분명 그것이 가능하리라 봅니다. 길은 있는데 단지 우리가 그 길을 모를 뿐이지요.”

“저도 계산은 아니지만 레이더를 개선하는 프로젝트에서 절망감과 희망이 교차하는 속에서 일을 진행한 적이 있습니다. 결국 성공하였는데, 그때 느낌은 전자 기술의 잠재력은 우리가 알고 있는 것보다 훨씬 넓고 깊다는 것이었습니다. 지금은 누구도 그 너비와 깊이를 가늠하지 못하고 있다는 느낌이었습니다. 인류의 삶을 확 바꿀 정도의 힘… 저도 분명 전자 기술을 계산에 활용할 수 있다는 믿음을 가지게 됐습니다.”

“동조자가 한 명 탄생했네 그려.”

“모클리 교수님. 저는 타고난 공학자입니다. 교수님의 프로젝트가 시작되면 저도 끼워주십시오. 분명 도움이 될 것입니다.”

“나도 에커트 군과 같은 열정과 능력을 지닌 젊은이가 꼭 필요합니다. 어떻게든 프로젝트를 만들어 보도록 합시다.”

갑자기 복도가 웅성거리고 사람들이 강연장으로 움직이기 시작한다.

“사람들이 들어가는 것을 보니 다음 강의가 시작될 모양입니다.”

“들어갑시다. 우리 프로젝트를 시작하기 전에 이론 무장을 튼튼히 해야지요.”

2차 세계대전과 빠르고 정확한 계산

1930~1940년 당시, 펜실베이니아 대학이 있는 필라델피아라는 도시는 전자 산업의 샛별이었다. 무엇보다 전자 분야의 기업이 근교에 많이 포진하고 있었다. 필코는 라디오를 가장 많이 생산하는 업체였다. 그리고 RCA 빅터, 앳워터 켄트 등 쟁쟁한 회사들이 필라델피아 또는 인근에 뿌리를 두고 있었다. 그리고 펜실베이니아 대학의 전기공학과인 무어 스쿨이 인력과 기술을 공급하였다. 지금으로 치면 캘리포니아 주에 있는 스탠퍼드 대학과 실리콘밸리의 관계로 볼 수 있다.

필라델피아 인근에 주둔하고 있던 군은 무어 스쿨의 능력을 최대한 이용하였다. 펜실베이니아 대학 입장에서 보면 군은 첨단 전자 기술의 수요자임과 동시에 연구개발 자금의 공급자였다. 그것도 아주 큰 규모로. 군이 무어 스쿨에 관심을 집중한 또 다른 이유가 있었는데 무어 스쿨 건물 지하에 설치되어 있는 미분 해석기 때문이었다. 이 기계는 미분방정식을 풀기 위해 바퀴와 디스크를 이어 붙여 만든 계산 장치였는데, 당시 전 세계에 몇 안 되는 매우 중요한 장치였다. 미분 해석기는 1876년 제임스 톰슨(James Thomson, 1822~1892, 영국)이 발명하였는데, 실제 사용 가능한 기계는 1927년에 MIT 대학의 배너바 부시(Vannevar Bush, 1890~1974, 미국)가 개발하였다. 계산의 중요성을 충분히 인지하고 있던 군이 무어 스쿨의 강연을 후원한 것에는, 미분 해석기를 비롯하여 기계식으로 작동하는 구식 장비를 전자 기술을 이용하여 현대화하려는 의도가 짙게 깔려 있었을 것이다. 바야흐로 군은 전자 장비로 무장하기 시작하였고 미국은 선두에 서 있었던 것이다.

1939년 9월 1일, 전 세계를 놀라게 하는 사건이 터진다. 독일이 폴란드를 침공한 것이다. 1차 세계대전의 아픔이 채 아물기도 전에 사람들은 또 다른 불안감에 휩싸인다. 이 사건으로 지구는 미국, 영국, 프랑스, 소련, 중국의 연합국과 독일, 이탈리아, 일본의 추축국으로 나뉘어 치열한 싸움으로 치닫는다. 2차 세계대전이 터진 것이다. 전쟁은 반드시 이겨야 한다는 절박감을 수반한다. 패배는 정권의 붕괴로 이어지고 결국 약소국으로 전락을 의미하기 때문이다.

2차 세계대전은 이전 전쟁과 다른 면이 분명 있었다. 이제는 군인의 수보다 과학기술의 뒷받침을 받은 첨단 장비의 수준이 승패를 가르는 주요 요인이 된 것이다. 군은 비행기를 가졌으며, 더 정확하고 멀리 나가는 대포를 사용하였으며, 강력한 힘을 가진 탱크를 앞세우고 격전지를 누비고 다녔다. 이들 장비의 정확성을 좌우하는 바탕에는 전기와 전자 기술이 자리잡고 있었다. 군대는 아주 복잡한 암호 체계를 사용하였으며, 상대방의 암호를 알아내기 위한 암호 해독 기술 또한 첨단을 달리고 있었다. 인류 역사상 가장 강력한 살상 무기를 만들기 위한 핵 기술이 서서히 모습을 갖추어 가고 있었다. 이런 과학기술의 중요성을 인식한 측은 추축국보다는 연합국이었다. 연합국 내에서는 미국이 가장 앞서 있었다.

전쟁을 관망하던 미국은 일본이 진주만을 폭격하자 1942년에 2차 세계대전에 발을 들여 놓는다. 미군은 과학기술의 중요성을 깊이 깨닫고 있었고 과학기술을 군에 도입하는 가장 효과적인 방법은 과학자를 확보하는 것이란 걸 잘 알고 있었다. 미국 정부는 물리, 화학, 생물 등의 다양한 분야의 젊은 교수를 징집하였고, 수학 분야도 예외가 아니었다. 대

목표물을 정확히 타격하기 위해서는 사격표의 정확성이 무엇보다 중요하다. 사격표를 만들기 위해서는 엄청난 양의 계산이 필요하다.

학에 '전쟁에 도움이 될 아이디어를 제출하라! 그럼 연구 개발비를 아낌없이 지원하겠다'는 메시지를 보낸다. 그리고 전쟁을 일시에 승리로 이끌 수 있는 결정적인 무기도 극비리에 개발하고 있었다. 그것은 바로 핵폭탄을 개발하는 맨해튼 프로젝트이었다. 또 다른 매우 중요하고 다급한 것이 있었다. 그것은 바로 '빠르고 정확한 계산'이었다. 일례로 미군의 포병 부대는 포, 비행기, 함대 등의 사격과 관련한 기술 지원을 위한 탄도학 연구소BRL(Ballistic Research Laboratory)를 운영하고 있었는데, 이 연구소의 주된 임무는 사격표firing table의 제작이었다.

"사격표는 수 마일의 사정 거리를 갖는 대포의 발사각과 방향을 결정하는 데 사용되는, 전투 현장에서 무엇보다 중요한 정보이다. 그 당시 사격표 제작은 수학을 전공한 여자들이 주로 담당하였는데—재미있게도 그 당시 이 직업인을 '컴퓨터'라 불렀다—그들은 기계식 탁상 계산기를

1900년 초에 사용되던 기계식 탁상 계산기이다. 계산 결과를 프린트하는 기능도 보인다. 현재 사용되는 전자식 계산기에 비하면 무척 원시적이지만, 계산을 담당하던 당시의 직업인에게는 무엇보다 고마운 기계였다.

사용하였다. 특정 대포의 종류와 전투 지역의 지형이 주어지면 그에 맞는 새로운 사격표를 작성해야 한다. 사격표는 약 3000개의 궤적를 갖는데, 궤적마다 750번의 계산이 필요하다. 혼자 이 표를 계산하는데 대략 4년이 걸린다. 군은 생산성을 높이기 위해 펜실베이니아 대학의 무어 스쿨에 설치된 미분 해석기를 빌려 썼는데, 골드스타인은 대학과 군 사이의 매개 역할이라는 매우 중요한 임무를 맡고 있었다."—위키백과(검색어=Herman Goldstine)

모클리와 골드스타인의 집념이 만나다

대학 교수로 근무하던 중 미군에 징집된 사람 중에 컴퓨터 역사에 자주 등장하는 사람이 있다. 허먼 골드스타인(Herman Heine Goldstine, 1913~2004, 미국)이다. 그는 시카고 대학에서 수학 전공으로 박사학위를 받은 후, 미시간 대학에서 교수 생활을 시작하였다. 미국의 참전은 그에게 다른 길을 걷게 한다. 군은 그의 전문성을 고려하여 탄도학 연구소에 배치한다. 그 당시 탄도학 연구소는 사격표 계산으로 골머리를 앓고 있었으니 수학을 전공한 그가 배치된 것은 자연스러운 일이었다. 이 연구소는 계산의 생산성을 높이기 위해 펜실베이니아 대학의 미분 해석기를 빌려 쓰고 있었는데, 골드스타인은 그 일의 책임자로 임명된다. 무어 스쿨 지하에는 밤낮을 가리지 않고 백여 명의 여성 컴퓨터들로 북적거렸다. 골드스타인은 학자였지만 일을 기획하고 조직하고 실행하는 데에도 탁월한 능력을 지니고 있었다. 그로 인해 무어 스쿨의 지하는 제대로 굴러가고 있었다.

하지만 전선이 아프리카 대륙으로까지 확장됨에 따라, 여전히 계산 수요가 공급을 넘쳐 빠른 계산에 목말라 있었다. 이런 상황에 골머리를 앓던 골드스타인에게 무어 스쿨의 엔지니어 조셉 채플린은 귀띔을 한다. 무어 스쿨에 전자 기술을 이용해 자동 계산 장치를 만들고 싶어 안달하는 모클리 교수가 있다고. 골드스타인은 지체 없이 움직이기 시작한다. 곧바로 모클리 교수의 연구실을 방문한다.

“모클리 교수님. 저는 미군의 탄도학 연구소에 소속된 골드스타인입니다. 이 건물의 지하에 있는, 사격표 만드는 부서의 책임자입니다.”

“복도에서 몇 번 본 적이 있습니다. 대학에 계시다가 군에 입대하신 걸로 알고 있습니다.”

무어 스쿨의 지하에서 사격표 작성에 몰두하는 여성 컴퓨터들이다. 이들이 사용하는 장비는 미분 방정식을 풀기 위한, 부시가 개발한 미분 해석기이다. 이 기계는 바퀴와 디스크로 작동하는 특수 목적용 아날로그 컴퓨터라 볼 수 있다. 사진에서 보는 바와 같이 자동이 아니라 수동이다.

"미시간 대학에서 수학을 가르쳤습니다. 전쟁은 많은 사람의 운명을 바꾸어 놓습니다."

"좋은 게 아니지요. 전쟁은 무어 스쿨의 분위기도 바꾸어 놓았습니다. 밝아졌다고 해야 할까. 이전에는 이 건물에 지하가 있는지도 모르던 학생이 지하를 기웃거리곤 합니다. 지하에서 일하는 사람들은 제 몫을 잘 하고 있는지요? 전국에서 수학을 전공한 똑똑한 여성들을 모집했다 들었습니다."

"그들은 제 몫 이상을 하고 있습니다. 계산의 많은 부분을 미분 해석기로 해결하고 있는데 자주 고장을 일으켜 여러모로 애를 먹고 있습니다. 전쟁이 여러 곳으로 확산되는 바람에 일감이 자꾸만 늘어나고 있어 걱정이 태산입니다. 얼마 전에 군에서 연락이 왔는데 북아프리카도 전쟁터로 변했답니다. 유럽에서 사용하던 사격표를 그곳에서 사용하고 있는데 명중률이 턱없이 낮아 알아보니 그곳 지반이 유럽보다 무른 탓이라 합니다. 시급히 그곳 지형에 맞는 사격표를 만들어 보내라는데, 인력은 한정되어 있고…"

"인력은 어떻게 모집하나요?"

"여러 경로로 모집하고 있습니다. 모집 광고가 기본입니다. 한 번은 제 아내 에델이 저를 도와준다고 전국에 있는 대학을 돌며 수학과 학생을 모집해 온 적도 있습니다."

"전쟁에서뿐만 아니라 과학기술이 발전해 감에 따라 계산의 양이 폭발적으로 늘고 있습니다. 나는 기상 예측에 오래 전부터 관심을 가져왔는데, 현재까지 수집해 보관하고 있는 자료만도 사람이 수동으로 계산할 수 있는 양을 훨씬 넘었습니다. 결국 인류는 지금보다 훨씬 빠른 자동 계산 장치를 만들어야 합니다. 바로 그 시점에 와 있습니다."

"제가 교수님을 찾아온 것도 그 때문입니다."

"음…"

"우리 팀에서 엔지니어로 일하는 채플린이 교수님을 만나보라고 권하더군요. 교수님께서 현재보다 수천 배 빠른 전자식 자동 계산 장치를 만들려는 계획을 가지고 계시다고."

"그렇습니다. 나는 그것이 가능하다고 봅니다. 물론 쉬운 일은 아니겠지만."

"얼마 전에 교수님께서 무어 스쿨에 제안서를 제출했다고 들어, 어제 행정실을 찾아 갔습니다. 직원은 한참 파일을 뒤지더니 결국 찾지를 못하더군요. 혹시 사본을 가지고 계신지요?"

"나는 그 문서를 매우 중요한 것으로 봅니다. 하지만 무어 스쿨의 학장과 다른 교수들은 그것의 가치를 보지 못합니다. 매우 안타까운 일입니다. 그래서인지 행정 직원도 하찮게 취급한다는 느낌을 받았습니다. 아마 내가 제출한 바로 그날 쓰레기통에 들어갔을 수도 있습니다. 나는 어시너스 대학에 근무하다가 전쟁의 여파로 빈 자리가 생겨 얼마 전 이곳으로 이적하였습니다. 이곳에서 어쩐지 보수적인 색채를 느낍니다."

"혁신적인 아이디어의 가치를 알아보는 안목은 아무나 가지는 것이 아닌 모양입니다. 그 제안서의 사본은 가지고 계신지요?"

"온전한 사본은 아니지만 일부 남아 있는 내용으로 복구할 수 있습니다."

"현재 미군은 전쟁에 사활을 걸고 있습니다. 국가의 운명이 걸려 있는 것이지요. 만일 연합국이 진다면, 추축국에 속한 독일이나 이탈리아 또는 일본이 미국을 점령할 것입니다. 끔찍한 일이지요. 현재 전세가 그리 유리하지 않은데 상황을 반전시키기 위해서는 과학기술의 힘이 무엇보다 필요하다고 군은 생각하고 있습니다. 그래서 대학의 아이디어를 대대적으로 모집하고 있습니다. 전쟁에 도움이 되는 아이디어 중 실현 가능한 것에 아낌없이 연구 자금을 지원하겠다는 것이 군의 생각입니다."

"이해가 됩니다. 민간인인 나에게도 치열함이 온몸으로 느껴집니다. 이 건물의 지하에서 벌어지는 작업도 그 연장선이겠지요."

"그렇습니다."

"골드스타인 박사님이 하시고자 하는 이야기의 요지는 지금보다 수천 배 빠른 자동 계산 장치를 만들어 보자는 것이지요?"

"바로 그것입니다. 필요성은 이미 누구나 공감하고 있습니다. 북아프리카에 깔려 있는 수많은 대포와 무어 스쿨의 지하에서 벌어지는 상황이 자동 계산 장치의 필요성을 선명하게 보여주고 있습니다. 문제는 실현 가능성입니다. 전자 기술을 사용하여 계산 장치를 빠른 시간 내에 만들 수 있는지 여부가 핵심입니다."

"가능하다고 봅니다. 진공관을 사용해야지요."

"그렇습니다. 진공관은 이미 라디오, 레이더, 무전기 등에 널리 사용되어 효용성이 입증되어 있습니다."

"그렇습니다. 현재 하버드 대학과 MIT에서 자동 계산 장치를 개발하고 있습니다. 하버드에서는 에이컨 교수가 개발을 담당하고 있습니다. 하지만 그들은 낡은 생각을 가지고 출발했습니다."

"낡은 생각이라면…"

"그들은 여전히 기본 부품으로 기계식 장치인 릴레이를 쓰고 있습니다. 알다시피 릴레이는 속도가 느리지요. 물리적인 쇳덩이가 움직이니 그럴 수밖에요. 릴레이는 기차의 선로를 자동으로 변경하는 곳에 쓰면 딱이지요. 데이터의 연산 과정에 쇳덩이가 배치된다면 그곳이 병목이 됩니다. 전체 계산 시간을 그곳이 좌우하게 됩니다. 매우 나쁜 설계지요. 계산에는 진공관을 써야 합니다. 진공관은 전자의 속도로 작동합니다. 그들은 진공관의 불안정성을 들이 대며, 내 생각이 바보짓이라고 서슴없이 말할 것입니다. 하지만 나는 그들이 계산을 쇳덩이로 하려고 하는 바보라고 단언합니다. 아까운 재능을 낡은 기술에 낭비하고 있는 셈이지요. 나는 입력과 출력을 뺀 전 과정에 진공관을 사용하려 합니다."

"저도 그렇게 가야 한다고 생각합니다. 그런데 실현 가능성은 어떻게 보아야 할까요?"

"이렇게 생각해 봅시다. 예를 들자면 레이더는 전파를 쏜 다음 돌아오는 시간을 측정하여 목표물까지의 거리를 측정합니다. 레이더는 공중에서 전파를 잡아 화면에 보여줍니다. 진공관은 안테나가 잡은 전파를 증폭하고 상태 변화를 표현하고 저장하는 기능을 하고 있습니다. 레이더는 이미 만들어져 군에서 널리 사용하고 있는 물건이지요. 자, 계산은 어떻습니까? 외부에서 숫자를 받아(종이 테이프나 펀치카드 등을 사용하면 되겠지요) 그것을 저장하고(레이더의 신호 저장과 비슷하지요) 그것들 간에 연산을 하고(상태 변화가 발생하겠지요) 진공관을 이용하여 레이더를 만들 수 있다면 계산 장치도 가능해야 말이 됩니다."

"하지만 계산 장치는 정확한 수를 다루어야 하는데 레이더는 잡음이 섞인 신호를 다룹니다. 그리고 계산기는 레이더와 달리 덧셈과 곱셈을 할 수 있는 연산 장치가 필요합니다. 비슷하지만 다른 점도 선명하게 드러납니다."

"가능할 것입니다."

"모클리 교수님께서 그런 빈 공간을 메우는 작업을 해 주셨으면 합니다. 제가 볼 때 미국에서 가장 적임자는 바로 교수님입니다."

"나는 기상 예측에 정열을 쏟아 왔습니다. 그런 장치를 만든다면 전쟁을 위해 사격표를 만드는 데 쓸 수도 있지만, 프로그램만 바꾸어 주면 기상 예측을 위한 계산에도 쓸 수 있습니다. 심지어 정부의 통계 처리나 큰 기업의 회계 처리에도 활용할 수 있을 것입니다."

"인류의 삶을 뒤흔드는 파급력을 가졌다고 보여집니다."

"무어 스쿨의 학생들은 뛰어납니다. 만일 프로젝트가 시작된다면 이

곳에서 엔지니어를 모집할 수 있습니다. 내가 알고 있는 에커트라는 학생은 이미 진공관을 사용하여 레이더의 성능을 개선해 본 경험이 있습니다."

"이미 출발선에 서 있는 느낌입니다. 개발 자금을 지원하겠다는 군의 결정만 남아 있는 셈입니다."

"나는 무어 스쿨이 잃어버린 제안서를 복구하고, 그것을 바탕으로 군에 제출할 제안서를 만들어 보겠습니다."

"저는 군의 상황을 알아보고 군이 우리 제안서 내용을 충분히 이해할 수 있도록 사전 작업에 최선을 다하겠습니다."

에니악 제작을 위한 프로젝트 PX

1943년 4월 9일 골드스타인은 모클리·에커트와 함께 군의 제안 설명회에서 전자식 자동 계산 장치의 제작을 제안하고, 우여곡절 끝에 군은 개발 지원금을 제공하기로 결정한다. 이렇게 프로젝트 PX가 탄생한다. 그 당시 모클리는 35세로 나이가 가장 많았고 골드스타인은 29세 그리고 에커트는 24세에 불과하였다. 나중에 에커트는 그 당시를 이렇게 회고한다.

"전쟁이 아니었으면 우리처럼 젊은 사람들에게 거금을 제공하지 않았을 것입니다. 하지만 우리가 5년만 더 나이가 들었다면, '그건 무모한 일일 거야', '진정한 전자식 컴퓨터는 불가능해'하고 그만두었을지도 모릅니다."

모클리와 에커트는 개발할 기계의 이름을 Electronic Numerical Integrator라 하였는데, 탄도학 연구소의 길론 대령이 Electronic Numerical Integrator and Computer라고 수정할 것을 제안하였고 모두 동의하여 결국 기계의 이름은 에니악(ENIAC)이 된다. 적분기라는 Integrator가 붙은 것은 사격표 작성이 적분을 주로 하였기 때문이다. 에니악이 단순히 사격표 작성만 하는 것이 아니라, 프로그램을 변경하면 매우 다양한 일을 할 수 있는 '범용' 계산 장치임을 알아보고 꼬리에 컴퓨터라는 용어를 덧붙인 길론 대령은 시대를 읽는 안목을 지닌 사람이었을 것이다.

공식적인 계약은 1943년 6월에 이루어진다. 곧바로 모클리와 에커트는 12명의 고급 엔지니어로 팀을 꾸려 에니악 제작에 돌입한다. 무어 스쿨은 1층에 작업실을 마련해 주었다. 에니악 팀은 두 가지 상황으로부터 심한 압박을 받는다. 이들은 큰 개념을—진공관을 사용하여 수를 표현하고 연산을 하는—알고 있었고, 진공관으로 레이더와 같은 장치를 만든 실제 경험을 가지고 있었다. 하지만 수를 어떻게 표현할지, 표현된 수에 일정한 수를 더하는 연산을 어떻게 실현할지, 그리고 프로그래밍 방식은 어떻게 해야 할지 등에 대해서는 막연한 구상만 가지고 있었다. 지구상에는 이러한 과정 전체를 해본 사람은 없었던 것이다. 다시 말해 막힐 때 기댈 사람이나 신뢰할 수 있는 문서가 없다는 뜻이다. 이런 기술적인 압박 못지않게 행정적인 압박도 심하였다. 이들은 치열한 전쟁을 치르고 있는 군과 계약했던 것이다. 빨리 만들어 탄도 계산 작업에 투입해야 한다. 설계와 제작 과정의 중요한 대목에서 의사 결정은 신속하고 정확해야 한다. 시행착오를 겪을 시간 여유가 이들에게는 없었다.

다행한 점은 팀의 모든 구성원이 프로젝트의 역사적인 의미를 충분히 이해하고 있었고, 젊은 그들은 뜨거운 열정을 가지고 있었다는 것이다. 팀은 밤과 낮을 구분하지 않고 일하였다. 그들은 시간에 쫓기고 있었다. 가장 연장자인 모클리는 설계에 치중하고 전체 작업 과정을 이끌었다. 에커트는 실물 제작 과정을 진두 지휘하였다. 모클리와 에커트는 상대방의 장점을 살려주며 단점은 보완해 주는 좋은 짝이었던 것이다.

에니악이 사용할 진공관은 릴레이에 비해 수만 배 빠르다는 결정적인 장점이 있다. 하지만 당시 진공관 제조 기술은 치명적인 결함을 안고 있었다. 진공관은 전구와 마찬가지로 진공 상태의 유리관 속에 필라멘트가 있는데 가열되면 전자를 방출한다. 이 필라멘트가 쉽게 끊어지는 것이다. 이와 같이 진공관이 타버리면 새것으로 바꿔 끼우는 수밖에 없다. 설상가상으로 전쟁통에 기술자들이 징집되어, 많은 수의 진공관 숙련공들이 공장이 아닌 전쟁터에 있었다. 불량률이 이전보다 크게 증가한 것이다. 그 당시 텔레비전이 약 30개의 진공관을 장착하였는데, 에니악은

5000개가량 쓸 것으로 예측되었다. 당시 진공관을 생산하는 RCA 같은 회사도 그렇게 많은 진공관을 채택한 기계는 불가능할 것이라고 단언하고 프로젝트 참여를 거부하였다. 5000 개가 번갈아 가며 타버린다면 그 기계는 몇 분에 한 번씩 고장이나 쓸모없는 것이 될 것으로 본 것이다. 현실적으로 충분히 일리가 있는 진단이었다.

RCA에서 생산한 12AX7이라는 이름의 진공관이다. 높이는 5.6cm이고 지름은 2cm로서, 성인의 엄지손가락만 하다.

타고난 공학도 기질을 갖춘 에커트는 어려운 상황에서 발군의 실력을 발휘한다. 그는 불량률을 줄이기 위해 편집증에 가까운 고집을 부린다. 진공관에 가하는 전압을 조절하며 고장이 가장 적은 전압을 찾아내는 실험을 수없이 반복하여 고장을 최소로 유지할 수 있었다. 에니악 팀은 '만들어 보며 개선해가는' 전형적인 공학의 길을 착실히 밟고 있었다. 성질이 무척 급했던 에커트는 팀에서 가장 많이 가장 빨리 생각하는 사람이었고, 엔지니어링 과정을 진두 지휘하였다. 모든 기술적인 결정은 그의 결재를 받아야 했다. 때로 안하무인의 태도를 취한 그였지만, 작업장에 가장 오래 남아 일하고 그의 결정은 항상 옳은 방향으로 나아가는 것을 잘 아는 모든 팀원은 그를 따랐으며 존경하였다.

골드스타인은 필요한 인력과 장비를 외부에서 구해 팀에 공급하는 윤활유 역할을 하였다. 수많은 전선의 연결 작업이 필요함을 깨닫고 전화 회사의 케이블 기술자를 고용한 사람은 그였다. 벨연구소가 보유한 전화 기술 가운데 에니악 제작에 도움이 될만한 기술을 빌려왔으며,

IBM으로부터 입출력 장치로 사용할 카드 판독기와 프린터 기술을 들여왔다. 수많은 진공관으로 후끈거리는 방을 식히기 위해, 통풍 시설을 위한 전문 회사를 섭외하는 일도 그의 몫이었다.

누산기의 완성을 축하해 주세요

에니악에서 가장 중요한 부분은 누산기accumulator였다. 누산기는 수를 저장하는 메모리 역할뿐 아니라 덧셈을 수행하는 회로도 갖추도록 설계되어 있었다. 프로젝트가 시작된 지 1년쯤 지난 어느 날 모클리와 에커트는 아이같이 들뜬 표정으로 건물 지하에 있는 작업실로 뛰어간다. 그곳에서 사격표 작성에 여념이 없는 여성 연구원들은 깜짝 놀란다. 모클리와 에커트는 두 명의 연구원을 1층에 있는 에니악 작업실로 끌고 간다. 그중 한 명은 캐슬린이다.

"이 방은 1급 군사 기밀로 우리는 못 들어가지 않나요?"
"딱 한 번만… 꼭 봐야 할 것이 있습니다."
"평소 안 그러던 분들이 오늘 왜 이럴까?"
"축하할 일이 있습니다. 우리만 보기에는 너무 아깝습니다."

모두 에니악 작업실로 들어간다.

"굉장하네요. 이게 다 무엇인가요? 이 기계가 우리를 대신하여 계산

을 해 준다?"

"머지않아 그렇게 될 것입니다. 자 여기를 보세요."

"에커트 씨, 여기 번쩍거리는 램프는 뭘 의미하나요?"

"여기 큰 박스 두 개가 보이지요. 이것이 수를 저장하고 덧셈도 해주는 누산기입니다. 패널에 붙어 있는 램프는 내부에 저장되어 있는 숫자를 밖에서 확인할 수 있게 해 줍니다."

"지금 저장된 수는? 가만… 왼쪽은 1000 같고 오른쪽은 5…"

"정확합니다. 역시 수학의 달인이네요."

"무어 스쿨에 온 지 2년입니다. 매일 계산만 하다 보니, 이제 꿈에 숫자가 나타나 말도 걸어요."

"숫자가 말을 건다. 참 재미있는 표현이네요."

"정말입니다. 누산기가 두 수를 더해 주기도 하나요?"

"물론이죠. 그걸 보여드리려고 우리가 안달하고 있는 것입니다. 이제 인류에게 이전에 본 적이 없는 새로운 기계를 선물하는 의식을 치르는 셈입니다."

"무척 영광스럽네요. 이 자리에 우리를 초대해 줘서 고맙습니다."

"이 누산기는 덧셈을 반복하여 곱셈을 합니다. 현재 램프가 보여주는 바와 같이 1000과 5가 저장되어 있으니 1000을 5번 더하여 곱셈을 합니다."

"…"

"저기 빨간 스위치 보이지요. 스위치를 아래로 내리면 곱셈을 하라는 명령이 전달됩니다."

"제가 해봐도 되나요?"

"물론입니다."

캐슬린은 조심스럽게 다가가 스위치를 잡고 잠시 뜸을 들이다가 스위치를 내린다. 그녀는 순간 깜짝 놀란 표정을 짓는다.

"어… 벌써 끝난 것인가요? 가만… 5000 맞나? … 맞네요."

"이제 확실히 보셨죠. 얼마나 빠른지."

"정말 놀랍네요. 이런 금속 통이 눈깜짝할 사이에 곱셈을 한다는 것이."

"모클리 교수님과 제가 이리 흥분하는 이유가 충분히 설명되었죠?"

"충분히 그럴 만 하네요."

두 명의 여성 연구원 중 하나는 캐슬린 맥널티(Kathleen McNulty Mauchly Antonelli, 1921~2006, 미국)이다. 그녀는 1942년에 군의 여성 컴퓨터 모집 광고를 보고 무어 스쿨의 사격표 계산 팀에 합류한다. 당시 75명 가량의 여성이 탁상용 계산기와 미분 해석기를 사용하여 밤낮없이 사격표를 계산하고 있었다. 군에서 부여한 그들의 공식 직함은 '컴퓨터'였다. 에니악이 완성된 뒤에 여성 컴퓨터 중에서 여섯 명을 에니악 프로그래머로 뽑았는데, 캐슬린도 그중에 끼어 있었다. 나중에 모클리와 에커트는 회사를 설립하는데, 모클리는 캐슬린을 스카우트할 생각을 가지고 있었다. 그런 와중에 모클리의 부인이 사망하는 사건이 발생하게 되는데, 모클리는 캐슬린에게 스카우트 제의를 하는 대신 프로포즈를 한다. 캐슬린은 모클리의 직원이 아니라 아내가 된다. 캐슬린은 에니악 프로그래머라는 공적으로 인해 국제 여성 기술자 협회의 명예의 전당[2]에 올랐다.

에니악 팀의 각고의 노력으로 세계 최초의 범용 전자식 컴퓨터는 서서히 모습을 갖추어 간다. 이 팀은 20개의 누산기를 제작하였고 입출력 장치로 IBM의 카드 판독기와 천공기 그리고 프린터를 구입한다. 큰 작업실은 여러 가지 모양의 장비로 점점 채워져 갔다.

하지만 제작 과정에서 설계 결함도 드러난다. 결함은 프로그래밍과 관련된 것이었다. 에니악은 프로그램을 메모리에 저장하는 방식이 아니라, 기계의 전면부 패널에 붙어 있는 스위치와 케이블을 조작해 프로그램을 입력하는 방식으로 설계되어 있었다. 모클리와 에커트는 이러한 결함을 인지하고 후속 모델 에드박EDVAC(Electronic Discrete Variable Automatic Computer)의 설계 작업을 병행한다. 에커트는, 에드박은 프로그램을 메모리에 저장하는 '저장 프로그램' 방식을 써야 한다는 메모를 작성해 두었

2 WITIWomen in Technology International Hall of Fame(http://www.witi.com/) 기술 분야에 탁월한 공적을 남긴 여성을 기리는 명예의 전당이다.

다. 메모 작성은 1944년 2월경이었다. 저장 프로그램 개념은 프로그램과 데이터를 같은 메모리에 저장하는 획기적인 아이디어였다. 또한 에니악이 불과 20개의 수를 저장할 수 있었던 데 반해, 에드박은 2000개를 저장할 수 있도록 설계하였다. 저장 프로그램 방식은 데이터뿐 아니라 프로그램도 메모리에 저장해야 하기 때문이다. 모클리와 에커트는 저장 프로그램 개념을 정립해 두었고 그것을 실현할 방안도 마련해 두었던 것이다. 저장 프로그램 개념은 고생 끝에 얻은 두 사람의 값진 아이디어였다.

골드스타인,
기차역에서 노이만을 만나다

에니악의 제작이 속도를 내고 후속 모델인 에드박의 설계도가 서서히 모습을 드러내고 있는 상황에서 우연한 사건이 발생한다. 1944년 6월 골드스타인은 출장 중에 애버딘 기차역에서 당시 세계적으로 저명한 수학자인 폰 노이만 박사를 만난다.

"혹시 노이만 박사님 아니신지요?"

"그런데요. 누구신지?"

"저는 미시간 대학의 수학과에서 교수를 하다, 지금은 전쟁 때문에 미군의 탄도학 연구소에 소속된 골드스타인이라고 합니다."

"반갑습니다."

"현재는 펜실베이니아 대학의 무어 스쿨에 파견되어 근무하고 있습니다."

"…"

"제가 박사 과정 학생일 때 노이만 박사님의 논문을 여러 편 읽었습니다. 모든 논문이 간결하면서도 핵심을 잘 부각시켜, 저에게는 수학 지식의 획득뿐 아니라 글 쓰는 훈련에도 큰 도움이 되었습니다."

"도움이 되었다니 다행입니다."

"박사님께서는 프린스턴 대학의 고등연구원에 계신 걸로 알고 있습니다."

"그렇습니다. 1933년에 설립되었는데 초기 멤버로 들어 갔습니다. 상대성 원리로 유명한 아인슈타인도 같은 초기 멤버입니다."

"석학 중에 석학이 모인 곳이네요. 그런데 박사님께서는 어디를 가시는지요?"

"내 집이 있는 프린스턴과 여기 애버딘, 그리고 로스 알라모스를 자주 돕니다. 로스 알라모스에는 전쟁과 관련된 큰 프로젝트가 진행 중입니다.”

“어떤 프로젝트인지요?”

“미안하지만 군의 특급 비밀이라 밝힐 수 없습니다. 전쟁의 승패를 좌우할 수 있을 정도의 중요한 것이라는 정도만…”

“초면에 꼬치꼬치 여쭤봐 죄송합니다.”

“미안해할 것 없습니다. 그런 호기심이 없다면 아무 짝에도 쓸모없는 사람입니다. 진정한 호기심은 초면과 구면을 구별하지 않습니다. 내가 볼 때 골드스타인 박사님은 맡은 일을 야무지게 처리할 분 같습니다.”

“좋게 평가해 주셔서 감사드립니다.”

“그런데 현재 탄도학 연구소에 소속되어 있고 무어 스쿨에서 파견 근무한다고 하셨는데. 무어 스쿨과 군이 무슨 관계가 있는지 언뜻 이해가 되지 않습니다.”

“무어 스쿨은 미분 해석기를 가지고 있습니다.”

“그렇지요. 미국에 두세 대뿐인 것으로 알고 있습니다. 그런데 그것이 군과 무슨 관련을?”

“탄도학 연구소는 사격표 계산에 골머리를 앓고 있습니다. 새로운 포가 개발되면 그것이 배치되는 현지 지형에 맞는 새로운 사격표를 작성해야 하는데, 지금 전선이 여러 곳으로 확대되어 계산량이 엄청나게 많습니다. 사격표 하나는 약 3000개의 궤적을 가지는데, 탁상용 계산기를 사용한다면 궤적 하나를 계산하는 데 약 40시간이 걸립니다. 그런데 미분 해석기를 사용하면 50 분 정도에 마칠 수 있습니다. 대략 50배 빠르다고 보면 됩니다.”

“엄청나군요. 그런데 그걸로 필요한 계산량을 충분히 소화하나요?”

"그렇지 않습니다. 턱없이 부족한 상황입니다. 아직도 현지 지형에 맞지 않는 사격표를 사용하고 있는 전쟁터가 수두룩합니다. 눈을 흐릿하게 뜨고 여기저기 쏘아 대는 꼴이지요."

"빠르고 정확한 계산은 인류가 당면한 매우 시급한 일이 되었습니다. 얼마나 절실하느냐, 그것에 정도 차이는 있지만 어느 분야든 마찬가지입니다. 구체적인 내용은 밝힐 수 없지만, 로스 알라모스의 프로젝트에서도 계산이 걸림돌이 되고 있습니다. 미분 해석기는 적분을 전문적으로 해 주는 기계지요?"

"그렇습니다."

"인류는 확장된 기계가 필요합니다. 적분뿐 아니라 선형 방정식, 삼각함수, 로그, 벡터, 확률 통계 등의 모든 수학 분야를 계산해 줄 수 있는 자동 계산 기계를 필요로 합니다. 현재보다 수천 배에서 수만 배 빠른 기계여야 합니다."

"무어 스쿨이 그런 일에 도전하고 있습니다."

"그렇군요. 일전에 하버드 대학에서 에이컨 교수도 그런 장치를 개발하였다고 들었는데, 릴레이를 사용하기 때문에 아마도 만족스러운 속도가 나오지 못할 것입니다. 1초에 기껏해야 덧셈을 대여섯 개 정도 하려나…"

"무어 스쿨은 전혀 다른 방식을 사용합니다. 1초당 수천 번의 덧셈을 목표로 하고 있습니다."

순간 노이만의 표정이 진지해진다. 호기심이 가득 찬 눈빛이다. 노이만의 이런 태도 변화를 골드스타인도 감지한다.

"진공관을 사용하나요?"

"그렇습니다. 진공관이 수천 개 들어갈 것으로 예상하고 있습니다."

"골드스타인 박사님. 라디오, 텔레비전, 레이더 등이 기껏 수십 개의 진공관을 내부에 가진 것으로 알고 있는데, 그렇게 많은 진공관을 가진 기계가 가능한지 의문스럽네요. 하기야 모든 사람이 현재 기술 한계를 불평하며 거기에 굴복하고 있다면 과학기술의 진보는 죽은 것이나 마찬가지이긴 하지요."

"무어 스쿨의 모클리 교수님이 프로젝트를 총괄하고 계신데, 충분히 가능하다고 믿고 있고 기술적인 검토도 이루어진 상태입니다. 일부 부품은 이미 제작되어 성공적으로 테스트를 마친 상태입니다."

"무척 흥미로운 프로젝트입니다. 언제 한번 견학할 수 있을까요?"

"사실 오늘 노이만 박사님께 말씀드린 내용은 군의 비밀 사항입니다. 박사님께서 군의 중요한 프로젝트에 몸담고 계신다는 말씀을 듣고 안심하고 말씀드린 것입니다. 제가 군의 허락을 받아내 보겠습니다. 그 후에 방문하시는 것이 순서입니다."

"고맙습니다. 나는 그동안 순수 수학의 길을 걷다가, 지금은 로스 알라모스에서 폭발과 관련한 응용 수학을 하고 있습니다. 폭발을 수학적으로 모델링 한다면 그 모델을 통하여 폭발의 완급과 파괴력 등을 제어할 수 있게 되는 셈이지요. 여기까지만 말해야 합니다. 더 하면 군법을 어기는 셈이니까요. 내가 이 말을 한 이유는 내가 무어 스쿨의 프로젝트에 일정 부분 도움이 될지도 모른다는 뜻에서입니다."

"고맙습니다. 바로 군과 접촉해 보겠습니다."

"이제 기차가 도착할 시간이 되었네요. 이만 헤어지기로 합시다."

"노이만 박사님. 오늘 만나 뵙게 되고, 게다가 오랜 시간 대화를 나누게 되어 영광입니다. 곧 연락드리겠습니다. 안녕히 가십시오."

노이만의 등장으로 일이 꼬이다

노이만은 1944년 가을에 자문관 자격을 얻어 에니악 팀에 공식적으로 합류한다. 그는 세계적으로 저명한 수학자였다. 그에 비해 에니악의 제작을 진두지휘하고 있던 모클리는 세계 최초의 전자식 컴퓨터를 만드는 원대한 꿈을 현실로 옮기고 있었지만, 세상은 아직 모클리라는 인물도 에니악이라는 기계도 모르고 있었다. 실물 제작에 몰두하고 있던 에커트는 이제 20대의 청년에 불과하였다. 이런 상황에서 세계적인 수학자가 관심을 가지고 합류했다는 것은 그 자체로 반길만할 일일뿐 아니라, 노이만의 공신력은 에니악 프로젝트에 대한 믿음을 자연스럽게 높여주었다. 부정적인 시각을 벗어 던지지 못하던 주위 사람들도 분명 태도를 바꾸었을 것이다. 노이만은 정기적인 회의에 참석하여 적극적으로 자신의 견해와 아이디어를 피력하였으며 다른 사람의 생각을 듣게 된다. 그는 에니악뿐 아니라, 그것의 후속 모델로 당시 설계 중이던 에드박에 대해 팀이 보유하고 있는 모든 아이디어를 취득하게 된다. 뛰어난 두뇌를 갖춘 노이만은 기술적인 내용을 단시간 내에 이해한다. 그리고 후속 행동을 지체 없이 실행에 옮긴다.

1945년 6월 얼핏 단순해 보이는 사건이 발생한다. 노이만은 맨해튼 프로젝트로 로스 알라모스에 머무는 중에 짬을 내어 에드박의 기술적인 내용을 상세히 기술한 보고서를 작성한다. 「에드박에 관한 보고서 초안」이라는 문서였다. 노이만은 보고서를 무어 스쿨에 있는 골드스타인에게 보낸다. 이 문서에는 에드박이 채택할 새로운 기술의 핵심이 담겨 있었다. 한마디로 미래 전자식 컴퓨터가 따라야 할 청사진이었던 것이다. 물론 에니악의 치명적인 결함인 구식 프로그래밍 방식을 개선한 '저장 프로그램' 개념도 담겨 있었다. 저장 프로그램 개념은 노이만이 에니악 팀에 합류하기 이전에 모클리와 에커트가 이미 고안하여 메모로 작성해 둔 것이었다. 하지만 이런 내용을 담고 있는 보고서의 첫 장의 저자 란에는 존 폰 노이만 이름만 쓰여 있었다.

골드스타인은 내부 문서에 불과하니 비밀 문서로 분류하지 말라고 행정 부서에 지시한다. 하지만 그는 정반대의 행동을 취한다. 그는 24부를 복사하여 노이만 주위의 학자들에게 배포하고 만다. 일부는 영국으로 건너간다. 소문은 빠르게 퍼져 추가 주문이 들어오고, 결국 수백 부의 복사본이 추가로 배포된다.(그중에는 영국 케임브리지 대학의 윌크스 교수도 포함되어 있었다. 윌크스는 깊은 감명을 받았으며, 이후 세계 최초의 저장 프로그램 방식의 컴퓨터라는 명성을 얻는 에드삭EDSAC을 개발한다.) 골드스타인의 행위는 분명 상식을 벗어난 것이었다. 때로 상식을 벗어난 행위의 파급력은 예상 밖으로 크다.

이 사건은 크게 두 갈래의 반향을 불러 일으켰다. 먼저 긍정적인 측면을 보자. 학자들은 저명한 수학자 노이만이 작성한 보고서를 그냥 지나치지 않았다. 그 당시에 대학이나 연구소 등은 컴퓨터 제작에 깊은 관심을 가지고 있었다. 하지만 기술적으로 실현 가능한지에 대해 의문을 품고 있었고, 가능하다는 믿음이 있더라도 가야 할 길은 짙은 안개에 싸여 보이지 않는 상태다. 그런 목마름 속에 그들 손에 들어온 '보고서 초안'은 단비와도 같았을 것이다. 그것은 미래 전자식 컴퓨터의 청사진이었던 것이다. 이로 인해 관심을 가지고 있던 기관은 실물 제작에 시동을 걸었으며, 관심이 없던 기관은 계획을 수립하기에 이른다. 이러한 분위기를 만들어 낸 것은 분명 긍정적인 측면이 있다. 아이디어는 공공의 것이고, 그것이 세상에 넓고 깊게 스며들수록 문명은 발전한다는 측면에서 보면 그렇다.

하지만 반대 측면에서 바라보면 완전히 다른 색깔을 드러낸다. 모클리와 에커트는 치열한 에니악 작업 과정에서 얻은 그들의 값진 아이디어를 도용당한 꼴이 되었다. 저장 프로그램 아이디어는 마땅히 모클리와 에커트의 이름으로 세상에 공표되어야 했다. 하지만 노이만의 보고서를 읽은 사람은 저장 프로그램 개념에 폰 노이만이라는 이름을 붙여 버린다. 그 보고서에는 모클리와 에커트의 이름은 없고 세계적으로 저명한 수학자 노이만의 이름만 올라 있었던 것이다. 현재 우리가 가정에서 사용하는 개인용 컴퓨터도 폰 노이만 컴퓨터라는 이름으로 불린다. 모두 저장 프로그램 방식을 사용하기 때문이다. 아이디어의 원래 주인은 다른 사람의 유명세와 신속한 행동에 밀려버리고 만 것이다.[3]

3 사회학자들이 즐겨 쓰는, '부는 더욱 부유해지고, 가난은 더욱 가난해진다'라는 매튜 효과가 Matthew effect 있다. 이 효과를 설명할 때, 폰 노이만이 자주 등장한다.

노이만과 폰 노이만 컴퓨터

존 폰 노이만
(John von Neumann, 1903~1957, 헝가리, 미국)

노이만은 '폰 노이만 컴퓨터'라는 용어로 잘 알려져 있다. 현재 우리가 사용하고 있는 거의 모든 컴퓨터는 폰 노이만 컴퓨터이다. 또는 폰 노이만 아키텍처를 채택하고 있다고 표현하기도 한다. 하지만 이 아키텍처의 핵심인 저장 프로그램이라는 아이디어의 최초 창안자가 누구인지에 대한 논쟁은 여전히 뜨겁다.

헝가리에서 태어난 노이만은 어려서부터 여러 면에서 천재적인 면목을 보였고, 불과 22세의 나이에 부다페스트에 있는 대학에서 물리학 박사학위를 취득한다. 그후 독일 괴팅겐 대학에서 세계적인 학자들과 학문적인 교류를 하게 된다. 노이만은 물리학을 전공하였지만 수학에 뛰어난 재능을 보였으며, 30대에는 이미 세계적인 수학자 반열에 올라 있었다. 그에게는 뛰어난 기억력과 암산 속도에 대한 일화가 많다. 1919년 헝가리에 소련의 지원을 받은 벨라 쿤의 공산 정권이 수립된다. 노이만은 그 영향으로 조국을 떠났다가 공산 정권이 무너진 후 고향으로 돌아오는 아픈 경험을 한다. 이후 그는 철저한 반공주의자가 된다.

노이만은 1930년에 미국으로 이민을 가서 프린스턴 대학의 교수가 된다. 그의 화려한 인생 여정이 여기서 시작된다. 1933년에 프린스턴 대학에 고등연구원IAS(Institute of Advanced Study)이 설립되는데, 그는 세계적인 물리학자 아인슈타인 등과 함께 설립 멤버가 된다. 그는 순수 수학에 많은 업적을 남겼지만 응용 수학에도 관심이 많았다. 특히 2차 세계대전 와중에 원자폭탄을 제조하는 맨해튼 프로젝트에 핵심 멤버로 참여한다. 그는 폭발 과정을 수학적으로 모델링할 수 있다고 보았고, 실제로 내폭에 필요한 정밀한 렌즈를 설계하는 공헌을 한다. 이 렌즈는 나가사키에 떨어진 원자폭탄 속에 들어 있었던 것으로 알려져 있다.

노이만은 빠른 계산에 목말라 있었다. 원자폭탄을 설계하는 작업은 그 당시의 아날로그 컴퓨터나 탁상 계산기로 감당할 수 있을 정도의 계산량을 크게 넘어서 있었다. 1944년 6월 애버딘 기차역에서 군과 펜실베이니아 대학의 연락 장교였던 골드스타인을 만난다. 골드스타인으로부터 에니악 제작 사실을 알게 된 그는 군의 허락을 받아 자문관 자격으로 에니악 팀에 합류한다. 처음에는 그의 합류가 에니악의 제작 책임을 맡고 있는 모클리와 에커트에게 걸림돌은 아니었다. 노이만은 정기적인 미팅에 참석하여 에니악과 관련된 모든 기술적인 내용을 파악하게 된다. 특히 에니악이 프로그램을 내부 메모리에 저장하지 않는 방식을 채택하여 결정적인 결함을 안고 있다는 사실을 알게 된다. 이 사항은 노이만이 팀에 합류하기 이전에 이미 모클리와 에커트에게 인지되어 에니악 후속 모델인 에드박은 '저장 프로그램' 방식을 채택한다고 설계도에 기록해 두었던 사항이었다.

노이만은 에드박의 모든 사항을 나름대로 정리하여 「에드박에 관한 보고서 초안First draft of a report on the EDVAC」이라는 문서를 작성한다. 이 보고서는 에드박의 논리적 구조를 주로 담았는데, 노이만의 수학자적인 면모가 잘 나타난 뛰어난 글로 평가받는다.[4] 비록 공학적인 상세 제작 기술은 빠져 있었지만, 당시 새로운 컴퓨터를 설계하는 길잡이 역할로서 손색이 없었다. 이 보고서 초안에는 물론 저장 프로그램 개념도 포함되어 있다. 노이만은 보고서에 담긴 아이디어의 창안자에 대한 언급을 전혀 하지 않았고 겉장에는 자신의 이름만 올렸다. 이 작은 사건은 이후 컴퓨터 역사를 상당히 어지럽힌다. 이 문서는 내부 문서임에도 불구하고 골드스타인에 의해 외부에 배포되는데, 이로 인해 저장 프로그램 아이디어는 폰 노이만 것이 되어 버린다. 지금 우리가 사용하는 컴퓨터는 폰 노이만 컴퓨터라 불린다. 이 엉뚱한 행위는 나중에 모클리와 에커트에게 여러 번 큰 상처를 안긴다.

노이만은 원자폭탄을 투하할 일본의 도시를 고르는 데 참여할 정도로 군의 의사 결정에 깊숙이 개입하고 있었다. 그는 2차 세계대전이 끝난 뒤에도

---

4 원본을 보려면 https://library.si.edu/digital-library/book/firstdraftofrepo00vonn에 접속한다.

군의 각종 위원회에 참여하였으며, 수소폭탄 제조에서 중요한 역할을 담당한다. 그는 철저한 반공주의자였으며, 핵 무기로 소련을 선제 공격할 것을 주장하기도 하였다. 말년에 골수암으로 시달렸는데, 한때 군은 일반인의 병문안을 차단하였다. 그가 독한 약에 취해 군의 특급 비밀을 누설할 것을 두려워했기 때문이다.

노이만은 순수 수학에서 걸출한 업적을 남겼으며, 핵폭탄 제조와 관련하여 응용 수학에도 큰 업적을 남겼다. 컴퓨터과학에의 공헌은 '폰 노이만 컴퓨터'라는 한마디가 모든 걸 이야기해 준다. 비록 저장 프로그램 개념의 최초 창안자는 아니지만, 그것을 논리적으로 정리하고 자신의 명성을 이용하여 세상에 널리 알린 것은 분명 그의 공적일 것이다. 컴퓨터과학의 고전인 『컴퓨터 프로그래밍의 예술』이라는 책을 저술한 커누스는 노이만을 병합 정렬의 창안자로 기술하고 있어 컴퓨터 알고리즘 분야에도 공헌하였음을 알 수 있다.

에드박을 남겨 두고 떠나는 모클리와 에커트

1946년 3월 22일, 모클리와 에커트는 자못 심각한 상황에 빠져 있다. 대학으로부터 에니악의 후속 모델인 에드박의 특허를 포기하라는 최후 통첩을 받은 것이다. 처음 에니악 프로젝트를 시작할 때 가치를 제대로 인식하지 못했던 대학은, 에니악이 성공하여 파급력이 입증되자 태도가 변한다. 특히 에드박 특허의 소유권에 대해 첨예한 갈등이 드러난다. 모클리와 에커트는 에니악 계약 당시 총장에게 받은 문서를 가지고 간신히 에니악 특허를 소유하게 된다. 문서에는 특허에 관한한 개발자에게 위임한다고 적혀 있었다. 하지만 에니악에 대한 권리는 명시되어 있지만 에드박에 대한 언급은 없었다. 대학은 에드박 특허는 대학에 귀속되어야 한다는 확고한 입장을 취했고, 모클리와 에커트는 에드박에 대한 아이디어와 설계도는 모두 자신의 머리와 경험에서 나온 것이기 때문에 자신이 가져야 한다고 맞서는 상태였다. 3월 21일 대학은 특허를 포기한다는 문서에 서명하라고 통보하였고, 다음 날까지 서명을 안 한다면 대학을 떠나라고 최후통첩을 한 것이다. 자칫 파국으로 치달을 수 있는 심각한 상황에 빠져 있는 것이다.

“모클리 교수님, 에니악 개발에 혼신의 노력을 기울이다 보니, 정작 중요한 것을 여럿 놓친 느낌입니다.”

“그렇네요. 저장 프로그램 아이디어는 노이만 차지가 되고, 이제 에드박 특허도 빼앗길 지경이 되다니.”

“에니악의 특허도 간신히 확보했잖습니까.”

“떠들기 좋아하는 사람들은 우리가 공공의 재산을 이용하여 사리사욕을 채우려 한다고 비난하는 모양입니다.”

“아마 그들은 프로젝트를 시작할 때 에니악은 기술적으로 불가능하다고 뒤에서 떠들던 사람들일 것입니다.”

“안타까운 일이네요. 어쨌든 대학이 저렇게 완고한 입장이니 이걸 어쩌지요? 펜더 학장이 최후통첩을 보냈습니다.”

“두 가지 길 중 하나를 선택하는 수밖에 없잖습니까? 특허를 포기하고 남아 조용히 에드박을 개발하거나 아니면 대학을 떠나 다른 길을 찾거나.”

“에커트 군. 둘만의 꿈을 펼쳐볼 수 있을까요?”

"혹 회사 설립을 생각하시는지요?"

"그렇습니다. 에커트 군은 컴퓨터의 상업성을 어떻게 보나요?"

"충분하다고 봅니다. IBM은 사무용 표 작성기와 프린터로 큰 돈을 벌고 있습니다. 이제 이들 기계 없이는 운영이 힘든 회사가 많습니다. 하지만 이런 장치는 곧 한계에 부딪칠 것입니다. 사격표 계산을 하는데 미분해석기와 탁상용 계산기로 감당이 안 되어, 에니악 개발을 시작한 것과 매우 유사한 상황으로 보입니다. 회사들이 처리해야 할 자료가 폭발적으로 늘어나고 있습니다. 정부도 마찬가지고요. 여기저기 컴퓨터가 설치되는 시대가 반드시 옵니다. 이건 견해가 아니라 눈에 보이는 분명한 사실입니다."

"과학기술계도 다르지 않습니다. 내가 평생 관심을 기울이고 있는 기상 예측이 대표적입니다. 이제 에니악 같은, 아니 그보다 훨씬 작으면서 속도는 빠른, 그리고 프로그래밍이 편한 컴퓨터가 없이는 무엇을 해볼 수 없는 세상이 오고 있습니다. 아니 우리 발치에 이미 와 있다고 말하는 게 더 정확합니다."

"이러한 상황에서 그간 경험을 살려 회사를 설립하는 것은 의미 있는 일이라 생각합니다. 도전적이기도 하고요."

"나도 동감입니다. 컴퓨터 산업을 일구는 일은 인류의 삶의 질을 높이는 지름길이 될 것입니다."

"모클리 교수님. 우리가 특허 포기 문서에 서명을 거부했을 때 탈출할 수 있는 비상구가 하나 마련된 셈이네요."

"비상구라…"

1946년 3월 모클리와 에커트는 펜실베이니아 대학을 떠난다. 그들이 오랫동안 준비해 둔 에드박 개발이라는 중요한 일을 뒤에 남겨두고. 이후 펜실베이니아 대학은 프린스턴 대학과 협조하여 에드박 개발에 착수한다. 총 책임은 컴퓨터 개발 경험이 턱없이 부족한 무어 스쿨의 와렌 교수가 맡았다. 에드박 프로젝트는 매우 더디게 진행되었다. 에니악을 개발하였던 핵심 엔지니어들이 모클리와 에커트의 회사 EMCC로 옮겨 버린 탓이 크다. 사람이 빠져나가면 경험과 기술이 같이 빠져나가는 법이다. 에드박은 1949년에 마무리되는데, 실제 가동은 1951년에야 시작된다. 그 사이 노이만의 「에드박에 관한 보고서 초안」을 공부한 영국 케임브리지 대학의 윌크스 교수는 에드삭을 에드박보다 먼저 완성한다. 에드삭은 세계 최초의 저장 프로그램 방식의 컴퓨터라는 영예를 차지한다.

모클리와 에커트의 이탈은 펜실베이니아 대학에 큰 타격을 준다. 무엇보다 에드박의 개발이 늦어져 세계 최초의 저장 프로그램 방식의 컴퓨터라는 영예를 놓쳐버린다. 그들이 남아 있었다면 1년 이내에 완성하여 1947년경에 가동을 시작하였을 것이다. 그리고 그것을 개선한 제3, 제4의 후속 모델이 줄지어 나왔을 것이다. 에드박의 개발 책임자 와렌은 말한다. "특허에 관한한 대학의 행위는 매우 순진하였다고 말할 수밖에 없다."

이후 펜실베이니아 대학은 컴퓨터 개발에서 두드러지는 행보를 보이지 못한다. 만일 모클리와 에커트가 대학에 남아 있었다면 상황은 크게 달랐을 수 있다. 미국 서부의 스탠퍼드 대학이 실리콘밸리의 모태 역할을 한 것과 마찬가지로, 필라델피아 근교에 펜실베이니아 대학이 모태가 된 어떤 밸리가 조성되었을 수도 있다.

모클리와 에커트

(왼쪽) 존 모클리(John Mauchly, 1907~1980, 미국)
(오른쪽) 존 프레스퍼 에커트(John Presper Eckert, 1919~1995, 미국)

모클리와 에커트는 세계 최초의 '범용 전자식' 컴퓨터인 에니악을 만든 사람이다. 모클리는 개념 착안과 설계를 주로 하였으며 에커트는 실물 제작을 담당하였다. 이들은 조화로운 한 쌍의 발명가였다.

모클리는 존스홉킨스 대학에서 물리학으로 박사 학위를 받고, 어시너스 대학의 물리학과 교수가 된다. 그는 물리학자였지만 기상학에 깊은 관심을 가졌으며 상당한 양의 기상 데이터를 수집하여 가지고 있었다. 그는 이 데이터를 가지고 적절한 계산을 한다면 높은 신뢰 수준으로 기상 예측이 가능하다고 믿었다. 하지만 데이터 양이 많은 것이 문제였다. 손으로 또는 그 당시 유행하던 탁상용 계산기로 처리하기에는 양이 너무 많았던 것이다. 필요는 발명의 어머니이다. 그의 머리 속에 꿈이 자리잡는다. 매우 빠른 자동 계산 장치를 만들어보겠다는 꿈! 그는 1941년에 펜실베이니아 대학의 무어 스쿨이 미군의 지원으로 개최한 최신 전자 기술에 관한 강좌에 참석한다. 그곳에서 당시 펜실베이니아 대학의 석사 과정 학생이고 강좌의 조교였던 22세의 청년 에커트를 만난다.

에커트는 부유한 부동산 업자의 아들로 태어났다.(나중에 그의 아버지는 모클리와 에커트가 회사를 설립하는 데 경제적으로 도움을 준다.) 부모의 권유로 경영학을 전공하게 되었는데 적성이 맞지 않아 결국 자신의 뜻대로 공학으로 옮긴다. 그는 펜실베이니아 대학의 무어 스쿨에 입학하여 전기공학을 공부한다. 에커트는 타고난 공학자로서 학생일 때 이미 특허를 따냈으며, 진공관을 사용하여 군의 레이더 장치를 개선하는 일을 성공적으로 수행한다. 에커트는 준비된 상태에서 모클리를 만난 것이다.

1941년에 무어 스쿨로부터 교수직을 제안받은 모클리는 곧바로 대학을 옮긴다. 기상 예측을 위한 고속의 계산 장치를 만들겠다는 꿈을 버리지 못한 그는 무어 스쿨에서 군과 대학 사이의 연락 임무를 맡은 장교 골드스타인을 만난다. 그리고 모클리, 에커트, 골드스타인은 사격표 제작으로 골머리를 앓고 있던 군에 고속 계산 장치를 제작해 주겠다는 제안을 한다. 군은 제안을 받아들인다. 이들은 1943년부터 에니악 제작에 돌입하여, 1945년 가을에 첫 시험 가동에 성공하며, 1946년 2월에 세상에 내놓는다.

모클리와 에커트는 에니악을 제작하며 프로그래밍에 관련한 설계 결함을 깨닫는다. 프로그램을 메모리에 저장하는 방식이 아니라, 기계의 전면부 패널에 붙어 있는 스위치와 케이블을 조작해 프로그램을 입력하는 방식이었던 것이다. 하지만 에니악의 설계를 변경할 수 없었다. 현재 치르고 있는 전쟁을 위해 개발되고 있는 에니악은 시행착오를 겪을 시간 여유가 전혀 없었다. 모클리와 에커트는 대신 에니악의 후속 모델로 에드박 설계를 시작한다. 에드박에는 프로그램을 메모리에 저장하는 저장 프로그램 방식을 채택하기로 하고, 아이디어를 메모로 작성해 둔다. 그들은 저장 프로그램 개념을 정립해 두었던 것이다. 하지만 뒤늦게 에니악 팀에 합류한 노이만이 「에드박에 대한 보고서 초안」을 작성하여 배포하는 재빠른 행동을 취함으로 인해, 저장 프로그램은 폰 노이만 방식으로 세상에 알려지게 된다. 모클리와 에커트는 컴퓨터에서 가장 중요한 개념을 창안하였음에도 불구하고 억울하게도 명예를 다른 사람에게 빼앗긴 것이다.

에니악이 성공한 후 펜실베이니아 대학은 에니악의 특허를 대학에 귀속시키려는 속내를 비친다. 다행히 특허는 개발자에게 귀속시킨다는 계약서의 내용에 따라 모클리와 에커트는 특허를 지킨다. 하지만 대학은 후속 모델 에드박의 특허는 학교 소유로 해야 한다는 입장을 내세운 채 한 발도 물러서지 않을 기세였다. 이제 대학도 컴퓨터의 가치와 파급력을 깨달은 것이다. 모클리와 에커트도 양보할 수 없다는 입장을 견지하여 교착 상태에 빠지게 된다. 결국 대학은 기간을 못 박고 특허를 포기하는 문서에 서명하라는 최후통첩을 보낸다. 둘은 서명하는 대신 에드박 제작을 뒤에 남겨둔채 1946년 3월에 대학을 떠난다.

모클리와 에커트는 곧바로 세계 최초로 컴퓨터 제작을 전문으로 하는 벤처 기업을 창업한다. 회사 이름은 EMCC(Eckert-Mauchly Computer Corporation)로 하고, 모클리가 사장이 된다. 당시 컴퓨터의 상업화에 대한 부정적인 견해도 적지 않았다. 마크 I을 개발한 하버드 대학의 에이컨은 미국 전역을 통틀어 6대 정도의 컴퓨터면 충분하다고 공공연하게 이 둘을 비웃었다. IBM도 부정적인 입장이었다. IBM은 아주 큰 회사였는데, 사무용 기계의 시장이 펀치카드에서 컴퓨터로 이행될 것이라는 사실을 감지하긴 했지만 큰 회사가 취하는 보수적인 행보 때문에 부정적이었을 것으로 추정된다.

이런 상황에서 모클리와 에커트의 창업은 그야말로 도전적인 모험이었다. EMCC는 두 종류의 컴퓨터를 제작하는데, 그중 하나는 유니백UNIVAC이다. 이 컴퓨터는 기술적으로나 상업적으로 크게 성공한다. 유니백 제작을 위한 초기 자금은 국립 인구조사국National Bureau of Census이 지원하였는데, 첫 제품은 1951년 3월에 국립 인구조사국에 납품된다. 그해 6월에 공식적인 개통식을 하였는데, 컴퓨터의 '상업용' 시대가 도래하였음을 나타내는 기념비적인 사건이었다. 그 이후로 1954년까지 초기 모델이 20대가량 팔렸다. 주목할 점은 주요 고객이 정부나 군이 아닌 제너럴 일렉트릭, 듀폰, 프랭클린 생명보험과 같은 민간 기업이라는 것이다. 유니백은 계속 업그레이드되며 1970년대까지 생산된다.

두 번째 컴퓨터는 바이낙BINAC인데, 이것은 노스롭 항공사가 항공기에 탑재하여 사용하기 위해 자금을 지원하였다. 하지만 제대로 작동하지 않았고 실패한 기종이 된다. 사실 모클리와 에커트는 바이낙에 전혀 흥미를 가지지 않았으며 정성을 쏟지도 않았다. 단지 자금 압박에 시달리던 모클리가 긴급 자금 조달을 위해 계약을 맺었던 것이다. 에커트는 유니백에만 집중해야 한다는 견해를 강하게 주장하여 모클리와 다투는 계기가 되기도 한다.

사실 모클리와 에커트는 회사 경영에는 소질이 부족했던 듯하다. 결국 자금 압박에 시달리던 두 사람은 회사를 IBM에 팔려고 접촉한다. 하지만 IBM은 거절한다. 이들이 두 번째 상대로 고른 회사는 당시 타자기 시장을 휩쓸던

래밍톤랜드였다. 결국 EMCC는 1950년 2월에 래밍톤랜드의 일부가 된다. 회사를 판 둘은 자신이 소유하고 있던 에니악 특허의 사용권을 래밍톤랜드에 양도한다.

노이만의 「에드박에 관한 보고서 초안」 문서로 저장 프로그램 개념의 창안자로서의 명예를 빼앗긴 모클리와 에커트는 그 문서로 인해 또 다른 깊은 좌절을 맛본다. 스페리랜드는—래밍톤랜드는 나중에 스페리랜드로 이름을 바꾼다—에니악 특허 사용권을 다른 회사에 적용하고 있었는데, 허니웰은 로열티 지불을 중단하고 에니악 특허의 무효를 주장하는 소송을 건다. 지리한 법정 공방이 이어지는데, 1973년 라슨 판사는 에니악 특허를 무효로 하는 판결을 내린다. 판사는 여러 이유를 들었는데, 그중 하나는 노이만의 보고서 초안이 에니악의 상세한 설계 내용을 세상에 공표하였는데 그 시점을 따져 보면 법률적으로 특허가 무효가 된다는 것이었다. 노이만의 문서는 둘에게 또 한 번의 큰 좌절을 안겨준다. 과거를 회상하는 모클리의 한마디는 이들이 느꼈을 좌절의 깊이를 말해 준다. "너무 많은 것을 빼앗겼다."

모클리와 에커트는 컴퓨터 역사에 큰 발자취를 두 개 남겼다. 첫째는 세계 최초의 범용 전자식 컴퓨터인 에니악의 발명이다. 에니악의 성공 이후 봇물 터지듯이 다양한 아이디어로 컴퓨터 제작이 시도된다. 이제 릴레이를 사용하는 바보는 더 이상 나타나지 않았다. 컴퓨터는 에니악을 개발한 경험을 발판으로 발전에 발전을 거듭하여 현재의 우리에게 다가왔다. 둘째는 상업화의 길을 열었다는 것이다. 비록 이들이 창업한 회사가 자금 부족으로 다른 회사에 합병되기는 했지만, 이들이 개발한 상업용 컴퓨터 유니백은 안개에 가려 있던 컴퓨터 시장을 확연히 드러내 주었다. 그후로 IBM을 포함한 여러 회사들이 컴퓨터 시장에 경쟁적으로 뛰어 들었으며, 얼마지 않아 IBM과 일곱 난장이라 일컬어지는 시장 질서가 형성된다. 이 두 탄탄대로를 개척한 모클리와 에커트는 분명 컴퓨터의 거목이다. 하지만 오늘날 컴퓨터를 전공하는 사람조차 모클리와 에커트의 이름을 잘 모르는 것을 보면, '너무 많은 것을 빼앗겼다'라고 푸념하는 모클리의 말에 안타까움을 느끼지 않을 수 없다.

미군은 에니악 개발 이후 마무리를 깔끔히 한다. 군은 무어 스쿨을 후원하여, 1946년 7월 8일부터 8주짜리 '디지털 컴퓨터 설계를 위한 이론과 기술'이라는 특강을 개최한다. 강의 내용은 에니악과 에드박의 상세 설계와 제작 기술에 관한 것이었다. 이 강연은 에니악의 계약 사항이었으므로 대학을 떠나 회사를 차린 모클리와 에커트도 합류하여 강의를 하였다. 청중 사이에는 영국 케임브리지 대학의 윌크스 교수도 포함되어 있었다. 이 강연은 윌크스가 에드삭을 개발하는 데 결정적인 도움이 되었을 것이 분명하다. 미군과 무어 스쿨, 그리고 모클리와 에커트는 그들이 얻은 경험을 세상에 널리 펼치는 역할을 충분히 한 셈이다.

세계 최초의 범용 전자식 컴퓨터, 에니악

1946년에 세상에 나온 에니악은 세계 최초의 '범용 전자식' 컴퓨터라는 영예를 안고 있다. 에니악 이전에도 컴퓨터가 여럿 제작되었다. 독일의 추제는 1941년에 Z3를 완성하였고, 하버드 대학의 에이컨은 1944년에 마크 I을 완성하였다. 하지만 그것은 전자식이 아니라, 전기의 힘으로 쇳덩이가 움직이는 전기 기계식이었다. 아이오와 대학의 아타나소프 교수는 1942년에 진공관을 이용하여 전자식 컴퓨터인 ABC를 완성하였으나 프로그래밍이 가능하지 않았다. 컴퓨터는 프로그래밍이 가능해야 하기 때문에, 엄밀하게 말해 ABC는 컴퓨터가 아닌 계산기였다. 영국에서는 1944년에 콜로서스를 제작 완료하였다. 하지만 암호 해독이라는 특수 목적을 위한 컴퓨터였다. 이러한 상황에서 세상에 나온 에니악은 그전에 제작된 컴퓨터들 사이를 비집고 우뚝 설 수 있었다. 에니악은 사격표 제작과 수소폭탄 설계라는 국방 목적뿐 아니라 비행기 날개 설계나 교각 설계와 같은 과학기술 분야, 그리고 기업의 회계 정리나 자재 관리 같은 비즈니스 분야 등에 사용할 수 있는 '범용' 컴퓨터

에니악 (ENIAC, 1946~1955, 미국)

였던 것이다.

에니악의 탄생 배경에는 2차 세계대전이 있다. 사격표 계산에 골머리를 앓던 미군은 펜실베이니아 대학의 모클리와 에커트가 진공관을 이용하여 전보다 수천 배 빠른 컴퓨터를 제작하려 한다는 사실을 알게 된다. 결국 골드스타인의 주선으로 프로젝트가 성립되어, 1943년 6월에 '프로젝트 PX'라는 이름으로 계약을 맺고 에니악 제작에 착수한다. 에니악은 전쟁이 끝난 직후인 1945년 가을에 완성되어 테스트에 들어간다. 군과 펜실베이니아 대학은 1946년 2월 14일에 관계자와 기자가 모인 자리에서 에니악을 세상에 공표한다. 에니악은 전쟁이 끝난 직후에 완성되었으므로 사격표 제작이라는 원래 목적에는 활용하지 못하였다. 군은 몇 달 뒤 이 컴퓨터를 애버딘에 있는 군 기지로 옮기고, 수소폭탄 제조를 포함한 여러 다른 용도로 활용한다. 인류에게 새로운 문명을 선물한 에니악은, 시장에 나온 성능이 월등히 더 좋은 컴퓨터에 자리를 내주고 1955년 10월 2일 밤 11시 55분에 가동이 중단된다.

에니악은 20개의 누산기를 가지고 있다. 하나의 누산기는 열 자리 십진수 하나를—에니악은 이진수 네 자리로 십진수 한 자리를 표현하는 십진법을 사용하였다—저장하는 메모리 기능뿐 아니라 다른 누산기의 값을 자신의 값에 더하는 덧셈 연산 기능도 지니고 있다. 뺄셈은 10의 보수 표현으로 수행한다. 매우 큰 수를 다루어야 하는 경우에는 두 개의 누산기를 사용하여 20자리까지 표현할 수 있다. 속도는 대략 1초에 덧셈은 5,000번, 곱셈은 400번, 나눗셈은 40번, 제곱근은 3개를 계산하는 정도였다.[5] 그 당시 전기 기계식 컴퓨터에 비하면 1000배 이상 빨랐다. 크기는 높이 2.6m × 폭 0.9m × 길이 26m 정도이고 무게는 약 30톤인 거구였다. 입력은 IBM사의 카드 판독기, 출력은 IBM사의 카드 천공기와 프린터를 사용하였다.

에니악은 진공관을 17,468개 사용하였다. 당시 진공관은 어떤 조건을 벗어나거나 오래 사용하면 쉽게 타버리는 문제를 안고 있었다. 부정적 견해를 가진 사람들은(당시 진공관 제조 회사로 유명한 RCA의 엔지니어조차도) 그렇게 많은 진공관을 사용하면 진공관 고장으로 인해 제대로 작동하지 않을 것이라고 예상하였다. 그것은 틀린 말은 아니었다. 매일 몇 개씩 진공관이 타버려 가동을 중단하는 일이 자주 발생한 것이다. 관찰 결과 컴퓨터를 켜거나 끌 때 그런 일이 자주 발생한다는 사실을 발견한 후에는 간단한 해결책을 마련하였다. 그것은 컴퓨터를 끄지 않는 것이다. 그럼에도 불구하고 여전히 고장은 골칫거리였다. 에커트의 말이다. “대략 이틀에 한 번 정도 문제가 발생하고, 문제를 일으킨 진공관을 찾는 데 대략 15분이 걸렸다.” 그래도 에니악은 제 역할을 하였다. 매우 빨라 고장을 일으키기 전에 충분히 많은 계산을 해줄 수 있기 때문이다. 실험에 의하면 사격표의 궤적 하나를 계산하는 데 탁상용 계산기는 40시간, 미분 해석기는 50분이 걸린 반면 에니악은 불과 10초만에 답을 출력하였다.

에니악의 취약점이 두 군데에 있었다. 하나는 메모리 용량이 적은 것이다. 단지 열 자리 십진수를 20개까지만 기억할 수 있었다. 그것은 프로그래밍에도 나쁜 영향을 미쳤다. 에니악의 두 번째 취약점은 프로그래밍이 매우 불편

---

5 문서마다 조금씩 다른 성능 지표를 제시하고 있다. 계산할 수의 자릿수 등에 따라 계산 시간이 달라지기 때문이다.

에니악의 프로그래밍 장면이다. 한 사람이 프로그램을 들고 명령어를 하나씩 불러 주면, 다른 사람은 그에 따라 스위치와 케이블을 조작하여 프로그램을 입력한다.

하고 시간이 많이 걸리는 작업이라는 것이다. 새로운 문제가 주어지면 먼저 종이에 프로그램을 작성한 후, 에니악의 전면부 패널에 붙어 있는 스위치와 케이블을 조작해 에니악에 입력한다. 이런 프로그래밍 작업은 며칠 또는 몇 주가 걸렸다. 프로그램은 메모리에 저장되는 것이 아니라 스위치의 위치와 케이블의 연결 상태로 표현되었던 것이다. 모클리와 에커트는 에니악을 제작하는 도중에 이러한 설계상의 결함을 인지하였으며, 후속 모델인 에드박의 설계도에서는 프로그램을 메모리에 저장하는 '저장 프로그램' 방식을 채택하였다.

에니악은 컴퓨터가 나아갈 길을 닦았다. 에니악이 성공하기 이전에는 '순수한 전자 기술로 컴퓨터를 만들 수 있을까'라는 질문에 긍정과 부정이 팽팽하게 맞섰으나 에니악이 세상에 나온 이후, 부정적인 견해는 순간 자취를 감춘다. 이제 컴퓨터를 제작한다고 릴레이를 주문하는 바보는 나타나지 않았다. 에니악과 에드박의 설계도는 미래 컴퓨터의 청사진 역할을 톡톡히 한다. 현재 우리가 누리고 있는 정보 기술의 싹이 튼 것이다.

CHAPTER

03

주판에서 에니악까지

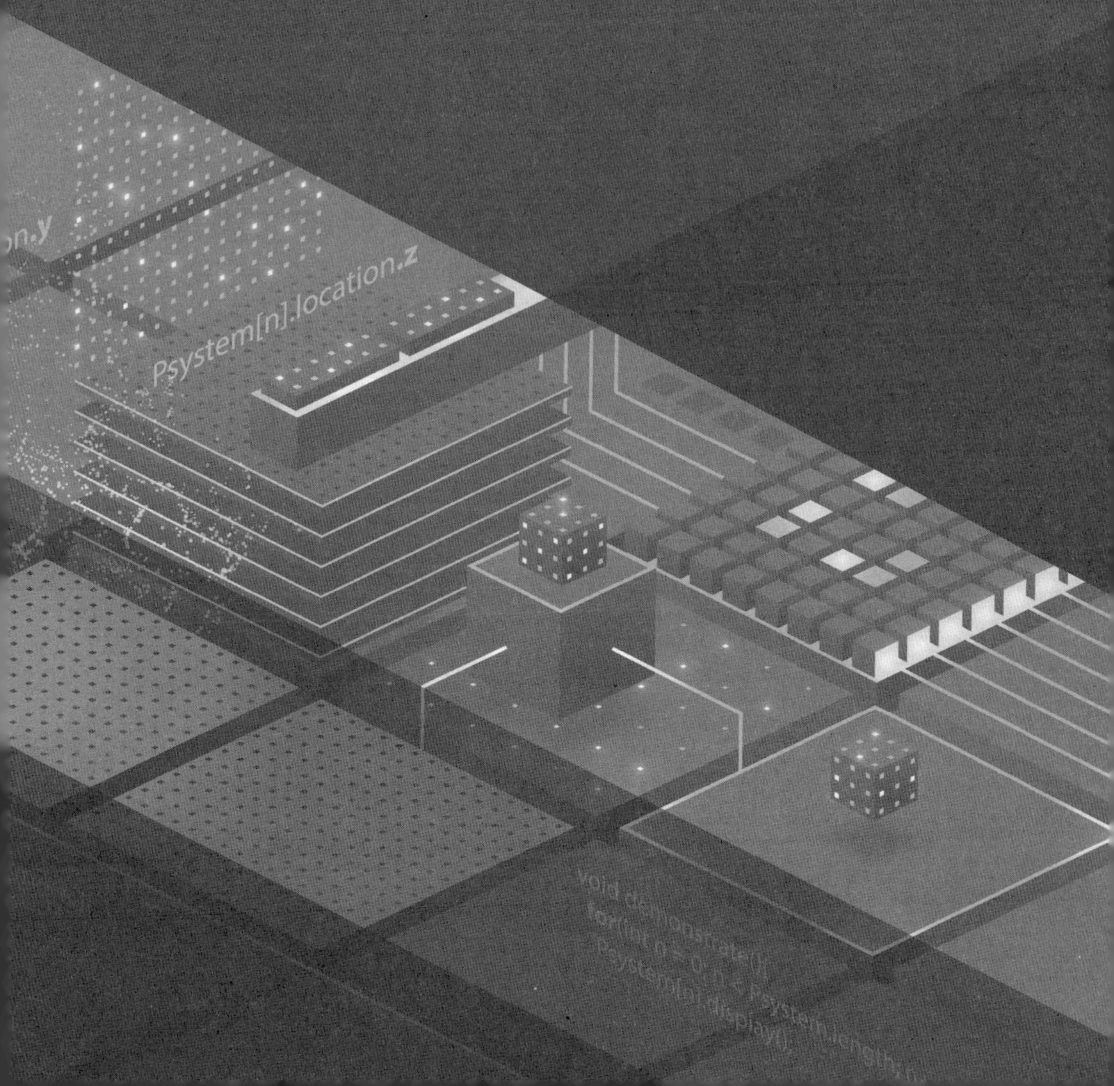

03

주판에서 에니악까지

오늘은 학교 공부에서 해방되는 즐거운 토요일이다. 나는 대학 캠퍼스가 좋다. 잘 정리된 느낌을 주는 넓은 빈 공간이 여기저기 있어 좋다. 여기는 벤치에 앉아 있고 싶고, 저기는 그냥 서성거리면 딱 좋을 성싶다. 오늘은 유난히 여백이 더 커 보인다. 토요일이라 그런가? 지난 여름 교수님한테 컴퓨터를 배우기 시작한 것은 큰 행운이다.

사실 학교 공부는 숨이 막힌다. 컴퓨터 공부는 마치 물에 빠져 허우적거리다 가까스로 물 밖으로 머리를 내밀고 산소를 들이마시는 것과 같다고 할까.

나는 컴퓨터 프로그래밍을 배우고 있다. 간단한 메시지 출력에서 시작하여 공약수 구하기와 도형 그리기를 프로그래밍하였는데 아주 재미있다. 키보드로 도형의 모양을 자유자재로 바꿀 수 있다. 내가 짠 프로그램으로! 새로운 세상이다. 신기한 세상이라 할까. 아니면 놀라운 세상? 무어라도 좋다. 내가 몰입할 수 있는 무엇인가를 발견했다는 것이 중

요하다. 프로그램은 생각보다 짧고 간결하다. 몇 십 줄에 불과하다. 이런 다재다능한 컴퓨터는 누가 만들었을까? 내가 배우고 있는 파이썬 언어는? 더 공부하면 알파고를 뛰어넘는 프로그램을 만들 수 있을까? 문득 정신을 차려보니 어느새 교수님 연구실 앞이다. 노크를 한다.

"지우야, 그동안 잘 지냈니?"

"지난주 중간 고사로 바빴어요."

"어땠니?"

"갈수록 수학 시험이 싫어져요."

"지난번에 수학을 좋아한다고 했던 것 같은데…"

"수학이 싫은 게 아니라 수학 시험이 싫어요. 40분주고 20문제를 풀어라 하니, 학원에서 족집게 요령을 익혀 빨리 푸는 친구들이 최고예요. 평소에 생소한 문제는 항상 저한테 물어보는데요."

"수학은 깊이 있는 논리를 익히는 학문인데, 2분에 한 문제씩 뚝딱뚝딱 풀어 내야 하니 그럴 만도 하겠다."

"이러다 수학이 영영 싫어질 것 같아요."

"교육을 바꿔야 하는데… 그래 집에서 도형 그리는 프로그래밍은 해 보았니?"

"완성했어요. 고생했는데 재미도 있었어요. 직사각형은 위아래 줄이 같은 모양이니 쉬운데, 다이아몬드는 아래로 내려가면서 점점 넓어지다가 다시 좁아져서 조금 어려웠어요. 그래도 교수님께서 알려주신 대로 모양이 변하는 규칙을 수식으로 정리하고 파이썬 언어로 코딩하였어요. 이제 크기를 입력하면 거기에 맞춰 예쁜 다이아몬드가 그려져요."

"잘 했다. 이제 간단한 게임을 만들 수도 있겠다."

"그런데 파이썬은 누가 언제 만들었나요? 스크래치같은 언어가 있는데 왜 새로운 언어를 자꾸 만드나요? 사람도 언어가 하나뿐이면 외국어 공부 안 해도 되고 얼마나 좋겠어요. 컴퓨터도 하나의 언어로 통일하면 좋을 텐데. 스크래치가 쉽던데 그거 하나면 안 되나요?"

"스크래치는 쉽긴 하지만 은행 온라인이나 비행기 제어와 같은 대형 소프트웨어 개발에는 턱없이 부족하지. 특히 핸드폰 속의 깊은 곳에 들어가는 프로그램을 짜는 데 쓸 수가 없단다. 프로그래밍 언어에는 파이썬뿐 아니라 C와 자바 등 무척 많단다. 성경에 나오는 바벨탑 이야기와 비슷하다고 보면 된다. 파이썬은 1991년에 귀도 반 로섬이라는 네덜란드 사람이 만들었지. 로섬은 어떤 강연에서 '1989년 크리스마스 무렵에 직장 사무실이 닫혀 있어 취미로 프로그래밍할 만한 게 없을까 하다가 파이썬을 구상하게 되었다'고 회상한단다. 파이썬은 누구나 무료로 다운 받아 쓸 수 있고 누구나 새로운 기능의 라이브러리를 만들어 추가할 수 있는 정책을 채택한다. 게다가 배우기 쉬운 장점을 갖추고 있다. 덕분에 사용자가 빠르게 늘고 기능이 빠르게 확장하는 언어가 된다. 현재 가장 널리 쓰이는 언어 목록에 항상 포함된단다. 간략하지만 파이썬의 탄생 이야기는 이제 알겠지? 이 이야기는 여기까지 하자. 내친 김에 오늘은 컴퓨터 역사에 대해 공부해 보면 어떻겠니?"

컴퓨터 역사에 빠져들다

"역사요? 그거 싫은데."

"왜?"

"외우는 거 아닌가요? 최초의 전자식 컴퓨터는 에니악, 1946년… 뭐 이런거. 그런데 외워서 뭐 하나요?"

"역사는 외우는 게 아니란다. 단지 그렇게 가르치는 사람이 있을 뿐이지. 아까 파이썬 언어는 누가 왜 만들었는지 물었잖니? 역사란 그런 의문에 답해 주는 거라고 생각할 수 있지 않을까? 그 과정에서 또 다른 의문이 생기고, 또 답을 구하고. 과거를 충분히 이해하게 되면 미래를 보는 눈이 생기지. '내가 새로운 언어를 만들어 볼까? 그건 분명 의미 있는 일이 될 거야.' 이렇듯 역사는 내 생각과 행동의 방향을 결정하는 나침반 구실을 해 준단다. 이러다 보면 튜링상을 받는 한국 사람이 나타나게 되는 거지. 튜링상은 컴퓨터 분야의 노벨상이라 보면 된다."

"교수님 말씀을 듣고 보니 중요하단 생각도 드는데… 아닌 것 같기도 하고."

"컴퓨터 역사를 알면, 컴퓨터가 새로운 의미로 다가올 것이다. 그건 내가 장담하마."

"알겠습니다."

"대체 사람들이 언제부터 빨리 계산할 필요를 느꼈을까? 그리고 왜 그런 일을 해주는 장치를 만들어보겠다는 생각이 꿈틀대기 시작했을까?"

"주판을 아주 옛날부터 사용했다던데. 언제인지는 잘 모르겠네요."

"주판 이전에 사용된 것도 있는데. 지금 너도 가지고 있는 것."

"뭐지? 없는데…"

"손가락"

"아. 그렇네요. 우리도 가끔 손가락을 꼽아 셈을 하는 걸 보면, 옛날 사람들은 더 했겠네요."

"그렇지. 옛날에는 아주 중요한 계산 보조 도구였지. 손가락 모양에 따라 아주 복잡한 수를 표현하기도 했단다. 주판은 언제부터 사용했는지 명확한 기록은 없는데, 아주 옛날부터 유럽과 중국에서 사용되었다. 우리나라에는 1400년경에 들어온 것으로 알려져 있으니 대략 고려 말이나 조선 초기쯤 될까."

"주판도 컴퓨터라고 부를 수 있나요?"

"비행기 역사를 공부할 때 팔에 부착하는 날개가 나오는 것과 비슷할 것 같다. 이런 원시적인 장치는 비행기의 정의를 어떻게 하느냐에 따라 비행기에 포함될 수도 있고 그렇지 않을 수도 있겠지. 이야기를 풀어가는 데는 비행기를 자신의 동력을 가지고 스스로 날 수 있는 장치라고 하는 것이 좋겠지. 이렇게 정의하면 팔 날개는 분명 비행기는 아니지. 하지만 비행기를 탄생시키는 데 주춧돌을 놓은 건 누구도 부인할 수 없겠지. 마찬가지로 오늘 이야기에서는 컴퓨터를 좀 더 엄밀한 장치를 뜻하게 아껴 두고, 손가락이나 주판은 계산 보조 도구라고 해 보자."

"그게 좋겠네요. 그러고 보니 어떤 대상은 우리가 어떻게 바라보느냐에 따라 다른 의미를 가질 수 있겠네요."

"바로 그거란다. 역사를 공부할 때는 그런 시각이 더욱 중요하단다."

"이런 식으로 역사 이야기를 하니 좀 낫네요. 역사가 재미없기만 한 것은 아닌 것 같아요."

계산 보조 도구

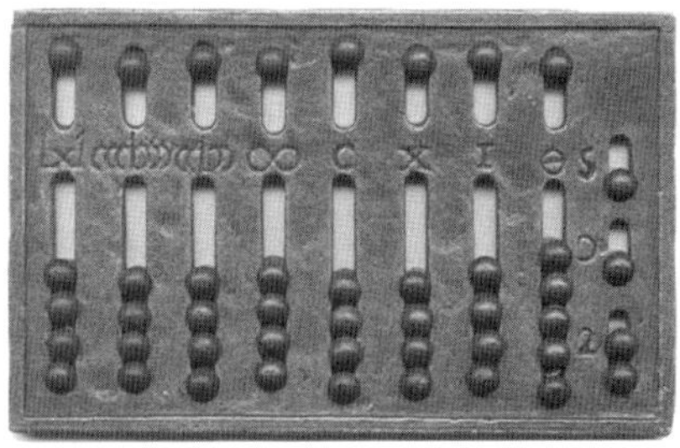

로마 시대의 주판을 본떠 만든 복제품이다. 원본은 프랑스 국립 도서관에 있다.

인류는 먼 옛날부터 빠른 계산에 대한 목마름이 있었다. 고대와 중세 시대에도 정부는 세금 처리와 인구 조사에서 대규모 계산이 필요하였으며, 큰 규모로 장사하는 대상은 회계 처리를 해야 하였다. 하지만 그 당시 기술로는 기껏 계산 보조 장치를 만들 수 있을 뿐이었다. 이들 장치는 구슬이나 막대 따위의 위치로 수를 표현하고, 그것을 손으로 움직여 덧셈과 같은 연산을 수행하였다.

계산 보조 도구로는 주판abacus이 대표적인데, 동서양에 걸쳐 고대부터 현대까지 다양한 형태가 개발되어 사용되어 왔다. 지금은 계산기로 인해 거의 자취를 감추었다. 또 다른 예로 수학의 로그를 창안한 사람으로 유명한 스코틀랜드의 수학자 존 네이피어(John Napier, 1550~1617, 스코틀랜드)가 개발한 네이피어 막대Napier bone가 있다. 이 막대를 이용하면 곱셈뿐 아니라 나눗셈을 할 수 있고, 제곱근도 구할 수 있다.

네이피어 막대이다. 0~9에 해당하는 10종류의 막대가 있고, 막대 꼭대기에 숫자가 적혀 있다. 예를 들어 4에 해당하는 막대에는 4라는 수 밑에 04, 08, 12, 16, …이 순서대로 적혀 있는데 이것은 4를 1, 2, 3, 4, …와 곱한 값이다.

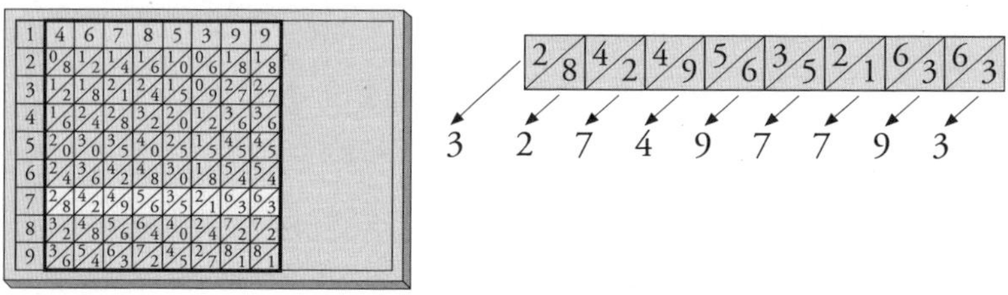

네이피어 막대를 사용하여 46,785,399×7을 계산하는 과정을 보여준다. 먼저 4, 6, 7, 8, …에 해당하는 막대를 골라, 그림과 같이 일렬로 배치한다. 이 수에 7을 곱해야 하므로, 7번 행에 주목한다. 그리고 오른쪽 그림이 설명하는 바와 같이, 사선으로 덧셈을 한다. 그렇게 얻은 327,497,793이 답이 된다. 만일 7과 같이 한 자리가 아니라 726와 같이 여러 자리를 갖는 수로 곱셈을 한다면, 같은 요령으로 7, 2, 6번 행을 계산하고 그들을 더하면 된다.

공학자와 과학자가 가장 오랫동안 널리 사용한 계산 보조 도구로 슬라이드 자가slide rule 있다. 슬라이드 자는 보통 자와 비슷한 모양이지만, 표면이 여러 개의 영역으로 나뉘어져 있고 각 영역에는 꽤 복잡한 눈금이 인쇄되어 있다. 이 자는 여러 막대로 구성되는데, 고정된 막대도 있고 좌우로 이동할 수 있는 막대도 있다. 그림에서 보는 자는 가운데 막대를 이동시킬 수 있다. 원하는 계산에 따라, 막대를 움직여 어떤 위치에 맞춘 후 해당하는 곳을 찾아 눈금을 읽으면 답이 된다. 보통 곱셈과 나눗셈에 많이 활용되며, 보다 복잡한 제곱근, 로그, 삼각 함수도 계산할 수 있다. 눈대중으로 읽어야 하므로 오차가 따른다. 슬라이드 자는 네이피어의 로가리즘에서 아이디어를 얻어 윌리엄 오트레드(William Oughtred, 1574~1660, 영국)가 1622년에 개발한 것으로 알려져 있다. 항공이나 토목, 또는 경영 등의 특정 분야에 적합한 특수 목적용 슬라이드 자도 생산되었다. 슬라이드 자는 계산기가 보편화되기 이전인 1970년대까지 이공계 학생들의 애용품이었다

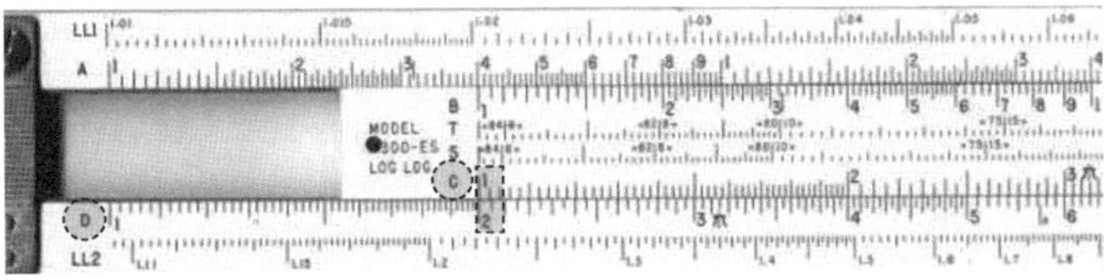

C줄의 1을 D줄의 2에 맞춘 상태이다. 이제 D줄을 읽으면 C줄의 2배를 구할 수 있다. 만일 2배가 아니라 2.75배를 구하고 싶다면, 2가 아니라 2.75에 맞추면 된다.(알아보기 쉽게 점선 원과 점선 박스를 그려 넣었다.)

다재다능한 학자들, 계산 기계를 만들다

교수님은 컴퓨터 화면에서 주판을 보여주신다. 무지개 색의 예쁘장한 주판은 실용적인 계산 도구라기보다 장난감이나 팬시 제품으로 보는 것이 어울릴 듯싶다.

"여기 주판 보이지. 지금도 생산하여 파는 사람이 있단다. 주판을 기계라 볼 수 있을까?"

"기계는 아닌 것 같아요. 손가락으로 일일이 알을 밀고 당기니, 교수님이 아까 말씀하신 것처럼 그냥 계산 보조 도구라 부르는 것이 좋을 듯하네요."

"같은 생각이다. 이제 어떤 방식이 되었든 진화의 징조가 나타나야겠

지. 비행기 역사에 라이트 형제가 등장하듯이 컴퓨터 역사에도 누군가 나타날 때가 되었지. 파스칼 들어봤지?"

"『팡세』를 지은 사람 말인가요? 그 사람 수학에서도 들어본 것 같은데. 같은 사람인가?"

"맞다. 같은 사람이지."

"대단하네요."

"뭐가?"

"수학 하나에도 이름 남기기가 어려울 텐데, 어떻게 『팡세』라는 책까지.."

"옛날에는 그런 경우가 적지 않았단다. 다빈치는 모나리자라는 그림으로 유명하지만 의학이나 과학 분야도 휩쓸었지. 뉴턴은 만유인력으로 물리학의 토대를 다졌는데, 수학의 바탕이 되는 미적분학도 만들고."

"메이저리그 야구 선수가 월드컵에 출전하여 MVP가 된 꼴이네요."

"아주 멋진 표현이다. 그런데 파스칼은 체조에서도 챔피언이 된다. 그가 바로 세계 최초의 계산기를 만든 사람이다. 파스칼은 그 계산기를 자식만큼이나 사랑했던 모양이다. 이름을 파스칼린이라 지은 걸 보면."

"참 놀랍네요. 야구에 축구 그것도 모자라 체조까지 휩쓸다니."

"충분히 놀랄만한 일이지."

"그게 언제쯤인가요? 우리나라로 치면?"

"1645년에 만들었으니, 우리 역사에서는 조선 시대 중기… 임진왜란이 1592년부터이니 그건 끝났고, 정묘호란과 병자호란… 그때쯤 같다. 많이 걱정스러운 시기네."

"그런데 파스칼린은 많은 사람이 사용했나요?"

"그렇지는 않다. 내가 물어보마. 당시 그런 기계를 만들 수 있는 기술로 무엇이 있었을까? 오늘날은 전기도 있고 전자 기술도 있지만, 당시에는 그런 기술이 없었지."

"아마 어떤 기계 장치 아닐까요? 그 당시에도 쇠로 바퀴를 만드는 기술이 있었으니 뭐… 어떤 모양을 만들어 서로 이어 붙이고… 이런 식이었을 것 같아요."

"그렇단다. 파스칼은 10개의 톱니를 가진 작은 바퀴를 만들고, 톱니가 맞물리도록 바퀴를 축에 고정하였지. 바깥에는 손잡이를 붙여, 그것을 돌려 수를 입력하고."

"기계를 자동으로 움직일 수는 없었나요? 뭐 증기 기관이라던가…"

"증기 기관은 18세기 초에 실용화되었지. 물론 기원전에도 물을 끓이다 보면 솥뚜껑이 들썩거리는 것을 알았으니 당시에도 그 힘을 이용하려는 노력이 있었지만, 산업에 사용할 수 있게 된 것은 18세기이다. 누가 그런 일을 했는지는 집에 가서 찾아보아라. 그들이 바로 유럽에서 산업 혁명을 일으킨 사람이다. 조사할 때 꼭 명심할 것이 있다. 왜 그때였을까? 그것에 대해 꼭 생각해 보길 바란다. 역사는 우연보다는 필연이 더 많다. 분명 그럴만한 시대적 배경이 있지."

"꼭 그렇게 할게요."

"파스칼은 증기 기관이 실용화되기 100여 년 전에 살았던 사람이다. 사람이 손잡이를 돌리는 수밖에 없었지. 밭을 가는 것처럼 거친 일이 아니니까, 소나 말의 힘을 이용할 수도 없고."

"그런데 파스칼 이전에 계산기를 만든 다른 사람은 없었나요?"

"왜 없겠니? 무덤덤하게 삶을 살아가는 많은 사람 사이에는 자기만의 무엇인가를 만들지 않고는 배겨내지 못하는 사람이 꼭 있게 마련이다. 사실 파스칼린은 세계 최초의 계산기가 아니란다."

"아까는 최초라고 말씀하셨는데요."

"파스칼 이전에 시카르트라는 사람이 있었단다. 시카르트는 독일 사람인데, 파스칼이 이웃 나라 프랑스에서 태어날 때 그는 이미 30세쯤이었단다. 그는 케플러에게 편지를 쓴단다. 정확하게 말하면 1623년에 편지를 썼으니 바로 파스칼이 태어나던 해이지."

"케플러라면, 유명한 천문학자 말인가요?"

"그렇지. 시카르트는 케플러와 고향 친구였단다. 케플러는 천문학자이니 많은 데이터를 가지고 있었고, '계산을 어떻게 빨리할 수 있을까'는 항상 그의 관심사였지. 그걸 잘 알고 있는 시카르트는 계산기를 만든 후에 친구에게 편지를 안 쓰고 배겨낼 수가 없었겠지."

"그런데 왜 아까는 파스칼린이 세계 최초라 하셨나요?"

"시카르트는 베일에 가려 있었던 것이지. 상트페테르부르크라는 도시 아니?"

"러시아의 서쪽에 있는 도시 아닌가요?"

"맞다. 지리도 잘 하네. 한때 레닌의 이름을 따 레닌그라드로 불리기도 했지. 그 도시 근교에 풀코프 천문대가 있는데, 어떤 학자가 거기에 소장된 케플러와 관련된 문서를 뒤지다가, 시카르트가 케플러에게 보낸 편지 두 통을 발견하게 된다. 첫 번째 편지에는 계산기를 만들었다는 자랑, 두 번째 편지에는 케플러가 요청한 계산기를 주문하여 기계공이 만들고 있었는데 그의 집에 불이 나 소실되었다는 내용이 담겨 있었단다."

"설계도나 뭐… 그런 것은 없나요? 그런 것이 있으면 누가 시범 제작해 볼 수도 있을 듯 한데요. 지금은 기술이 좋으니 설계도가 남아 있다면 가능하지 않을까요."

"그렇지. 하지만 편지에는 글만 있었고, 어디에서도 설계도는 발견되지 않았지. 그런데 케플러를 연구하는 또 다른 학자가 있었는데 이름도 특이하다. 해머. 망치라는 이름은 놀림감일 텐데. 그렇지 않니?"

"그럼요. 아주 좋은 놀림감이네요. 제 친구들은 그런 게 없어 난리예요."

"해머가 케플러 관련 서적을 뒤지다가 책갈피를 발견하는데, 그것을 펼쳐보니 놀랍게도 시카르트의 설계도가 있었던 것이지."

"시카르트 기계를 만들어 본 사람은 있나요?"

"시카르트와 케플러는 독일의 튀빙겐 근교가 고향이고 시카르트는 튀빙겐 대학 교수였다. 그런 인연으로 튀빙겐 대학에서 그의 업적을 살리는 노력을 많이 하였단다. 그 대학의 철학과 교수였던 로링호프가 모형 제작을 하였지."

"철학과 교수가 그런 일을 하는 것이 어울리지는 않네요. 공자나 소크라테스를 가르치는 분일 텐데."

"가끔 그런 사람이 있게 마련이란다. 그들이 세상을 조금씩 변화시키지."

"몇 가지 질문이 있는데… 더 물어봐도 되나요?"

"그럼. 그게 너랑 나랑 만난 이유인데. 그런 호기심이 세상을 변화시키는 힘이 된단다."

"해머가 발견하기 전에 시카르트는 전혀 알려지지 않았나요? 그 전에도 케플러를 연구한 사람이 꽤 많았을 것 같은데요."

“당연히 그런 의문을 가져야지. 있었단다. 이미 1700년대 초에 케플러의 편지를 모아둔 책이 발간되었는데, 거기에 두 통의 편지가 담겨 있었지. 또한 1899년 어느 독일 잡지에 ‘…참으로 이상한 일이다. 누구도 시카르트가 세계 최초로 계산기를 만들었다는 사실을 받아들이지 않는다. 분명 1624년에 케플러는 시카르트에게 계산기 제작을 요청하였는데…’라는 글이 실리기도 하였단다. 이미 알려져 있었다는 말이지.”

“그런데 어찌 그런 일이. 왜 사람들은 파스칼린이 최초라고 알고 있나요? 이해가 되지 않네요.”

“그것이 역사 아닐까 한다. 역사는 단순한 사실의 나열이 아니고, 그것을 후손이 어떻게 해석하고 받아들이느냐에 따라 크게 달라질 수 있는 것 아닐까. 그래서 기능이 정해져 있는 기계라기보다 살아 움직이고 진화하는 생물과 같은 것 아닐까.”

“우리가 국사 시간에 배우는 사실들도 보는 관점에 따라 얼마든지 달라질 수 있겠네요.”

“그렇지. 시카르트는 파스칼의 위세에 눌렸다고 볼 수 있을 듯싶다. 파스칼은 워낙 유명 인사이니.”

“그런데 어떻게 시카르트가 위세 높은 파스칼로부터 세계 최초 타이틀을 뺏어 오나요?”

“1957년에 수학의 역사에 관한 어떤 학술 대회에서, 해머는 시카르트의 설계도를 발견한 일과 함께 시카르트의 공적을 발표했단다. 그 이후로 시카르트에 관심을 갖는 사람이 점점 늘어나고, 튀빙겐 대학의 로링호프는 철학을 잠시 미뤄두고 기계 제작을 하고… 이런 노력이 결국 시카르트를 살려냈지.”

"역사는 꽤 객관적이라 생각했는데, 사람들의 노력과 주관이 간섭하기도 하네요."

"흠. 주관이 간섭한다… 그럴듯한 표현이다. 지금 내 눈에 지우가 중학생이 아니라 역사학자처럼 보인다. 역사뿐 아니라 사람에 대한 해석도 시시각각 바뀌는구나."

"역사는 그냥 외우는 것이 아니네요. 그 주관에는 파스칼의 조국 프랑스와 시카르트의 조국 독일의 자존심도 있을 것 같아요."

"그럴 수 있지."

"질문이 또 있어요."

"무엇이지?"

"시카르트가 새로 등장한 것과 같이 또 등장하는 사람은 없나요. 시카르트에게서 타이틀을 뺏어갈 사람…"

"아직까지는 없단다. 하지만 유럽의 어느 고문서 보관소나 어느 고성의 귀퉁이 골방에 무엇인가가 있을지도 모르지. 단지 아직까지 우리 눈에 안 띄고 숨어 있을지도."

"그럼 시카르트와 파스칼 이후는 어떤가요?"

"라이프니츠가 등장한다."

"그 사람 이름 들어 본 것 같은데."

"어디서 들었는지 기억할 수 있겠니?"

"윤리 시간에 들은 것 같아요."

"바로 그거다. 라이프니츠는 3대 순수 이성론자 중의 하나이지. 그는 철학자였다."

"여기서도 철학자가 활약하네요."

"라이프니츠는 철학자이지만 수학자이기도 하단다. 미적분학을 발명한 사람인데, 뉴턴과 최초 발명자 자리를 두고 다투기도 하였지. 뉴턴은 섬나라 영국에서 태어났고 라이프니츠는 독일 사람이니 당시 섬과 대륙의 자존심 싸움으로 알려지기까지 했단다."

"굉장하네요. 철학과 수학, 게다가 계산기 발명…"

"그는 파스칼린을 잘 알고 있었는데, 그것을 토대로 삼아 더욱 발전시킨 자신의 계산기를 만들게 된단다."

"하나만 더 여쭤볼게요."

"좋지."

"이런 계산기의 실물이 지금까지 남아 있나요?"

"시카르트의 편지를 보면 두 개를 제작한 사실을 알 수 있다. 하나는 자신의 것 그리고 또 하나는 친구 케플러를 위해. 하지만 케플러의 것은 제작 도중 화재로 소실되었다고 적혀 있으니 실제 한 대만 만들어진 셈이지. 하지만 그것은 사라져 버렸단다. 시카르트는 말년에 비참해지는데, 그 당시 유럽을 휩쓴 역병 때문이지. 그와 가족이 모두 사망하는데, 아마 누군가가 그 기계를 가져다가 이게 뭐하는 것인가 곰곰 생각하다 땔감으로 썼을 수도 있겠지. 아니면 언젠가 고물상에서 발견되던가."

"아쉽네요. 파스칼린은 남아 있나요?"

"파스칼은 벤처 기업을 창업하여, 파스칼린을 20여 대 판 걸로 기록되어 있단다. 그 덕분에 지금까지 몇 대가 남아 있지. 벤처는 망하고, 파스칼이 돈은 못 벌어 좀 아쉽지만 후손에게 큰 의미를 남겨 준 셈이지."

"라이프니츠 기계는요?"

"라이프니츠는 두 대를 제작한다. 그 당시 기술로 제작이 쉽지 않았지. 아마 비용도 만만찮았을 것 같고. 그들 모두 사라졌는데, 그중 하나는 괴팅겐 대학에 수리를 위해 보냈다는 문서는 남아 있지만 어디에서도 찾지 못했단다. 그런데 1800년대 후반 경에 지붕 수리공이 괴팅겐 대학의 건물에서 작업하다가, 다락방 구석에서 나무 상자에 들어 있는 무엇인가를 발견한다. 지붕 수리공에 의해 라이프니츠의 계산기는 다시 빛을 보게 된 것이지. 그것은 하노버 박물관에 전시되어 있다. 언제 독일에 갈 기회가 있으면, 둘러보면 좋을 듯하구나."

"언젠가 꼭 가봐야겠어요."

"자, 이제 다음 시대로 가볼 때가 된 것 같다."

"다음 시대라면?"

"지금까지는 컴퓨터라는 말을 쓰지 않았지."

"그러네요. 계산기라고 불렀지요."

"좀 더 정확히 말한다면 기계식 계산기이지. 이제 기계식 계산기에 대한 이야기는 여기서 마치고, 기계식 컴퓨터라는 새로운 동네에 가 보자. 그곳에 더 흥미로운 것이 기다리고 있단다."

"계산기와 컴퓨터의 차이가 큰가 보네요. 그러고 보니 역사에도 매듭이 있는 것 같아요."

"그렇지. 아주 좋은 표현이다. 매듭을 지나면 새로운 마디가 있고."

기계식 계산기

14세기 후반, 이탈리아 반도 북쪽에 위치한 도시국가인 피렌체와 베니스를 중심으로 새로운 문명 사조가 발생한다. 르네상스 시대가 열린 것이다. 르네상스는 예술뿐 아니라 과학기술 분야의 혁신적인 발전을 촉진한다. 그동안 천문학이 중심이던 과학은 천문, 물리, 화학, 생물로 갈래가 나뉘고, 각 분야는 나름대로 발전을 거듭한다. 이러한 혁명적인 변화는 계산 요구를 폭발적으로 증가시켰으며, 그 결과 자동 계산 장치를 발명하려는 욕구를 자극한다.

계산 장치를 만들기 위해, 그 당시 과학자가 기댈 수 있는 기술은 기계 공학이었다. 그들은 열 개의 톱니를 가진 톱니바퀴 하나로 십진수 한 자리를 표현하였고, 톱니바퀴를 이어 붙여 여러 자리의 수를 표현하였다. 이러한 계산기를 움직이는 동력은 사람의 힘이었다. 사람이 손잡이나 다이얼을 돌린다거나 버튼을 눌러 수를 입력하고 계산 명령을 내린다. 계산기를 제작하는 사람의 고민 중의 하나는 올림수carry를 처리하는 일이었다. 예를 들어 7이란 값을 가진 톱니바퀴에 2를 더한다면 바퀴를 두 칸 돌려—한 칸이 36도이니 약 72도 정도—9를 만들면 된다. 하지만 7에 5를 더하면, 그 자리는 2가 되어야 하고 올림수가 발생한다. 따라서 기계는 자동으로 바로 왼쪽에 있는 바퀴를 한 칸 돌려 1을 더해 주어야 한다. 그 당시 기술 수준으로 이런 기계 장치를 만드는 일은 까다로웠다.(이와 비슷한 장치가 현대에도 쓰이고 있는데, 운전자 앞에 붙어 있는 자동차의 주행 기록계가 좋은 예다.)

시카르트의 계산 클럭

17세기 초에 빌헬름 시카르트(Wilhelm Schickard, 1592~1635, 독일)는 계산 장치의 제작을 시도하였으며 결국 성공한다. 그는 튀빙겐 대학의 교수를 역임하였고, 미술, 수학, 과학 등에 널리 재능을 보인 천재로 알려져 있다. 시카르트는 유명한 천문학자 케플러와 고향 친구이기도 하다. 그의 발명품인 세계 최초의 기계식 계산기는, 몇 사람이 그의 편지와 설계도를 발견하기 이전에는 세상에 잘 알려지지 않았다. 1935년 케플러의 전기 작가인 캐스퍼는 상트페테르부르크 근방에 있는 풀

자신이 발명한 휴대용 플라네타륨(천체 운행을 보여주는 장치)을 들고 있는 시카르트의 초상화이다. 그는 세계 최초로 계산기를 발명한 사람이라는 영예를 안고 있다.

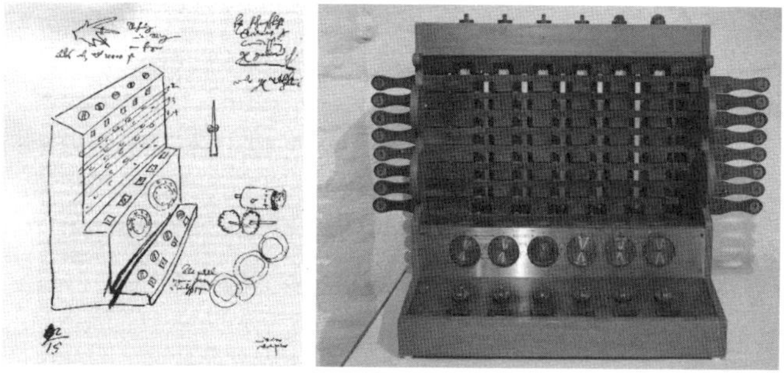

시카르트의 계산기 설계도(왼쪽)와 그것을 바탕으로 로링호프가 제작한 계산기(오른쪽)이다.

코프 천문대에서 케플러와 관련된 문서를 뒤지다가, 시카르트가 케플러에게 보낸 두 통의 편지를 발견한다. 시카르트는 그 편지에 톱니바퀴를 사용하여 덧셈과 뺄셈이 가능한 계산 기계를 발명하였다고 적고 있다. 이 편지를 근거로 컴퓨터 역사가는 시카르트가 1623년에 세계 최초로 계산기를 발명한 것으로 기록한다. 이 편지가 발견된 이후 한참 동안 이 기계에 대한 어떠한 추가적인 힌트도 발견되지 않다가, 또 다른 케플러 전기 작가인 해머가 케플러와 관련된 서적에 꽂혀 있던 작은 종이 조각을 발견한다. 거기에 시카르트의 설계도가 그려져 있었다. 튀빙겐 대학의 철학과 교수인 로링호프는 시카르트의 설계도를 보고 실제 기계를 시범 제작하여 제대로 동작함을 입증한다. 시카르트는 자신의 기계에 계산 클럭calculating clock이라는 이름을 붙였다. 이 기계는 올림수를 처리하기 위해 간단한 장치를 사용하였는데, 9999+1과 같이 올림수가 왼쪽 여러 자리로 파급되는 경우 톱니바퀴에 많은 힘이 가해져 망가질 위험을 안고 있었다. 이러한 이유로 계산 클럭은 여섯 자리만 가지도록 설계되었다. 그의 편지에 따르면 자신을 위해 한 대를 제작하여 사용하였으며, 케플러의 요청으로 한 대를 더 제작하다가 화재로 도중에 소실되었다. 하지만 시카르트가 사용하던 한 대마저도 현존하지 않는다. 어떤 사람이 우연한 경로로 그것을 입수한 후 그것이 무얼하는 것인지 모르고 불구덩이에 넣었든지, 아니면 독일의 어느 고가에 딸린 창고에서 잠자고 있을지도 모른다.

우리에게 『팡세』와 '인간은 생각하는 갈대'라는 문구로 잘 알려진 파스칼(왼쪽). 그는 파스칼린이라는 계산기(오른쪽)를 발명하였다. 현존하는 파스칼린. 현재 파리 산업기술박물관Musée des Arts et Méiers(Museum of Arts and Industry)에 전시되어 있다.

파스칼의 파스칼린

'인간은 생각하는 갈대'[1]라는 문구로 우리에게 잘 알려진 블레즈 파스칼(Blaise Pascal, 1623~1662, 프랑스). 그는 말년을 종교와 철학에 몰두하여 사상가로서 생을 마감하였지만, 유년과 청년기에는 수학과 과학에 뛰어난 재능을 보였다. 컴퓨터 역사에서는 파스칼린Pascaline이라는 기계식 계산기의 개발로 잘 알려져 있다. 파스칼린은 시카르트의 공적이 알려지기 이전에는 세계 최초의 계산기로 명성을 유지하였다. 파스칼의 아버지는 세무 공무원이었는데, 반복되는 단순한 계산에 골머리를 앓고 있었다. 1642년에 19세였던 파스칼은 이런 상황을 벗어나려고 파스칼린을 설계한 후, 동네 기계공에게 제작을 의뢰한다. 하지만 기계공은 파스칼의 정교한 계산기를 만드는 데 실패한다. 실력이 부족했던 것이다. 파스칼은 스스로 기계공학을 공부한 후 직접 제작을 시도하는데 제대로 작동하는 파스칼린을 1645년에 완성한다. 크기는 대략 길이 36cm × 너비 13cm × 높이 8cm로 책상에 올려 놓고 사용하기 좋은 정도였다. 윗면에는 여러 개의 바퀴가 이어 붙어 있는데, 각각은 십

1 파스칼의 사후에 지인들이 그의 글을 모아 편찬한 유고집 『팡세』에 나오는 구절이다.
L'homme est un roseau, le plus faible de la nature, mais c'est un roseau pensant. Man is only a reed, the weakest in nature; but he is a thinking reed.
인간은 자연에서 가장 약한 갈대에 불과하다. 그러나 생각하는 갈대이다.

진수 한 자리를 표현하기 위해 열 개의 살을 가지고 있다. 바퀴의 살 사이에 있는 열 개의 칸이 0~9의 수를 나타낸다. 예를 들어 3을 입력한다면 3에 해당하는 칸에 막대를 넣어 시계 방향으로 멈춤 고리에 걸릴 때까지 돌린다. 마치 예전의 다이얼 전화기와 흡사하다. 자릿수는 제품마다 조금씩 다른데 6자리부터 8자리까지 있다. 바퀴는 한 방향으로만 회전하게 되어 있어 덧셈만 가능하다. 파스칼린은 뺄셈을 지원하기 위해 9의 보수 표현을 지원한다. 이 기계는 올림수를 처리하기 위해 추를 사용하였다. 보통 때는 두 개의 핀이 추를 떠받치고 있는데, 올림수가 발생하면 핀이 빠져나가 추가 밑으로 떨어지면서 이웃 자리를 한 칸 회전시킨다. 파스칼은 상업용 파스칼린을 제작하여 벤처 정신을 발휘한다. 하지만 사용하기 불편하고 비싸서 20여 대를 파는 데 그친다. 벤처 기업은 실패하지만, 그 덕분에 지금까지 몇 대가 남아 있다. 파스칼은 1650년 이후에는 과학을 떠나 종교와 철학에 몰두한다. 과학계에 머물렀다면 파스칼린이 훨씬 발전했을 테지만, 반면에 그의 문집 『팡세』는 탄생하지 않았을 것이다. 1970년, 비르트는 새로운 프로그래밍 언어를 발표하고, 그의 공적을 기리는 뜻에서 파스칼이라 이름 붙인다.

라이프니츠의 스텝드 레코너

라이프니츠는 3대 이성론자 중의 하나인 철학자였는데, 세계 최초로 사칙 연산이 모두 가능한 계산기를 발명한다.

고트프리트 라이프니츠(Gottfried Wilhelm Leibniz, 1646~1716, 독일)는 미적분을 발명한 사람으로 유명하다. 뉴턴과 누가 최초 창안자인가에 대한 논쟁에 휘말렸지만, 결국 각자 독립적으로 발명한 것으로 판명된다. 그는 철학자로서 데카르트, 스피노자와 함께 3대 이성론자로 꼽힌다. 그런 그가 컴퓨터 역사에도 꼭 등장한다. 라이프니츠는 덧셈, 뺄셈뿐 아니라 곱셈과 나눗셈도 가능한 기계식 계산기인 '스텝드 레코너stepped reckoner'를 개발하였다. 사칙 연산을 모두 수행하는 최초의 계산 장치이다.(시카르트와 파스칼의 계산기는 덧셈과 뺄셈만 가능하다.) 그가 처음 계산기를 구상한 것은

왼쪽 그림은 독일 드레스덴의 기술박술관Technische Sammlungen(Technical Collection)에 전시되어 있는 스텝드 레코너의 복제품이다. 원본은 하노버 박물관에 보관되어 있다. 오른쪽 도면은 이 계산기의 핵심 부품인 라이프니츠 드럼이다. 길이가 다른 9개의 톱니가 보인다.

프랑스 파리의 영사관에 근무를 시작한 1672년으로 알려져 있다. 파스칼의 『팡세』를 읽다가 파스칼린의 존재를 알게 되고 그것의 설계를 참고하게 된다. 라이프니츠의 혁신은 라이프니츠 드럼에 있다. 이 드럼에는 9개의 톱니가 있는데 그 길이가 조금씩 다르다. 이 드럼으로 인해 곱셈과 나눗셈도 가능해진다. 이 드럼은 매우 획기적인 발명품으로서 이후 200년 가까이 활용된다. 라이프니츠 계산기는 16자리까지 연산이 가능한데, 16자리 수에 8자리 수를 더하거나 빼는 연산, 8자리 수 두 개를 곱하는 연산, 16자리 수를 8자리 수로 나누는 연산이 가능하다. 두 수를 입력한 후 손잡이를 한 바퀴 돌리면 덧셈이 이루어진다. 반대로 돌리면 뺄셈이 된다. 곱셈은 자릿수별로 그 수만큼 돌리면 된다. 라이프니츠도 시카르트나 파스칼과 마찬가지로 실제 기계 제작을 위한 우수한 기술자의 부족으로 애를 먹는다. 결국 두 대를 제작하지만 모두 사라져 버렸다. 그중 하나는 수리를 위해 괴팅겐 대학에 보냈다는 문서가 남아 있었다. 1879년 지붕 수리공이 괴팅겐 대학 어느 건물의 다락방에서 작업하다 구석에서 길이가 약 64cm인 오크 케이스에 들어 있는 무엇인가를 발견한다. 지붕 수리공에 의해 라이프니츠의 계산기는 다시 빛을 보게 된다. 현재 하노버 박물관에 전시되어 있다.

시카르트, 파스칼, 라이프니츠는 계산기를 발명하였지만 대중의 손에 쥐어주지는 못했다. 파스칼이 벤처 정신을 발휘했지만 성공하지 못했다. 그렇다면 언제 계산기가 대중의 손에 들어갔을까? 대중은 라이프니츠의 사후, 150년가량을 기다려야 했다. 1850년경에, 프랑스의 콜마라는 사람은 아리스모미터(토머스 기계로도 불림)를 시장에 내놓아 크게 성공한다. 이 계산기는 라이프니츠의 설계에 기반하였는데, 편의성과 신뢰성이 크게 개선되었다. 지금 용어를 빌려쓰면 '사용자 인터페이스'가 크게 개선되었다고 말할 수 있다. 이 기계는 시장에서 큰 인기를 끌었으며 개량을 거듭하여 20세기 전반까지 판매된다. 계산기가 시장을 키워나가는 이야기는 4장에서 계속한다.

교수님의 제안으로 우리는 연구실을 나와 걷기 시작한다. 곧 한적한 길로 접어든다. 오른쪽에는 소나무로 덮인 야트막한 야산이 보이고, 왼쪽으로 농과 대학생들의 실습림으로 보이는 잘 정돈된 농장이 보인다. 호젓한 길을 산책하며 나누는 컴퓨터 역사 이야기, 잘 어울릴 듯싶다.

"밖으로 나오니 좋지? 교수는 좋은 점이 있단다. 나는 일과 시간에도 가끔 이렇게 산책을 한단다. 보통 직장인은 게으름 피운다고 미운털이 박힐 텐데, 교수는 새로운 아이디어를 구상하는 중이라고 핑계를 대면 그만이다."

"그렇겠네요. 제 친구들은 유머 감각이 넘쳐요. 얘기해도 될까…"

"괜찮다. 너와 나 사이에 무슨 못할 말이…"

"교수와 거지는 공통점이 참 많네요. 하나만 말씀드리면, 출퇴근 시간이 일정치 않다."

"허허. 맞다. 항상 손에 뭔가를 들고 다닌다."

"그 직업을 평생 버리지 못한다."

"…"

교수님은 권위적이지 않아 좋다. 때론 그냥 친구 같다.

"교수님, 나이가 다른데도 친구가 될 수 있나요?"

"물론."

"학교 선배들을 보면 목에 힘만 주고… 어떤 선배는 선생님들보다 더 해요."

"얼핏 보면 온 천지에 그런 사람만 있는 것 같은데, 분명 그렇지 않은 사람도 있는 법이란다. 후자에 속하는 사람은 눈에 잘 안 띄지."

"정말 그럴까요?"

"『노인과 바다』 읽어 봤니?"

"예. 그러고 보니 쓸쓸한 노인과 소년이 우정을 나누는 이야기네요."

"그렇지. 노인에게 소년은 매우 소중한 존재이고 또한 자기의 속 깊은 이야기를 할 수 있는 대상이잖니. 소년에게 노인도 같은 의미를 가지고. 그 둘을 누가 친구가 아니라고 말할 수 있겠니."

"그렇네요."

"『노인과 바다』보다는 덜 알려졌지만, 나에게 더 감동적으로 다가온 책이 있단다."

"어떤 책인가요?"

"『네루다와 우편 배달부』라는 책인데, 제목만 봐도 어떤 시적인 분위기가 풍기지 않니?"

"잘 모르겠는데요."

"사실 나도 읽고 난 다음에 그런 느낌을 가졌는지 아니면 처음 제목을 보고 그런 느낌을 가졌는지 잘 모르겠다. 어쨌든 나에게는 풍경, 우정, 은유, 정열, 정치적 격변, 안타까움, 분노, 슬픔 등등이 어우러져 한 편의 수채화 같은 느낌을 준 소설이었단다. 이 모든 느낌은 세계적인 시인 네루다와 어촌 동네의 보잘것없는 어린 우편 배달부와의 우정에서 뿜어져 나온단다. 그들 사이에 나이는 아무런 문제가 되지 않는단다."

"저도 꼭 읽어 봐야겠어요."

프로그래밍이 가능한 기계

나는 다시 컴퓨터 역사가 궁금해진다.

"그런데 지금까지 컴퓨터란 말을 안 쓰고 아껴둔 이유가 뭔가요? 무엇인지는 모르겠지만, 계산기와 컴퓨터가 큰 차이가 있어 그럴 것 같은데요."

"잘 보았다. 물론 우리가 어느 범위까지 컴퓨터로 볼 것인지에 따라 달라지는 문제이다. 관점의 문제란다. 넓게 본다면 앞에서 이야기한 기계식 계산기도 컴퓨터에 포함시킬 수 있는데, 우리는 그것과 그 이후 기술을 구분하고 계산기와 컴퓨터라 나누어 부르기로 하자. 실제 많은 책과 사람들이 그렇게 구분하고 있단다."

"그런데 컴퓨터는 어떻게 다른가요? 뭔가 획기적인 발전이 나타날 것 같은데요."

"그렇단다. 배비지라는 영국 사람에 의해 기술 혁신이 생긴다. 그건 다름 아닌 '프로그래밍이 가능한' 기계이다."

"프로그래밍이 가능하다는 말은, 프로그램을 바꾸어 주면 다른 일을 한다는 뜻일 것 같은데요."

"그렇지. 단지 덧셈과 뺄셈만 가능한 것이 아니고, 프로그램에 따라 제곱근도 계산하고 선형 방정식도 푸는 그런 기계이지."

"지금 우리가 쓰고 있는 컴퓨터의 모양을 갖춘 셈이네요."

"바로 그거다. 그래서 배비지를 컴퓨터의 아버지라 부르기도 한단다. 그는 프로그래밍이 가능한 해석 엔진을 설계했단다."

"엔진요? 웬 엔진. 엔진은 휘발유를 태워 동력을 만들고 그 힘으로 자동차를 움직이는 장치 아닌가요?"

"정확하다. 자동차에서 엔진은 핵심이지. 나머지 부품들은 엔진 주위에 배치되어 자동차라는 시스템을 구성하지. 마찬가지로 수를 저장하고, 그것을 가지고 일정한 순서에 따라 연산을 하고, 결과를 다시 저장하는 부분이 컴퓨터의 핵심이지. 배비지는 그것을 엔진이라 부른 거란다. 휘발유를 먹느냐 숫자를 먹느냐, 차이가 있을 뿐 기본 작용은 같다고 본 거지. 네이버나 구글 같은 검색 회사의 서버 컴퓨터 속에는 인터넷에 떠 있는 자료를 수집하여 분류해 둔 다음, 사용자가 검색어를 넣으면 해당하는 문서를 찾아주는 핵심 프로그램이 들어 있는데 무어라 부르는지 아니?"

"아마도 엔진이라는 말을 쓸 것 같은데… 검색 엔진인가요?"

"바로 그거다. 괜찮은 용어 아니니?"

"그러고 보니 딱이네요."

"에반스라는 사람은 『미국을 만든 사람들They Made America』이라는 책을 쓰고, '증기 엔진에서 검색 엔진까지From the Steam Engine to the Search Engine'라는 부제를 붙였단다. 책 제목도 혁신적이다."

"꽤 재미있는 제목이네요."

"이제 배비지 이야기로 돌아가 보자. 배비지가 살던 시대는 과학기술이 발전을 거듭하고 있던 때였단다. 물리, 생물, 화학, 수학, 그리고 기계공학 등에 많은 계산이 필요하였지. 분야마다 풀어야 하는 문제가 달랐던 만큼, 프로그래밍이 가능한 어떤 계산 장치가 절실했던 것이지. 봄에 날이 따뜻해지면 개구리가 자연스럽게 땅속에서 톡 튀어나오듯이, 배비지라는 사람이 나올 환경이 만들어져 있었던 것이지."

"성공하였나요?"

"절반의 성공이랄까. 그는 뛰어난 두뇌와 뜨거운 열정으로 정교한 설계도를 완성한다. 하지만 실물을 제작하는 과정이 문제였지. 상당히 정밀한 기계공학이 필요했는데, 당시의 기술이 부족했을 뿐 아니라 비용 문제로 실물 제작은 실패하고 만다."

"배비지는 전기를 이용하려 했나요?"

"그렇지 않다. 그 당시 전기가 발명되어 있긴 했지만, 실용화되어 널리 쓰인 건 19세기 말이니까 배비지가 죽은 이후이다. 배비지는 당시 동력으로 널리 쓰이던 증기 기관을 쓰려 하였고, 수를 표현하고 연산하는 장치는 여전히 톱니바퀴를 이어 붙인 기계 장치였다. 배비지가 생각할 수 있는 범위는 거기까지였지. 시대적인 한계라고 말하면 적절할 듯하구나."

"프로그램은 어떻게 입력하나요?"

"당시 배비지의 눈에 띈 것은 방직 기계였다."

"아니, 천을 짜는 기계가 컴퓨터 옆에 붙어 있었단 말인가요?"

"당시 방직 기계는 천에 새길 무늬를 종이 테이프에 표시하였단다. 다시 말해, 방직 기계는 테이프에 뚫린 구멍의 패턴에 따라 천에 무늬를 짜 주었지. 일종의 '무늬 프로그램'이지. 테이프만 바꾸어 주면 다른 무늬를 짜 주었으니까."

"기발하네요. 그것을 컴퓨터 프로그래밍에 사용할 생각을 하다니."

"궁하면 통하는 법이란다. 필요하여 이리저리 궁리하고 찾아 다니다 보면 무언가 쓸만한 것이 눈에 띄는 법이지. 결국 의지 문제이다."

"그런데 실물을 못 만들었다면 의미가 없는 것 아닐까요?"

"그렇지 않지. 그의 설계도에는, 중간에 얻은 결과값에 따라 분기를 할 수도 있고 어떤 일을 반복할 수도 있는 현대 프로그래밍이 가지는 요소들을 포함하고 있단다. 실물은 실패했더라도 그가 제시한 개념과 아이디어는 후손에게 큰 영향을 미치게 되지."

"그렇군요."

"생물만 진화하는 것이 아니고, 기술도 진화한단다. 그런 와중에 때로 기술 혁명도 일어나지. 컴퓨터 역사에서 배비지는 기술 혁명을 일으킨 사람 중의 하나이다. 이런 기술 혁명을 우리는 브레이크스루breakthrough라고 부르지."

"아마도 다음 브레이크스루는 전기가 일으킬 것 같은데요."

"지우의 역사 안목이 대단하구나. 전기는 우리 일상 생활 양식을 확 바꾸었듯이, 컴퓨터 기술도 확 바꾸게 된단다."

기계식 컴퓨터

18세기 말에 영국에서 천재가 탄생하는데 그의 이름은 찰스 배비지(Charles Babbage, 1791~1871, 영국)이다. 그는 자동 계산 장치의 새로운 물줄기를 만든다. 이전의 시카르트, 파스칼, 라이프니츠의 아이디어와 그들이 만든 장치는 모두 계산기calculator라는 범주로 축소하여 부르는 것이 적절하다. 그들의 장치는 프로그래밍이 가능하지 않기 때문이다. 배비지의 천재성은 그들과 달리 '프로그래밍이 가능한' 장치, 즉 컴퓨터를 설계한 데에 있다. 그는 선배들을 제치고 컴퓨터의 아버지라 불린다.

배비지 시대의 수학자와 과학자의 고민중 하나는 정확한 계산표를 어떻게 작성하느냐에 있었다. 계산표는 비슷한 계산을 반복하는 경우 매우 유용했는데, 예를 들어 374 × 75, 374 × 76, 374 × 77, …을 계산해야 할 때 실제 계산하는 것보다 미리 계산해 놓은 표가 있다면 거기에서 답을 찾는 것이 빠를 수 있다는 이야기이다. 이런 단순 곱셈뿐 아니라, 삼각 함수나 로그는 계산표를 사용하지 않는다면 무지 긴 시간이 걸리는 계산이다. sin(43°)는 대체 얼마란 말인가? 계산표를 보면 답이 적혀 있었다. 배비지 시대에는, 이런 표를 책으로 출간하는 것이 무척 중요한 일 중의 하나였고 도서관에 이런 종류의 책이 수백 권 진열되어 있었다. 문제는, 이런 표들이 사람의 수작업으로 만들어져서 많은 오류를 포함하고 있다는 것이었다. 어떤 문헌에 따르면, 무작위로 40권을 골라 조사했더니 무려 3,700개의 오류가 발견되었다고 기록되어 있다. 배비지의 자동 계산 장치의 꿈은 이런 시대적인 상황에서 무르익는다.

표를 계산하는 일은 사람이 했는데, 표 계산을 빨리 하는 방법 중의 하나는 차분법이다. 374 × 75 = 28050을 알고 있다면, 다음 칸의 374 × 76은 실제 곱셈을 하는 대신 28050 + 374로 계산하는 방식이다. 배비지는 이런 차분법을 이용하여 자동으로 표를 계산하는 '차분 엔진difference engine'을 설계한다. 차분 엔진은 이전 사람들이 개발한 계산기와 큰 차이가 있다. 그것은 하나의 연산만 하고 끝나는 이전 계산기와 다르게, 여러 값을 연속으로 계산할 수 있다는 점이다. 이것은 혁신적인 진전이었다. 영국 정부로부터 자금 지원을 받은 배비지는, 당시 영국에서 최고의 기계공학자로 손꼽힌 크레몬을 초빙하여 같이 실물 제작을 시작한다. 하지만 영국 정부의 미온적인 재정 지원과 배비지의 완벽을 추구하는 성격으로 곤란을 겪다가, 결국 크레몬과 불화가 도화선이 되어 1833년에 중단되고 만다.

배비지 사후에, 막내 아들 헨리가 아버지 실험실의 부품을 모아 조립한 것으로 차분 엔진의 일부분이다. 현재 케임브리지 대학의 휘플 박물관Whipple museum에 전시되어 있다.

1991년에 런던 과학박물관이 배비지의 설계도에 따라 제작한 차분 엔진이다. 현재 런던 과학박물관에 전시되어 있다.

배비지 사후에 막내 아들 헨리가 제작한, 스토어(메모리)가 없고 밀(연산기)만 있는 프로그래밍이 가능하지 않은 불완전한 해석 엔진이다. 현재 런던 과학박물관에 전시되어 있다.

배비지는 차분 엔진의 실패를 거울 삼아 새로운 구상을 한다. 그것은 '프로그래밍이 가능한' 해석 엔진의 설계이다. '해석 엔진analytical engine'은 현대 컴퓨터와 구조가 비슷한데, 메모리에 해당하는 스토어store, 연산을 담당하는 밀mill, 그리고 제어 장치에 해당하는 제어통control barrel으로 구성된다. 프로그램은, 당시 방직 기술에서 혁신을 일으킨 자카드의 방직기를 모방하여 만든 펀치카드를 써서 입력하였다. 게다가 프린터도 달려 있다. 스토어는 40자리 십진수를 100개까지 저장할 수 있었고, 제어통은 분기, 점프, 반복 등의 명령어를 처리할 수 있다. 이 혁명적인 기계를 제작하기 위해서는 대략 1/500인치 이내의 오차만 허용하는 정밀 기계 기술이 필요하였다. 당시 이 정도는 제작 가능한 수준이었으나 그에 들어가는 비용은 엄청난 것이었다.

슈츠가 제작한 차분 엔진의 스케치이다. 1855년 파리 세계 박람회에서 금상을 받은 제품이다. 현재 스미소니언 박물관에 전시되어 있다.

여전히 미온적인 영국 정부의 태도로 인해 해석 엔진의 제작은 시도조차 못하고 잠들게 된다. 배비지는 그의 구상을 글로 남기지 않았다. 다행히 이탈리아를 여행하는 도중 현지인들에게 상세한 설명을 하였는데, 그중 한 사람인 메나브레아가 문서로 작성하여 학술지에 발표한다. 배비지의 꿈과 그의 기계를 가장 잘 이해한 사람은 에이다라는 여성이었다. 그녀는 메나브레아가 쓴 문서를 영어로 번역하고 부족한 면을 보충하여 발표한다. 그녀의 논문에는 해석 엔진을 위한 프로그램이 들어 있다. 이러한 이유로 인해 그녀는 세계 최초의 컴퓨터 프로그래머로 불린다.

1800년대 중반에 스웨덴에서 무척 의미 있는 일이 생긴다. 조지 슈츠(George Scheutz, 1785~1873, 스웨덴)는 『에딘버러 리뷰』라는 잡지에서 배비지의 차분 엔진에 대한 기사를 읽게 된다. 이에 고무된 그는 아들과 함께 차분 엔진 제작에 착수하는데 1853년에 완성품을 만들어 낸다. 이 기계는 피아노 정도의 크기이다. 슈츠는 이 기계를 표 작성기tabulating machine라 부른다. 슈츠는 영국 왕립학회의 초청으로 런던에서 표 작성기를 시연하는데, 기계의 동작을 눈으로 확인한 배비지는 아낌없이 칭송하였다고 전해진다. 1855년 슈츠는 이 기계를 파리 세계 박람회에 가져가 일반에 공개하는데 그곳에서 금상을 차지한다. 이후 미국 뉴욕의 듀드리 천문대가 관심을 보여 5천 달러에 거래가 이루어진다. 이 기계는 현재 미국 스미소니언 박물관에 전시되어 있다. 이후 차분 엔진은 여러 사람이 정확도, 크기, 사용 편리성 면에서 꾸준히 성능을 개선한다.

배비지 탄생 200주년을 기념하여 런던 과학박물관은 차분 엔진을 실제 제작하여 전시하고 있다. 배비지가 차분 엔진의 제작을 위해 만들었던 부품의 일부도 전시하고 있다. 배비지 사후에 그의 아들 헨리는 해석 엔진의 실제 제작에 착수하여 1906년에 불완전한 상태로 마무리한다. 이 기계는 배비지의 다른 기계들과 함께 런던 과학박물관에 전시되어 있다.

현대에 가까워짐에 따라 위인들의 활동 범위에 재미있는 현상이 나타난다. 학문적인 활동 범위가 점점 축소되는 것이다. 배비지 이전 사람들을 살펴보면, 과학, 철학, 예술에 걸쳐 있는 사람이 적지 않다. 파스칼은 파스칼린보다 『팡세』의 저자로 더 잘 알려져 있다. 라이프니츠는 3대 이성론자로 꼽히는 철학자이다. 이들에 비해 배비지는 과학과 공학 분야에 국한된다. 학문이 점점 세분화 된다는 증거이다. 하지만 그의 범위도 지금에 비하면 만만찮게 넓다. 그는 해석 엔진 외에 많은 발명품을 남겼을 뿐 아니라, 『기계와 생산의 경제학On the economy of machinery and manufactures』이라는 산업 공학 분야의 책을 썼다. 학문은 갈수록 세분화되어, 배비지 이후에 나타나는 사람들 대부분은 컴퓨터 제작이라는 한 분야에 머문다.

전기에 의한 천지개벽

앞에 아름드리 큰 나무가 보인다. 내 키의 열 배쯤 될까. 아니 이십 배? 가늠이 쉽지 않다. 우리는 나무 밑에 있는 벤치에 앉는다.

"이 나무 무척 크지. 몇 살이나 되었을까?"

“분명 저보다는 나이가 많을 것 같네요.”

“이 캠퍼스가 열린 지 70년이 넘었는데, 그 이전부터 있었을 것 같다. 여길 산책하곤 하던 사람들의 눈에 띄게 되고, 그늘이 좋아 나무 밑에서 쉬게 되고, 결국은 이렇게 벤치가 설치되어 우리가 앉을 수 있게 되었구나.”

“나무도 고맙고 벤치를 만들어준 사람도 고맙네요.”

“이렇듯 나무도 자취를 더듬다 보면, 의미가 발생하고 애정이 생기게 되는 법이란다. 무심코 우리 곁을 스쳐 지나가는 것들도 나름대로 의미가 있지. 그것을 놓치지 않는 사람은 사랑으로 꽉 찬 윤기 있는 삶을 살게 되고 그렇지 못한 사람은 푸석푸석한 건조한 삶을 살게 되지.”

“무슨 말인지 알겠어요.”

“컴퓨터 역사를 알고 그것의 의미를 이해하는 컴퓨터공학자는 자신의 아이디어와 능력을 존중하며 나름대로 자부심을 가지고 생활하게 되지만, 그렇지 않은 사람은 그저 밥벌이의 방편에 불과할 수도 있다. 역사를 아는 일은 장식이 아니라 삶의 윤기와 관련된 실용적인 것으로 봐야 한단다."

나는 다시 컴퓨터 역사로 이야기의 물길을 돌린다. 나는 컴퓨터 역사에 흠뻑 빠져들었다.

"이제 등잔불을 사용하던 배비지 시대에서 전등불 시대로 넘어왔어요."

"일상 생활이 확 뒤집어진 거지. 성냥을 찾아 등잔불을 켜고 기름 타는 냄새를 견뎌야 하고 어두침침하고. 그러다가 스위치만 올리면 방 안이 온통 환해지는 시대가 된 것이다. 게다가 라디오, 텔레비전, 축음기, 영화가 등장하고. 천지개벽한 거지."

"할아버지께서 그런 이야기를 즐겨 하셔요. 그땐 그저 따분하기만 했는데, 컴퓨터 역사와 같이 이야기하니 실감이 나고 흥미가 생기네요."

"그렇지. 그저 메마르고 재미없던 이야기가, 어떤 의미를 부여하면 그때부터 제 색깔을 가지게 되고 사람들의 흥미를 끌게 되는 법이란다."

"전구에 대해서 과학 시간에 배웠어요. 전류를 흘리면 진공 유리관 속의 필라멘트가 가열되고 그것이 빛으로 바뀌어 방을 밝히는 게 전등이라고 배웠어요. 그런 전기를 가지고 어떻게 덧셈 뺄셈을 하나요? 35+102 같은 덧셈이 가능할까요?"

"먼저 이런 방식을 생각해 볼 수 있겠지. 배비지의 해석 엔진이 동력으로 증기 기관을 사용했는데 그걸 전기로 대치하는 것이지. 즉 전기로

서로 맞물려 있는 톱니바퀴들을 움직이는 것이지."

"그것만도 훌륭한 개선이겠네요."

"잘 보았다. 하지만 사람들은 그걸 넘어 더욱 혁신적인 방식을 고안하게 되지. 톱니바퀴 대신 릴레이라는 회로를 사용한단다."

"릴레이요? 운동회 때 하는 이어달리기인데…"

"릴레이라는 단어는 교체라는 뜻도 가진다. 릴레이는 켜짐과 꺼짐을 선택할 수 있는 일종의 스위치인데, 상태를 교체할 수 있어 그런 이름이 붙은 것 같다. 또한 릴레이 여러 개를 이어 붙여 놓으면 첫 번째 것이 두 번째 것에, 두 번째 것은 세 번째 것에 신호를 연달아 중계할 수 있는데, 이런 기능도 있어 릴레이라는 이름이 붙은 것 같다. 그럴듯한 이름이지 않니?"

"듣고 보니 아주 그럴듯하네요."

"작명은 매우 중요하단다. 어떤 것의 특성을 가장 잘 드러내는 단어를 찾아 이름 붙여주는 작업의 중요성은 아무리 강조해도 지나치지 않단다. 자기 생각을 남에게 말 또는 글로 전달할 때도, 적당한 단어를 고르는 일이 무엇보다 중요하단다."

"국어 선생님께서 항상 하시는 말씀이에요."

"기본 원칙은 어느 곳에서나 변함이 없는 법이란다."

"릴레이는 스위치라고 하셨죠. 밖에서 전류를 흘리느냐 끊느냐에 따라 1과 0 또는 켜짐과 꺼짐을 나타내는 스위치인 거죠."

"정확하다. 이진수를 쓰는 컴퓨터라면 릴레이 하나가 한 자리를 나타낼 테고, 십진수 컴퓨터라면 릴레이 네 개가 한 자리를 나타내지. 릴레이 네 개가 0000이면 0, 0001이면 1, 0010이면 2, …, 1000은 8, 1001은 9. 이런 식으로 십진수 한 자리를 표현하게 되지."

"그런데 릴레이는 어떤 원리로 스위치 역할을 하나요?"

"자석의 원리이지."

"자석이요?"

"쇠에 코일을 감고 전류를 흘리면 자석이 된다는 건 알고 있지?"

"예. 모터도 그 원리로 만들잖아요."

"그렇지. 릴레이 안에 그런 것이 들어 있단다. 밖에서 전류를 흘리면 자석이 되어 쇠가 반대편으로 이동하게 되지. 전류를 끊으면 용수철의 힘으로 원래 위치로 돌아오고."

"간단한 아이디어로 훌륭한 스위치를 만들었네요."

"그렇지. 항상 기본 원리는 단순한 법이란다. 하지만 실물 제작에 들어가면 여러 문제를 만나게 된다. 코일을 얼마나 감아야 하는지, 전류를 가급적 적게 사용하여 작동시키려면 어떻게 해야 하는지 등등. 게다가 오래 되면 용수철도 느슨해지고 쇠는 닳아 못쓰게 될 테니, 내구성을 높이는 것도 매우 중요한 일이었겠지. 어떤 일에 성공하려면, 기본 원리를 밝히는 '과학'과 실물 제작을 담당하는 '공학'이 협조해야 한단다."

"학교에서 그런 것들을 실제 만들어 보면 훨씬 재미있을 텐데. 학교는 책에 있는 기본 원리만 가르쳐요. 그리고 그걸 외우라고 어찌 닦달해 대는지."

"나도 공감한다. 어찌하다 보니 태풍의 눈에 들어와 버린 느낌이다. 산 교육은 학생들에게 쇳덩이와 코일을 던져 준다. 실제 감아보고, 전류를 흘려보고, 전류 양에 따라 어떤 현상이 발생하는지 데이터를 수집하여 기록하고, 그걸 분석하여 보고서를 작성해 보고. 물고기를 낚는 방법을 배우는 것이지. 여러 과목에서 이런 식의 실험을 몇 가지씩 해보면, 낚시의 달인이 되지 않겠니? 그럼 평생 먹고 사는 데 지장이 없지. 낚시질이 재미있으니 삶도 재미있고. 그런데 지금 교육은 이미 잡힌 물고기를 잔뜩 쌓아놓고 먹으라고 강요하는 꼴이지. 하루이틀이지 매일 물고기만 먹으면 물린다. 낚싯대 들고 여기저기 강과 바다를 싸돌아 다닐 날이 오기나 할지?"

"무슨 말씀인지 알겠어요. 배고픈 사람에게 물고기를 주지 말고 낚시를 가르쳐라. 이런 말씀이지요? 이제 컴퓨터 얘기 다시 해요. 릴레이를 가지고 누가 컴퓨터를 만들었나요?"

"미국에 있는 하버드 대학 알지?"

"그럼요. 저도 나중에 그런 대학에서 공부하고 싶어요."

"가능하지. 낚시질을 잘해야 갈 수 있단다."

"히히. 엄마에게 낚싯대 사달라고 해야겠네요."

"은유가 제법이다. 하버드 대학의 에이컨 교수는 1944년에 마크 I이라는 컴퓨터를 만들었다."

"그럼 그게 세계 최초의 컴퓨터인가요? 배비지는 해석 엔진을 설계했지만 실물 제작에는 실패했으니까요."

"그렇단다. 하지만 그것은 1960년대까지만이란다."

"세계 최초도 시한이 있나요? 아니 잠깐만요. 파스칼과 비슷한 상황…"

"눈치도 빠르긴. 그렇단다. 1960년대까지는 마크 I이 최초였는데, 그때까지 잘 알려지지 않은 추제라는 독일 사람이 어느 날 등장하게 된다. 추제는 독일이 2차 세계대전을 치르고 있을 당시에 Z 시리즈 컴퓨터를 만든다. 그중 Z3가 제대로 작동하였는데 그것이 완성된 시점이 1941년이란다. 마크 I이 1944년이니, 미국은 독일에 세계 최초를 빼앗기게 된 셈이지."

"참 이상하네요. 어떻게 그런 사실이 1960년대까지 알려지지 않지요?"

"우선 2차 세계대전 당시에는 독일이 다른 유럽 국가와 미국의 적성국이었으니, 정보가 차단되었을 테지. 전쟁이 끝난 후에도 세상에 알리는 일을 게을리 하고, 게다가 미국 사람들 입장에서는 듣고 싶지 않은 이야기였을 테지. 그런 것이 어우러져 그렇게 된 듯하다."

"역사가 생물이란 사실이 다시 떠오르네요."

"꿈틀거리는 것이 느껴지지. 자, 이제 현재 우리가 사용하는 컴퓨터에 매우 가까이 왔단다."

"전자식 컴퓨터. 맞죠?"

"그래. 또 다른 매듭을 지나 다음 마디로 가고 있다."

전기 기계식 컴퓨터

이제 전기 이야기를 해 보자. 인류는 배비지 시대에도 전기에 대해 알고 있었다. 윌리엄 길버트(William Gilbert, 1544~1603, 영국)는 전기에 대해 체계적으로 연구하였으며, 전기라는 용어를 만든 사람이다. 그 당시에는 보석의 일종인 호박을 털에 문질러 전기 실험을 하였는데, 이런 이유로 그는 호박을 뜻하는 라틴어 단어를 빌려와 electricus라 불렀다. 그후 일렉트론electron이라는 영어 단어가 만들어진다. 벤자민 프랭클린(Benjamin Franklin, 1706~1790, 미국)은 연을 이용한 실험을 통해 번개가 전기라는 사실을 알아내고 피뢰침을 발

릴레이는 스위치 기능을 하는 전기 부품이다. 코일에 전기를 흘리면 자석이 되어 쇳덩이가 반대편으로 이동한다. 전류를 끊으면 스프링의 힘으로 원래 위치로 돌아온다. 기차 선로를 제어하는 일 따위의 다양한 목적에 사용된다.

명한다. 19세기에는 갈바니, 암페어, 옴, 패러데이 등이 전기의 성질을 수학으로 표현하여 과학의 경지로 끌어 올린다. 하지만 전기를 실생활에 접목시킨 것은 또 다른 사람들, 토머스 에디슨(Thomas Edison, 1847~1931, 미국), 조지 웨스팅하우스(George Westinghouse, 1846~1914, 미국), 에른스트 지멘스(Ernst Werner von Siemens, 1816~1892, 독일), 알렉산더 벨(Alexander Graham Bell, 1847~1922, 미국)이다. 이들은 모두 발명가이자 기업가였는데, 이들에 의해 인류는 에너지, 통신, 교통 등의 일상 생활에서 전기의 혜택을 누리게 된다. 이런 시대 흐름을 읽어보면, 다양한 분야에 전기를 이용하려는 아이디어는 배비지가 죽은 직후, 즉 19세기 말에 꽃을 피웠음을 알 수 있다.

전기를 '계산'에 이용하려는 아이디어는 20세기 전반에 나타난다. 배비지가 창안한 프로그래밍이 가능한 컴퓨터라는 기계는 이제 기계식에서 전기 기계식으로 진화하려는 것이다. 전기라는 기술은 어느 시대 못지않게 자동 계산 장치를 만들려는 사람들의 욕구를 강렬하게 자극한다. 이때 사람들이 사용한 가장 중요한 부품은 릴레이relay이다. 릴레이는 전기의 힘으로 작동하는 전기 부품인데, 코일에 흘리는 전류에 따라 쇳덩이가 닫힘 또는 열림 위치로 이동하는 일종의 스위치다. 사람들은 릴레이로 수를 표현하고 산술 연산을 하는 회로를 만드는 데 매달리기 시작한다.

추제의 Z 시리즈

독일의 콘라드 추제(Konrad Zuse, 1910~1995, 독일)가 영어권 나라에 알려지기 전에는, 컴퓨터 개발 역사를 주로 미국과 영국이 장식하였다. 추제의 업적은

1960년대 들어서야 세상에 알려지기 시작한다. 이로 인해 에이컨의 마크 I은 세계 최초의 컴퓨터 자리를 추제의 Z3에 내주게 된다. 마크 I은 1944년에 만들어졌지만, Z3는 그보다 3년 앞선 1941년에 완성되었던 것이다. 추제는 대학에서 토목공학을 전공하였는데, 안전한 구조물을 설계하는 데 선형연립방정식을 풀어야 했다. 복잡한 구조물의 경우 며칠 또는 몇 달을 지루한 계산에 매달려야만 했다. 그는 고통을 벗어나기 위한 방법을 생각하기 시작한다. 결국 머릿속에 메모리, 산술 연산기, 그리고 제어기의 세 가지 요소를 갖추고 이진수 체계를 사용하는 밑그림이 그려진다. 그의 구상은 현대 컴퓨터와 매우 비슷하다.

추제는 1935년 대학을 졸업하고 헨셀항공회사에 취직한다. 하지만 컴퓨터의 꿈을 버리지 못한 그는 곧 회사를 그만두고 컴퓨터 제작에 착수한다. 외부에서 자금 지원을 받지 못한 그는 가족과 지인으로부터 개발비를 얻고 자기 집 거실에서 작업을 시작한다. 이러한 어려운 환경에서 1938년에 Z1을 완성한다. Z1은 전기를 사용하지 않은 기계식 컴퓨터였다. 프로그램은 영화 필름에 구멍을 뚫어 입력하였다.

Z1 이후, 추제는 전기를 사용하기로 마음먹는다. 그리고 릴레이를 채택한 후속 모델 Z2의 제작에 돌입한다. Z2를 제작하는 중에 2차 세계대전이 발발하여 추제는 두 번이나 독일군에 징집된다. 지인들의 탄원으로 간신히 군을 빠져 나온 그는 계속 컴퓨터 제작에 몰두한다. 이런 어려운 환경에서 제작된 Z2는 제대로 작동하지 않았다. 하지만 곧바로 후속 모델 Z3 제작에 착수하여 1941년에 완성한다. 총 2600개의 릴레이를 사용하였으며 높이 2m에 길이 1m 정도였다. 덧셈은 1초에 3~4개 하였으며 곱셈 하나를 하는 데 5초 정도 걸렸다. 메모리는 22비트의 수를 64개 저장할 수 있었다. 메모리가 적고 명령어 집합에 조건 분기가 포함되지 않았는데, 이러한 한계로 인해 실용적으로 활용되지는 못하였다. 추제는 실용성을 목표로 32비트의 수를 512개 갖는 Z4 개발을 시작하는데, 전쟁 말기에 어려움을 겪는다. 공습으로 자기 집 거실에 있던 모든 컴퓨터가 파괴되는 것을 목격한 그는 개발 중인 Z4를 다른 곳으로 옮겨가며 작업을 계속한다. 완성된 Z4는 1950년에 스위스의

추제의 Z4이다. 뮌헨에 있는 독일박물관에 전시되어 있다. Z1~Z3의 원본은 2차 세계대전 중 폭격으로 1943년에 모두 잿더미에 묻혀버렸지만, 다행스럽게 Z4는 원본이 현재까지 남아 있다.

취리히 기술대학에 임대되어 1955년까지 사용된다. 나중에 프랑스 바젤로 옮겨 사용되다가 1960년에 수명을 다한다. Z4는 현재 뮌헨에 있는 독일박물관에 전시되어 있다.

컴퓨터 개발에 관한한, 전쟁을 치르고 있던 여러 나라들은 매우 다른 자세를 취하였다. 미국은 컴퓨터 개발에 적합한 사람으로 모클리를 발굴하여 개발 자금을 적극 지원한다. 그 결과 에니악이 탄생하게 된다. 영국은 독일의 에니그마 암호를 해독할 목적으로 콜로서스라는 컴퓨터를 제작하였고, 이 과정에서 튜링과 같은 전문가를 적극 활용한다. 반면 독일은 추제를 징집하여 그의 손에 총을 들려주었으며 주위의 탄원에도 소극적으로 대처한다. 추제의 친구 슈라이어는 추제에게 릴레이를 버리고 진공관을 사용한 전자식 컴퓨터 제작을 권유하였다. 하지만 자금이 부족했던 추제는 진공관 대신 가격이 싼 릴레이를 사용하기로 하고 중고 릴레이를 구입한다. 만일 독일 정부가 자동 계산의 중요성을 인식하고 적극적으로 자금 지원을 하였다면, 최초의 전자식 컴퓨터는 모클리의 에니악이 아니라 추제의 Z 시리즈가 차지했을지도 모른다. 슈라이어가 컴퓨터에 필요한 장치의 일부를 진공관으로 제작하고 그것을 토대로 박사 논문을 쓴 점을 감안하면 충분히 일어날 수 있는 일이었다.

추제는 발명가 정신뿐 아니라 기업가 정신도 가지고 있었다. 그는 전쟁 이후 IBM과 접촉하여 자금 지원을 요청하였으나 성사시키지는 못하고, 대신 추제KG라는 자신의 회사를 설립하여 Z5, Z11, Z22 등의 상업용 컴퓨터를 생산한다. Z11은 1950년대 중반까지 42대, 진공관을 사용한 Z22는 50대를 생산한 것으로 알려져 있다. 하지만 나중에 자금 부족으로 지멘스에 합병된다. 추제는 1943~1945년에 플랑칼쿨Plankalkul이라는 고급 프로그래밍 언어를 개발하여, 프로그래밍 분야에도 공헌을 한다. 실제 사용되는 최초의 고급 언어 포트란이 1953년에 설계를 시작하여 1957년에 컴파일러 개발이 완성된 점을 감안하면 무려 10년이나 앞선 것이다. 하지만 세간의 주목을 받지 못하였고, 컴파일러를 개발하지 못해 실제 사용되지 못하였다. 추제는 그림에도 조예가 깊었다. 그의 말년은 그림 그리기로 채워진다.

에이컨의 마크 시리즈

미국은 정부, 군, 기업 모두 자동 계산의 중요성과 파급력을 가장 잘 이해한 나라였다. 따라서 사뭇 우호적인 분위기에서 컴퓨터 개발이 진행된다. 하버드 대학의 하워드 에이컨(Howard Aiken, 1900~1973, 미국)은 컴퓨터 개발의 선구자 중의 한 명이다. 그는 독일의 추제가 알려지기 전까지는 세계 최초의 컴퓨터 발명자로 명성을 날렸다. 공업고등학교를 졸업하고 전기 기술자로 생활하던 에이컨은 직업에 흥미를 잃는다. 곧바로 하버드 대학에 입학한 그는 물리학으로 박사를 취득하고 하버드 대학의 교수가 된다. 그는 연구 과정에서 비선형 미분 방정식을 풀어야 했는데, 엄청난 양의 반복 계산에 진저리가 났다. 에이컨은 배비지의 글을 읽다가 계산을 자동으로 하는 무엇인가를 만들어보겠다는 영감을 받는다. 하버드에서 교수 생활을 하던 중 지인의 도움으로 1937년에 IBM의 왓슨 회장을 만날 수 있었고 컴퓨터 개발을 위한 자금 지원을 요청한다. 당시 컴퓨터의 시장 잠재력을 반신반의하고 있던 왓슨은 시장과 공익의 경계에 선 채 자금 지원을 약속한다. IBM의 연구소가 있는 엔티콧에서 1939년에 시작된 개발 프로젝트는 1944년에 완성품을 만들어 내는 데 성공한다. 곧바로 이 컴퓨터는 하버드로 옮겨진다. 왓슨이 하버드 대학에 기증한 것이다. 이러한 IBM의 우호적인 지원에도 불구하고, 하버드 대학에서 열린 개통식에서 축사를 하던 에이컨은 IBM의 공헌에 대해 한마디도 언급하지 않는다. 이에 격분한 왓슨 회장은 이후 하버드와 관계를 끊어버린다.

하버드 대학은 이 기계를 하버드 마크 I이라 불렀다. 이 기계는 한번 계산을 시작하면 지정된 프로그램에 따라 사람의 개입이 전혀 없이 최종 출력물을 만들어 낸다. 세계 최초의 '완전 자동' 컴퓨터가 탄생한 것이다.(추제의 컴퓨터는 중간에 사람이 개입해야 한다.) 마크 I은 길이 16m × 높이 2.4m × 너비 0.6m에 4.5톤의 무척 큰 기계였다. 이 기계를 움직이기 위해 5마력의 모터가 달려 있었다. 핵심 부품으로 릴레이를 채택하였으므로 전기 기계식 컴퓨터이다. 초당 3개의 덧셈을 하였으며, 곱셈 하나는 6초, 나눗셈은 15.3초가 소요되었다. 로그나 삼각 함수는 1분가량 걸렸다. 메모리는 23자리의 십진수를 72개 저장할 수 있었다. 프로그램과 데이터는 종이 테이프로 입력하였다. 조건 분기 명령어가 없어 때로 프로그램이 무척 길어졌으며, 루프를 구현하기 위해서는 종이 테이프를 원형으로 붙여 같은 코드가 반복되도록 하였다. 2차 세계대전 중에는 전쟁 목적에 사용되었고, 전후에는 학술 용도로 사용되다가 1959년에 해체된다. 에이컨은 후속 모델 마크 II를 1947년에 완성하는데, 여전히 릴레이를 사용한 전기 기계식이었다. 1949년에 완성한 마크 III는 5,000개의 진공관과 2,000개의 릴레이를 사용한 전기 기계식과 전자식의 혼합형이다. 마크 III부터는 프로그램이 메모리에 저장되는 저장 프로그램 방식이다. 1952년에 세상에 나온 마크 IV는 완전 전자식으로 이전 것들에

다부진 모습의 에이컨과 그가 개발한 마크 I이다. 현재 하버드 대학의 캐봇 과학관에 전시되어 있다.

비해 계산 속도가 수백 배 빨랐다. 마크 I은 기계식 메모리를 사용한 반면, 마크 II와 마크 III는 드럼 메모리를 사용하였다. 마크 IV는 코어 메모리를 채택하는데, 코어 메모리를 채택한 세계 최초의 컴퓨터이다.

에이컨은 190cm의 거구로, 에너지가 넘치고 어딜 가나 좌중을 압도하는 풍채를 지닌 것으로 알려져 있다. 학생들에게 혹독한 훈련을 요구하였으며, 대신 그들을 잘 돌보아 주는 보스 기질을 보였다. 그는 컴퓨터 개척자 반열에 올라 있지만, 컴퓨터의 파급력은 충분히 헤아리지 못한 듯하다. 모클리와 에커트가 상업용 컴퓨터 개발에 필요한 자금 지원을 미국 정부에 요청하였을 때, 심사관인 에이컨은 매우 부정적인 평가를 하였다. 그는 미국 전역의 계산을 담당하기 위해서 6대의 컴퓨터면 충분하다고 공언하였다는 소문에 휩싸이기도 한다. 매우 역설적인 사건이라 아니할 수 없다.

전자 기술에 의한 또 다른 천지개벽

어느새 해가 기울었다. 우리는 벤치에서 일어나 연구실 쪽으로 걷기 시작한다.

"시간이 꽤 되었구나."

"가면서 전자식 컴퓨터에 대해 알려주세요. 릴레이는 전기의 힘을 이용하지만 여전히 기계 부품이 움직이니 그걸 이용하는 컴퓨터는 전기 기계식이라 부르는 게 좋겠어요. 지금부터 이야기하는 새로운 시대는 전자식이라 부르고."

"제대로 이름을 붙이는구나. 전기를 사용한다는 것은 자동화를 뜻한다. 종이 테이프에 프로그램을 기록하여 컴퓨터에 걸어주고 전기를 공급하면, 프로그램에 따라 스스로 작동하여 계산 결과를 출력하는 기계가 된 것이다. 하지만 사람들을 만족시키지 못하는 무엇인가가 남아 있었던 것이다. 그것이 무엇인지 알겠니?"

"속도요."

"바로 그거다. 쇳덩이가 움직이니 속도에 한계가 있을 수밖에. 마크 I은 덧셈을 1초에 기껏 서너 개 할 수 있었단다. 그 당시 사람들에게 그것은 분명 혁신적이고 쓸모가 있었지만, 그것으로 만족하지는 못했지. 그것보다 수천 배 빠른 컴퓨터를 원했던 거야. 그건 인간의 허영 때문이 아니라 실제로 그런 속도를 필요로 하는 곳이 많이 있었던 거지."

"그럴 것 같아요."

"에니악을 만든 모클리는 기상 예측에 관심이 많았는데, 그가 전자식 컴퓨터 제작을 꿈꾼 것도 많은 양의 기상 데이터를 처리하기 위해서란다."

"에니악 제작을 군에서 지원했는데, 2차 세계대전 중에 미군이 포탄의 탄도 계산을 필요로 했기 때문이라고 배웠어요."

"맞다."

"그런데 전기식 컴퓨터에서는 릴레이를 사용하였는데 전자식에서는 무엇을 사용하였나요?"

"진공관이지. 진공관은 진공 상태의 유리관 속에 두 개의 전극이 설치되어 있는데, 밖에서 전류 흐름을 제어함에 따라 이들 전극 사이에 전자가 흐르거나 그렇지 않거나가 결정된다. 릴레이와 마찬가지로 일종의 스위치이지. 그런데 전자의 속도는 빛과 같이 무지 빠르니, 릴레이의 쇳덩이가 움직이는 속도와 비견할 바가 아니지. 릴레이를 사용한 전기 기계식 컴퓨터에 비해 진공관을 사용한 전자식 컴퓨터는 수천 내지 수만 배 빨랐던 것이다."

"기술 혁명의 마지막 매듭을 짓게 된 셈이네요."

"아주 큰 매듭인 것은 분명하지만, 마지막은 아니란다. 자, 이제 보니 너는 오늘 낚시질을 꽤 익힌 것 같으니 전자식 컴퓨터는 스스로 조사해 정리하기로 하자."

"이제 스스로 할 수 있어요. 역사를 아무 생각 없이 외울 때는 무엇을 어떻게 정리할지 막막했는데, 의미를 이해하니 해야 할 일이 분명해졌어요. 흥미도 생겼고요."

"그것이 바로 역사를 제대로 공부하고 있다는 증거란다."

"그런데 마지막 매듭이 아니라고 하셨는데, 그럼 전자식이 아닌 새로운 컴퓨터가 나타난 것인가요?"

"그렇지는 않지. 지금 세계 곳곳에서 양자 컴퓨터라는 혁명적인 컴퓨터를 연구하고 있지만 아직 성공하지 못했단다. 그건 단지 미래의 일일 뿐이다. 지금 우리가 사용하고 있는 컴퓨터는 모두 전자식이지."

"그럼 어떤 혁명이 또…"

"한 줄기로 이어져 오던 기술 혁명이 이제는 여러 갈래로 나뉘게 된다. 먼저 컴퓨터가 연구실에서 시장으로 나가게 된다. 시장에 나가려면 당연히 성능은 좋아지고 크기는 작아지고 다루기는 쉬워져야겠지. 그래서 새로운 메모리 소자가 나오고, 진공관을 대신하는 트랜지스터가 나오고, 그것이 다시 실리콘 판에 집적되어 칩이 나오고, 프로그래밍을 쉽게 하기 위해 프로그래밍 언어가 개발되고."

"컴퓨터끼리 통신하기 위해 인터넷이 만들어지고."

"그렇지. 웹이라는 인터넷 서비스가 탄생하고. 컴퓨터로 그림을 그리기 위해 컴퓨터 그래픽이 개발되고."

"사용자가 편리하게 사용할 수 있게 키보드와 마우스가 붙고."

"인간 지능을 흉내 내기 위해 인공지능이 연구되고."

"결국 알파고가 세계 바둑 챔피언인 이세돌을 이기고."

"큰 기관에만 있던 컴퓨터가 드디어 혼수 품목에 들어가고."

"컴퓨터로 영화를 보고. 수만 명이 붙어 동시에 게임을 하고."

"숨가쁘지. 기술은 황무지에서 느닷없이 솟아나는 것이 아니란다. 반드시 이전 것을 딛고 새로운 것이 만들어지는 법이지. 한마디로 기술은 진화한다. 하지만 순간순간 혁명적인 진보가 발생한단다. 혁명적인 진화라고 부르면 좋을 듯싶다."

"혁명적인 진화… 저에게도 느낌이 오는 말이네요."

"오늘은 여기까지 하고, 여러 갈래로 분화되는 컴퓨터의 진화에 대해서는 다음에 이야기하기로 하자."

전자식 컴퓨터

전기 기계식 컴퓨터는 릴레이를 사용하여 수를 표현하고 연산을 수행한다. 릴레이는 전기의 힘으로 금속을 움직여 개폐(열리고 닫힘)를 제어하기 때문에 여러 가지 한계를 노출할 수 밖에 없다. 시끄러울 뿐 아니라 속도가 느리다. 또한 시간이 지남에 따라 부품이 닳아 고장을 일으키기 쉽고 전력도 많이 소모한다.

19세기 말에서 20세기 초에 정립되는 전자 기술은 이러한 한계를 극복하는 발판이 된다. 이미 16세기부터 과학자들은 진공 상태의 유리관 속에 전기를 통하면 불꽃 방전이 일어난다는 사실을 알고 있었다. 하지만 왜 그런 현상이 발생하는지 이해하지 못하다가, 영국 케임브리지 대학의 조셉 톰슨(Joseph John Thomson, 1856~1940, 영국)이 실험을 통해 어떤 '입자의 흐름' 때문이란 사실을 규명하게 된다. 그는 이 공로를 인정받아 1907년 노벨 물리학상을 받는다. 1874년 스토니는 이 입자를 전자electron라 이름 붙인다. 1904년에 플레밍은 다이오드를 발명하며, 1907년에 포레스트는 트라이오드를 발명한다. 다이오드는 유리관 속에 캐소드와 애노드라는 전극이 설치되어 있는데, 캐소드는 열을 받으면 전자를 방출하게 되고 애노드는 차가운 상태로 있다가 캐소드가 방출한 전자를 끌어들인다. 다이오드는 전자 흐름을 외부에서 제어할 수 있으므로 일종의 스위치이다. 바야흐로 릴레이라는 스위치를 다이오드로 대체하게 된 것이다. 다이오드는 전자가 이동하므로 릴레이에 비해 수만 배 빠른 장점을 가진다. 포레스트는 캐소드와 애노드 사이에 그리드라는 판을 설치하여 개폐뿐 아니라 전자의 양을 조절할 수 있는 기능을 추가하고 그것을 트라이오드라 불렀다. 이러한 다이오드와 트라이오드 등을 진공관vacuum tube이라 부른다. 진공관은 컴퓨터 개발에 새로운 길을 열어준다.

그 당시 진공관은 릴레이에 비해 무척 비쌌으며, 전압이 조금만 높으면 타버려 못쓰게 되는 문제를 안고 있었다. 따라서 1940년대에는 추제나 에이컨과 같이 릴레이를 사용하여 전기 기계식 컴퓨터를 제작하는 사람과 아타나소프나 모클리와 같이 진공관을 사용하여 전자식 컴퓨터를 개발하는 사람이 공존하게 된다. 물론 이후 진공관 기술이 빠르게 발전하게 되어 전자식이 현명한 선택이었음은 말할 나위 없다.

진공관을 이용하여 컴퓨터 제작을 시도한 최초의 사람은 독일의 추제와 슈라이어이다. 추제는 앞에서 이야기한 바와 같이 릴레이를 이용하여 전기 기계식 컴퓨터인 Z 시리즈를 만든 사람인데, 그의 친구 헬무트 슈라이어(Helmut Schreyer, 1912~1984, 독일)는 추제에게 릴레이 대신 진공관을 사용할 것을 권유한다. 하지만 진공관은 비쌌고(독일 정부로부터 아무런 지원도 받지 못한 추제는 중고 릴레이를 구입하는 경제적인 어려움을 겪고 있었다), 게다가 진공관의 신뢰도를 믿지 못한 추제는 릴레이를 고집한다. 슈라이어는 메모리와 연산 장치 일부를 진공관으로 제작해 보고 그 결과를 가지고 박사학위를 받는다. 하지만 이들은 완성된 전자식 컴퓨터는 만들지 못한다.

아타나소프의 ABC

위스콘신 대학에서 물리학 박사학위를 받기 위해 논문을 쓰고 있던 존 아타나소프(John Vincent Atanasoff, 1903~1995, 미국)는 그 당시 유행하던 몬로 계산기를 사용하여 수식 계산을 하고 있었다. 그는 끊임없이 반복되는 단순 계산에 신물이 났다. 학위를 받은 이후 아이오와 대학의 교수가 된 그는 여전히 많은 양의 계산에 시달린다. 아이오와 대학은 IBM으로부터 임대한 표 작성기를 가지고 있었는데, 그 기계의 한계를 인지하고 개조하려 시도한다. 하지만 IBM은 개조 작업의 중단을 요구한다. 임대한 기계이기 때문에 IBM 소유였던 것이다. 결국 아타나소프는 자신의 컴퓨터를 만들기로 결심한다. 그의 회상에 따르면, 1937년 미시시피 강변의 어느 선술집에서 아이디어가 불현듯 떠올랐고, 그것을 토대로 컴퓨터 제작에 필요한 기초 구상을 마친다. 그는 대학원 학생인 클리퍼드 베리(Clifford Berry, 1918~1963, 미국)와 함께 컴퓨터 제작에 돌입하여 1942년에 완성한다. 이 컴퓨터는, 300개의 진공관으로 작동하는 연산 장치, 또 다른 300개의 진공관으로 작동하는 제어기와 메모

아타나소프와 1997년에 제작된 ABC의 복제품이다. 현재 아이오와 대학의 더럼 센터에 전시되어 있다. 원본은 아이오와 대학이 지하를 강의실로 개축할 때 해체되었고, 거의 모든 부품이 폐기되었다.

리로 구성된다. 데이터는 표면에 축전기(캐패시터)를 부착한 드럼에 기록하였는데, 50비트 숫자를 30개까지 저장할 수 있다. 이 기계는 선형연립 방정식을 푸는 목적으로만 사용할 수 있었다. 방정식 29개를 가진 문제까지 풀 수 있었는데 이 정도 크기의 문제는 그 당시 꽤 어려운 편이었다. 이 기계의 치명적인 한계는 프로그램을 변경하면 다른 목적으로 사용할 수 있는 범용이 아니었다는 점이다. 곱셈과 나눗셈은 불가능하였고 단지 덧셈과 뺄셈만 할 수 있었다. 또 다른 한계는 계산 과정에 사람이 개입하여 앞 단계의 계산 결과를 받아 다음 단계에 입력해줘야 하는 불편이었다. 완전 자동이 아니었던 것이다. 불행하게도 이러한 한계는 극복되지 못한다. 왜냐하면 미군의 2차 세계대전 참전으로 아타나소프는 해군에 입대하고 베리는 회사에 취직해 버리기 때문이다. 하지만 누구보다 먼저 진공관을 사용한 컴퓨터를 만들었다는 역사적 중요성은 부인할 수 없다. 크기가 대략 책상만 하였던 이 기계를 아타나소프는 그와 그의 제자의 이름을 따 ABC(Atanasoff-Berry Computer)라 불렀다.

모클리와 에커트의 에니악

'세계 최초의 전자식 컴퓨터'가 무엇이냐라고 묻는 사람이 있다면, 그는 십중팔구 뜨거운 논쟁에 휩싸이게 될 것이다. 이 논쟁은 아타나소프의 ABC와 모클리의 에니악 사이에서 벌어진다. 아타나소프와 모클리는 컴퓨터 회사들의 이해관계에 휘말려 미국 법정에 서게 된다. 허니웰이라는 회사는 에니악의 특허 사용권을 가지고 있던 스페리랜드라는 회사에 로열티 지급을 중단하고 소송을 건다.[2] 허니웰은 에니악의 대부분 아이디어는 ABC에서 빌려왔기 때문에 에니악 특허는 무효가 되어야 한다고 주장한다. 허니웰은 아타나소프를 내세우고, 스페리랜드는 모클리를 내세워 이에 맞선다. 지리한 법정 공방이 이어지는데, 1973년에 라슨 판사는 아타나소프의 손을 들어 준다.

---

2 모클리와 에커트가 설립한 회사는 자금 부족으로 스페리랜드에 합병된다. 에니악 특허를 소유하고 있던 둘은 계약 조건의 하나로 특허 사용권을 스페리랜드에 이양한다. 따라서 당시 전자식 컴퓨터를 만들어 팔던 모든 회사는 스페리랜드에 로열티를 지급해야만 했다.

도대체 왜 이런 애매모호한 상황이 발생하였을까? 그 뿌리는 아타나소프와 모클리의 오래 전 만남에서 비롯된다. 당시 대학 교수였던 둘은 1940년 12월 어느 학술대회장에서 만난다. 기상 예측에 무척 관심이 많았던 모클리는 아날로그 계산기를 사용하여 기상 예측 문제를 해결할 수 있다는 요지의 논문을 발표하였다. 발표가 끝나자 아타나소프는 모클리에게 다가가, 자신은 컴퓨터 제작에 관심이 많으며 현재 진공관을 사용하여 제작 중이라고 소개한다. 그리고 원한다면 아이오와 대학을 방문하여 견학할 것을 권유한다. 모클리는 1941년 6월에 아이오와 대학을 방문하여, 아타나소프의 컴퓨터를 견학하고 아타나소프의 아이디어를 듣게 된다. 이러한 행위는 라슨 판사의 '에니악의 주요한 것들은 ABC에서 유래한 것이다'라는 판결의 주요 근거가 된다. 하지만 법률적 판단과 학문적 판단이 같은 것은 아니다. 현재 학문적으로, 심지어 법률적으로 견해를 달리하는 사람들이 많다. 이들은 에니악은 이진법을 사용하는 ABC와 달리 십진법을 쓴다는 점을 포함하여 전혀 다른 창안으로 설계되었다는 점을 강조한다. 게다가 ABC는 프로그래밍이 가능하지 않고 반자동이기 때문에 컴퓨터 범주에 들지 않는다는 주장에 이르면 고개를 끄덕이지 않을 수 없다.

에니악을 최초의 전자식 컴퓨터라 부른다면 논쟁에 휘말릴 소지가 있지만, 최초의 '범용' 전자식 컴퓨터라 말한다면 누구도 부인할 수 없다. 에니악은 프로그램에 따라 선형 방정식이나 미분 방정식도 풀 수 있고 로그표를 계산할 수도 있다. 이러한 다양한 과학 기술 문제뿐 아니라 회사의 회계 정리와 같은 정보처리에도 활용할 수 있다. 에니악은 명실상부한 세계 최초의 범용 전자식 컴퓨터인 것이다. 1941년 당시 어시너스 대학의 교수였던 존 모클리(John William Mauchly, 1907~1980, 미국)는 펜실베이니아 대학의 첨단 전자기술 특강에서 그곳의 대학원생인 존 프레스퍼 에커트(John Presper Eckert, 1919~1995, 미국)와 운명적으로 만난다. 사격표 계산에 쫓기던 미군으로부터 자금 지원을 받아낸 그들은 1943년 제작에 돌입하여 1946년 에니악을 완성한다(에니악에 대한 상세한 내용은 2장에 있다). 에니악은 2차 세계대전이 끝난 직후에 완성되었으므로 원래 목적이었던 사격표 제작에는 사용되지 못한다.

하지만 군 기지로 옮겨진 에니악은 수소폭탄 제조뿐 아니라 여러 군사적 목적으로 활용되다가, 성능이 월등한 후배 컴퓨터에게 자리를 내주고 1955년 10월에 가동이 중단된다. 에니악은 미래의 컴퓨터가 가야 할 길을 제시하였다는 점에서 역사적인 의미를 가진다. 이제 사람들은 메모리 용량을 늘리고, 속도를 빠르게 하고, 프로그래밍을 편리하게 하기 위해 전자 기술을 어떻게 활용할 지에 매달리게 된다.

모클리와 에커트는 에니악을 만드는 과정에서 설계상의 여러 허점을 발견하게 된다. 둘은 에니악을 제작하는 동안에 그것의 후속 모델인 에드박을 구상한다. 가장 두드러진 점은 스위치와 케이블 조작으로 프로그래밍하던 에니악과 달리, 프로그램과 데이터를 같은 메모리에 저장하는 저장 프로그램 아이디어를 창안하고 에드박의 설계에 채택했다는 사실이다. 하지만 에드박의 특허권 문제로 펜실베이니아 대학과 견해 차이가 발생하고 둘은 결국 대학을 떠나게 된다. 에드박 제작은 남은 사람들의 몫이 되는데 1951년에야 가동이 시작된다. 펜실베이니아 대학을 떠난 모클리와 에커트는 자신의 회사를 설립하고 상업용 컴퓨터인 바이낙과 유니백을 개발하여 컴퓨터 상업화의 길을 닦는다(컴퓨터가 시장으로 나가는 이야기는 4장에 있다).

영국의 초기 전자식 컴퓨터

영국도 미국과 마찬가지로 2차 세계대전을 승리로 이끌려는 간절한 마음에 전자식 컴퓨터를 개발한다. 영국은 독일군의 에니그마 암호 해독에 집중한다. 에니그마는 당시 세계에서 가장 뛰어난 암호 장치로 정평이 나 있었다. 튜링의 스승이었던 케임브리지 대학의 맥스웰 뉴먼 교수는 1942년 에니그마 암호 해독의 중심지였던 런던 교외의 블레츨리 파크에 배속되어 암호 해독 임무를 맡게 된다. 그곳에서 단순하고 반복적인 수작업 계산에 넌더리가 난 그는 상관을 설득하여 자동 암호 해독 장치를 만들기로 한다. 결국 릴레이를 사용한 전기 기계식 암호 해독 장치를 만드는 데 성공한다. 그들은 이 기계를 당시 유명했던 만화가의 이름을 따 '로빈손'이라 불렀다. 하지만 기계식 장치의 느린 속도로 인해 만족스럽지 못하였다. 이를 알게 된 튜링은 당시 전화

플라워스와 그가 제작한 콜로서스 마크 2를 조작하고 있는 장면이다. 원본은 모두 해체되어 사라졌으며, 현재 블레츨리 파크에 있는 국립 컴퓨터박물관이 복제품을 전시하고 있다.

교환기 엔지니어였던 플라워스를 뉴먼에게 소개한다. 토미 플라워스(Tommy Flowers, 1905~1998, 영국)는 전기공학을 전공하고 우편국에서 전화 교환 장치의 제작 업무를 담당하였는데, 진공관을 사용한 전자식 교환기 개발을 추진하고 있었다. 그는 이 작업을 하면서 전자 기술의 가능성을 확신하고 있었다. 튜링의 소개로 블레츨리 파크 팀과 접촉한 플라워스는 1800개가량의 진공관을 사용하면 전자식 암호 해독 장치를 만들 수 있다고 제안한다. 하지만 당시 가장 복잡한 장치가 150개에 불과한 진공관을 가졌다는 점을 들어 강하게 반대하는 측이 있어 결국 벽에 부딪친다. 이에 굴하지 않고, 그는 자신의 돈으로 조달한 부품을 가지고 초기 장치를 만들어 가능성을 반대파에 보여준다. 이후 충분한 자금과 인력을 지원 받은 그는 불과 11개월 만에 전자식 암호 해독 장치를 완성한다. 1944년 1월에 작업장에 배치된 이 기계는 콜로서스 마크 1이라는 이름을 얻는다. 콜로서스Colossus는 로빈손에 비해 5배 정도 빨랐으며 더욱 많은 기능을 가졌다. 콜로서스 마크 1의 제작 도중 설계된 콜로서스 마크 2는 1944년 6월에 완성된다. 마크 2는 마크 1보다 5배가량 빨랐다.

콜로서스는 국가의 비밀스런 임무인 암호 해독을 담당한 탓에 오랫동안 베일에 가려져 있었고 1970년대 들어서야 일반에 알려지기 시작하였다. 이 기계는 세계 최초의 '프로그래밍이 가능한' 전자식 컴퓨터이다. 비록 1942년에 완성된 아타나소프의 ABC에 2년 뒤졌지만 ABC는 프로그래밍이 가능하지 않았다. 콜로서스의 프로그래밍은 암호 해독이라는 한 가지 목적에 한정되었다. 암호를 해독하기 위해 두 개의 글자 열을 비교하여 둘이 얼마나 유사한지 계산하는 특수 목적으로 설계된 것이다. 나중에 사칙 연산의 가능성을 따져보기 위해 아주 복잡한 절차에 따라 전선 연결을 변경하여, 곱셈이 가능하다는 사실을 입증하긴 했지만 여전히 범용 컴퓨터라는 범주에 들지 못한다. 따라서 세계 최초의 범용 전자식 컴퓨터의 영예는 에니악이 차지하고 있다.

콜로서스 마크 2는 10대가 생산되어 1945년 종전될 때까지 암호 해독 임무를 완수한다. 종전 이후, 당시 영국 수상이던 처칠의 명령으로 두 대를 빼고 모두 해체되었고 플라워스가 작성한 설계도도 모두 소각된다. 종전 후 냉전 상태에 빠져버린 지구상에서 살아남기 위해 영국은 여전히 암호 해독이 필요하였고, 남은 두 대는 여전히 암호 해독 임무를 수행한 것으로 알려져 있다. 영국 정부는 2차 세계대전 당시의 컴퓨터 개발 역사를 보존하기 위해 2007년에 블레츨리 파크에 국립 컴퓨터박물관The National Museum of Computing을 연다.

튜링은 2차 세계대전이 끝난 직후인 1945년에 국립 물리연구소의 초청을 받아 그곳으로 이적한다. 연구소는 튜링이 영국에서 컴퓨터 제작 프로젝트를 맡기에 가장 적임자라고 여기고 일을 맡긴다. 튜링은 기초 설계를 담은 문서를 1946년 2월에 완성한다. 그의 설계는 당시로서 획기적인 1MHz 속도의 컴퓨터를 목표로 하고 있었다.[3] 튜링은 실물 제작을 위해 콜로서스를 만들었던 플라워스를 접촉하지만, 그는 이미 다른 일에 매진하고 있어 합류하지 못한다. 결국 원래 설계도를 크게 축소한 모델을 제작하기로 하는데, 그것조차 무척 지체되어 1950년 5월에야 완성된다. 이 컴퓨터는 에이스ACE(Au-

3 1MHz(메가 헤르츠)는 초당 100만 번의 펄스를 발생시키는 속도이다. 덧셈 하나가 10개의 펄스로 수행된다고 가정하면, 1MHz 컴퓨터는 1초에 10만 개의 덧셈을 할 수 있다. 현재 우리가 시중에서 구입하는 PC는 3GHz(기가 헤르츠) 정도이다. 큰 수를 나타내는 단위는 아래와 같다. 앞에 것에 1000을 곱하면 그 다음 것이 된다.

킬로(Kilo)=10^3=1000 → 메가(Mega)=10^6 → 기가(Giga)=10^9 → 테라(Tera)=10^{12} → 페타(Peta)=10^{15} → 엑사(Exa)=10^{18} → 제타(Zetta)=10^{21} → 요타(Yotta)=10^{24}

tomatic Computing Engine)라는 이름을 얻는다. 튜링은 에이스가 완성되기 전인 1948년 9월에 맨체스터 대학으로 이적한다. 모클리가 뛰어난 능력과 열정을 지닌 타고난 엔지니어 에커트와 짝이 되어 에니악을 성공시킨 것과 대조적으로 튜링은 같이 일할 유능한 엔지니어를 구하지 못한 것이다.

종전 이후 맨체스터 대학은 영국에서 컴퓨터 기술의 중심지로 떠오른다. 중요한 두 사람이 이 대학으로 이적했기 때문이다. 이들은 뉴먼과 튜링이다. 맨체스터 대학은 전자식 컴퓨터 제작을 시도하는데, 먼저 가능성을 타진할 목적으로 셈 프로젝트SSEM(Small-scale Experimental Machine)를 시작한다. 이 프로젝트는 프레데릭 윌리엄스(Frederic Williams, 1911~1977, 영국)와 톰 킬번(Tom Kilburn, 1921~2001, 영국)이 주도한다. 뉴먼 교수는 직접 제작에 참여하지는 않았지만 블레츨리 파크에서의 경험을 살려 측면에서 도움을 준다. 셈은 1948년 6월에 완성되어 첫 프로그램을 성공적으로 수행한다. 세계 최초의 '저장 프로그램' 방식의 전자식 컴퓨터가 탄생한 것이다. 에니악을 포함하여 이전 컴퓨터는 프로그램을 변경하기 위해서 외부에 붙어 있는 스위치를 조작해야 하였는데, 저장 프로그램 방식에서는 프로그램 자체도 데이터와 마찬가지로 메모리에 적재되므로 프로그래밍이 훨씬 쉬워진다. 셈의 메모리는 기존의 수은 지연 라인 장치 대신 윌리엄스-킬번 튜브를 사용하였다. 셈을 성공적으로 테스트한 개발 팀은 곧이어 실용적인 컴퓨터 제작을 시도한다. 튜링도 이들에 합류하여 새로운 기계가 사용할 문자 코드의 개발을 돕는다. 이 기계는 메모리의 주소를 저장하는 '인덱스 레지스터'라는 새로운 아이디어를 채택하여 프로그래밍 작업을 쉽게 한다. 이 기계는 1949년 6월에 완성되어 맨체스터 마크 1이라는 이름을 가지게 된다. 처음 테스트는 메르센 소수를 구하는 문제를 가지고 하였다.[4] 알고리즘은 뉴먼 교수가 제공하고 실제 프로그래밍은 킬번이 하였다. 튜링은 프로그램을 최적화하는 작업을 한다. 1940년대의 컴퓨터 개척자들이 컴퓨터 프로그래밍의 중요성을 인식해

---

4 메르센 소수Mersenne prime는 소수이면서 2의 승수에서 1을 뺀 수이어야 한다. 예를 들어 31은 소수이면서 2^5-1이므로 메르센 소수이다. 작은 것부터 몇 개를 나열하면 3, 7, 31, 127, 8191, 131071이다.

가는 과정을 보여주는 좋은 사례이다.

쎔과 맨체스터 마크 1의 성공은 영국 정부의 관심을 끌기에 충분하였다. 정부는 컴퓨터의 상업화에 적극적인 자세를 취하였으며, 정부의 실질적인 도움 하에 페란티Ferranti라는 회사에 기술 이전하여 세계 최초의 '상업용'컴퓨터 페란티 마크 1을 개발하게 된다. 이때 영국 매스컴은 '전자 두뇌'가 탄생하였다고 대대적으로 보도하였는데, 같은 대학의 의학자들은 '어떤 기계도 자신의 부품이 타버렸을 때 슬퍼하지 않는다'라며 과장되었음을 지적한다. 뉴먼 교수는 '이것은 우리에게 다가오는 것의 전조에 불과하다'라고 반박한다.

케임브리지 대학의 모리스 윌크스 교수(Maurice Wilkes, 1913~2010, 영국)도 전자식 컴퓨터 제작에 뛰어든다. 그는 노이만의 「에드박에 관한 보고서 초안」이라는 문서를 입수하게 되는데, 에니악과 에드박의 설계 내용을 읽고 깊은 감명을 받는다. 윌크스는 1946년에 미국을 여행하며 컴퓨터 제작에 대한 최신 기술을 습득한다. 그는 무어스쿨이 에니악 제작을 성공적으로 마친 이후 기술 전파를 목적으로 개최한 강연에도 참석한다. 영국으로 돌아온 그는 에드삭EDSAC(Electronic Delay Storage Automatic Calculator)의 제작에 착수한다. 그의 목적은 케임브리지 대학이 수행하고 있는 연구를 도와준다는 실용성에 있었다. 따라서 새로운 기술을 개척하는 데 애쓰는 대신, 이미 증명된 기술을 사용하여 실용성이 뛰어난 컴퓨터를 제작한다.

여러 연구자를 서비스하기 위해서는 소프트웨어 측면이 강조되지 않을 수 없다. 프로그래밍이 편리해야 하며, 사용자의 작업을 적절히 스케줄링하는 기능이 요구되었던 것이다. 에드삭은 부팅할 때 자동으로 어셈블러를 적재하도록 설계되어 있었다. 따라서 사용자는 이진수를 사용하는 기계어가 아니라, 기억하기 쉬운 기호를 사용하는 어셈블리 언어로 프로그래밍할 수 있었다. 게다가 세계 최초의 컴퓨터과학 분야의 박사학위자인 데이빗 휠러(David Wheeler, 1927~2004, 영국)는 서브루틴이라는 개념을 창안하여 에드삭에서 사용하였다. 서브루틴은 단위 작업을 수행해 주는 프로그램 모듈로서, C 언어와 같은 현대 언어의 함수에 해당한다. 에드삭은 실수 연산, 삼각 함수

호주에서 제작된 사이랙이다. 세계 최초로 음악을 플레이한 컴퓨터로 알려져 있다. 현재 멜버른 박물관에 전시되어 있다. 진공관을 사용한 컴퓨터로서 원형이 온전히 남아 있는 두 종류의 컴퓨터 중 하나다. 나머지 하나는 뮌헨의 독일박물관에 있는 Z4이다.

계산, 제곱근 계산, 입출력 등을 위한 총 87개의 서브루틴을 제공하여 프로그래머를 도와주었다. 에드삭은 소프트웨어의 하드웨어로부터의 독립을 암시하고 있었던 것이다. 또한 에드삭은 사용자가 자신의 프로그램을 종이 테이프에 천공하여 컴퓨터센터에 의뢰하면, 오퍼레이터가 이들 프로그램을 순서대로 실행한 후 출력 결과를 돌려 주는 일괄 처리 방식으로 케임브리지 연구자에게 서비스를 제공하였다. 원시적인 형태의 '운영체제'가 가동되었던 것이다. 이러한 이유로 1949년에 첫 가동을 시작한 에드삭은 세계 최초의 '실용적인' 저장 프로그램 컴퓨터로 불리기도 한다. 에드삭은 향후에 상업용 컴퓨터인 레오 LEO 으로 발전한다.

1940년대의 컴퓨터 개척은 미국, 영국, 그리고 독일이 주도한다. 다른 나라의 활약은 희미하다. 호주는 사이랙CSIRAC(Council for Scientific and Industrial Research Automatic Computer)이라는 컴퓨터를 1949년에 완성한다. 이 기계는 약 2000개의 진공관으로 만들었다. 사이랙은 세계 네 번째의 저장 프로그램 방식의 컴퓨터로 알려져 있다. 사이랙은 음악을 플레이하는 데 사용하기도 하였는데, 덕분에 세계 최초의 음악 연주 컴퓨터로 불린다.

전자식 컴퓨터가 진화하기 시작하다

지금까지 고대와 중세 시대의 간단한 계산 보조 도구에서 출발하여 1940년대의 전자식 컴퓨터까지 긴 이야기를 하였다. 이 긴 역사에는 마디가 있는데, 각 마디의 이면에는 나름대로 뚜렷한 과학기술적 배경이 있다. 르네상스 시대의 학문 발전은 계산 욕구를 폭발적으로 늘렸으며, 때맞추어 발달한 기계공학이 시카르트, 파스칼, 라이프니츠와 같은 당대의 두뇌들이 기계식 계산기를 만드는 자양분을 제공한다. 18세기 말에는 배비지라는 천재가 태어나 미리 정해져 있는 계산만 할 수 있던 계산기를 프로그래밍이 가능한 컴퓨터로 물길을 바꾼다. 19세기 후반의 전기 기술의 발달은 20세기 들어 릴레이를 사용한 전기 기계식 컴퓨터의 제작을 촉진한다. 20세기 초반의 전자 기술의 실용화는 진공관을 사용한 전자식 컴퓨터의 발명으로 이어진다. 에니악은 전자 기술만으로 컴퓨터를 만들 수 있다는 사실을 실증한다. 에니악 제작 과정에서 파악된 허점은 후속 모델 에드박의 설계도에 반영되었고, 이런 내용을 정리한 노이만의 「에드박에 관한 보고서 초안」은 전자식 컴퓨터 제작 기술을 전세계에 전파하는 중요한 역할을 한다.

컴퓨터 역사가 분주해진 1940년대가 저물어 갈 무렵을 가만 살펴보면, 컴퓨터의 향후 발전 방향에 대한 힌트를 발견할 수 있다. 먼저 컴퓨터의 성능을 좌우하는 메모리를 살펴보자. 에커트가 발명한 수은 지연 라인 메모리는 비쌀 뿐 아니라 속도가 느린 단점을 지니고 있었다. 게다가 모든 주소를 동일한 시간에 접근할 수 있는 임의 접근 방식이 아니라 순차 접근 방식이었다. 이 방식에서는 시작 주소에서 멀리 있는 주소일수록 접근하는 데 시간이 더 걸린다. 1946년에 발명된 윌리엄스-킬번 튜브는 텔레비전 수상기로 쓰이는 CRT를 데이터 저장 장치로 사용하는 아이디어이다. 윌리엄스-킬번 튜브는 맨체스터 마크 1, 유니백의 일부 모델, IBM의 일부 모델에서 채택한다. 1950년대 들어서는 자기 코어 메모리가 개발되고 상업용 컴퓨터가 채택하기 시작한다. 또한 특수 목적의 메모리가 추가로 장착되어 프로그래밍을 돕는다. 상대 주소를 가지는 인덱스 레지스터나 현재 수행되고 있는 명령어의 주소를 갖는 프로그램 카운터가 바로 그것이다. 바야흐로 컴퓨터 아키텍처(구조)

의 진화가 시작된 것이다.

또 다른 뚜렷한 특징이 프로그래밍과 소프트웨어에서 나타난다. 에니악의 가장 큰 단점은 프로그램을 기계 외부에 부착된 스위치와 케이블로 입력하는 것이었다. 후속 모델 에드박이 채택한 저장 프로그램 방식은 프로그램과 데이터를 같은 메모리에 저장하는 방식이다. 이 방식이 채택됨에 따라 컴퓨터는 명령어 집합을 갖게 되는데, 예를 들어 0001은 덧셈, 0011은 뺄셈, 1000은 비교와 같이 모든 명령어는 미리 정해진 이진수 코드를 갖는다. 따라서 프로그램은 0001 1101 1100 1000 …과 같은 이진 문자열로 구성된다.(이런 언어를 기계어machine language라 부른다. 기계어로 작성된 프로그램을 기계어 프로그램이라 한다.) 이제 스위치를 올리고 내리는 것보다는 수월해졌지만, 이진수로 프로그래밍하는 것은 여전히 어려운 작업이었다. 에드삭은 명령어 0001은 ADD, 0011은 SUB, 1000은 COMP와 같이 영어 단어를 줄인 기억하기 쉬운 기호로 대치하였다.(이런 언어를 어셈블리 언어assembly language라 부른다. 어셈블리 언어로 작성된 프로그램을 어셈블리 프로그램이라 한다. 이제 어셈블리 프로그램을 기계어 프로그램으로 번역해 주는 무언가가 있어야 하는데, 그 일을 담당하는 프로그램을 어셈블러라 부른다.) '프로그래밍 언어'가 진화한 것이다. 이런 아이디어는 향후 포트란FORTRAN 같은 고급 언어 개발의 주춧돌이 된다. 프로그래밍을 하다보면 자주 쓰는 계산이 있다. 예를 들어 제곱근 계산이나 로그 계산이 그것인데, 이들을 위한 프로그램 모듈(당시 서브루틴이라 불렀다.)을 미리 만들어 놓고, 사용자는 필요하면 스스로 작성하는 대신 단지 서브루틴을 호출하는 프로그래밍 방식이 개발된다. 또한 다수의 사용자가 요청한 작업을 의뢰한 순서에 따라 서비스하기 위한 원시적인 운영체제가 개발된다. 바야흐로 소프트웨어가 꽃을 피우기 위해 꿈틀대기 시작한 것이다.

이렇게 1940년대를 달군 전자식 컴퓨터와 갖가지 아이디어의 개발은 대학의 몫이었다. 이때 만들어진 컴퓨터는 대학 또는 정부 기관에 설치되어 연구개발 또는 정보처리에 활용된다. 하지만 민간 회사나 개인에게 컴퓨터는 간혹 언론에서나 들어보는 아주 신기한 다른 세상의 이야기였다. 1950년대는 1940년대와 확연히 다른 그림이 펼쳐진다. 1950년대 들어, 상업용 컴퓨터의 개발에 경쟁이 붙은 것이다. 그 와중에 컴퓨터의 상업화가 그저 꿈이라는 회의론자와 컴퓨터의 시장 잠재력은 어마어마하다는 긍정론자가 잠깐 동안 공존한다. 역설적이게도, 회의론자 중에는 하버드 대학에서 마크 I을 개발한 에이컨도 있고 나중에 가장 큰 컴퓨터 회사로 성장하는 IBM도 끼어 있다. 상업화의 길을 닦는 데 가장 큰 공헌을 한 사람은 모클리와 에커트이다. 둘은, 많은 사람들로부터—심지어 진공관을 생산하는 RCA같은 회사조차도—그렇게 많은 진공관을 사용한 기계는 불가능할 것라는 불길한 예언을 들으면서 에니악을 만드는 작업을 한 적이 있다. 이제 둘은 컴퓨터의 상업화라는 또 다른 길을 개척하려 하는데, 그 길도 그리 평탄하지만은 않다.

CHAPTER

04

시장으로

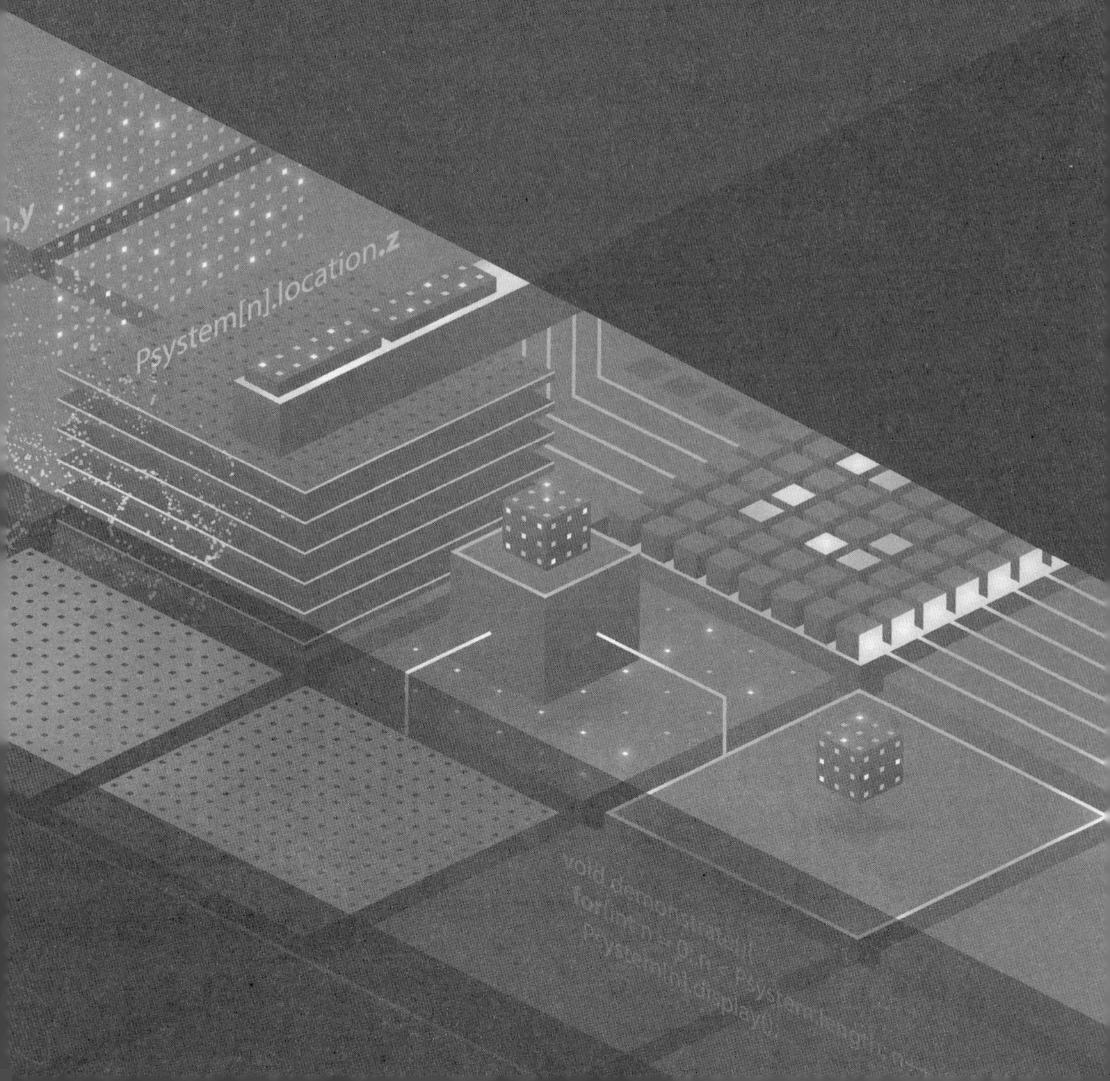

04

시장으로

오늘은 왠지 대학이 좀 들떠 있는 느낌이다. 봄꽃 탓인가? 저기 앞에 보이는 건물은 활짝 핀 벚꽃으로 둘러싸여 있다. 덩달아 들뜬 기분으로 이런저런 생각을 하다 보니, 어느새 교수님 연구실 앞이다. 이제 제법 편안한 마음으로 노크를 한다.

"안녕하셨어요. 와~ 여기서도 벚꽃이 잘 보여요."

"행운이지. 벚꽃도 아름답지만, 젊은 학생들이 깔깔거리는 광경이 더해져 더욱 보기 좋단다. 내가 아는 교수는 하루 종일 맞은편 건물 벽만 보기도 하지. 나는 행운아란다."

발명품이 시장으로 널리 퍼져 나가는 이야기

나도 나중에 교수할까.

"교수님, 저는 며칠 전부터 행맨 게임을 만들고 있어요. 지금은 화면에 단어를 보여주고, 글자를 입력받아 맞는 글자를 표시해 주는 데까지 작성했어요."

"일취월장하고 있구나. 프로그래밍 연습문제를 고르는 안목도 좋고. 뭔가 독특한 흥밋거리를 추가하여 너만의 독창적인 행맨으로 발전시키도록 해 봐라."

"꼭 그렇게 할게요. 지난 주에 교수님께서 주신 컴퓨터 역사 책을 읽어보았어요. 에니악 이전에 이미 영국에 콜로서스란 컴퓨터도 있었고 아타나소프라는 사람의 ABC라는 컴퓨터도 있었던데요. 왜 책에는 에니악이 세계 최초라고 써 있나요?"

"모클리와 에커트가 만든 에니악은 이전 컴퓨터와 달리, 전자동으로 작동하고, 프로그램을 바꾸어 주면 여러 가지 문제를 해결해 주는 다목적 컴퓨터였단다. 그들의 손을 거치고 난 후에야 컴퓨터가 제 모습을 갖춘 것이지."

"그러고 보면 세계 최초라는 것을 따지는 것이 참 어려워 보이네요."

"그렇단다. 소리 없이 어느 날 툭 튀어나오는 것은 매우 드물다. 여러 사람이 줄기는 같지만 곁가지가 다른 생각을 하고, 개념이 차차 정립되고, 실물 제작을 여기저기서 해보고, 그러던 어느 날 주목할 만한 제품이 튀어나오는 것이지. 여러 사람이 등장하는 이런 긴 흐름 속에서 최초를 판별해 내는 일은 꽤 어려운 작업이란다."

"비행기를 발명한 라이트 형제도 마찬가지인가요?"

"물론이다. 레오나르도 다빈치는 라이트 형제보다 4백 년 전 사람인데 이미 글라이더의 설계뿐 아니라 실물 제작을 시도하였단다."

"우리가 알고 있는 것과 다른 점이 참 많네요."

"그렇단다. 저번에는 컴퓨터라는 기계를 발명하는 이야기를 주로 했으니, 이번에는 발명품이 시장으로 널리 퍼져나가는 이야기를 해볼까?"

"이제 만들 줄 아니까, 그냥 여러 개 만들어 팔면 되는 거 아닌가요? … 아니… 뭔가 예쁘게 디자인도 해야 하고. 사람들에게 홍보도 해야 하고. 그렇게 쉬운 일은 아닌 거 같기도 하고요. 모클리와 에커트… 그들도 기업을 만드나요?"

"둘은 에니악을 완성한 뒤, 특허 소유 문제로 펜실베이니아 대학과 갈

등을 겪는단다. 결국 둘은 대학을 그만두고, 곧장 벤처 기업을 설립한다. 그들은 당시 누구도 가지지 못한 대단한 밑천을 지니고 있었지. 에니악을 만들며 쌓은 경험과 에니악의 결점을 보완할 수 있는 새로운 아이디어였다. 그리고 무엇보다 중요한 것은 에니악에서 한솥밥을 먹던 유능한 엔지니어들이 둘을 믿고 따라 나섰다는 사실이었다."

"성공하나요? IBM의 원조?"

"당시 많은 사람들이 부정적으로 바라보았지만, 둘은 유니백이라는 걸출한 컴퓨터를 만들어 시장에 내놓는다. 기술적으로 성공한 것이지. 하지만 불행히도 자금 압박에 시달리다 못해, 래밍톤랜드라는 회사에 인수되는 운명을 맞는다. IBM은 당시 경쟁사였지. IBM의 뿌리는 카드 천공기를 만든 홀러리스라는 사람까지 거슬러 올라간단다."

"그러면 모클리는 사업적으로 실패한 사람이네요."

"보기 나름이다. 모클리가 만든 유니백은 크게 성공한다. 이때부터 컴퓨터로 돈을 벌 수 있다는 인식이 생겨난단다. 그제서야 IBM을 비롯하여 여러 회사가 컴퓨터 사업에 뛰어들게 되지. 그런 면에서, 모클리와 에커트는 컴퓨터 시장을 연 선구자라는 찬사를 받아 마땅하다. 이 정도면 어떤 기업인보다 훌륭하지 않니? 단지 자신의 회사를 세계 굴지의 회사로 성장시키지 못했으니, 실패했다고 볼 수도 있겠지. 이런 상반된 시각에서 균형된 평가는 이런 게 아닐까? 새로운 발명품을 만들고, 그것의 산업을 일구고, 그리고 경영은 후배들에게 넘겨주었다는 평가말이다."

"그게 좋겠어요."

명품 컴퓨터, 유니백

모클리와 에커트는 1946년에 에니악을 완성한 직후, 후속 모델인 에드박의 특허 소유권 문제가 불거져 펜실베이니아 대학과 갈등을 겪는다. 결국 에드박 개발을 뒤에 남겨둔 채 대학을 떠난다. 그때 이들에게 손짓하는 곳이 두 군데 있었다. 하나는 당시 표 작성기tabulating machine를 생산하여 사무용기기 시장을 석권하고 있던 IBM이었다. 다른 하나는 에니악 개발에 관여했던 노이만이 소속된 프린스턴 대학의 고등연구원이었다. IBM은 컴퓨터 개발에 필요한 자금이 풍부하고 영업력이 강한 장점이 있고, 고등연구원은 아인슈타인과 괴델이 있을 정도로 세계적인 명성을 누리고 있었으므로 둘 다 상당한 매력을 풍기는 곳이었다. 에니악 개발에서 행정 책임을 맡았던 골드스타인은 이미 노이만에 합류하여 자신의 길을 가고 있었다. 하지만 둘은 스스로 길을 개척하기로 마음먹고 모두 뿌리친다. 그간 쌓인 개인적인 갈등도 한몫 하였겠지만, 정작 중요한 이유는 둘이 꾸고 있는 또 다른 원대한 꿈 때문이었다. 그것은 바로 컴퓨터의 '상업화'였다. 이들의 꿈은 대학 연구실과 정부 기관에 머물러 있던 컴퓨터를 대중의 손으로 넘기는 일차 관문을 스스로 열겠다는 커다란 야망이었다.

둘의 야망과 좌절

둘은 1946년에 EMCC(Eckert-Mauchly Computer Corporation)를 창업한다. 자연스럽게 모클리 사장과 에커트 부사장 체제가 들어서고, 모클리는 경영과 세일즈를 담당하고 에커트는 기술 개발을 책임진다. 이 회사는 아직 열리지 않은 또는 영원히 열리지 않을지도 모르는 컴퓨터 시장을 깨우겠다는 발상에서 태어났으니, 역사적인 벤처 기업이라 하지 않을 수 없다. 이와 같이 불분명함 속에서 태어난 혁신적인 가치 이면에는 보이지 않는 위험 요소가 도사리고 있는 경우가 많다. EMCC는 에니악 제작 과정에서 얻은 기술과 경험, 그리고 에니악 팀에서 같이 일하다가 모클리를 따라온 유능한 엔지니어가 여럿 있었다. 그것은 당시 누구도 갖추지 못한 커다란 강점이었다. 하지만

유니백의 콘솔 주위에 모여 있는 엔지니어들이다. 안경을 낀 여성이 호퍼이다.

자금 사정은 매우 열악하였다. 아직 눈에 보이지 않는 흐릿한 시장에 큰 투자를 감행할 용기 있는 사람은 적게 마련이다. 모클리는 미국 인구조사국을 설득한다. 하지만 에이컨을 포함하여 여러 사람이 불리한 의견을 내놓는다. 이러한 부정적인 분위기에도 불구하고, 1950년의 인구조사에 사용할 수 있게 납기를 맞춘다는 조건하에 계약이 성립되어 부족하나마 초기 개발 자금을 확보한다. 모클리는 부동산 사업가인 에커트의 부모로부터도 재정적인 도움을 받는다.

EMCC의 엔지니어들은 유니백UNIVAC이라는 컴퓨터 개발에 매진한다. 유니백은 크게 두 가지 측면에서 에니악보다 뛰어났다. 첫 번째는 저장 프로그램 방식을 채택함으로써 프로그래밍이 획기적으로 쉬워졌다는 점이다. 프로그래밍의 중요성을 인지한 모클리는 그레이스 호퍼를 끌어 들인다. 그녀는 에이컨이 주도한 마크 I의 개발 과정에 참여하여 프로그래밍 부분을 담당한 적이 있는데 거기서 익힌 실력을 발휘한다. 두 번째는 메모리 용량을 크게 늘린 점이다. 에니악이 20개의 숫자를 저장할 수 있었는데, 유니백은 1000 개를 저장할 수 있었다. 이러한 점은 컴퓨터가 시장에 나가기 위해 꼭 갖추어야 하는 조건이다. 유니백은 기술적으로 명품이라는 찬사를 받는다.

첨단 제품을 시장에 내놓기 위해서는 뛰어난 과학기술의 뒷받침이 필수적이지만, 회사 경영 전체로 볼 때 과학기술은 일부에 불과하다. 모클리와 에커트는 과학기술자였다. 이들은 회사 경영에 미숙하였다. 사장 모클리는 회사의 사활이 걸린 중요한 대목에서 불리한 계약을 하는 실수를 여러 번 범한다. 기술자는 제품의 장점을 잘 알아 영업에 효과적으로 활용하는 경우보다 기술 한계를 인지하기 때문에 소극적인 자세를 취하는 경우가 더 많게 마련이다. EMCC에는 기술자는 많았지만 뛰어난 비즈니스맨은 없었다. 이러한 내부적인 여건으로 인해 회사는 경영 위기에 빠진다. 1948년에는 자금이 고갈되어 급여 지불을 못할 정도의 심각한 상태에 빠진다. 천만다행으로 경마에 사용되는 총액계산기를 생산하는 어메리컨 토털리제이터의 부사장인 스트라우스의 투자를 받게 된다. 스트라우스는 컴퓨터 시장을 긍정적으로 보았던 것이다. EMCC의 1949년 통계를 보면, 134명의 사원이 있었으며, 프루덴셜 보험과 에이시닐슨을 비롯하여 여섯 곳과 구매 계약을 체결하고 있었다. 모클리와 에커트는 가능성과 위기가 공존하는 매우 불안정한 상태에 놓여 있었다. 운명은 둘을 비켜간다. 1949년 11월, EMCC에 스트라우스가 비행기 사고로 사망했다는 비보가 날아든다.

이 사건은 둘에게 큰 타격을 가한다. 우선 사업에 관련한 우호적인 조언자를 잃었다. 스트라우스는 모클리에게 경영과 관련한 유익한 멘토 역할을 해왔던 것이다. 더욱 직접적인 타격은 자금줄과 관련되어 있었다. 어메리컨 토털리제이터는 EMCC에 투자한 자금을 회수하기로 결정해 버린다. 당장 갚아야 하는 빚이 생긴 것이다. 모클리는 더 버틸 수 없음을 직감한다.

1949년이 저물 무렵, 모클리와 에커트는 자존심을 접고 IBM의 왓슨 회장을 면담한다. 하지만 왓슨은 반독점법을 내세워 EMCC의 인수를 거절한다. IBM은 이미 사무용기기 시장을 점령하고 있어 EMCC를 인수하면 반독점법에 저촉될 우려가 있다는 이유였다. 둘은 타자기 회사인 래밍톤랜드를 접촉하게 되고, 결국 EMCC는 1950년 2월 래밍톤랜드에 팔린다. 전체적인 계약 내용은 EMCC에 불리하였는데, 구석에 몰린 둘은 저항할 수 없는 상황이었다. 계약서에는 래밍톤랜드는 에니악 특허의 사용권을 가지며 특허로 발생하는 수입의 반을 둘에게 지급하는 내용도 들어 있었다. 에니악 특허는 둘에게 자존심이자 그간 고생에 대한 보상이기도 하였다. 래밍톤랜드는 모클리와 에커트를 존중하여, 컴퓨터 제작과 판매를 담당하는 독립된 부서를 만들고 둘에게 관리를 맡긴다. 이것으로 그들 자신의 세계를 구축하려는 꿈은 꺾이게 된다. 이제 래밍톤랜드의 방침에 따라 움직여야 하는 사원으로 전락한 것이다.

EMCC는 유니백과 바이낙이라는 두 종류의 상업용 컴퓨터를 개발한다. 바이낙은 EMCC 시절에 완성되는데, 유니백은 래밍톤랜드에 인수된 후에 완성된다. 유니백은 에커트와 모든 개발자들의 열정이 깊이 스며 있다. 하지만 바이낙은 자금 사정으로 어쩔 수 없이 노스롭 항공사와 계약을 맺어 태어난 불운한 기종이 된다. 한때 회사의 주력 상품을 유니백에서 바이낙으로 바꾸자는 모클리의 제안에 에커트가 분개하여 둘 사이에 틈이 벌어지는 계기가 되기도 한다. 하지만 둘은 서로를 필요로 한다는 사실을 잘 알고 있었으므로 파국으로 치닫는 일은 생기지 않았다. 바이낙은 1949년에 완성되어 테스트를 거친 후 노스롭으로 옮겼는데, 그곳에서 제대로 작동하지 않는 불상사가 발생한다. 결국 바이낙은 더 이상 생산되지 않는 실패한 기종이 되어 버린다.

유니백은 1951년 3월 래밍톤랜드에서 완성된다. 계약에 따라 첫 제품은 미국 인구조사국에 납품되는데, 노스롭의 불상사를 알고 있는 인구조사국은 래밍톤랜드에 둔 채로 유니백을 사용한다. 유니백은 기술적인 명품으로 시장에서 큰 호평을 받는다. 민간 기관으로서는 제너럴 일렉트릭이 처음 구매한다. 유니백은 급여 계산 따위의 용도로 사용되었는데, 구매자의 욕구를 만족시키는 데 부족함이 없었다. 모클리와 에커트는 컴퓨터 시장을 여는 데 성공한 것이다. 둘은 세계 최초의 전자식 컴퓨터인 에니악뿐 아니라 미국의 첫 상업용 컴퓨터인 유니백을 탄생시켜 인류에게 값진 선물 두 개를 안긴다.(세계 최초의 상업용 컴퓨터는 영국에서 탄생한다.) 하지만 모클리와 에커트에게는 개인적인 영광 뒤에 커다란 좌절이 자리잡고 있다. 그들 스스로 세계적인 컴퓨터 기업을 일구겠다는 꿈은 이미 꺾인 상태였다.

인구조사국에 설치된 유니백의 모습이다. 콘솔 앞에서 작업하는 여성과 그녀의 오른편에 놓여 있는 타이프라이터가 출력물을 인쇄하는 광경을 볼 수 있다. '유니백 시간 스케줄'이라는 이름의 칠판에 남자가 무엇인가를 적어 넣고 있다.

둘의 에피소드

모클리는 컴퓨터 역사에 누구보다 많은 에피소드를 남겼다. 모클리는 3년 간의 에니악 프로젝트로 지칠대로 지친 상태에서, 곧이어 시작한 EMCC 창업으로 눈코 뜰새 없었다. 그런 바쁜 와중에 회사 창업에 필요한 서류 작업을 마친 그는 잠시 짬을 내어 부인 메리와 짧은 휴가를 떠난다. 메리는 펜실베이니아 대학의 무어 스쿨에 새로 채용된 여성 컴퓨터들을 교육하는 일을 한 적이 있어, 컴퓨터 시장을 개척하는 일의 중요성과 어려움을 누구보다 잘 이해한 사람이었다. 긴장이 늦추어진 모클리와 메리는 한밤중에 해변에서 파도에 몸을 맡기고 어린아이처럼 즐겁게 놀고 있었다. 도중에 메리의 짧은 비명소리가 났는데, 파도에 안경을 잃은 모클리는 그녀를 찾을 수 없었다. 몇시간 뒤에 메리는 익사체로 발견된다. 그는 지방 검사에게 10시간 가까이 조사를 받게 되는데, 결국 익사 사건으로 종결된다. 이후 모클리는 무어 스쿨의 컴퓨터였으며 에니악의 프로그래머였던 캐슬린과 재혼한다. 이후에 발생하는 또 다른 사건은 모클리뿐 아니라 EMCC에도 큰 손실을 입힌다. 1950년 2월, 미국 공화당 소속 상원의원인 매카시는 '국무성 안에 205명의 공산당원이 있다'라는 발언을 하여 미국 전역을 매카시즘으로 몰아넣는다. 이것으로 인해 미국은 반공주의에 매몰되어 인권과 자유가 유린되는 불운을 겪게 된다. 얼핏 아무런 관련이 없어 보이는 과학기술자로 구성된 EMCC도 큰 타격을 받는다. 연구원 네 명과 함께 모클리도 FBI의 조사 대상에 오른다. 결과적으로 정부와 맺은 모든 거래가 취소되는 상황으로 치닫게 되고, 그렇지 않아도 자금 압박을 받고 있던 EMCC는 설상가상으로 유니백 개발이 지연되는 어려움을 겪게 된다. 모클리의 혐의는 어이없게도 과학자 노동협회에 가입한 것과 전 부인 메리의 익사 사건이 의혹이라는 점이었다. 그의 혐의가 풀려 정부와 거래를 회복하는 데까지 2년여의 시간이 걸린다.

에커트는 어릴 때부터 충동적인 기질을 가지고 있었다. 그는 끊임없이 아이디어를 발산하였으며, 생각난 아이디어는 바로 실행에 옮겨야 직성이 풀리는 성질이었다. 에커트는 한마디로 일 중독자였다. 때로 며칠씩 잠을 자지 않고 일하기도 하고, 친구들과의 모임은 컴퓨터 개발에 대한 이야기로 채워졌다. 부인 헤스터에게 에커트의 그런 태도는 늘 불만이었다. 우울증을 앓던 헤스터는 1953년에 자살로 생을 마감한다. 에커트는 래밍톤랜드가 스페리랜드를 거쳐 유니시스로 바뀔 때까지 머물다가 1989년에 은퇴한다. 뜻있는 컴퓨터 역사가들은 말한다. "우리가 쓰고 있는 컴퓨터는 폰 노이만 아키텍처가 아니라 에커트 아키텍처라 불러야 마땅하다."

발명가와 기업가

교수님께서 앞뒤로 문을 활짝 여신다. 상쾌한 바람이 스친다. 꽃으로 뒤덮인 나무를 스치고 왔으려니 생각하니 바람에서 향기가 난다.

"에디슨 하면 떠오르는 것은?"

교수님께서는 선 채로, 엉뚱한 질문을 던지신다.

"… 달걀 품은 이야기… 전구와 축음기… 청각장애?"

"에디슨의 특징이 거의 다 나왔네. 호기심이 많고, 생각나는 것은 다른 사람을 의식하지 않고 실행에 옮겨야 직성이 풀리는 사람. 걸출한 발명품들. 장애를 이긴 사람."

"그런데 에디슨은 컴퓨터와 상관없는 사람인 것 같은데요."

"맞아. 하지만 컴퓨터 발명과 나란히 놓고 보면 닮은 점이 꽤 있지. 에디슨이 살던 시대는 철로가 막 깔리고 전신이 실용화되기 시작한 때였지. 제2의 산업 혁명이라 볼만한 시기였단다. 모클리와 에커트는 전자 기술이 막 꽃을 피우기 시작할 때 사람이고, 빌 게이츠와 스티브 잡스는 칩이 발명되어 컴퓨터를 개인이 가질 수 있는 기틀이 만들어지던 시대에 살았지. 이들 모두 기술이 꿈틀대며 변혁을 이루던 시대의 젊은이였으니 시대적인 행운아라고 볼 수 있단다. 이들이 다른 시대에 태어났다면 전기기사, 평범한 연구원, 또는 소프트웨어 회사 사원으로 근무하다 생을 마감할 수도 있었을 것이다. 이들은 시대적 행운아이기도 하지만, 시대를 꿰뚫어보는 통찰력을 가졌을 뿐 아니라 새로운 아이디어를 실행에 옮기는 뛰어난 능력과 열정을 갖추었다는 점에서도 같다."

"그런데 빌 게이츠와 스티브 잡스는 무얼 발명도 했지만 기업가로 성공했는데요. 에디슨은 그냥 발명가 아닌가요?"

"발명가와 기업가… 이 두 가지는 아주 다른 세상이면서, 또한 아주 밀접한 관련이 있지. 새로운 제품의 발명은 기업의 경쟁력을 키워주고, 양호한 기업 경영은 발명을 촉진하고. 그런데 에디슨에 관해 사람들이 잘못 알고 있는 것이 참 많단다."

"뭔데요?"

"그는 훌륭한 발명가이기도 하지만, 그에 못지않게 혁신적인 기업가였단다."

"예?"

"에디슨에 관한 책을 보면 아예 발명가 부분만 써놓은 것도 있고, 기업가 면모를 써 놓기는 했는데 무게중심은 여전히 발명가에 쏠려 있는 책이 대부분이란다. 그래서 사람들이 에디슨의 기업가 기질을 잘 알지 못하지. 에디슨의 발명은 잘 알고 있으니 기업가에 대해 이야기해 보자."

"에디슨이 기업을 세웠나요?"

"그랬단다. 제너럴 일렉트릭이라는 회사 들어봤니? 보통 GE라 줄여 부르기도 하지. 홀러리스가 IBM의 원조인 TMC를 설립한 것도 GE가 태동할 즈음이다. 19세기 말이니, 지금으로부터 100년이 조금 더 지났지."

"제너럴 일렉트릭은 아주 큰 전기 회사 아닌가요?"

"맞다. 19세기 말에 에디슨은 전구를 발명한다. 전구를 일반 가정에 보급하기 위해 에디슨전기회사를 설립하는데, 그것이 GE의 모태가 된다. 당시 에디슨의 말이 걸작이다. '우리 회사는 전기를 아주 싸게 공급할 것입니다. 이제 촛불은 부자들만 사용하는 세상이 될 것입니다.'"

"하하~ 위인들은 우스개 말도 잘해요."

"관련이 있단다. 그들은 사물을 꿰뚫어 보는 통찰력이 뛰어나단다. 자신이 보는 관점을 약간만 비틀면 쉽게 뼈 있는 유머가 되는 것이지. 사물의 본질을 이해하지 못한 사람은 비틀 마음조차 먹지 못하는 법이란다."

"보는 사람과 못 보는 사람이요?"

"그렇지. 그 차이가 꽤 크단다. 통찰력은 자신감을 주고, 자신감은 실천력의 원천이 되지."

"그렇네요."

"에디슨이 전기 회사를 설립한 것은 전기와 전구를 대중의 품에 안길 수 있다는 자신감에서 출발했을 것이다. 결국 그는 전기를 산업화하는 데 크게 공헌하는 인물이 된다. 에디슨은 개별 제품의 발명에 만족하지 않고, 관련 있는 여러 기술을 묶어 시스템을 완성하는 데 탁월한 능력이 있었던 사람이다. 그런 시스템을 만들기 위해서는 돈이 들 테고, 따라서 기업 활동이 필요하다고 보았겠지. 에디슨은 기업을 여러 개 설립하고 그들을 유기적으로 관리한다. 그는 이렇게 번 돈을 연구소에 재투자함으로써 발명 활동을 더 왕성하게 만들었단다."

"책에서는 실험실에서 혼자 고군분투하던데. 그렇지 않네요."

"그가 혼자 한 발명도 있지만, 공동 연구에서 탄생한 발명이 대부분이란다. 에디슨이 위대한 것은 혁신적인 물건을 발명한 점에도 있지만, 당시에는 생소한 공동 연구라든가 혁신적인 기업 운영 방식을 고안하고 실천하였기 때문이다. 만일 그가 혼자 발명에만 몰두했다면 그의 위대함은 크게 줄었을 것이다."

"에디슨에게 그런 면이 있었네요. 달걀 품고, 기차에서 화학 실험하다 쫓겨나고, 그런 이야기에 취해 에디슨의 다른 면을 모르고 있었어요."

"사실 에디슨이 고안한 것 대부분은 이미 있는 것을 개량한 제품이란다. 전구는 그 이전에 스무 명가량이 다양한 제품을 만들었는데, 모두 대량 생산이나 내구성 면에서 대중의 손에 들어가기에는 턱없이 부족하였지. 에디슨은 연구소를 활용하여 끊임없는 실험을 하고 결국 내구성이 좋고 대량 생산이 가능한 전구를 고안해낸 것이란다."

"그간 코끼리 다리만 만지작거린 느낌이에요. 책을 다시 읽어 봐야겠어요."

"에디슨의 발명이 아니라, 에디슨의 경영에 주목하는 책을 읽어보기 바란다."

"에디슨은 스티브 잡스와 비슷한 면이 있는 것 같아요."

"어째서 그런 생각을 했니?"

"기업가로서 활약하였고… 꾸준히 혁신 제품을 들고 나오잖아요. 그리고 개별 제품으로 끝나지 않고 아이팟, 아이폰, 아이패드와 같이 체계를 만들어 가는 것 같아요. 컴퓨터, 음악, 인터넷, 게임 등이 결합한…"

"정확하다. 시대적인 차이만 있을 뿐, 그들의 철학과 실천 방식은 매우 흡사하구나."

"에디슨은 경영에 성공했나요?"

"그렇지 않단다. 에디슨도 기업을 설립하고 산업을 일구는 데 크게 성공하지만, 경영은 한계를 보인단다. GE는 다른 사람이 경영을 맡은 후에 크게 성장한단다."

"사람마다 제 역할이 있나 보네요."

홀러리스와 IBM

1890년, 미국 인구조사국은 고민에 빠진다. 미국의 법은 조세를 포함하여 중요한 정부 정책을 결정하기 위해 10년마다 인구조사를 하도록 규정하고 있는데, 이민자가 폭발적으로 늘어 데이터 처리에 많은 시간이 소요될 것이기 때문이다. 10년 전인 1880년에는 데이터 처리에 7년이나 걸렸고, 결과가 나올 즈음에는 이미 낡은 정보가 되어 쓸모없게 되었다. 1890년 조사는 어떻게 할 것인가? 이민자의 수는 더욱 늘어나 처리할 데이터는 훨씬 많은데.

허먼 홀러리스
(Herman Hollerith, 1860~1929, 미국)

세계 최초의 정보처리 기계

필요는 발명의 어머니다. 당시 콜럼비아 대학의 박사 과정 학생이었던 홀러리스는 표 작성기tabulating machine라는 역사적인 기계를 발명한다. 그는 기차의 검표원이 승차권에 구멍을 뚫어 데이터를 표현하는 장면을 그냥 흘려 보내지 않았다. 구멍 뚫린 기차표에서 영감을 얻은 그는, 구멍을 뚫어 데이터를

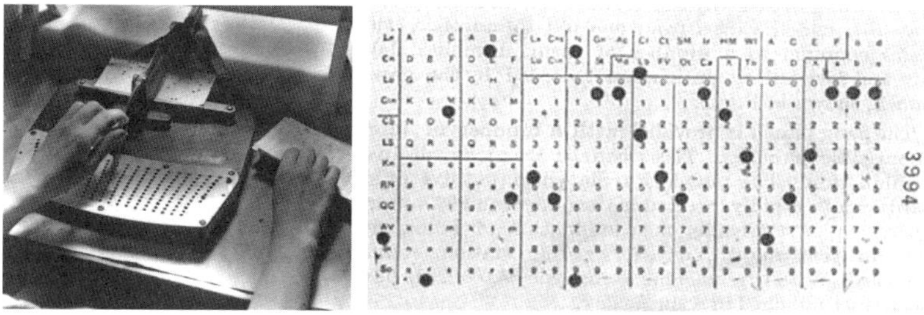

홀러리스 시대에 사용하던 천공기와 그것으로 작성한 펀치카드다. 나중에는 키보드가 달린 천공기와 80열을 가진 펀치카드로 발전한다.

기록할 수 있는 펀치카드와 그것을 처리할 수 있는 표 작성기를 발명한다.

인구조사국은 표 작성기를 활용하기로 결정하고, 나이, 성별, 거주지, 수입, 부동산 등의 인구 데이터를 펀치카드에 기록한다. 표 작성기는 놀랍게도 1년 이내에 모든 처리를 완료한다. 당시 기록은 예정보다 몇 달 빨리 끝났다고 전한다. 홀러리스의 표 작성기는 '데이터 처리' 분야에 큰 획을 그은 것이다. 이전에도 종이에 구멍을 뚫어 무엇인가를 기록하는 기술은 방직 기계, 기차 검표, 뮤직박스 따위에 사용되었지만, '데이터를 처리하겠다'는 생각은 홀러리스 머리에서 처음 나왔다. 홀러리스는 이 기술을 바탕으로 작성한 「전기 표 작성 시스템」이라는 논문으로 콜럼비아 대학에서 박사학위를 받는다.

홀러리스는 이 기계의 시장 잠재성을 놓치지 않았다. 그는 1889년에 특허를 취득하여 사업 기반을 다진 후, 1896년에 TMC Tabulating Machine Company라는 회사를 설립한다. 1911년 TMC는 여러 회사를 합병하여 CTR Computing Tabulating Recording이 된다. 이후 왓슨이 회장이 되는데 왓슨은 CTR이란 이름을 IBM International Business Machines 으로 바꾼다. 컴퓨터 산업의 거인이 될 IBM이 탄생한 것이다. IBM은 홀러리스의 머리에서 태어나고 왓슨의 경영으로 성장한다.

토머스 왓슨(Thomas John Watson, 1874~1956, 미국)

세계적인 상업 도시인 뉴욕의 인근 시골에서 태어난 왓슨은 어려서부터 각지를 떠돌아다니며 물건을 파는 세일즈를 동경하였다. 10대 후반에 이미 보따리 장수가 되어 끼를 유감없이 발휘한다. 21세가 된 왓슨은 NCR의 영업 사원으로 취직하는데, 거기에서 발군의 실력을 발휘하여 15년 후에는 중역의 자리에 오른다. 하지만 경쟁사에 불공정 행위를 한 혐의로 기소되어, 징역형을 선고받는다. 이런 혼란 속에 NCR을 그만 두고 CTR로 옮긴다. 왓슨은 CTR의 주력 제품인 표 작성기의 시장 잠재력을 본 것이다. CTR은 홀러리스가 설립한 TMC를 이어받은 회사였다. 시간은 흘러 NCR의 고소 사건은 합의 방식으로 해결되고, 왓슨은 CTR의 사장 자리에 앉는다. 그는 엔지니어에게는 최고의 기술을 요구했고 영업 사원에게는 최고의 판매 전략을 요구하였다. 기술과 마케팅의 조화로 인해 CTR은 급성장하고, 1924년에는 회사 이름을 IBM으로 바꾼다. 1956년 아들인 왓슨 2세에게 자리를 물려주고 숨을 거둔다. 1971년까지 회장직을 맡은 왓슨 2세는 IBM을 세계 최고의 컴퓨터 회사로 성장시킨다. 부자의 이야기는 왓슨 2세의 저서 『아버지와 아들, 그리고 그들의 회사』에 펼쳐진다.

1890년에 미국 인구조사국이 사용한 표 작성기는 당시로서 혁명적인 기계임이 틀림없지만, 주어진 조건을 만족하는 카드의 수를 세는 기능만 가지고 있었다. 예를 들어, 수입이 100달러 이상인 30세 이상의 남자는 몇 명인지 따위를 세는 일에 사용했다. 이 기계는 회로가 고정되어 있어 미리 정해진 작업만 수행할 수 있었는데, 다른 작업으로 교체하려면 회로를 뜯어 바꾸는 수밖에 없었다. 게다가 카드를 수작업으로 공급해야 했다. 홀러리스가 설립한 TMC는 곧이어 덧셈이 가능하고(1896년), 카드를 자동 공급할 수 있는 기계(1900년)를 선보인다. 이런 기계는 정부뿐 아니라, 재고 관리나 고객 관리 따위의 사무처리가 필요한 민간 회사로 급속히 퍼져나간다. 1906년에는 기능 혁신이 일어난다. 회로판을 교체할 수 있게 하여 다른 작업으로 전환이 쉬워진다. 즉 프로그래밍이 가능한 기계가 된 것이다. 1933년에는 숫자뿐 아니라 문자도 처리할 수 있는 표 작성기가 IBM 401이라는 이름을 달고 출시된다. 하지만 1949년에 나온 IBM 407을 마지막으로 더 이상 새로운 모델이 나오지 않는다. 1950년대 들어, 사무용 시장에 지각 변동이 나타났기 때문이다. 1946년에 모클리와 에커트가 만든 에니악이 등장한 이후, 1951년에는 상업용 컴퓨터 유니백이 시장에 등장한다. 바야흐로 표 작성기는 물러날 때가 된 것이다. 전자 기술을 사용하여 빠를 뿐 아니라 프로그래밍이 가능하여 여러 목적으로 사용할 수 있는 '컴퓨터'는, 전기 기계식이라 늦고 표 작성이라는 한 가지 기능만 가능한 '표 작성기'를 시장에서 퇴출시키기에 충분했다. 표 작성기는 1890년의 미국 정부의 인구 조사를 시작으로, 민간 회사의 중요한 사무기기로서 60여 년을 풍미한 후, 역사의 뒤안길로 물러난다. 1943년의 한 통계는 눈여겨볼 만하다. 당시 IBM이 여기저기 임대해 주고 있던 표 작성기는 무려 1만 대가량이었다.

IBM의 컴퓨터 시장 데뷔

1940년대 들어 IBM은 표 작성기를 대체할 새로운 기술의 필요성을 깨닫는다. 그리고 차분한 발걸음을 내딛는다. 먼저 하버드 대학의 에이컨 교수에게 컴퓨터 개발 비용을 지원하여 마크 I을 개발한다. 하지만 마크 I은 진공관을 사용하는 전자식이 아니라 릴레이를 사용하는 전기 기계식이어서 속도 경쟁에서 크게 뒤진다. 게다가 왓슨과 에이컨의 불화로 마크 I은 상업용으로 발전하지 못한다. 왓슨은 IBM의 엔지니어에게 새로운 컴퓨터 개발을 지시한다. 새로운 컴퓨터 SSEC Selective Sequence Electronic Calculator는 1948년에 완성되는데, 전자식과 전기 기계식의 혼합으로 여전히 시대에 뒤떨어졌다. 그럼에도 불구하고 SSEC은 하버드 대학의 마크 I보다 100배가량 빨랐다. SSEC은 전기 기계식의 흔적을 지닌 낡은 기종으로 상업화되지 못했지만, IBM이 전자식 컴퓨터 시장에 뛰어드는 데 필요한 기술을 확보하는 데 충분히 기여했을 것이다.

IBM은 1952년에 IBM 701이라는 기종으로 컴퓨터 시장에 데뷔한다. 당시 경쟁사인 래밍톤랜드의 유니백보다 1년 늦게 출시되었으므로 후발 주자로 볼 수 있다. 701은 주기억 장치로 윌리엄스-킬번 튜브를 채택하였으므로 지연 라인을 사용한 유니백에 비해 계산 속도가 빨랐다. 따라서 데이터 양은 적고 계산을 많이 하는 과학용에 적합한 컴퓨터였다. 입출력 시간과 안정성

측면까지 고려하여 전체를 놓고 보면, 유니백에 비해 뒤진다는 평가를 받았다. IBM은 이듬해에 650 기종을 시장에 내놓는다. 이 기종은 주기억 장치로 자기 드럼을 사용했는데, 당시 드럼 장치는 값이 싼 반면 속도가 느렸다. 따라서 650은 데이터 양은 많고 계산을 적게 하는 비즈니스용에 적합하였다. IBM은 650을 주로 중소 업체와 대학에 싼 가격으로 공급하여 저가 시장을 개척한다.

1959년에는 1401을 출시한다. 이 기종은 두 가지 혁신적인 기술을 채택한다. 첫 번째는 주기억 장치로 자기 코어를 사용한 것이다. 이로써 메모리 용량이 획기적으로 늘어나고, 속도와 안정성이 크게 향상된다. 두 번째는 진공관을 버리고 대신 트랜지스터를 사용하여 회로를 만든 것이다. 바야흐로 작고, 싸고, 전력 소모가 적은 트랜지스터 시대가 열린 것이다. 1964년에는 IBM 360을 선보인다. 360은 메인프레임 컴퓨터의[1] 사실상 표준으로 자리잡게 되는데, IBM은 360으로 컴퓨터 산업을 확실히 휘어잡는다.

IBM은 앞서 이야기한 메인프레임뿐 아니라, 용량이 가장 큰 슈퍼컴퓨터부터 가장 작은 개인용 컴퓨터까지 모두 섭렵한다. 1954년에는 미해군을 위해 NORC라는 슈퍼컴퓨터를 개발한다. 이 컴퓨터는 초당 32,000개 정도의 덧셈을 수행하였으니, 당시 세상에서 가장 빠른 컴퓨터였다. 이로써 IBM은 슈퍼컴퓨터 시장의 선구적인 역할을 한다. 1981년에는 IBM PC를 세상에 선보여 개인에게 컴퓨터를 안겨주는 데 주도적인 역할을 한다.

1969년에 IBM은 역사적인 언번들링 선언을 한다. 그동안 하드웨어를 사면 무료로 끼워주던 소프트웨어를 이제부터 분리해 판매한다는 정책을 채택한 것이다. 이로써 소프트웨어에 값이 매겨지게 되고, IBM은 거대한 소프트웨어 시장을 창출하는 데 결정적인 기여를 한다. 1997년에는 IBM의 딥 블루라는 컴퓨터가 세계 체스 챔피언인 카스파로프를 이기는 세기적인 사건이 발생한다. IBM의 슈퍼컴퓨터 기술과 인공지능 기술이 결합하여 이룩한 쾌

---

1 컴퓨터를 용량에 따라 구분 지으면, 슈퍼컴퓨터, 메인프레임, 미니컴퓨터, 워크스테이션, 개인용 컴퓨터(PC)가 된다.

거였다.

IBM은 어느 기업 못지않게 미국 정부와 애증 관계를 가지고 있다. 무엇보다 먼저, 홀러리스는 미국 인구조사국의 1890년 인구조사를 위해 표 작성기를 만든 것이 동기가 되어 창업을 하는데, 그것이 IBM의 기원이 된다. 미국 정부는 IBM의 산파인 셈이다. 1930년대에 불어닥친 대공황 시절에 왓슨 회장은 감원은 커녕 사원 복지를 늘리는 정책을 펼친다. 그 결과 생산은 그대로인데 판매는 부진하여 몇 년째 창고는 재고로 넘치게 된다. 그것은 일종의 큰 도박이었다. 그때 IBM에게 천만다행인 국가 정책이 수립된다. 1935년에 사회 안전법과 1937년에 시간제 임금법이 제정된 것이다. 이제 모든 회사는 근무 시간과 잔업 시간을 꼼꼼히 기록하고 그에 따라 급여를 주어야 하는 상황이 벌어진 것이다. 정부는 2천6백만 명에 달하는 노동자를 관리해야 했는데, 이 정도를 처리할 수 있는 표 작성기 물량을 보유하고 있는 회사는 IBM뿐이었다. 결국 IBM과 미국 정부는 역사에 남을 만한 큰 규모의 계약을 하게 되고, IBM은 기사회생한다. 1950년대 전자식 컴퓨터 시장에 뛰어들었을 때, IBM은 유니백보다 기술적으로나 시장 점유율 면에서 모두 뒤떨어져 있었다. 하지만 이 상태를 뒤집는 일이 발생한다. 당시 지구는 미국과 소련을 두 축으로 하는 냉전 체제가 들어서게 되는데, 미국은 세이지SAGE라는 방공망을 구축하기로 마음먹고 IBM을 주계약자로 선정한다. 이 사건은 IBM이 유니백을 넘어서는 결정적인 기회를 제공한다.

1969년에 미국 대법원은 IBM을 반독점법으로 고소한다. 1960년대는 IBM이 컴퓨터 시장을 독식하다시피 하는 상황이 된 것이다. 사람들은 IBM이 독식하고 나머지 시장을 일곱 회사가 나누어 먹는 당시 상황을 'IBM과 일곱 난장이'라는 말로 표현하곤 했다. 법정 논쟁은 13년을 끌다가 1982년에 기각된다.

1990년대 들어 IBM은 큰 위기를 맞는다. 이제 컴퓨터 시장 질서는 한 회사가 모든 것을 취급할 수 있는 상황에서 벗어나 전문화되어 버린 때문이다. IBM은 이러한 시대 변화에 발빠르게 적응하기에 너무 비대한 공룡 기업이 되어 있었다. 마이크로프로세서는 인텔, PC 소프트웨어는 마이크로소프트,

하드 디스크는 시게이트, 데이터베이스는 오라클, 네트워크는 노벨과 같이 전문 분야에 뛰어난 기업이 시장을 주도하게 된다. 1992년에는 80억 달러의 적자를 기록하고 사원들은 동요하기 시작한다. 1993년 외부에서 스카웃된 거스너 회장은 회사를 잘게 쪼개려던 방침을 뒤집고 내부 결속을 다진다. 그의 리더십으로 1년 만에 다시 흑자로 전환된다.

IBM은 5명의 노벨상 수상자와 6명의 튜링상 수상자를 배출하였다. IBM은 파란색 로고를 사용하는 탓으로 빅블루라는 별명으로 불린다. 2019년 기준으로 35만명 이상의 직원을 고용하고 있다. 전통적인 하드웨어와 소프트웨어 사업 부문뿐 아니라 최첨단 기술인 인공지능과 클라우드 컴퓨팅 사업 부문에서도 세계를 이끌고 있다.

발명품의 시장 가치에 대한 혼란

교수님은 책꽂이에서 책을 꺼내신다. 빨간 표지에 쓰여 있는 제목은 『전화의 역사』.

'별스러운 책이 다 있구나. 별난 공부를 다 하시네.'

"자, 이곳을 조금만 읽어보자."

"… 벨이 전화를 발명한 건 1876년 3월 10일이다. 그날 벨은 전화 실험을 하고 있었는데, 아래층에 있는 조수 왓슨에게 "왓슨 군, 이리 오게. 할 말이 있네"라고 말했다. 세계 최초로 전화기를 통해 건네진 말이었다. 그러나 벨이 전화 특허를 신청한 건 발명하기 한참 전인 1876년 2월 14일, 특허등록을 받은 건 3월 7일이었다. 벨이 특허 신청을 마치고 두 시간 뒤에 엘리샤 그레이가 동일한 특허출원을 했지만, 세상은 두 시간 빨랐던 벨의 이름만을 기억하게 된다. 벨은 특허출원을 서둘러야 했던 충분한 이유가 있었던 셈이다. 전화는 발명되었지만 그 쓸모를 인정하는 사람은 많지 않았다. 전화의 발명에 대해 영국의 더 타임스는 "가장 최근에 나온 미국의 허풍"일 뿐이라고 단언했다. 벨도 그런 냉대에 굴복했던 건지 특허를 팔아 넘길 생각을 했다. 1876년 가을, 벨의 대리인에게서 전화특허권을 10만 달러에 양도하겠다는 제의를 받은 웨스턴유니온전신회사 사장 윌리엄 오턴은 "아이들 장난감이라면 몰라도, 우리 회사의 사업으로서는 아무래도…"라면서 거절했다. "—『전화의 역사』 강준만 저.

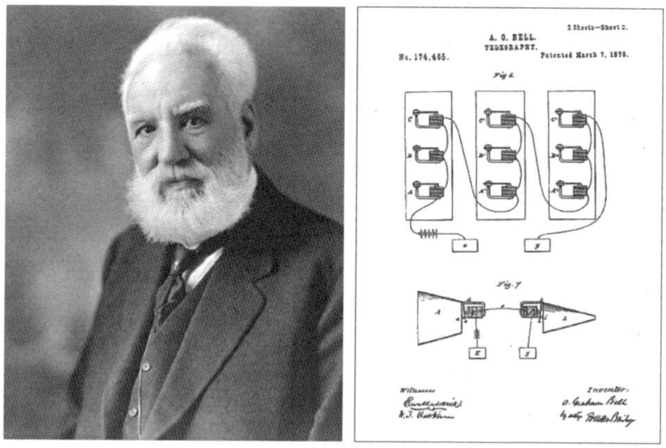

알렉산더 벨(Alexander Graham Bell, 1847~1922, 영국, 캐나다, 미국)과 그의 세기적인 전화 특허이다. 특허를 받은 이듬해인 1877 년에 특허를 밑천으로 삼아 벨텔레폰이라는 회사를 설립한다. 나중에 이 회사는 AT&T라는 회사의 산파 역할을 한다. AT&T는 컴퓨터 역사에 두 줄의 굵은 획을 긋는다. 하나는 트랜지스터이고 다른 하나는 유닉스라는 운영체제이다.

"저도 이 이야기 알아요. '1등만 기억하는 더러운 세상.' 딱 이거네요."

"그렇구나. 벨과 그레이는 특허 사무국으로 누가 먼저 달려가느냐 경주한 꼴이다. 거기에 더해서, 애매한 상황이 또 발생한다. 벨은 특허를 받은 후, 실물 제작을 하는 데 엘리사 그레이의 특허 문서에 있는 방법 일부를 가져다 쓴다. 이런 저런 이유로 벨이 엘리사 그레이의 아이디어를 훔쳤다고 주장하는 책까지 나와 있단다."

"참 복잡하네요. 이런 꼬인 상황은 에니악을 둘러싸고 모클리와 폰 노이만 사이에 벌어진 이야기와 비슷해 보여요."

"그렇구나."

"그런데 벨은 그토록 어렵게 얻은 특허를 팔 생각을 다 하네요."

"잘 이해되지 않는 대목이지. 10만 달러에 팔려고 내놓았는데, 현재로 치면 200만 달러로 추산된다. 우리 돈으로 20억 원가량… 세기적인 발명품의 가격으로는 너무 싸지 않니? 사람들은 새로운 문명이 발명되면 잠재적인 파급 효과가 크면 클수록 정확한 가치 판단을 못하는 모양이다."

"컴퓨터도 마찬가지 같아요. 모클리와 에커트가 회사를 만들려 했을 때 빈정대고 훼방 놓는 사람들이 있었던 것과 비슷해 보여요."

"그렇구나. 새로운 문명에 대한 가치 혼란… 겉에서 벌어지는 이야기의 전개는 다르지만, 본질은 똑같구나. 지우의 통찰력이 아주 뛰어나요."

"칭찬… 고맙습니다."

"이 책을 조금 더 읽어 보면 당시 사람들은 전화의 가치를 꽤 낮게 평가한 듯하다. 그 당시 전신은 이미 널리 사용되고 있었는데, 그것과 마찬가지로 전화를 정보를 전달하는 수단으로만 생각한 듯하다. 증권 시세, 뉴스, 물가, 상품 주문 등과 같은… 전신으로 전달하던 정보를 이제 음성으로도 가능해졌다라는 정도의 인식… 가족, 연인, 친구들 간의 안부와 잡담 등까지는 생각이 미치지 못했다는구나."

"그것 참… 생각이 짧네요."

"컴퓨터를 발명했을 당시, 개인이 컴퓨터로 인터넷을 하고, 게임을 하고, 사진을 편집하는 상황을 생각하기 어려웠던 것과 비슷할 것 같다."

"당시는 기술이 발달되기 이전이니, 꽤 비쌌을 테고… 그러니 미래에는 개인이 전화를 가지리라는 상상을 하기 힘들었을 것 같네요."

"10여 년 전에는 성공한 사장님 차에만 붙어 있던 무선 전화기가 이제 초등학생 주머니 속에도 들어 있는 상황과 유사한 것이지."

"기술의 발전… 그거 참 흥미로운 거네요."

"기술 발전… 거기에 따른 시장의 팽창… 그리고 삶의 변화… 과학기술과 사회과학을 이어주는 끈…"

"끈이 분명 있네요."

컴퓨터의 시장질서

"… 우리는 이 계획이 정당한 것처럼 꾸며 정부와 대중을 잘못된 방향으로 끌고 가려한다. … 이런 대형 컴퓨터는 두 대면 충분하다. … 따라서 계획을 전면 수정하고, 모클리와 에커트의 바보스런 행위를 멈추게 해야 한다. …"—하버드 대학의 에이컨(1948년)

부정적인 분위기를 뚫고

모클리와 에커트의 벤처 기업 ECC가 미국 인구조사국에 제출한, 유니백을 개발하겠다는 제안서 평가 현장에서 에이컨이 한 말이다. 부정적인 의견을 넘어 빈정대고 있다. 이 말은 '여섯 대 정도의 컴퓨터면 미국 전역의 계산량을 감당할 수 있다'라는 말로 확대 해석되어, 컴퓨터의 상업화를 부정적으로 보는 대표적인 견해로 극화하는 데 사용되곤 한다. 어떤 사람은 여러 정황과 문맥을 살펴보고, 에이컨의 발언은 에니악으로 인해 자신보다 한 수 앞선 것에 대한 참을 수 없는 경쟁심에서 나온 것으로 보기도 한다. 에이컨이 어떤 심정이었건, 컴퓨터 시장을 열려는 선구자에게 큰 걸림돌이 될 뻔한 것은 확실하다. 다행히 ECC는 부정적인 견해를 극복하고 인구조사국과 계약을 맺는다.

사실 큰 기관은 새로운 조류에 적응하는 데 생각 이상으로 큰 에너지가 든다. 새로운 사람을 채용해야 하고, 규정을 바꿔야 하고, 관련 부서를 훈련시켜야 하는 등의 많은 일이 뒤따른다. 크고 복잡한 조직일수록 더욱 힘들게 마련이므로, 그런 기관은 보수적인 성향을 띨 수밖에 없다. 어느 조직보다 복잡한 미국 정부 기관이 이런 상황을 감내하고, 얼리 어답터가 되어 컴퓨터 시장을 열어준 점에 대해서 찬사를 보낼 만하다.

"이들 기계가 비즈니스 영역에서 사용되는 것을 보게 된다면, 나보다 더 놀랄 사람은 없을 것이다."—하버드 대학의 에이컨(1952년)

'과학' 문제 해결을 위해 마크 I, II, III 시리즈를 개발한 에이컨의 머리 속에는 인사 관리나 급여 관리 같은 '비즈니스' 영역에 컴퓨터를 활용하는 그림이 잘 그려지지 않았던 모양이다. 그의 말을 곱씹어보면 당시 비슷한 견해를 가진 사람이 적지 않았을 것이라 쉽게 추측할 수 있다. 초당 수천 개의 덧셈을 하는 것도 무척 신기하고 잘 믿기지 않는데(전 세계에 몇 대뿐인 컴퓨터를 직접 목격할 수 있는 행운아는 그리 많지 않았다.), 컴퓨터가 자신이 받을 월급을 계산하고 월급 봉투를 인쇄한다는 말을 선뜻 믿을 사람이 많지 않았을 것이다. 대체 내 이름을 컴퓨터가 어떻게 인식한단 말인가? 계산이 틀리면 어떻게 해.

"컴퓨터가 무지 빨라지면 사람이 담당해야하는 일(프로그래밍과 계획하는 작업)에 소요되는 시간을 크게 앞지를 것이기 때문에 컴퓨터는 많은 시간을 할 일 없이 놀고 있을 것이다. … 컴퓨터의 속도가 빨라지면 사람들이 컴퓨터로 풀려는 문제의 복잡도는 그에 따라 커질 것이다. …"—프린스턴 대학의 폰 노이만(1949년)

노이만은 사람의 느린 프로그래밍 속도로 인해 컴퓨터가 널리 퍼지는 데 한계가 있을 것이라고 생각한 듯하다. 아마 그는, 사람들이 직접 프로그래밍 하는 대신 프로그램을 얻어서 또는 사서 쓰는 상황을 상상하지 못했던 것 같다. 컴퓨터가 빨라짐에 따라 사람들이 풀려는 문제의 복잡도가 증가할 것이라는 생각은 정확히 들어 맞았다. 오늘날 컴퓨터는 초당 수십억 개의 덧셈을 할 정도로 극한 속도를 달성하였지만 여전히 느려 풀 수 없는 문제가 많이 있다.

1946년 에니악이 발표된 이후, 전자 기술만으로 컴퓨터를 만들 수 있다는 사실을 누구나 확신하게 되었다. 여전히 미련을 버리지 못해 릴레이와 진공관을 섞어 사용한 에이컨의 마크 II와 IBM의 SSEC 정도가 나오지만, 그것들을 마지막으로 전기 기계식 컴퓨터는 자취를 감춘다. 인류는 확실히 한 발을 내딛은 것이다. 하지만 컴퓨터를 어느 영역에서 어떤 목적으로 사용할 것인지에 대해서는 어리둥절한 상황이었다. 특히 민간 부문으로의 확산에 대해서는 사람들의 의견이 긴 스펙트럼을 형성하였다. 컴퓨터 역사에 자주 등장하는 인물을 살펴보면, 가장 두드러지게 부정적인 견해를 밝힌 사람은 에이컨이었고, 가장 혁신적이고 긍정적인 생각을 가진 사람은 에니악 발명가인 모클리와 에커트였다. 모클리와 에커트는 망설임 없이 창조적인 생각을 곧바로 행동으로 옮긴다.

두 벤처 기업의 비전과 좌절

모클리와 에커트는 펜실베이니아 대학을 떠나자마자 벤처 기업 ECC(Electronic Control Company)를 창업한다. 둘은 회사 이름을 신중하게 지었다. 대학은 가급적 첨단 기술을 드러내는 혁신적인 단어를 사용하려는 경향이 있지만, 이제 둘은 전혀 다른 세상에 들어와 있기 때문이다. 둘이 상대할 것은 아직 열리지 않은 시장이었다. 따라서 비싼 장비를 구매할 때 대기업이 취하는 보수적인 성향을 고려하지 않을 수 없게 된 것이다. 둘은 회사 이름에서 의도적으로 '컴퓨터'라는 단어를 뺐다. 당시 일반 대중은 컴퓨터라는 말을 들으면 여전히 계산을 전문적으로 하는 직업인을 떠올리거나 잘 믿기지 않지만 부인할 수도 없는 최첨단 기계를 떠올렸다. 두 사람은 컴퓨터라는 용어는 시장을 놀라게 할 수 있는 생경한 단어로 판단하고 보수적인 이름을 골랐던 것이다. 하지만 이듬해에는 주식회사로 변신하고, 회사 이름에 컴퓨터를 넣어 EMCC(Eckert-Mauchly Computer Corporation)로 한다.

사장 자리에 앉은 모클리의 첫 고객은 미국 정부였다. 인구조사국은 EMCC가 개발하고 있는 유니백의 첫 번째 제품을 구매하기로 계약을 맺었으며, 회사의 열악한 재정 상태를 감안하여 정부의 다른 기관과 구매 계약을 체결해 주는 우호적인 태도를 보인다. 컴퓨터의 초기 시장 개척에 미국 정부의 선구적인 생각이 크게 작용한 셈이다. 모클리는 민간 고객 모집에도 열을 올린다. 당시 컴퓨터는 매우 고가였으므로 대기업만이 구매할 수 있었는데, 대기업의 보수성을 감안하면 당시 모클리의 마음은 돌밭에 씨앗을 뿌리는 농부와 비슷했을 듯하다. 싹이 날 수도 있고 안날 수도 있고. 1948년 새해가 밝을 무렵 모클리의 수첩에는 그가 접촉한 22개의 잠재적인 고객 명단이 적혀 있었다. 바야흐로 시장이 열릴 조짐이 보인 것이다. 돌 틈에서 새싹이 꿈틀대기 시작한 것이다.

"… 메트로폴리탄 보험 회사는 일주일에 1800만 개의 보험 증권을 처리하는 문제를 안고 있다. 증권마다 20자리 정보를 표현해야 한다. 여기에 유니백을 활용하면 제격이다. 계속 접촉할 필요가 있다… 오크리지 회사는 매매계약이 거의 100%이다. … 항공 회사는 잘 진행되고 있다…"

이러한 노력과 가능성에도 불구하고, 자금 압박에 시달리던 모클리와 에커트는 EMCC를 래밍톤랜드에 판다. 유니백의 첫 제품은 1951년에 래밍톤랜드에서 완성된다. 이 역사적인 기계는 계약에 따라 인구조사국에 납품되는데, 옮기는 도중에 발생할 수 있는 문제를 우려한 인구조사국은 유니백을 공장에 둔 채로 활용한다. 두 번째 제품은 공장을 떠나 1952년 6월 펜타곤(미국 국방부 본부 건물)에 설치된다. 펜타곤은 전 세계에 흩어져 있는 미공군 기지를 어떻게 재배치해야 효율성을 극대화시킬지 계산하는 문제에 주로 활용한다. 공군에 설치된 또 다른 유니백은 항공 군수 물자의 재고 관리와 예산 추정에 활용된다. 바야흐로 컴퓨터의 활용 분야가 넓게 펼쳐지는 시대로 접

Network 'Drafts' Univac for Election Coverage

Stevenson

CBS to Use Electronic Robot To Forecast Election Results

왼쪽은 유니백을 홍보하는 책자의 표지 사진이다. 진공관 속에 사람이 들어 있는 장면이 이채롭다. 오른쪽은 CBS 방송국이 유니백을 사용하여 대선 결과를 예측하였다는 내용의 기사(필라델피아 이브닝 불레틴, 1952년 10월 15일)이다. 중앙에 있는 사람은 에커트이고 오른쪽에 있는 사람은 당시 CBS 이브닝뉴스의 앵커로 이름을 날리던 크론카이트이다. 「선거 결과 예측에 전자 로봇을 사용한 CBS」라는 기사 제목이 흥미롭다.

어들었다.

래밍톤랜드는 유니백의 홍보에 열을 올린다. 그런 와중에 매우 극적인 사건이 발생한다. 1952년의 미국은 공화당의 아이젠하워와 민주당의 스티븐슨이 대결하는 대통령 선거로 떠들썩했다. 래밍톤랜드는 유니백을 결과 예측에 사용하자고 CBS 방송국에 제안하고, CBS는 정확한 예측이라기보다 흥밋거리로 활용할 속셈으로 제안을 받아들인다. 초기 집계한 데이터를 입력받은 유니백은 아이젠하워:스티븐슨=438:93으로 아이젠하워의 압도적인 승리를 예측한다. 심하게 기운 결과를 선뜻 받아들이지 못한 방송 책임자는 유니백이 내놓은 결과를 조작하여 8:7로 아이젠하워가 승리할 것이라고 방송해 버린다. 하지만 최종 개표 결과 아이젠하워가 442표를 얻는데, 유니백의 예측은 불과 4표 차이로 정확한 것이었다. 후회하기에는 때가 늦어버렸다. 아나운서는 시청자들에게 유니백의 원래 예측 결과를 전달하고, 너무 놀란 나머지 조작한 사실을 솔직하게 시인한다. 이 사건으로 유니백은 대중에게 깊은 인상을 각인한다. 아니, 깊은 인상을 준 것은 유니백이 아니라 컴퓨터라고 해야 더 적절할 듯하다. 대중은 서서히 컴퓨터라는 존재를 인식하고 인정하기 시작한다. 당시 유니백은 컴퓨터의 대명사 노릇을 하였다. 마치 복사기 하면 제록스가 떠오르듯이.

이 에피소드로 유니백 판매는 호조를 이룬다. 역사적인 첫 번째 '민간' 고객은 전기 회사인 제너럴 일렉트릭이었다. 유니백을 구매하기로 마음먹은 경영진은 주주를 설득하기 위해 두 가지 조치를 취한다. 첫째는 보수적이고 노조가 강한 뉴욕을 피해 좀 더 현대적인 분위기를 가진 켄터키 주의 루이스빌에 유니백을 둔다는 것이다. 또 하나는 펀치카드 장비로 처리하고 있던 급여, 재고, 고객 관리와 같은 작업에 사용한다는 것이다. 경영진은 기획, 시장 예측, 공정 개선과 같은 보다 혁신적인 업무를 염두에 두었지만, 주주가 어리둥절해 할 것으로 판단하고 고전적인 작업에 먼저 투입하는 보수적인 태도를 취했다. 이렇듯 기대와 우려가 공존하는 가운데, 유니백은 1954년 제너럴 일렉트릭에 설치된다. 처음 몇 달은 익숙하지 않은 조작으로 인해 펀치카드 장비보다 시간이 더 걸리고, 때로 수표가 급여 지급 직전에 프린트되어 애를 태우는 상황이 발생하기도 한다. 이런 초기 적응 기간을 지난 후에 유니백은 제자리를 잡는다.

뒤이어 메트로폴리탄 보험, US 강철, 듀폰, 프랭클린 보험, 웨스팅하우스와 같은 대기업이 유니백을 구입한다. 1951~1954년의 판매 기록에 따르면 19대가 미국 곳곳에 설치되었다. 모클리와 에커트는 컴퓨터 시장을 살짝 여는 데 성공한 것이다. 아니, 없던 시장을 개척했다는 점을 감안한다면, 비록 19대뿐이지만 활짝 열었다고 말하는 것이 더 어울릴 듯하다. 벤처 기업 EMCC에서 태동한 유니백은 성능 개선을 거쳐 유니백 I, II, III 등의 시리즈로 생산된다. 래밍톤랜드는 또 다른 벤처 기업 ERA를 인수하는데, ERA 부서에서 개발한 기종도 유니백이라는 이름을 달고 시장에 나간다. 유니백은 1980년대까지 생산된다.

펜실베이니아 주에서 모클리와 에커트가 고군분투하는 동안, 미네소타 주에서도 꿈틀거림이 있었다. 2차 세계대전 중에 해군에서 암호 해독을 담

노리스와 그의 회사 ERA가 개발한 1101 기종이다. ERA는 래밍톤랜드에 인수되는 운명을 맞는데, 나중에 노리스와 그의 동료는 래밍톤랜드를 나와 CPC를 창립한다.

당했던 팀이 있었는데, 전쟁이 끝난 후 그들은 그냥 흩어지면 자신의 재능을 발휘할 기회를 잃는다고 생각한다. 결국 윌리엄 노리스(William Norris, 1911~2006, 미국)는 ERA(Engineering Research Associates)라는 벤처 기업을 창업한다. 이 회사는 인근 대학에서 유능한 엔지니어를 채용하는데, 그중 시모어 크레이(Seymour Roger Cray, 1925~1996, 미국)라는 젊은 사람이 있었다. 크레이는 나중에 슈퍼컴퓨터의 왕자로 군림하게 된다. ERA는 민간 기업이었지만 여전히 해군으로부터 프로젝트를 많이 받고 있어 해군의 영향력 아래에 있었다. 처음에는 암호 해독 장치를 만드는 데 집중하였는데, 소련의 암호 체계가 자주 바뀌는 바람에 프로그램을 바꾸어주면 다른 암호 체계를 풀 수 있는 기계가 필요했다. 마침 1946년에 펜실베이니아 대학의 무어 스쿨이 개최한 특강에 참석한 엔지니어 하나가 전자식 컴퓨터의 가능성을 확신하게 되어, ERA는 그때부터 컴퓨터 개발에 착수한다. 결국 1950년에 아트라스라는 컴퓨터를 개발하여 해군에 납품한다. ERA는 해군으로부터 판매 허락을 받아낸 후, 그 기종을 1101이라는 이름으로 시장에 내놓는다. 하지만 노리스는 곧 정치적인 곤경에 처한다. 노리스를 포함하여 해군에 근무했던 멤버들은 전시에 군에서 습득한 기술을 개인적인 이득에 사용하기 위해 ERA를 설립했다는 비난을 받는다. 이러한 비난 속에 노리스는 회사를 지키려 무척 노력하였지만, 결국 ERA는 래밍톤랜드에 인수되는 운명을 맞는다.

타자기(왼쪽) 시장을 석권하던 래밍톤랜드와 표 작성기(오른쪽)로 사무용기기 시장을 석권하던 IBM은 1950년대 들어서자마자 컴퓨터 시장에 뛰어든다.

IBM과 일곱 난장이

열정과 비전을 가지고 시작한 두 벤처 기업, 모클리와 에커트의 EMCC와 노리스의 ERA는 날개가 꺾인다. 반면 래밍톤랜드는 좌우 날개를 달고 컴퓨터 시장을 훨훨 날아오를 준비를 마친 셈이 된다. 선도적인 기술과 유능한 엔지니어, 그들의 비전과 경험을 보유하게 된 것이다. 게다가 곧바로 시장에 내놓을 수 있는, 과학기술에 적합한 ERA의 1101 기종과 비즈니스 영역의 정보처리에 적합한 EMCC의 유니백이라는 두 종류의 상품을 보유하게 된 것이다. 래밍톤랜드는 1950년대 초반에 컴퓨터 시장을 주도한다.

당시 이런 힘에 맞설 회사는 IBM뿐이었다. IBM은 표 작성기 사업을 서서히 접고 컴퓨터라는 새로운 사업 영역을 구상하고 있었다. 왓슨 회장은 하버드 대학의 에이컨 교수에게 마크 I이라는 컴퓨터 제작을 의뢰하고, 작업장을 하버드 대학이 아니라 엔디콧에 있는 IBM 연구소로 할 것을 요구한다. 그리고 IBM의 유능한 엔지니어를 프로젝트에 대거 투입한다. 컴퓨터 개발 기술을 습득하는 것이 왓슨의 셈에 들어 있었을 것이다. 마크 I이 완성된 이후, IBM은 자체적으로 전자식과 전기 기계식을 혼합한 컴퓨터 SSEC을 개발하는데 이 기종은 시장에 나오지 못한다. IBM은 1952년에 701이라는 새로운 기종을 개발하고 본격적으로 컴퓨터 시장에 뛰어든다.

IBM은 시장 공략에 속도를 낸다. 1953년에는 비즈니스용으로 적합한

650을 출시한다. 왓슨 회장은 650을 중소 업체나 대학에 널리 보급하는 정책을 편다. 특히 대학에 반 값으로 공급하는 가격 정책 탓으로, 1950년 후반에 개설되기 시작한 대학의 컴퓨터 학과 중 많은 수가 650으로 학생을 교육하였다. 대학은 산업계로 나가기 직전의 인재가 넘쳐 흐르는 곳이다. 학생들은 대학에서 써본 기종을 회사에 가서 선호할 것은 뻔한 이치이다. IBM은 과학기술용의 701과 비즈니스 용의 650을 가지고 시장을 점점 넓혀갔다. 컴퓨터 시장은, 기술적인 면에서 래밍톤랜드의 유니백이 IBM의 701이나 650을 앞서는 것으로 평가하였다. 하지만 1955년에 701 시리즈가 유니백의 판매량을 처음으로 앞서게 된다. 래밍톤랜드는 불과 4~5년 만에 IBM에게 뒤따라 잡힌 것이다. IBM의 세일즈 강점, 표 작성기를 사용하던 기존 고객의 IBM 제품 선호, 그리고 왓슨의 마케팅 감각과 가격 정책 등이 어우러진 결과였다. 특히 래밍톤랜드는 판매에 중점을 둔 반면 IBM은 임대에 중점을 둔 정책도 한몫했을 것이다. 이후 래밍톤랜드는 영영 IBM을 따라잡지 못한다. 래밍톤랜드는 자신이 가지고 있는 보석을 제대로 활용하지 못했다고 말할 수밖에 없다.

1950년대 초반에는 컴퓨터 시장을 겨냥한 벤처 기업이 우후죽순으로 설립된다. 하지만 이들 모두 기술과 열정은 훌륭하였지만, 불확실한 시장이 뿜어내는 곤란한 상황에 처해 있었다. 시장은 있나? 고객은? 시연할 제품은? 모든 면이 어슴푸레 형체만 보일 뿐이다. 이러한 불확실성은 자금 확보의 어려움을 뜻한다. 결국 이들 벤처 기업은 스스로 서지 못하고, 컴퓨터 시장에 관심을 가지고 기웃거리던 대기업에 인수되는 운명을 맞는다. 당시 큰 기업이 작은 컴퓨터 벤처 기업을 인수하여 컴퓨터 시장에 진출하는 모양새는 흔하였다. 타자기 회사 래밍톤랜드는 모클리와 에커트의 EMCC와 노리스의 ERA를 인수한다. 자동 온도조절 장치로 유명한 허니웰Honeywell은 1955년에 레이턴Raytheon을 인수한다. 금전 등록기 제조 회사 NCRNational Cash Register은 노스롭 항공사의 엔지니어들이 설립한 CRCComputer Research Corporation를 1954년에 인수한다. 은행 장비를 취급하던 버로우Burroughs는 1956년에 일렉트로데이터Electrodata를 인수한다. 이들 대기업은 이런 방식으로 컴퓨터 시장에 뛰어든다. 여기에 제너럴 일렉트릭과 RCA가 자체 기술을 가지고 가세한다. 바야흐로 컴퓨터 시장은 치열한 경쟁 체제로 접어들었다.

이러한 기업 합병뿐 아니라 자연스럽게 분리도 발생한다. 래밍톤랜드에 인수된 노리스의 ERA와 모클리의 EMCC 팀은 갈등을 겪는다.(래밍톤랜드는 1955년에 스페리와 합병되어 스페리랜드가 된다.) 게다가 스페리랜드의 컴퓨터 부문에 대한 소극적인 투자에 실망한 노리스는, 천재적인 엔지니어 크레이를 포함하여 ERA 출신 엔지니어들을 데리고 이탈하여 CDCControl Data Corporation를 1957년에 설립한다. 사실 이들의 독립은 ERA가 래밍톤랜드에 인수될 때 예견되었다. ERA의 최대 투자가로서 사장을 맡았던 파커라는 사람은 부사장 노리스의 극구 반대에도 ERA를 래밍톤랜드에 팔아넘긴 것이다. 노리스는 당시 ERA의 기술력이면 세계 제일의 컴퓨터 회사로 성장할 수 있다고 굳게 믿고 있었다. 그는 파커가 무척 어리석은 짓을 했다고 비난했지만 이미 엎지러진 물이었다. 노리스는 래밍톤랜드에 합병된 뒤로 5년간 근무하다가 그곳을 떠나 CDC를 창업한다.

이때 따라나온 크레이는 CDC의 보배같은 엔지니어였다. 크레이는 뛰어난 실력으로 1604를 만들어내는데, 이 기종이 시장에서 큰 히트를 친다. 1604는 가격 대비 성능이 다른 회사 제품을 크게 능가하였다. 크레이는 컴퓨터 역사에 굵은 펜으로 기록할 가치가 있는 뛰어난 엔지니어였다. 크레이는 회사에서 끊임없이 발생하는 잡다한 행정 처리에 진저리를 쳤으며, 결국 노리스는 시골에 있는 크레이의 집 근처에 독립된 연구소를 짓고 연구개발에 매진할 수 있는 환경을 꾸며준다. 크레이는 1959년에 160이라는 책상만 한 크기의 작고 값싼 컴퓨터 기종을 완성하고, 이듬해에 당시 어느 기종보다 강력한 6600을 완성한다. CDC는 이들 기종을 시장에 선보이고, 컴퓨터 시장에서 확실한 지위를 굳힌다. CDC는 IBM의 강력한 위협 상대가 된다. 위협은 기술적인 측면뿐 아니라 법률적으로도 가해진다. 노리스는 1968년에 IBM이 비윤리적인 영업 전략을 펼쳤다고 주장하며 소송을 하게 되고 결국 승소한다. 1972년에 크레이는 CDC를 이탈하여 세계 최강의 슈퍼컴퓨터 회사가 되는 크레이리서치를 설립한다.

미국 대통령 후보로 나선 페로를 다룬 1992년 5월 25 일자 『타임』 지의 표지이다. '페로를 기다리며. 여론조사를 앞서고 있는 그는 지도자 역량을 갖추었나?'라는 문구가 인상적이다. 페로는 초반에 돌풍을 일으켰으나, 돌발적인 사퇴 발언 등으로 인해 백악관 입성에 실패한다.

1960년대에 흥미로운 컴퓨터 '서비스' 시장이 개척된다. 요즘 용어로 말하면 새로운 비즈니스 모델이 생긴 셈이다. 당시 컴퓨터를 보유한 회사의 고민은 엄청난 비용을 들여 구입한 컴퓨터가 작업이 몰리는 시간 이외에는 놀고 있다는 것이었다. 예를 들어 급여 계산에 주로 사용하는 회사라면, 그 비싼 컴퓨터가 한 달에 한 번 월급 주기 직전에 잠깐 일하고 나머지 시간은 노는 것이다. 한마디로 비싼 장비의 활용율이 매우 낮았다. 전혀 다른 종류의 고민을 하는 회사가 있었다. 업무량이 많아 컴퓨터를 도입하고 싶은데 가격이 엄청나게 비싸 엄두가 나지 않는 것이다. 당시 IBM에 근무하고 있던 로스 페로(Ross Perot, 1930~2019, 미국)의 머릿속을 스치는 것이 있었다. 그는 한때 해군 소위였는데, 항공모함에서 우연히 IBM 중역을 만난다. 페로의 일솜씨를 눈여겨 본 중역 덕분에 페로는 IBM에 취직한다. 페로는 뛰어난 영업 사원으로 성장하는데, 어느 날 그의 머릿속에 독창적인 아이디어가 떠오른 것이다. 컴퓨터를 보유한 회사는 유휴 시간을 팔아서 좋고, 컴퓨터가 없는 회사는 '컴퓨터 시간을 사서' 업무 처리를 할 수 있어 좋고, 중개인은 둘을 맺어 주고 서비스 수수료를 받아 좋은, 삼자가 행복한 사업 아이디어였다. 페로는 새로운 서비스 사업을 개척하자고 IBM을 설득하지만, 반응은 미적지근하였다. 그는 곧바로 IBM을 떠나 그간 모은 돈으로 1962년에 EDS Electronic Data Systems라는 작은 서비스 기업을 차린다. 페로는 초반에 고전하지만 결국 성공한다. 1968년 『포춘』 지는 페로를 가장 빨리 부유해진 텍사스인이라고 커버 스토리에 소개한다. 페로는 1992년과 1996년 미국 대통령 후보로 나섰지만 모두 실패한다.

1950년대 초에 컴퓨터 시장을 놓고 래밍톤랜드와 IBM이 벌인 주도권 싸움은 IBM의 완승으로 끝난다. IBM은 1955년에 래밍톤랜드의 시장 점유율을 추월한 이후 격차를 빠른 속도로 벌린다. IBM은 여러 기종을 쏟아내는데, 1964년에 발표한 360 기종은 IBM 제국의 탄생을 알리는 나팔 소리와 같았다. 이후 360의 설계도는 산업계의 사실상 표준으로 자리잡는다. 많은 사람이 1960년대의 시장 질서를 간추려 'IBM과 일곱 난장이'로 표현하곤 했다. IBM이 70% 가까운 시장을 점유하고, 나머지 30%를 일곱 회사가 나누어 먹는 구도를 익살스럽게 표현한 것이다. 난장이는 스페리랜드(래밍톤랜드가 스페리랜드로 바뀜), 버로우, NCR, CDC, 제너럴 일렉트릭, RCA, 허니웰이었고, 맏형 노릇은 스페리랜드가 했다. 그들은 소설 속의 일곱 난장이와 대조적이다. 소설에서는 난장이가 백설공주를 흠모하고 돕는 반면, 컴퓨터 시장의 난장이는 IBM과 경쟁 관계를 가질 수밖에 없는 운명이었다. 일곱 난장이 중에 먼저 죽는 것은 제너럴 일렉트릭과 RCA였다. 이제 남은 난장이는 버로우, 유니백(스페리랜드의 제품), NCR, CDC, 허니웰로서, 'IBM과 BUNCH'라 불리는 새로운 시장 구도로 재편된다.

시장 주도권을 놓친 유럽

미국은 컴퓨터 초기 시장의 주도권을 확실히 쥔다. 하지만 역설적으로 세계 최초의 '상업용' 컴퓨터는 영국에서 나온다. 2차 세계대전이 끝난 직후, 맨체스터 대학은 맨체스터 마크 1이라는 컴퓨터를 개발한다. 대학의 이 기술은 페란티라는 회사에 이전되고, 1951년 2월에 페란티 마크 1이 완성된다. 이것은 미국 회사인 래밍톤랜드의 유니백에 비해 1개월 먼저 출시되었으므로 세계 최초의 상업용 컴퓨터라는 영예를 안게 된다. 프린츠라는 사람은 1951년 11월에 페란티 마크 1에서 체스를 두는 비디오 게임을 작성하여, 컴퓨터 게임 역사의 초창기를 장식한다. 페란티는 1956년에 페가수스Pegasus라는 컴퓨터를 발표하는데, 이것은 페란티가 생산한 것 중에는 가장 인기 있는 기종이 된다. 페가수스는 현재 런던 과학박물관과 맨체스터 과학산업박물관에 한 대씩 전시되어 있다. 런던 과학박물관은 이들 컴퓨터가 실제 동작하는 장면을 일반인에게 보여주었는데, 가장 최근까지 동작한 가장 오래된 컴퓨터라는 명성을 누렸다. 1957년에는 마크 1의 후속 제품으로 머큐리Mercury가 시장에 나온다. 머큐리는 자기 코어 메모리를 채택하였고, 진공관 대신 트랜지스터를 사용하였다. 기록에 따르면, 마크 1은 9대, 머큐리는 19대, 그리고 페가수스는 38대가 판매되었다. 페란티는 유럽 시장을 여는 데 크게 공헌한 셈이다.

런던 과학박물관에 전시되어 있는 페가수스이다. 가장 최근까지 일반에 동작하는 장면을 시연한 컴퓨터로 유명하다. 2014년에 공식적으로 은퇴했다.

영국의 리옹Lyons은 식료품을 취급하는 회사인데, 주력 제품에 어울리지 않게 컴퓨터 시장에 뛰어든다. 1947년에 리옹은 새로운 사업 분야를 개척해 보라는 임무를 주어 스탠딩포드와 톰슨이라는 사람을 미국에 파견한다. 그들은 에니악 제작에 관여한 골드스타인을 만나게 되는데, 그로 인해 전자식 컴퓨터 제작에 깊은 관심을 가지게 되었고 영국 케임브리지 대학의 윌크스 교수가 전자식 컴퓨터를 개발하고 있다는 사실을 알게 된다. 영국으로 돌아온 그들은 곧바로 에드삭을 개발하고 있던 윌크스를 만난다. 리옹이 자금을 지원하면 에드삭 완성을 앞당길 수 있다고 윌크스 교수가 말하자, 리옹은 기꺼이 개발 자금과 고급 엔지니어를 제공한다. 에드삭은 1949년 5월에 완성된다. 곧이어 리옹은 윌크스의 기술 자문을 받아 상업용 컴퓨터 제작에 착수하는데, 레오Leo(Lyons Electronic Office)라는상업용 컴퓨터가 1951년 9월에 완성된다. 첫 제품은 자사에 설치하여 사용한다. 이 컴퓨터는 낮에 받은 전화 주문에 따라 밤에 생산해야 하는 식료품의 양, 배달 스케줄, 입출금 계산, 주문서 작성에 활용하였다. 따라서 이 응용을 세계 최초의 전산 콜센터였다고 평가하는 사람도 있다. 컴퓨터가 인류의 삶 곳곳에 파고 들어가는 것을 보여주는 좋은 사례이다. 이후 독립된 회사 레오컴퓨터가 설립되고, 레오 II와 레오 III가 생산된다. 레오는 1981년까지 사용되었다는 기록이 있다.

아리스모미터를 작동시켜 보다

교수님께서 서랍에서 무언가를 꺼내오신다. 얼핏 보니, 복잡한 공학용 전자계산기이다. '뭐하려고 저러시나?'

"지우야. 이 계산기로 254 + 5600을 해보아라."

'그쯤이야…' 나는 2, 5, 4 순서대로 단추를 누르고, +를 누르고, 이어 5, 6, 0, 0을 누른다. 그리고 = 을 누르자 창에 5854가 나타난다.

"쉬워요. 그런데 하다 보니 떠올랐어요."

"뭐가?"

"교수님의 의도…"

"뭐 같으니?"

"옛날 계산기와 비교하시려는 건 아닌지?"

"눈치가 보통 아니네. 파스칼이 파스칼린을 만든 후, 벤처 기업을 만들어 그걸 널리 퍼트리려 시도한 이야기. 기억하지?"

"그럼요. 파스칼의 벤처는 실패하죠. 이어 라이프니츠가 개량하는데, 상업화 시도는 없었고요. 그 후 어떻게 되나요? 누가 뭔가 중요한 일을 터뜨릴 것 같은데요."

"발명과 혁신. 영어를 좀 써보면, invention과 innovation… 파스칼과 라이프니츠는 발명은 했는데, 혁신을 하지 못한 셈이다. 왜냐하면, 그걸 사람들 손에 안겨주어 삶의 모습을 변화시켜야 했는데 그걸 못했으니까."

"혁신가는 언제 나타나나요?"

"1850년경에 프랑스의 콜마라는 사람이 아리스모미터라는 이름의 계산기를 들고 대중 앞에 나타난다. 라이프니츠의 계산기가 발명된 후, 150년이나 지난 후이다."

"꽤 긴 공백이 있었네요."

"콜마의 아리스모미터는 역사적으로 아주 중요하단다. 왜냐하면 시장에서 성공한, 즉 대중의 손에 들어간 세계 최초의 계산 장치이거든."

"그렇네요. 작동 방법은 현재와 꽤 다를 것 같은데…"

"그걸 같이 해 보자는 것이다."

교수님은 컴퓨터 앞으로 가서, 구글 검색창에 'arithmometer'라고 치신다. 순식간에 희한한 모양의 기계들이 화면을 가득 채운다. 교수님께서 그중 하나를 클릭하시자 아래 그림이 뜬다.

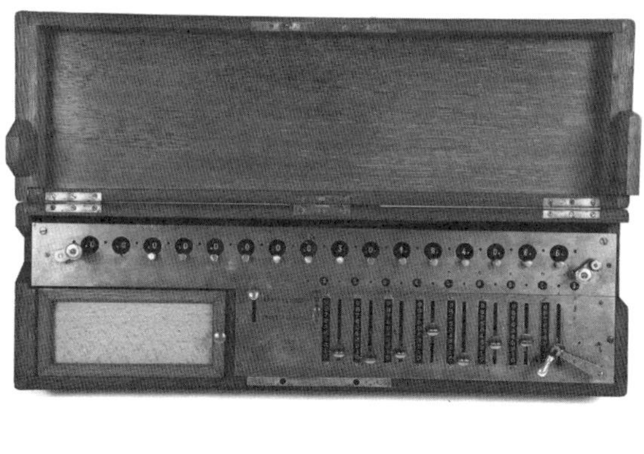

"윗부분에 구멍이 일렬로 늘어서 있는 거 보이지? 구멍이 몇 개니?"

"하나, 둘, 셋, … 16개네요."

"그곳이 연산 결과를 보여주는 창이란다. 현대식 계산기의 LED 출력창과 같은 역할을 하지. 아리스모미터는 아주 다양한 모델이 출시되었는데, 이 모델은 16자리까지 계산할 수 있는 비교적 비싼 제품으로 보인다."

"왼쪽과 오른쪽 끝에 붙어 있는 하얀 단추는 무엇을 하는 데 쓰나요?"

"출력창을 0으로 초기화하는 리셋 단추다. 이제 아래 부분을 볼까. 8개의 막대 보이지. 위아래로 움직일 수 있게 되어 있는."

"예. 아마 입력하는 곳 같은데요."

"맞다. 이 막대를 상하로 움직여 0~9 사이의 값을 입력할 수 있다. 그곳을 지나 왼쪽을 보면, 단추가 있는데 덧셈과 뺄셈 연산 중에 하나를 선택하는 데 쓴단다. 맨 오른쪽에 붙어 있는 손잡이는 연산을 실행시키고 싶을 때 잡고 돌리면 된다."

"아까 공학용 계산기로 해봤던, 254 + 5600을 해보면 되겠어요."

"좋은 생각이다. 맨 처음 할 일은 무엇이니?"

"연산 종류를 덧셈에 맞추는 것이요."

"그렇지. 이제 리셋 단추를 눌러 출력창을 000…0으로 맞추어야겠지."

"그리고 입력용 막대를 00000254가 되도록 맞추고요. 연산 손잡이를 돌리면 출력창의 000…0과 방금 입력한 8자리 숫자 00000254가 더해져 출력 창이 00…0254가 되고요."

"이제 입력용 막대를 00005600으로 맞추고, 연산 손잡이를 다시 한

번 돌리면, 덧셈이 수행되어 출력창에 00…05854가 나타날 테지."

"끝났네요."

"비록 실물이 없어 너와 내 머리 속에서 가상으로 실행해 보았지만, 옛날 사람의 흉내를 내보는 데 손색이 없었지?"

"참으로 구닥다리 방식이네요. 차라리 종이와 연필을 가지고 계산하는 것이 더 빠르지 않을까요?"

"당시 전 세계로 팔려나가고, 시간이 갈수록 시장이 커져 현대의 전자식 계산기까지 이어진 것을 보면, 그래도 익숙해지면 꽤 효과가 있었던 모양이다."

"그럴 수도 있겠네요. 그런데 곱셈은 못하나요?"

"초창기 모델은 덧셈과 뺄셈만 되었는데, 나중에 곱셈과 나눗셈도 가능한 모델이 나온단다."

"꾸준한 기술 개선. 그것 때문에 사라지지 않고 이어진 모양이에요."

"그렇단다. 아리스모미터가 시장에 나온 뒤 30여 년 후에는, 경쟁사들이 우후죽순처럼 나타나 성능 개선은 더욱 빨라지지. 이후 이야기는 네가 스스로 찾아 공부해 보기 바란다."

"그럴게요. 아리스모미터가 어떻게 전자식 계산기까지 이어지는지 알아 봐야겠어요."

교수님은 책과 계산기를 제자리에 돌려놓으시고, 주섬주섬 주변을 정리하신다. '오늘은 여기까지구나.'

"우리가 컴퓨터 역사 이야기를 시작한 후, 에니악, 유니백, IBM 컴퓨터 등… 많은 이야기를 했지. 그런데 지금까지 소홀히 한 것이 있다. 무엇인지 알겠니?"

"글쎄요. … 뭔가 빠진 건 확실한 듯한데. … 뭘까요? … 프로그래밍?"

"그렇다. 컴퓨터가 대중 속으로 파고들수록, 필연적으로 다양한 프로그램이 필요해진단다. 사람들의 욕구는 다양할 수밖에 없으니. 그들의 욕구를 만족시키기 위해서는 프로그래밍이 무척 중요하단다. 사람들은 그 점을 곧 깨닫게 되지. 다음에 만날 때에는 그 이야기를 하기로 하자."

"예."

계산기 시장

컴퓨터 역사의 앞 부분을 장식하는 시카르트와 파스칼, 라이프니츠의 계산기계는 엄밀히 말해 컴퓨터가 아니라 계산기다. 왜냐하면 이 기계들은 프로그래밍이 가능하지 않기 때문이다. 세 사람 중에 상업화를 시도한 사람은 파스칼뿐이었다. 파스칼은 1645년에 파스칼린이라는 계산기를 완성한 직후, 1649 년에 프랑스 정부로부터 특허와 판매권을 획득한 후, 기업을 설립하여 벤처 정신을 발휘한다.(특허는 1645년에 신청하였다. 하지만 심사관이 파스칼의 아버지와 사이가 좋지 않은 사람이었는데, 그 이유로 승인까지 4년이나 걸렸다고 전해진다. 그 사이에 모조품이 나돌았고, 이에 격분하여 쓴 파스칼의 글이 남아 있다.) 상업용으로 제작된 파스칼린은 사용하기 불편할 뿐 아니라 가격이 비싸—당시 중산층의 1년치 월급 정도의 가격—50여 대를 생산하여 20여 대를 파는 데 그치고 만다. 과학자로서는 성공하였지만 기업가로서는 실패한 셈이다. 하지만 그 덕분에 파스칼린은 지금까지 여러 대 남아 있다.

세계 최초로 상업화에 성공한 계산 기계

토머스 콜마(Thomas de Colmar, 1785~1870, 프랑스)는 세계 최초로 '상업화에 성공한 계산기'인 아리스모미터Arithmometer를 발명한 것으로 유명하다. 그는 군대에서 물자 관리를 맡았는데 많은 계산에 시달렸다. 콜마는 파스칼과 라이프니츠의 설계도를 공부하기 시작하였으며, 결국 자신의 계산 장치를 고안하는 데 성공한다. 제대 직후인 1820년에 자신의 아이디어를 특허로 등록하고 실물 제작에도 성공한다. 핵심 부품은 라이프니츠의 계단식 드럼이었는데, 드럼 하나가 숫자의 한 자리를 표현한다. 아리스모미터는 1851 년에 대량 생산 체제에 들어가는데 당시 시장에 나온 유일한 계산기였으며 전 세계로 팔려 나갔다. 몇 업체가 복제품을 만들어 팔 정도로 인기가 좋았다. 기록에 따르면 생산이 시작된 지 22년 만인 1872년에 1천 대를 돌파하였다. 1900년경에는 다른 계산기 업체들이 나타나는데 기술적 우위를 잃어 서서히 내리막길을 걷다가 1914년경에 생산을 중단한다. 이때까지 전체 생산량은 5천 대 정도로 추산된다. 1920년대까지 '아리스모미터'는 계산기를 뜻하는 대명사로 군림한다. 콜마는 보험 회사를 세운 것으로도 유명하다. 그는 제대 직후 화재 보험 회사를 설립하는데 프랑스에서 가장 큰 보험 회사로 성장한다. 이 보험 회사는 변신을 거듭하여 현재 GAN이라는 회사로 명맥을 유지하고 있다. 아리스모미터는 특허 등록이 된 뒤 30년이나 지나 1851년에 상업화되었는데 콜마가 계산기보다 보험 회사에 애정을 더 보인 탓이었다.

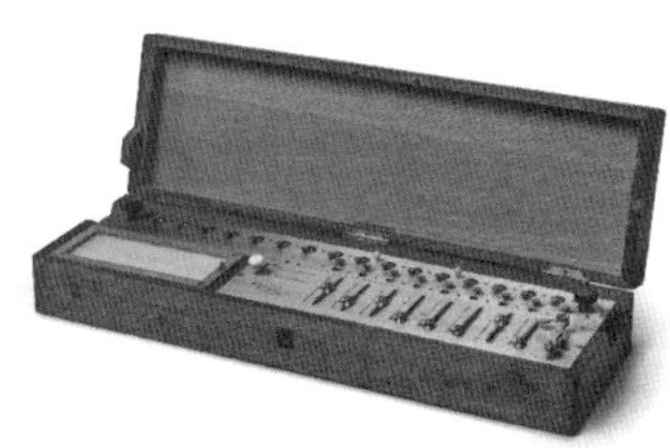

콜마의 아리스모미터는 계산기 시장을 활짝 열었다. 생산된 지 22년 만에 1천 대를 돌파한다. 1년에 50대가량을 판매한 셈이다. 지금은 적은 양으로 보이지만, 당시로서는 획기적인 일이었다. 왼쪽에 있는 그림은 1822년경에 제작된 아리스모미터의 내부를 보여주는 그림이다. 수직으로 배치된 세 개의 라이프니츠 드럼이 보인다. 오른쪽은 1887년경에 생산된 제품이다.

아리스모미터는 시장에서 성공한 세계 최초의 계산 장치로서 역사적인 의미가 크다. 초창기 모델은 덧셈과 뺄셈만 가능하였지만 나중에 곱셈과 나눗셈도 추가되었다. 12자리 숫자를 처리하는 제품부터 고가의 제품은 16자리까지 가능하였다. 아리스모미터는 기능적으로 우수하고 안정적으로 동작하였으므로 상품성이 뛰어났다. 기계 자체는 청동으로 만들었고 오크 통 속에 넣음으로써 고급스러움을 더해 상품성을 높였다. 가격이 비쌌기 때문에 개인보다는 계산을 많이 하는 은행이나 보험 회사 등이 주로 구매하였다.

콜마의 아리스모미터는 숫자의 자리마다 쇠로 만든 긴 드럼을 배치해야 했으므로 책상의 반을 덮을 정도로 컸고 두 사람이 들어야 할 정도로 무거웠다. 처음 생산된 이후 30여 년간 자잘한 개선은 있었지만 뛰어난 기술 진전이 나타나지 않아 시장을 독식하였는데, 1880년대에 상황이 달라진다. 스웨덴의 윌고트 오드너(Willgodt Theophil Odhner, 1845~1905, 스웨덴)와 미국의 프랭크 볼드윈(Frank Stephen Baldwin, 1838~1925, 미국)은 서로 모르는 상태에서 거의 동시에 혁신적인 부품을 개발한다. 이들이 고안한 부품은 원반 모양의 기어로서, 원반 하나가 한 자리를 표현할 수 있다. 이들은 크고 무거운 드럼을 작고 가벼운 원반으로 대체한 것이다. 게다가 여러 개의 원반을 하나의 축에 꿰어 기계의 크기를 획기적으로 줄일 수 있었다. 이제 책상 한 귀퉁이에 놓고 쓸 수 있을 정도가 되었다.

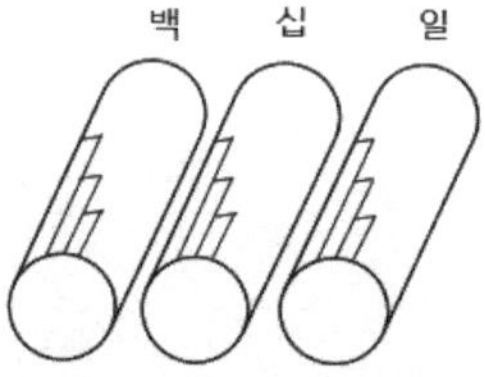

드럼(콜마)

원반(볼드윈 오드너)

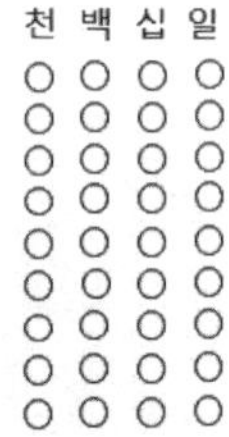

키보드(펠트)

지금까지 나온 계산기는 막대를 위아래로 움직여 숫자를 입력한 후 손

오드너의 아리스모미터이다. 드럼을 원반으로 대체함으로써, 책상 만한 기계를 책상 귀퉁이에 올려 놓을 수 있을 정도의 크기로 줄였다. 1950년경에 생산된 제품이다.

잡이를 돌려 연산 명령을 실행하였다. 따라서 숙달된 사람조차 덧셈 하나를 수행하는 데 걸리는 시간이 길 수밖에 없다. 도르 펠트(Dorr Eugene Felt, 1862~1930, 미국)는 입력 방식을 획기적으로 개선한다. 그가 고안한 것은 키 방식이었다. 이 방식에서는 숫자의 각 자리마다 9개의 키가 배치되어 있다. 따라서 동시에 여러 자리를 입력할 수 있어 입력에 걸리는 시간이 무척 빨랐다. 요즘 말로 하면, 사용자 인터페이스에 혁신이 일어난 것이다. 펠트는 1887년에 특허를 등록하고 회사를 설립하였으며, 컴퓨토미터Comptometer라는 이름의 계산기를 생산하기 시작한다. 1887년부터 1903년 사이에 6500대를 생산했다는 기록이 있다. 나중에는 계산 결과를 프린트하는 기능을 추가한 컴퓨토그래프도 시장에 내놓는다. 현대의 전자식 계산기는 10개의 키만 가지고 있어 높은 자리부터 낮은 자리 순으로 순서대로 입력하는 방식이다. 따라서

1887년에 생산된 펠트의 컴퓨토미터(왼쪽)와 인쇄 기능까지 부착한 1914년에 생산된 컴퓨토그래프(오른쪽)이다. 불편한 막대를 키보드로 대체하여 인터페이스를 획기적으로 개선하였다. 자리마다 9개의 키가 붙어 있어 숙달되면 여러 자리를 동시에 입력할 수 있다.

빠른 입력이 필수적인 특수 목적에서는 1990년대 초반까지 컴퓨토미터가 사용되었다.

1940년대에는 휴대가 가능한 커타Curta라는 혁신적인 제품이 시장에 나온다. 커타는 손에 쥘 수 있는 크기로 수류탄 같기도 하고 후추를 가는 기계 같기도 하다. 숫자는 원통 옆면에 붙어 있는 막대를 움직여 입력하고 윗면에 붙어 있는 손잡이를 돌려 연산을 실행한다. 결과는 윗면 가장자리에 나타난다. 커타는 작지만 사칙 연산을 모두 수행할 수 있다. 커타의 핵심적인 혁신은 하나의 드럼으로 여러 자리의 수를 표현한 것이다. 커타는 1930년대에 쿠르트 허츠스탁(Curt Herzstark, 1902~1988, 오스트리아)이 고안하였다. 그는 아버지가 유태인이라는 이유로 2차 세계대전 당시 독일군 수용소로 끌려가 곤혹을 치룬다. 그의 계산기 구상을 안 수용소 책임자가 개발을 허락한 덕분에 허츠스탁은 목숨을 구한다. 그는 전쟁이 끝나자 상품화 작업을 계속하여 1948년에 커타를 시장에 내놓는다. 커타는 300그램 정도로 매우 가볍고 특이한 모양이다. 그래서 많은 사람이 호기심을 이기지 못해 드라이버로 뜯어보는 실수를 범했다고 전해진다. 하지만 뜯기는 쉬워도 다시 조립하기는 어려웠다. 조립하는 데에는 정밀한 기계와 전문성이 필요했던 것이다. 600달러가량에 구입한 그들은 호기심의 대가로 300달러가량을 조립 비용으로 지불해야만 하였다. 커타는 1972년까지 14만 개 정도가 생산되었다.

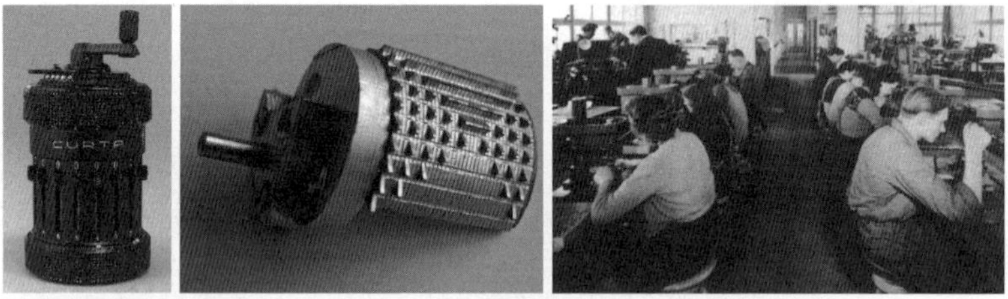

뛰어난 기계공학자였던 허츠스탁에 의해 탄생한, 이상한 모양으로 사람들의 호기심을 한껏 자극한 커타(왼쪽)와 그것이 사용하는 핵심 부품인 드럼(가운데)이다. 호기심을 이기지 못하고 뜯어보는 사람은 조립 비용으로 구매 가격의 반 정도를 지불해야 했다. 오른쪽은 커타의 생산라인이다. 사진의 왼쪽 윗부분에 서 있는 남자가 허츠스탁이다.

전자식 계산기와 일본의 약진

지금까지 살펴본 계산기는 모두 '기계식'이다. 드럼 또는 원반 모양의 부품을 사용하여 수를 표현하고, 막대 또는 키를 이용하여 수를 입력하고, 손잡이를 돌려 연산을 실행하는 방식이다. 이들 제품은 표현 가능한 자릿수, 입력의 편리성, 전기 구동 등의 측면에서 꾸준한 개선이 이루어지고 다양한 모델이 출시되지만 새로운 혁신은 더 이상 나타나지 않는다. 기술 혁신은 '전자' 기술에서 온다. 진공관과 트랜지스터라는 전자 부품이 드럼이나 원반 따위의 기계 부품을 대체한 것이다.

1961년에 벨펀치라는 회사가 개발한 아니타 ANITA(A New Inspiration To Arithmetic)라는 이름의 계산기이다. 아니타는 진공관을 사용하였으며, 세계 최초의 탁상용 전자식 계산기로 알려져 있다.

1950~1960년대에 진공관 또는 트랜지스터를 핵심 부품으로 사용하는 전자식 계산기가 시장에 나온다. IBM, 올리베티, 벨펀치, 프리덴, 샤프, 캐논, 소니, 도시바와 같은 회사가 나름대로 독특한 제품들을 선보이지만, 초기에는 캐비닛 정도로 크고 수천~수만 달러로 비싸 대중성을 확보하지 못한다. 한 가지 주목할 사실은 캐논, 소니, 도시바와 같은 일본 기업들이 계산기를 등에 업고 전자 산업에 등장한다는 점이다.

1970년대에 상황이 바뀌어, 값싸고 휴대할 수 있는 고성능 전자식 계산기가 시장에 쏟아져 나온다. 드디어 계산기가 대중의 손에 들어온 것이다. 이러한 변화를 일으킨 장본인은 바로 수백~수천 개의 트랜지스터를 작은 실리콘 조

포켓 계산기의 초창기 시장을 연 소니의 포켓트로닉이다. 주머니에 넣고 다닐 수 있다. 프린트 기능까지 갖추고 있다. 일본이 전자 산업으로 성장하는 데 결정적인 공헌을 한다.

각 위에 집적하는 반도체 기술이다. 반도체 제조 기술은 미국 기업들이 주도하였는데, 그들은 일본 기업과 손을 잡는다. 반도체는 미국이 만들고, 그것을 이용하여 계산기를 제작하는 일은 일본이 맡는 협력 구도가 이루어진다. 텍사스인스트루먼트-캐논, 인텔-비지콤, 노스어메리컨록웰-샤프 등이 이러한 구도이다. 대중을 상대로 하는 초창기 시장은 캐논의 포켓트로닉, 샤프의 마이크로콤펫 등이 연다. 이들은 주머니에 넣고 다닐 수 있으며, 디스플레이 창이 붙어 있고, 값싼 전지를 사용하는 혁신적인 제품이었다. 바야흐로 이런 계산기를 수백 달러에 살 수 있는 시대가 온 것이다. 시절은 더 흘러, 이제 사칙뿐 아니라 삼각 함수, 로그, 확률 통계 등의 계산을 할 수 있는 공학용 계산기를 몇 만원이면 살 수 있는 시대가 되었다.

CHAPTER

05

운영체제와 프로그래밍의 공진화

05

운영체제와 프로그래밍의 공진화

'운영체제란? 컴퓨터 자원을 관리하고, 작업을 스케줄링하고, 사용자에게 편리한 인터페이스를 제공하는 시스템 소프트웨어이다.'

그럴듯한 설명이다. 에니악 같은 초창기 컴퓨터는 손으로 스위치를 올렸다 내렸다 해가며 프로그램을 입력했다는데 그런 컴퓨터도 운영체제를 가졌었을까? 지금은 화면에 있는 아이콘을 마우스로 클릭하면 되는데… 이런 생각을 하던 차에 컴퓨터로 눈을 돌리니, 옛날 자동차 사진이 화면을 가득 채우고 있다. '일부러 띄워두셨나?'

추상화에 의한 사용자 편의성

"이 사진 보고 있구나."

“아주 오래된 자동차 사진이네요.”

“사진 속에 무엇이 보이니?”

“… 뚜껑이 없어… 비가 오면 어떡하나요? 우아한 아줌마 옷 다 젖겠네요.”

“덮었다 벗겼다 할 수 있는 뚜껑이 있겠지. 뚜껑 덮기 전에 흰 옷 입은 아줌마는 모자를 벗어야겠다. 그리고 또?”

“앞에서 낑낑거리는 사람은 무얼 하고 있는지 모르겠네요. 차를 들어 올리려나?”

“시동을 걸고 있단다.”

“시동요? 운전석에 앉아 있는 아줌마가 키를 돌리면 되지 않나요?”

“1900년대 초까지만 해도 자동으로 시동을 거는 장치가 발명되지 않았단다. 그래서 귀족들은 하인을 데리고 다니다가 시동을 걸게 했지. 귀족이 하기에는 좀 우스꽝스러웠던 모양이다."

"당시에도 전기 기술이 있었을 텐데, 시동 장치를 못 만들었네요."

"그러게 말이다. 자동 시동 장치의 발명에 관해 슬픈 이야기가 있다."

"뭔데요? 해주세요."

"미국에서 일어난 일인데. 어떤 여인이 캐딜락 자동차를 몰고 가다가, 한적한 곳에서 시동이 꺼져버렸단다. 난감하던 차에, 어떤 남자가 자동차를 몰고 다가오는 것이 보였지. 여인은 이런 상황에서 염치불구하고 부탁하지 않을 수 없었겠지. 남자는 도와주지 않을 수 없었을 테고."

"옛날은 참 어렵게 살았네요."

"남자는 쇠막대를 잡고 힘차게 돌렸겠지. 그 순간 쇠막대가 튀어나와 남자의 머리를 강타했단다. 자동차에 이상이 있었던 것이지. 남자는 며칠 후 숨을 거둔다. 공교롭게도 그 남자는 캐딜락 회사의 사장인 헨리 릴랜드의 절친한 친구였단다. 자기가 만든 자동차 때문에 친구가 죽은 셈이지. 릴랜드는 쇠막대를 쓰지 않고 누구나 쉽게 시동을 걸 수 있는 장치를 개발하라고 연구팀에 지시한다. 하지만 캐딜락 연구소의 연구원들이 실력이 없었던지 시간만 끌게 된다. 결국 협력 업체의 사장인 찰스 캐터링이란 사람이 1911년에 자동 시동 장치의 개발에 성공한다. 당시는 버튼을 눌러 시동을 거는 방식이었단다. 이 장치의 발명은 자동차 역사에 매우 중요한 혁신으로 기록되어 있다."

"컴퓨터와 비슷하네요. 스위치를 건드려 프로그램을 입력하다가, 카드에 문자를 기록하여 입력하는 방식으로 바뀐 것에 비유할 수 있겠어요."

"바로 그거란다. 쇠막대를 돌리면 엔진에 직접적으로 힘이 가해져, 잠자고 있던 엔진이 깨어나겠지. 스위치를 올리고 내린다는 것은 컴퓨터 내부에 있는 메모리의 상태를 변화시키기 위해서겠지. 사용자 입장에서 보면 이런 행위는 직접 엔진을 만진다거나, 진공관을 만지는 것보다는 낫겠지만, 여전히 기계의 내부에 직접 손을 대는 것에 가깝겠지. 이런 불편하기 짝이 없는 상황에서 버튼을 누르거나, 카드에 문자를 펀치하여 기계를 동작시킨다는 것은 혁신이 아니고 그 무엇이겠니?"

"그렇네요. 그런데 그냥은 안 되잖아요? 중간에 일을 대신해 주는 뭔가 있어야 하잖아요."

"그렇지. 버튼을 누르면 그것이 엔진을 깨우는 효과를 내주는 어떤 장치가 중간에 설치되어야겠지. 잘은 모르지만, 버튼을 누르면 전기 스파크가 일고, 그것이 어떤 기계 장치에 힘을 불러 일으키고, 결국 엔진을 깨우고… 이런 일을 무어라 부르면 되겠니?"

"자동화라 하면 될 거 같아요."

"맞다. 또 다른 말로 추상화되었다고도 말한단다. 버튼을 누른 행위가 내부에서 무슨 일을 일으키는데, 자동차 사용자는 그 일을 알 필요가 있을까?"

"그럴 필요가 없겠지요. 모르는 게 속 편하고요."

"그렇지. 일련의 구체적인 내부 동작이 버튼을 누르는 하나의 행위로 추상화된 것이다. 우리가 사용하는 많은 장치는 그런 식으로 설계되어 있단다. 컴퓨터도 예외가 아니지."

"이렇게 말하면 되겠네요. 에니악은 프로그래밍 작업이 추상화되어 있지 않았다고."

"정확하다. 추상화시키기 위해서는, 자동차 시동 장치와 마찬가지로 사람 일을 대신해 주는 무엇인가가 있어야 하지. 카드에 프로그램을 기록하여 컴퓨터에 주면, 그것을 읽어 들이고 필요한 장치를 깨운 후, 그것을 실행하게 만드는 무엇인가가 필요하단다. 그게 무엇일까?"

"그게 운영체제군요. 그럼 에니악은 운영체제가 없었던 셈이네요."

"그렇단다. 컴퓨터공학과 학생들이 배우는 운영체제 교과서를 보면, 운영체제를 가지지 않은 그런 초창기 기계를 벌거벗은 컴퓨터, 영어로는 bare computer라 부른단다."

"누드 컴퓨터… 재미있는 표현이네요."

벌거벗은 컴퓨터

1940년대 들어, 인류는 프로그래밍이 가능한 자동 계산 기계를 만드는 방법을 터득한다. 추제는 Z3(1941년), 에이컨은 마크 I(1944년), 모클리와 에커트는 에니악(1946년)을 만들어 계산 기계의 새벽을 연다. 이 기계는 '컴퓨터'라는 이름을 얻는다.

이러한 개척 시대의 컴퓨터는 프로그래밍이 가능한 건 분명하였지만 프로그래밍 방식은 원시적이기 짝이 없었다. 프로그램은 외부에 붙어 있는 물리적인 장치를 조작하여 입력해야만 하였다. 따라서 당시에는 프로그래밍이라는 용어 대신 설정setup이라는 용어를 주로 사용하였다. 에니악은 박스 밖에 붙어 있는 스위치를 위아래로 조정한다거나 전선을 이리저리 연결하여 프로그래밍하였다. 마크 I은 프로그램을 종이 테이프에 천공한 후, 커다란 테이프 판독기에 걸어 주었다. 컴퓨터 개발 그룹에는 하드웨어 제작 팀과 프로그래밍 팀이 섞여 있었다. 그들은 하나의 조직이었다. 따라서 컴퓨터를 어떻게 운영할지에 대한 고민은 별로 없었다. 운영체제는 개념조차 없었다.

당시 프로그래밍과 관련한 재미있는 일화가 있다. 해군에 자원 입대한 호퍼는 에이컨의 마크 I 팀에 배속된다. 하루는 평소 멀쩡하던 컴퓨터가 오작동한다. 결국 이 사건으로 인해, 컴퓨터 하드웨어 또는 소프트웨어의 오류를 벌레를 뜻하는 버그bug라 부르고, 오류를 찾아 제거하는 작업을 해충 박멸을 뜻하는 디버깅debugging이라 부르게 된다.[1]

"1945년 여름, 당시 전쟁 상황이었으므로 우리는 시간에 쫓기며 마크 II에서 작업하고 있었다. … 하루는 매우 더운 날이었는데, 에어컨이 없었기 때문에 모든 창문을 열어 놓고 있었다. 갑자기 마크 II가 멈춰섰다. 원인을 찾아 헤매다가, 결국 작동하지 않는 릴레이 하나를 발견하였다. 그 안에는 나방 한 마리가 죽어 있었다. 우리는 죽은 나방을 핀셋으로 조심스럽게 꺼내어, 업무 일지에 테이프로 붙여두었다. 이때부터, 에이컨이 아직 새로운 결과를 얻지 못한 우리에게 다가와 '결과를 얻었나?'하고 물으면, '디버깅하고 있다'고 말하곤 하였다. … 이 최초의 버그는 달그렌에 있는 해군박물관에 보관되어 있다."—그레이스 호퍼, 「최초의 버그」, 『IEEE Annals of the History of Computing』(1981년 7월호)

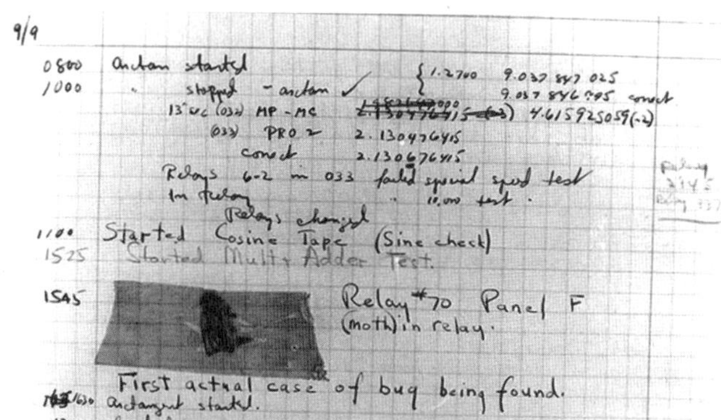

'최초로 발견된 실제 버그 사례임'이라는 문구와 함께 업무 일지에 붙어 있는 나방의 주검. 이것으로 인해 컴퓨터 프로그램의 오류를 버그라 부르기 시작한다. 호퍼는 그녀의 글에서 이 나방을 1945년에 발견했다고 말하였는데, 실제로는 1947년이다.

1 버그와 디버깅이란 용어를 컴퓨터에서 처음 사용한 것은 아니다. 19세기 후반부터 항공공학에서 시스템의 결함을 버그, 결함을 고치는 작업을 디버깅이라 불렀다. 호퍼는 이 용어를 컴퓨터에 도입한 인물인 셈이다.

컴퓨터에 대한 소문은 빨랐다. 오래지 않아 컴퓨터 센터를 찾아오는 사람이 점점 늘어났다. 며칠 또는 몇 달이 걸리는 지루한 수작업 계산에 진저리치던 대학 교수와 대학원생, 연구원, 기업 연구원, 정부 연구원 등이 사용 신청을 한다. 그들은 많은 시간을 들여 컴퓨터 하드웨어뿐 아니라 기계어 프로그래밍을 배워야 했음에도 불구하고, 수작업 계산을 피할 수 있다면 그런 정도는 기꺼이 감수할 자세였다. 이제 외부에 별도의 사용자user 그룹이 형성되기 시작한 것이다. 그들의 요구를 들어주기 위해서는 '운영' 문제를 고민해야만 한다. 하지만 컴퓨터 센터에서 취할 수 있는 방법은 별로 없었다. 당시 컴퓨터는 비록 프로그래밍 과정이 불편하긴 했지만, 프로그램을 바꾸어주면 다른 일을 하는 획기적으로 융통성 있는 기계였다. 하지만 운영 측면에서 보면 융통성이 없는 매우 고지식한 기계였다. 어떤 프로그램을 수행한 후 다른 프로그램으로 전환하는 과정을 자동화할 수 있는 여지가 거의 없었다. 그런 일을 해줄 운영체제operating system에 대한 아이디어가 있다고 하더라도,

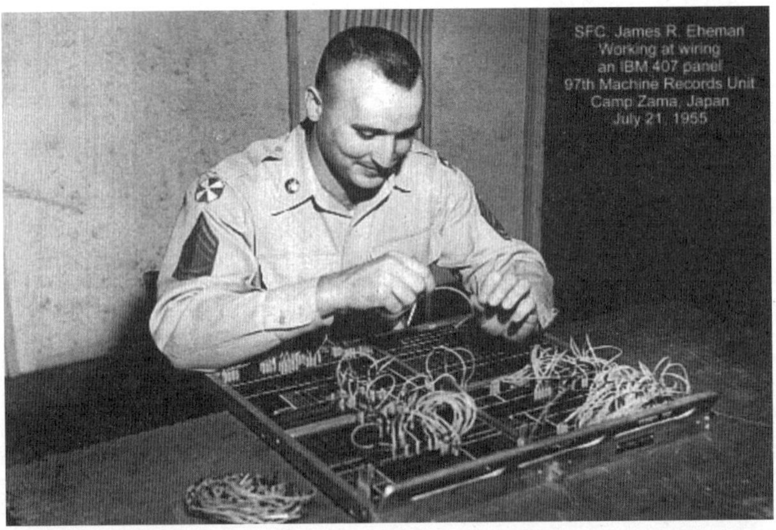

IBM 407 표 작성기의 플러그보드를 프로그래밍하는 장면이다. 초창기 컴퓨터 프로그래머도 비슷한 작업을 했다. 플러그보드를 받아와 자신의 사무실에서 프로그래밍할 수 있게 되었으므로 프로그래머는 꽤 편해졌다고 할 수 있다. 하지만 여전히 원시적인 프로그래밍 방식이었다. 갈 길은 여전히 멀었다.

운영체제를 적재할 별도의 메모리가 없었던 것이다. 아직 컴퓨터는 저장 프로그램 방식으로 발전하지 못했다.

이런 상황에서 컴퓨터 센터가 취할 수 있는 서비스는 프로그래머에게 탈부착식 플러그보드를 나눠주는 것이 고작이었다. 프로그래머는 센터로부터 받은 플러그보드의 스위치를 조작하여 프로그래밍을 완성한 후 센터에 제출한다. 센터는 그것을 컴퓨터에 부착하고 버튼을 눌러 실행을 시작한다. 만일 도중에 오류가 발생하면, 프로그래머는 플러그보드를 돌려받아 수정한 후 다시 제출하는 과정을 밟았다. 이제 여러 사용자가 독립적으로 프로그래밍 작업을 할 수 있어 운영 효율은 확실히 증진되었다. 하지만 컴퓨터는 벌거벗고 있었다. 프로그래머에게 속살이 훤히 보였던 것이다. 아니 프로그래머는 속을 봐야만 했다. 누산기가 몇 개인지, 특정 스위치와 전선이 무슨 역할을 하는지 등을 알아야만 했고 컴퓨터를 물리적으로 조작해야만 하였다. 한마디로 프로그래밍이 추상화되어 있지 않았던 것이다.

교수님께서 컴퓨터에서 무엇인가를 검색하신다. 어떤 신사가 특이하게 생긴 책상 앞에 앉아 열심히 작업하고 있는 장면이 화면에 뜬다. 그리고 여기저기 구멍이 뚫린 종이 한 장…

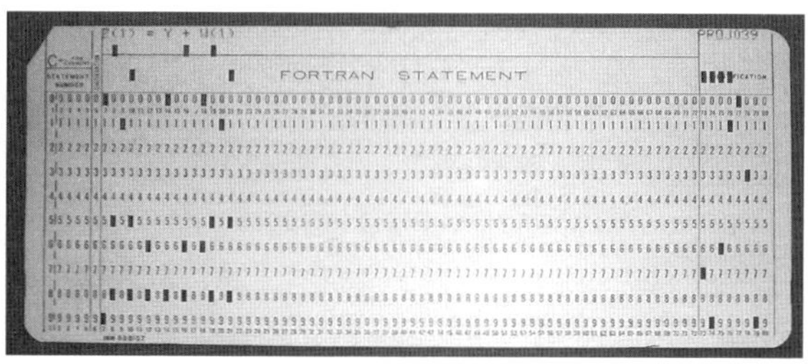

“혹시 이게 프로그램을 기록하는 카드인가요?”

“맞다. 이 펀치카드는 IBM이 기존에 쓰던 것을 고쳐 1928년에 새로 설계한 것인데, 그 이후 1980년대 초반까지 전 세계에서 표준으로 널리 쓰인단다. 카드 한 장은 80개의 열을 가지므로 80문자를 기록할 수 있지. 위쪽을 잘 봐라. 7번 열부터 'Z(1)=Y+W(1)'이라고 쓰여 있는 것이 보이지? 포트란 프로그램의 한 줄이란다. 만약 5백 줄짜리 프로그램이라면, 5백 장의 카드 뭉치를 들고 다녀야 했으므로 당시 프로그래머의 고생이 이만저만이 아니었지."

"참으로 불편했겠네요. 왼쪽에 있는 사진은 카드에 구멍 뚫어주는 기계 같네요."

"그렇지. 카드 천공기라는 기계인데, 왼쪽 위에 있는 선반에 빈 카드 묶음을 올려놓으면 한 장씩 아래로 내려오고, 키보드를 치면 오른쪽으로 이동하며 해당 문자 코드를 나타내는 구멍이 뚫린다."

"잘 상상이 안 돼요."

"내가 대학 신입생일 때 겪었던 일을 이야기해 줄까?"

"호랑이 담배 피던 시절… 이렇게 이야기를 시작해야겠네요."

"그게 1980년이니 꽤 오래 전 일이지. 당시 컴퓨터공학과 학생들의 가방은 불룩했단다. 카드를 수백 장씩 가지고 다녀야 했으니. 학교에 천공기가 많지 않아 프로그래밍 숙제가 나오면 줄을 서 기다리는 일이 다반사였다. 애환이 많았지. 지금 생각하면 어떻게 그런 환경에서 숙제를 해냈는지…"

교수님께서 들려준 이야기는 다음과 같다.

컴퓨터공학과 학생의 애환 1

창밖은 어둑어둑하다. 천공실은 아직도 학생들로 분주하다. 우리가 서 있는 줄은 이제 꽤 줄어 앞에 여학생이 한 명만 남아 있다. 줄을 선 지 한 시간가량 지났나.

"하… 한 줄에서 에러 나서 이 고생이네. 부등호를 거꾸로 써서, 프로그램이 무한 루프를 돌았어. 너는?"

"타이핑 오류가 세 곳이나 된다."

"카드 몇 장만 천공하면 되는데, 앞에 있는 여학생 봐라. 프로그램이 수십 쪽 된다. 저거 다 할 때까지 언제 기다리냐?"

"포트란 프로그래밍 숙제가 모레까지이니, 그냥 집에 갈 수도 없고."

"우리는 합쳐서 네 장만 하면 되니, 우리 먼저 하자고 부탁하면 안 될까?"

"네가 해봐라."

"난 못한다. 네가 해라."

친구가 나선다.

"저… 우리 둘은 합쳐서 네 장만 치면 되는데요. 괜찮으시다면, 저희 먼저…"

"… 그러세요. 마침 차례가 되었네요. 먼저 하세요."

"아이고. 고맙습니다."

우리는 전광석화같이 자리에 앉아 천공 작업을 서두른다. 서두르다 보니 타이핑 오류… 몇 장을 버린다.

"큰 차이 없으니, 서두르지 말고 천천히 하세요."

"고맙습니다. 그렇게 말씀해 주시니 고맙기 그지없습니다."

"뭘요."

작업을 마친 우리는 거듭 고맙다는 인사를 하고, 천공실을 빠져나온다. 친구는 여학생을 흘끗거린다.

"야. 천사다."

"뭘. 저 정도 가지고… 카드 제 위치에 잘 끼워 넣어라. 어제 어떤 애는 잘못된 곳에 끼워 넣어 한 타임 낭비했단다."

"한번 잘못하면 하루가 날아가버리니… 언제까지 이 짓을 해야 하는지."

우리는 카드 뭉치를 고무줄로 단단히 묶은 다음, 컴퓨터실 입구에 놓인 바구니에 올려놓는다. 바구니는 카드 뭉치로 넘쳐난다. 숙제 마감일이 가까워 온 탓일 게다.

"그런데 어제는 출력 결과가 두 번 나왔다던데. 오퍼레이터들이 좀 더 부지런히 돌려주면 안 되나?"

"그 사람들도 꽤 바쁘다더라. 컴퓨터 한 대로 학교 행정 처리해 주랴,

교수들 연구용 프로그램 돌려주랴, 학생들 숙제 돌려주랴. 우리가 이해해야지."

"그러게. 그런데 언제나 이런 지긋지긋한 일괄 처리 방식을 벗어나냐? 운영체제 과목에서는 대화식 방식을 가르치면서, 아직까지도 구닥다리 일괄 방식을 써야 하니… 참…"

"대화식… 그거 참 재미있는 아이디어더라. 한 대의 컴퓨터에 여러 단말기를 연결하여 동시에 여러 명이 작업한다… 참으로 그럴듯한 생각이지."

"그런데 우리 학과에도 단말기실이 있는데, 왜 1학년은 못 들어가게 하는지. 대학원생과 3~4학년만 들어가더라."

"단말기가 부족해서 그러겠지. 우리에게도 언젠가 쨍하고 해 뜰 날 있겠지."

"그래도 옛날에 비하면 꽤 그럴싸해졌어. 에니악은 플러그를 뽑았다 끼웠다하고 스위치를 올렸다 내렸다해서 프로그래밍했다고 하더라."

"게다가 0001 1001과 같이 기계어로 프로그래밍했다고 생각하면, 포트란을 쓰는 우리는 양반이다."

"우리는 행복하다~~~ 밥 먹으러 가자~~~"

옷을 갖춰 입는 컴퓨터

1940년대 말과 1950년대에 걸쳐 큰 변화가 온다. 컴퓨터의 아키텍처가 한 단계 진화한 것이다. 이전 컴퓨터에서는 연산장치와 메모리가 한데 붙어 있었던 반면, 이제는 연산을 담당하는 'CPU(중앙처리장치)'와 데이터를 저장하는 '메모리'가 구분된다. 게다가 메모리에 데이터뿐 아니라 프로그램도 함께 저장할 수 있게 된다. 이제 프로그램을 외부 장치가 아니라 메모리 내부에 적재하는 '저장 프로그램stored program' 방식이 컴퓨터 아키텍처의 표준이 된 것이다. 또한 프로그램을 기록하는 매체에 큰 변혁이 온다. 플러그보드를 펀치카드punch card가 대체한 것이다. 이제 프로그래머는 빈 카드 묶음을 구입한 후, 카드 천공기card puncher를 이용하여 자신이 짠 프로그램을 카드에 기록한 후, 카드 묶음을 들고 컴퓨터 센터에 가면 된다. 컴퓨터는 이 카드 묶음을 카드 판독기로 읽어 메모리에 적재한 후, 프로그램 실행을 시작한다. 이제 기호와 수를 사용하여 프로그램을 짜고 그것을 카드에 기록하는 '추상화된' 프로그래밍 방식으로 발전한 셈이다.

이런 컴퓨터는 여기저기에서 제작된다. 영국 케임브리지 대학에서 에드삭, 미국 펜실베이니아 대학에서 에니악의 후속 모델인 에드박이 제작된다. 또한 유니백이나 IBM 701과 같은 상업용 컴퓨터가 시장에 나온다. 이러한 컴퓨터는 메인프레임mainframe이라는 이름을 얻는다. 당시 메인프레임은 무척 비쌌다. 예를 들어, IBM 7094는 2백만 달러를 호가하였는데, 사용 기간은 5년 정도로 추산되었다. 이것은 시간당 46달러의 비용을 지불하는 셈인데, 유지보수 비용 까지 더하면 시간당 수백 달러를 지불하는 셈이었다. 당시 시간당 임금이 1달러 정도였던 사실을 감안하면 엄청난 비용이었다. 컴퓨터 이용률이 낮다는 것은, 수백억 원에 상당하는 공장을 지어놓고 하루에 불과 몇 개의 제품만 생산하는 비효율적인 상황에 빗댈 수 있다. 컴퓨터가 노는 꼴을 그냥 볼 수 없는 상황이었다.

하드웨어의 발전에 따라 사용자 계층이 급속히 넓어진다. 이제 컴퓨터 제작자, 운영자, 프로그래머가 같은 조직의 사람이 아닌 경우가 늘어난다. 대학 교수나 연구원같이 연구 개발을 담당하는 사람뿐 아니라, 컴퓨터학과의 학생들이 또 다른 사용자 그룹을 형성한다. 컴퓨터를 보유하지 못한 중소 규모 회사가 대기업의 컴퓨터 시간 일부를 임대하여 쓰는 사례도 생겨난다. 프로그래머가 매우 다양해진 것이다. 1초 이내에 수행이 끝나는 단순한 작업부터 수 시간 내지 며칠을 수행해야 끝나는 작업도 있다. 입출력을 주로 하는 작업도 있고 계산을 주로 하는 작업도 있다. 기계어로 작성된 프로그램도 있고 어셈블리어로 작성된 프로그램도 있다. 컴퓨터 센터는 많은 비용을 부담하고 있는 만큼 컴퓨터를 효율적으로 운영하는 문제를 고민하지 않을 수 없는 상황에 빠진 것이다.

속이 비치는 옷

초창기에는 컴퓨터 운영을 도와주는 별도의 프로그램이 없었다. 다시 말해 운영체제가 없었다. 따라서 컴퓨터 운영을 사람이 도맡아 할 수밖에 없었다. 처음에는 '예약' 방식이었다. 사용자는—당시 사용자는 대부분 스스로 프로그래밍하는 프로그래머였다—카드 뭉치를 들고 예약 시간 전에 컴퓨터 센터에 도착하여 초조하게 차례를 기다린다. 시간이 되면 컴퓨터 사용 권한이 주어진다. 컴퓨터실로 들어가 카드 뭉치를 카드 판독기에 올려놓은 후, 프로그램 실행에 필요한 여러 가지 부수적인 일을 한다. 예를 들어 프로그램을 어셈블리어로 작성하였다면, 어셈블러를 담은 테이프를 테이프 판독기에 걸어준다. 그리고 미리 정해진 절차에 따라 단추를 눌러 프로그램 실행 명령을 내린다. 만일 언어 번역 또는 실행 도중에 오류가 발생하면, 오류를 찾고 수정한다. 그리고 처음부터 다시 같은 과정을 밟는다. 사용자는 초조할 수 밖에 없다. 권위적인 분위기의 방에서, 낯설기 그지없는 기계 앞에서, 예약 시간 안에 작업을 마쳐야 한다는 강박 관념을 가진 채 컴퓨터를 조작하는 일은 대단한 부담이었을 것이다. 만일 예약한 시간보다 일찍 끝나면 과다하게 지불한 사용료에 마음이 상할 테고, 예약 시간 안에 끝내지 못하면 다음 예약자를 위해 마무리 못한 일을 싸들고 나올 때 상심은 더욱 클 것이다.

컴퓨터 센터는 전문 오퍼레이터를 고용하여 이런 어색한 상황을 벗어난다. 사용자가 프로그램에 대한 요구사항과 함께 카드 뭉치를 제출하면, 오퍼레이터가 컴퓨터 조작을 대신해 주는 방식이다. 오퍼레이터는 의뢰받은 여러 작업을 분류하기도 한다. 같은 언어로 작성된 프로그램을 모아 같이 처리하면 언어 번역기를 담은 테이프의 탈부착 시간을 절약할 수 있다. 그가 한 일을 한마디로 말하면, 하나의 프로그램에서 다음 프로그램으로 전환하는 데 소요되는 시간을 줄인 것이다. 이제 프로그래머는 카드 뭉치를 제출한 후 편안한 마음으로 커피를 마시는 여유를 가질 수 있어 즐겁고, 컴퓨터 센터는 단위 시간당 처리하는 프로그램의 수, 즉 처리량이 늘어 좋다. 운영이 개선된 셈이다.

게다가 원시적인 운영체제가 태동한다. 사람들은 거의 모든 프로그램이 공통적으로 필요로 하는 부분에 눈길을 준다. 가장 대표적인 부분은 입출력 장치를 구동하는 것이었다. 컴퓨터 센터는 이런 부분을 서브루틴으로 작성하여 메모리의 특정 영역에 상주시켜 둔다. 이러한 서브루틴 집합을 입출력 제어 시스템IOCS이라 불렀다. 프로그래머는 필요한 기능이 IOCS에 있으면 그 부분은 직접 작성하지 않고 서브루틴을 호출하여 사용할 수 있게 되었다. 결과적으로 프로그래밍에 걸리는 시간이 크게 줄었다. 또한 기계 내부 상태를 외부로 알린다거나, 프로그램 실행 도중 오류가 났을 때 메모리 내용을 저장하여[2] 오류(버그)를 찾는 데 도움을 주는 기능, 비용 산출을 위해 프로그램이 사용한 장비와 사용 시간을 기록하는 기능 등이 추가된다. 이런 원시적인 운영체제를 모니터monitor라 불렀다. 모니터 덕분에 프로그래머는 기계 내부를 모두 볼 필요가 없어졌다. 하지만 여전히 봐야 할 곳이 많이 남아 있었다. 다시 말해 프로그래밍이 추상화되긴 하였지만 충분하지는 않았다. 이제 컴퓨터는 속이 비치는 얇은 속옷을 갖춰 입은 꼴이 된 것이다.

미국 해군연구소의 수리과학부가 출간한 뉴스레터를 읽어보면, 당시 상황을 생생히 엿볼 수 있다.

"… 1952년 12월 1일부터 1953년 3월 1일 사이에, 훨윈드 컴퓨터는(군사 목적 응용은 제외하고) 총 781개의 프로그램을 수행하였다. 과학과 공학 문제 중 흥미로운 것으로는, 1) MIT 지질학과의 대지 저항률 해석, 2) MIT 물리학과의 중양성자 결합 에너지와 파형 함수, 3) 공기탄성 구조연구소의 평판 공기역학, …등이다. 이 기간 중에 천공 종이 테이프를 보조 기억 장치로 사용하

---

2 당시에는 코어 메모리를 사용하였으므로, 이런 일을 코어 덤프core dump라 불렀다.

는 서비스가 가동되었다. 게다가 추가적인 개발과 개선이 시도되고 있다. 특히 두 개의 자기 테이프를 보조 기억 장치로 사용할 수 있게 개조되고 있다. 자기 드럼은 검토 중에 있다. 이들 보조 기억 장치는 변환에 드는 시간을 크게 줄여 준다. 1953년 1월호에서 소개한 특징에 덧붙여, 이제 출력 루틴의 자동 선택 기능이 가능해졌다. 이제 프로그래머는 자신의 프로그램의 적당한 위치에 출력 장치(타이프 라이터, 펀치, 자기 테이프, 누머리스코프)를 지정하는 세 글자와 번호를 적어넣어 원하는 출력 양식을 얻을 수 있다. … 프로그래밍 훈련을 위한 수업이 매달 열리고 있다. 또한 상급 프로그래밍 기술을 토론하기 위한 세미나가 개최되고 있다. …"—『디지털컴퓨터 뉴스레터』, 1953년 4월 (5권 3호).

두터운 내복

오퍼레이터가 운영 효율을 크게 높여주긴 하였지만, 사람이 개입하는 한 극복할 수 없는 근본적인 한계가 있다. 사람이 테이프를 걸고, 컴퓨터가 번역하고. 사람이 단추를 누르고, 컴퓨터가 실행하고, 사람이 테이프를 갈아 끼운다. 마치 달팽이-치타-달팽이-치타 순으로 이어 달리기를 하는 꼴이다. 이런 선수 명단으로는 결코 이길 수 없다. 치타가 연습을 거듭하여 두 배로 빨리 달리더라도 이길 수 없는 게임이다. 문제는 달팽이다. 프로그램 처리 과정에서 사람을 들어내고, 그 자리에 어떤 프로그램을 배치해야만 한다. 이 프로그램이 '운영체제operating system(OS)'이다.

운영체제는 다음 작업으로 전환을 자동으로 해준다. 이제 오퍼레이터는 바구니를 들고와 사용자가 제출한 카드 뭉치를 카드 판독기에 차례로 쌓아놓고, 읽어 들이라는 명령 버튼을 누르기만 하면 된다. 메인프레임 컴퓨터에 붙어 있는 별도의 소형 컴퓨터는 차례로 프로그램을 읽어, 카드 판독기보다 훨씬 빠른 자기 테이프에 기록해 둔다. 메인프레임 컴퓨터는 테이프에 기록된 여러 개의 프로그램을 하나씩 수행한다. 프로그램 실행에 필요한 장치는 자동으로 제어한다. 한 프로그램의 실행이 끝나면 자동으로 다음 프로그램의 실행을 시작한다. 실행 결과는 테이프에 기록한다. 이제 계주 명단의 달팽이를 토끼로 대치한 셈이다. 이러한 최초의 운영체제는 당시 가장 큰 컴퓨터 회사인 IBM이 아니라, 자동차 회사인 제너럴모터스가 개발한다. 제너럴모터스는 보유하고 있던 IBM 704 컴퓨터를 위해 1956년에 GM-NAA I/O라는 운영체제를 자체 개발한다. 1959년에는, IBM 컴퓨터 사용자 그룹인 SHARE가 GM-NAA I/O를 개선한 SOSSHARE Operating System를 발표한다.[3]

프로그래머는 운영체제로 인해 하루에도 여러 번 실행 결과를 받아볼 수 있게 되었고 디버깅에 드는 시간도 크게 줄어들었다. 컴퓨터 센터는 시간당 처리할 수 있는 작업의 수가 대폭 늘었다. 생산성이 높아진 것이다. 하지만 얼마 뒤 불만스러운 무엇인가가 또 꿈틀거린다. 그것은 입출력 장치의 속도와 연산을 담당하는 중앙처리장치(CPU)의 속도 차이 때문이다. 거의 모든 프로그램은 카드 판독기, 자기 테이프, 자기 드럼과 같은 입력 장치로부터 데이터를 읽어 메모리에 적재하고, 프로그램 명령어에 따라 계산을 하고, 메모리에 있는 결과를 프린터, 자기 테이프, 또는 자기 드럼에 쓴다. 이 상황에서 읽고 쓰는 일은 계산에 비해 작게는 토끼와 치타, 크게는 거북이와 치타 정도의 속도 차이가 난다. 입출력은 물리적인 장치의 기계적인 동작이 이루어지는 반면, CPU는 순전히 전자적으로 작동하기 때문이다. 따라서 입출력 장치가 데이터를 읽거나 쓰고 있을 때 귀중한 CPU는 '놀고' 있는 것이다. 이전 방식은 한 순간에 한 프로그램만 메모리에 적재된다. 따라서 현재 프로그램의 실행이 완전히 끝나야 다음 프로그램으로 전환할 수 있다. 자동차 조립 라인에 자동차가 올라가면 그것이 완성품이 된 뒤에야 다음 자동차를 새로 올려놓는 꼴이다. 조립공은 자기가 맡은 일을 빼고 대부분 시간을 놀게 된다. 이런 상황을 벗어나기 위해서는, 여러 작업을 메모리에 동시에 적재해 두고, 어떤 합리적인 규칙에 따라 이들을 번갈아 실행해 주는 보다 복잡한 방식이 필요해졌다. 이런 방식을 '멀티프로그래밍multi-programming'이라 부른다. 때

---

3 당시에는 중요한 소프트웨어를 사용자가 직접 개발하고 타인에게 무료로 나누어 주는 사례가 많았다. 당시 프로그래머의 마음은 넉넉하였다. 아니 소프트웨어의 가치에 아직 눈을 뜨지 못했다고 말하는 것이 정확할까?

맞춰 하드웨어 기술의 발달로 메모리 용량이 커졌다. 여러 개의 프로그램을 담을 수 있는 정도가 되었다.

멀티프로그래밍을 채택한 운영체제는 메모리에 적재되어 있는 여러 프로그램 중에 하나를 적절한 규칙에 따라 선택하고, CPU에게 그것을 실행하라고 지시한다. 실행 도중 입출력이 발생하면 CPU는 해당 장치에게 명령을 내려놓고, 두 번째 프로그램을 골라 실행을 시작한다. 첫 번째 프로그램이 두 번째 프로그램에게 CPU를 양보한 셈이다. 얼마 후 입출력 장치가 일을 끝냈다는 신호를 보내오면 CPU는 선택의 기로에 선다. 현재 실행하고 있던 두 번째 프로그램을 계속할 것인지, 아니면 첫 번째 작업으로 전환할 것인지 결정해야 한다. '작업 스케줄링job scheduling'이 필요해진 것이다. 이때 어떤 정책을 사용할 것인지에 따라 시스템 전체의 효율이 좌우된다. 또 다른 문제도 있다. 예를 들어 다섯 개의 작업이 있는데, 4, 3, 5, 6, 500이라는 시간이 걸릴 것으로 추정된다면, 이들을 어떤 순서로 처리해야 효율이 극대화될까? 만일 500-4-3-5-6 순으로 한다면, 두 번째 사용자는 504라는 시간 후에 결과를 받아볼 것이다. 뒤에 있는 네 사람은 상당히 억울한 상황이다. 이제 운영체제는 다양한 상황에 대처하는 합리적인 스케줄링 정책이 필요해졌다. 또한 하나의 메모리에 여러 프로그램이 동시에 적재되므로, 프로그램 간에 영역을 침범하는 일이 발생하지 않도록 메모리 보호를 철저히 해야 한다. 운영체제는 이러한 상황을 적절히 대처하며 점점 진화해 간다.

OS/360에서 얻은 소프트웨어 개발 교훈

1950년대 후반에는 운영체제가 난립한다. 제각각 다른 스케줄링 정책을 사용하였으며, 표준화된 명령어 체계가 없었다. 따라서 어떤 운영체제에서 작성한 프로그램을 다른 운영체제를 가진 컴퓨터에서 실행시키기 위해서는 상당한 수정을 거쳐야 했다. 운영체제의 표준화가 중요한 문제로 대두된 것이다. 표준화 작업의 선두에 IBM이 선다. IBM은 1964년에 야심적으로 System/360이라는 컴퓨터를 시판하기 시작한다. 이후 이 모델은 많은 회사가 따르는 표준으로 군림하는데, 컴퓨터 아키텍처에 한 획을 그은 것으로 평가될 정도이다. IBM은 운영체제에서도 야심작을 모색한다. 360에서 사용할 운영체제 OS/360의 개발을 시작한 것이다. 야심차게 출범한 개발 팀은 얼마 지나지 않아 어리둥절한 상황에 빠진다. 일정이 걱정스러울 정도로 지체된 것이다. 그들은 중요한 사실을 깨닫는다. 그것은 운영체제라는 프로그램은 예상 밖으로 복잡하고 거대하다는 사실이었다. IBM은 당황한다. 경영진은 OS/360의 출시 시기를 1966년 중반으로 늦춘다. 그리고 360의 판매 부진을 만회하기 위해 임시 방편으로, 카드 장치를 가진 고객용으로 BOS/360, 테이프 장치를 가진 고객용 TOS/360, 디스크를 가진 고객용 DOS/360을 먼저 공급한다. 이후 OS/360은 만들기 쉬운 버전부터 공급된다. 맨 처음에는 단일 작업만 지원하는 PCP, 이후 멀티프로그래밍이 되지만 고정된 개수의 작업만 가능한 MFT, 그리고 최종적으로 가변 개수의 작업까지 지원할 수 있는 MVT가 공급된다. 멀티프로그래밍이 되는 운영체제를 만드는 일은 예상보다 훨씬 복잡했던 것이다. 결국 늦춘 출시일보다 1년가량 더 지연된 1967년 중반에 온전한 버전이 공급되기 시작한다. 그것도 많은 버그를 안고 있는 채로! OS/360의 디버깅은 몇 년에 걸쳐 이루어진다. 왓슨 회장은 '회사 역사상 단일 프로젝트로 가장 많은 비용을 지출하였다'라고 회고한다. 이 거대한 소프트웨어 개발 프로젝트에 소요된 예산은 원래의 4배인 5억 달러가량으로 알려져 있다.

이 사건은 소프트웨어의 복잡도를 제대로 이해하지 못한 탓에 발생하였다. IBM으로서는 무척 곤혹스러운 일이었겠지만, OS/360 지연 사건은 컴퓨터 프로그래밍, 즉 소프트웨어 개발에 대한 통찰력을 얻는 데 즉효약이었다. 사람들은 얼핏 소프트웨어 개발 프로젝트가 지연될 때 더 많은 프로그래머를 투입하면 시간을 단축할 수 있다고 생각한다. 마치 바다를 간척할 때, 덤프트럭 10대보다 20대를 쓰면 두 배가량 빨리 끝내듯이. OS/360이 지연되자 IBM은 프로그래머를 더 투입하는 방식으로 해결하려 했다. 가장 많을 때는 소프트웨어 분석가, 프로그래머, 행정 보조원 등을 포함하여 1000명가량이 OS/360에 매달렸다. 하지만 일은 더욱 더디게 진행되었다. 프로젝트에 참여하였던 브룩스는 통찰력을 가장 먼저 그리고 가장 깊이 얻은 사람이다.

브룩스와 그가 지은 『신화적 맨먼스』라는 책의 표지이다. 이 역사적인 책은 좋은 품질의 소프트웨어를 만드는 일의 중요성, 어려움, 그리고 개발 방법을 담고 있다. 책에 담긴 통찰력은 역사적인 운영체제로 알려진 OS/360의 개발 과정에서 얻은 것이다.

그는 1975년에 『신화적 맨먼스The Mythical Man-Month』라는 유명한 책을 출판한다. 그는 '아홉 달이 차야 아기가 나온다. 여인을 더 투입해도 기간은 줄어들지 않는다'라는 말로 지연된 프로젝트에 프로그래머를 더 투입하는 짓은 어리석다고 주장하였다. 사람을 더 투입하면, 일을 더 세분화해야 하고, 의사소통에 따르는 부차적인 일이 부풀고, 개발된 프로그램을 하나로 합치는 일이 복잡해지기 때문이다.

당시 큰 소프트웨어 개발 프로젝트가 여러 곳에서 수행되고 있었는데, 대부분 OS/360과 비슷한 경험을 한다. 이러한 상황에서 미 국방성과 NATO는, 소프트웨어에 숨어 있는 버그 하나가 국방 시스템에 재앙을 초래할 수 있으므로 소프트웨어 품질에 신경을 곤두세운다. 그들은 1968년 10월에 독일 가미쉬에서 세계 최초로 '소프트웨어 공학software engineering'을 주제로 학술대회를 개최하여 매우 중요한 물꼬를 튼다. 이 대회에서는 '소프트웨어 위기software crisis'라는 용어도 등장하여 당시 소프트웨어에 대한 걱정스러운 분위기를 전해 준다. 데이크스트라는 소프트웨어 위기가 온 이유를 간명하게 설명한다.

"소프트웨어 위기의 원인은 컴퓨터가 수십 내지 수백 배 강력해졌기 때문이다. 대략 말해 보자. 컴퓨터가 없다면 프로그래밍은 문제가 안 된다. 낮은 성능의 컴퓨터에서는 프로그래밍은 작은 문제이다. 하지만 지금 우리는 강력한 컴퓨터를 가지고 있다. 프로그래밍은 엇비슷하게 거대한 문제가 된다."—에츠허르 데이크스트라의 1972년 튜링상 강연.

데이크스트라는 'goto 문은 해롭다'와 같은 간결하지만 큰 메시지를 담은 프로그래밍 경구를 많이 남겼다. 1972년에 튜링상을 수상한다.

소프트웨어 공학이라는 용어는 기계나 건축과 같이 이미 성숙한 공학 분야가 널리 사용하고 있는 이론과 규율을 소프트웨어에 도입하여 사용한다는 뜻을 담고 있다. 이후 소프트웨어 공학에 많은 연구비가 투입되었으며, 그 결과 구조적 프로그래밍structured programming, 정형 기법formal method, 개발 모형developmental model 등과 같은 효과적인 길을 찾아낸다. 이러한 노력 덕분에, IBM은 이후에 나오는 MVS/시리즈, VM/시리즈, Z/시리즈 운영체제를 훨씬 적은 비용으로 개발한다. 이제 국방, 은행, 항공사, 정부기관 따위가 사용하는 대형 소프트웨어를 훨씬 적은 비용으로 더욱 신뢰성 있게 개발할 수 있는 길이 열린 것이다.

가상 메모리

1950년대 들어, 영국은 컴퓨터 기술에서 미국에 밀리는 상황을 꽤 걱정하였다. 그들은 대반전을 꾀하기 위해, 페란티라는 회사와 맨체스터 대학이 손잡고 아트라스라는 컴퓨터를 개발한다. 아트라스는 당시 세계에서 가장 좋은 성능을 가진 컴퓨터로 명성을 얻는다. 이 컴퓨터가 운영체제에서 획기적인 공헌을 했는데, 그것은 '가상 메모리virtual memory'이다. 가상 메모리가 왜 필요할까? 당시 세상에서 가장 뛰어나다는 아트라스조차도 메모리가 16킬로워드에 불과하였다. 워드당 48비트(6바이트)였으니, 96킬로바이트였던 셈이다. 현재 PC가 8기가바이트 이상인 점을 감안하면, 현재에 비해 8만분의 1 정도의 기억 용량을 가진 셈이다. 당시 프로그래머가 다루는 문제는 갈수록 복잡해지고, 그에 따라 프로그램이 차지하는 용량도 급속도로 커진다. 하지만 요구에 비해 메모리 용량이 커지는 속도는 무척 더뎠다. 프로그래머는 불만이다. 아무리 훌륭한 프로그램을 작성하더라도 그것이 메모리 용량보다 크면 실행이 불가능했던 것이다. 게다가 여러 개의 프로그램이 동시에 메모리에 적재되는 멀티프로그래밍이 보편화되면서 효율적인 메모리 관리의 필요성은 더욱 절실해졌다.

아트라스 연구팀은 이러한 상황을 타개하기 위해, 프로그램을 일정한 크기의 '페이지' 단위로 분할하고, 필요한 부분만 메모리에 적재하는 기법을 개발한다. 이 페이징 기법에서는 현재 실행에 필요한 페이지만 메모리에 적재하고 나머지는 드럼이나 디스크와 같은 보조 기억 장치에 남겨 둔다. 실행이 새로운 페이지로 진입하면 이전 페이지를 보조 기억 장치로 밀어내고 새로운 페이지를 메모리로 읽어들이고 실행을 계속한다. 사용자는 컴퓨터 내부에서 일어나는 이런 페이지 교체가 보이지 않으므로 마치 무한정 큰 메모리를 사용하는 것처럼 느낀다. '가상' 메모리가 실현된 것이다. 이 혁신적인 사건은 1962년에 발표된 아트라스에서였다. 하지만 이 기법에서는 프로그램 실행 도중에 페이지 교체가 빈번히 일어나며, 가상 주소를 실제 메모리 주소로 매핑하는 과정이 추가로 필요하므로 속도 저하를 감수해야만 한다. 가상 메모리는 찬반 논쟁을 불러일으킨다. 이 논쟁은 몇 년간 지속된다. 그 사이 가상 메모리는 하드웨어의 발전뿐 아니라 페이지 교체 알고리즘의 발달로 인해 점점 개선된다. 결국 1969년에 IBM이 가상 메모리가 우수하다는 실증 자료를 제시함으로써 논쟁은 마무리된다. 운영체제는 확실히 한 걸음 진화한 것이다. 현재 가상 메모리는 개인용 컴퓨터를 포함한 모든 컴퓨터가 사용하는 보편 기술이다.

컴퓨터는 세 가지 요소가 기술을 주고 받으며 공진화coevolution한다. 그것은 하드웨어와 운영체제, 프로그래밍이다. 하드웨어의 발전은 운영체제를 향상시킨다. 예를 들어, 메모리 용량이 커지면 운영체제는 멀티프로그래밍을 구현한다. 반대로 운영체제는 하드웨어의 발전을 견인한다. 예를 들어, 가상 메모리 개념은 메모리 주소를 매핑하는 회로를 하드웨어에 추가시킨다. 운영체제와 프로그래밍의 관계는 말할 것도 없다. 예를 들어, 가상 메모리는 프로그래머가 프로그램의 크기를 걱정하지 않아도 되게 만든다. 게다가 운영체제가 발전하는 바람에 프로그램을 센터에 제출하고 결과를 받기까지 걸리는 시간, 즉 회송 시간이 크게 단축되었다. 이제 운이 좋으면 하루에 서너 번 결과를 받아볼 수도 있다. 운영체제와 프로그래밍과 하드웨어는 빠르게 공진화하고 있었던 것이다.

이제 프로그래머는 기계 자체를 직접 손대는 것이 아니라 운영체제에게 명령을 내린다. 그러면 운영체제가 기계를 구동한다. 게다가 1957년에는 포트란, 1959년에는 코볼이라는 고급 언어가 탄생한다. 이제 프로그래머는 하드웨어의 세세한 사항을 몰라도 프로그래밍을 할 수 있게 되었다. 기계가 옷을 입은 것이다. 속이 보이지 않는 두꺼운 내복을 입은 꼴이다. 조금 어려운 말로 표현하자면, 프로그래밍이 제대로 추상화된 것이다.

이렇듯 운영체제는 진화하고 프로그래밍은 갈수록 편리해진 것이 사실이다. 하지만 평범한 프로그래머의 눈에 비친 컴퓨터 센터는 여전히 비밀 요원이 출입하는 긴장된 구역이었다. 프로그램을 기록한 카드 뭉치를 바구니에 올려 놓고 한참을 기다리면, 프린트 용지와 카드 뭉치가 고무줄로 묶여 바구니에 담겨 나온다. 프로그래머는 바구니에서 자신의 것을 찾아간다. 운영체제는 여전히, 여러 작업을 모아 한꺼번에 처리하는 '일괄 처리batch processing' 방식을 사용하고 있었다.

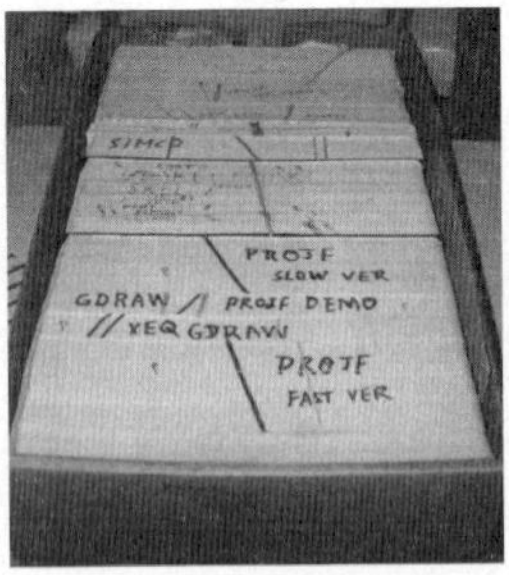

프로그램을 천공한 카드 뭉치를 바구니에 올려 놓으면, 오퍼레이터가 주기적으로 가져다 실행해 준다. 그리고 처리 결과를 인쇄한 출력물을 카드 뭉치와 함께 고무줄로 묶어 바구니에 올려 놓는다. 프로그래머는 '언제 내 것이 나오나' 하고 바구니를 기웃거려야 했다. 1980 년대 초반까지 이런 일괄 처리 방식이 주로 쓰였다.

컴퓨터 센터에 가면 프로그래머는 여전히 지친다. 이전보다 나아진 점은 집에 빨리 돌아간다는 것 뿐이다. 내 연구실 또는 집에서 컴퓨터와 직접 대화하면서 프로그래밍하는 세상은 가능한가? 이것이 당시 프로그래머의 꿈이었다.

컴퓨터공학과 학생의 애환 2

내 직감에 틀림없이 무슨 일이 벌어졌을 것 같다. 확인해 볼 수밖에…

"그런데 자리 양보해 준 그 여학생은…"

"쓰린 기억이다. 우리는 2학년 때부터 단말기실에서 실습할 수 있게 되었단다. 우리나라에서는 1980년대 초반에 카드를 쓰는 일괄 처리 방식이 대화식 단말기 방식으로 바뀌고 있었지."

"…"

"단말기실이 붐빌 때는 반응 속도가 꽤 느렸단다. 명령어를 입력하고 엔터 키를 치면, 한참 붐빌 때는 1분가량 지나야 반응이 나타나곤 했지. 성질 급한 학생은 단말기가 고장인 줄 알고 껐다 켜는 바보 같은 짓을 했지. 그래봐야 다시 로그인하는 데 몇 분을 더 소비해야 하니 바보짓이 아닐 수 없지. 컴퓨터 한 대에 수십 명이 달라붙어 있으니 그럴 밖에. 당시 컴퓨터는 수억 원가량이었을 텐데… 현재 내 방에 있는 PC보다 못한 성능인데 거기에 수십 명이 달라붙어 있었으니…"

"…"

“who라는 명령을 치면 현재 누가 접속해 있고 무슨 작업을 하고 있는지 보인단다. 항상 로그rogue라는 게임을 하고 있는 교수님이 계셨지. 여기저기 돌아다니며 아이템을 줍고 괴물을 만나면 아이템을 들고 싸우는 게임인데, 지금으로 치면 디아블로와 비슷하다. 학생들은 느린 컴퓨터에서 숙제하느라 고생하는데 게임을 하며 컴퓨터에 부하를 주는 교수님… 당시 학생들이 무척 미워했지. 그렇다고 쳐들어갈 수 없는 노릇이고.”

“펀치카드에서 벗어나도 여전히 고생이네요. … 교수님. 쓰린 기억 이야기 더 해주세요.”

“나는 보통 아주 이른 새벽 또는 한밤중에 단말기실에 있었단다.”

“왜요?”

“두 가지 이유지. 그 시간에는 사람이 별로 없어 컴퓨터를 나 혼자 쓰는 것 같이 속도가 빨랐으니까. 그리고 더 중요한 이유는 펀치카드 커플의 꼴을 안보려고.”

“무슨 커플요?”

“둘이 커플이 되었단다. 내가 이름 붙여줬지. 펀치카드 커플. 펀치카드가 맺어준 커플… 이 커플은 우리 학과에 명물이었다. 누구는 줄여서 펀칭 커플이라고 부르데.”

“자리 양보해 준 여학생하고 양보 받아낸 교수님의 친구하고 말이죠. 결국… 내 그럴 줄 알았네.”

“어찌나 붙어 다니는지… 한나절씩 단말기실 구석 자리에 딱 붙어있곤 했다. 난 펀칭 커플이 무슨 짓을 하나 흘끗거리다가, 속이 상해 숙제하다 말고 단말기실을 뛰쳐나오곤 했지. 그러니 내가 한밤중이나 새벽에 컴퓨터를 쓰지 않을 수 있었겠니.”

"심정 이해해요. 그래도 좀 축하해 주시죠. 아름다운 러브스토리인데요."

"내심 축하해 주었지. 사실 아름다운 이야기지. 우리 학과에 콘솔 커플도 있었단다. 단말기를 콘솔이라고도 불렀는데, 콘솔이 맺어준 커플이라서."

"무얼 열심히 하던 중에 만난 커플은 다 잘될 것 같아요."

"리누스 토르발스라고 들어봤니?"

"알아요. 리눅스라는 운영체제를 만든 사람이죠?"

"토르발스는 리눅스로 유명해진 이후 모교인 헬싱키 대학의 교수가 된단다. 그가 첫 시간에 내준 숙제는 자기에게 이메일을 보내는 것이었지. 당시만 해도 이메일이 생소한 때였으니, 학생들에게 이메일을 써보게 하려는 의도였겠지. 당돌하게도 어떤 여학생이 저녁 식사를 같이 하자는 내용의 이메일을 보낸단다. 결국 그들은 부부가 되지."

"하… 그런 사랑 이야기가 있었군요."

"사랑은 용기를 먹고 자라나보다."

"그런데 펀치카드 커플은 그 뒤 어떻게 되었어요?"

"지금도 그들 부부를 가끔 만난단다. 저 멀리서 다가오면 내가 놀리지. 어… 펀칭 커플…"

"재미있네요."

"우리가 다니던 대학이 조금만 빨리 대화식 컴퓨터를 도입했더라면, 그들 커플은 탄생하지 않았을 수도 있었겠지."

"그러네요. 대학교 1학년때 펀치카드가 맺어주었으니. 그런데 우리나라의 컴퓨터 역사도 재미있을 것 같아요."

"사실 우리나라 컴퓨터 역사는 컴퓨터의 개발로 시작하는 것이 아니라, 외국 제품을 도입하는 것으로 시작한단다. 스스로 자료를 찾아 공부해봐라. 다음 번에 이야기 해보면 좋을 듯싶구나."

"언젠가 제가 펀칭 커플을 포함해서 대한민국 컴퓨터 역사를 재미있게 써 보아야겠어요."

"그러려무나. 잊지 말고 꼭."

내 방에서 쓰는 컴퓨터

"1940년 9월 9일, 이 건물에서 벨 연구소의 수학자인 조지 스티비츠는 전기 디지털 컴퓨터의 원격 조종을 세계 최초로 시연하였다.
… 이곳에서 개최된 미국 수학 협회의 학술 회의에서 스티비츠는 자신이 발명한 복소수 계산기Complex Number Calculator를 발표하였다. 청중 속에서 누군가가 나와 멀리 떨어져 있는 뉴욕의 벨 연구소의 컴퓨터로 문제를 전송하면, 수초 이내에 학회장에 있는 텔레타이프에 답이 나타났다."—다트머스 대학의 맥넛 홀 입구의 동판에 새겨진 문구

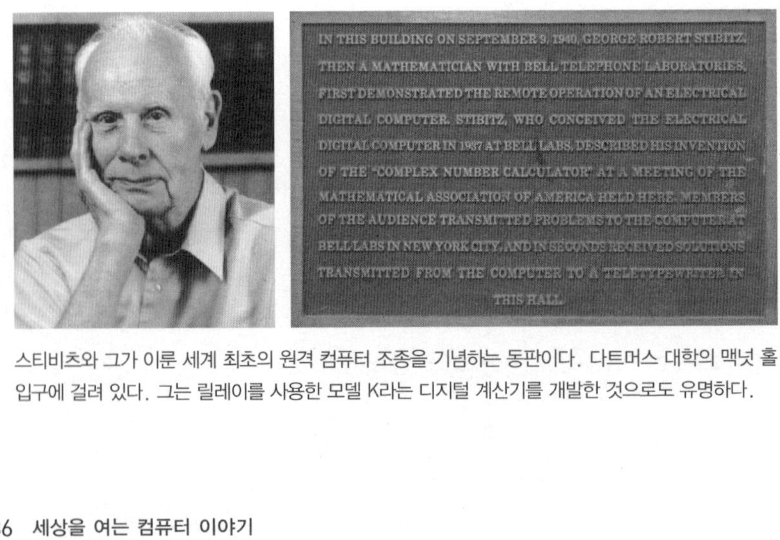

스티비츠와 그가 이룬 세계 최초의 원격 컴퓨터 조종을 기념하는 동판이다. 다트머스 대학의 맥넛 홀 입구에 걸려 있다. 그는 릴레이를 사용한 모델 K라는 디지털 계산기를 개발한 것으로도 유명하다.

조지 스티비츠(George Robert Stibitz, 1904~1995, 미국)는 1940년에 이미 계산 기계를 원격으로 조종할 수 있다는 사실을 실증하였다. 그는 텔레타이프를 단말기로 사용하고 음성을 실어나르는 전화선을 전송회선으로 사용하였다. 에니악이 탄생하기 이전에 이미 데이터 전송 기술이 있었고, 운영체제가 막 꽃피우고 있던 1950년대 말은 스티비츠의 시연 이후 20여 년이 흐른 후였다. 운영체제 개발자들은 바로 이 원격 데이터 전송 기술에 주목한다. 그들은 원격지에 단말기를 설치하고, 단말기를 컴퓨터와 전화선으로 연결한다. 운영체제는 데이터를 음성 신호로 바꾸어 전송하고, 원격지에 있는 단말기는 음성 신호를 데이터로 변환하여 화면에 보여준다. 이제 사용자가 원격지 단말기 앞에 앉아 컴퓨터와 직접 대화하는 '대화식' 인터페이스라는 꿈이 현실이 되는 순간에 와 있다.

이런 기술이 실현된다고 하더라도, 컴퓨터에 한 대의 단말기만 설치한다면 무슨 도움이 될까? 분명 컴퓨터 센터의 어느 곳에 설치할 테고, 일반 프로그래머에게는 하등 도움이 되지 못한다. 따라서 여러 개의 단말기를 곳곳에 설치해야 한다. 그런데 컴퓨터는 한 대이다. 어느 단말기가 컴퓨터를 선점하면 다른 모든 단말기는 먹통일 수밖에 없다. 새로운 아이디어가 필요한 것이다.

시분할 운영체제의 탄생

이때 나타난 혁신적인 아이디어가 시분할time-sharing이다. 1957년에 『자동제어』라는 잡지에 글을 쓴 비머는 시분할을 처음 고안한 사람으로 알려져 있다. 시분할은 에니악이 탄생한 지 불과 10년 정도 지난 후에 태동한 셈이다. 그는 실물 제작을 시도하지는 않았다.

"… 통신 시스템이 있다면, 한 대의 컴퓨터가 여러 명의 사용자를 서비스하는 상황을 생각할 수 있다. 이런 상황에서는 컴퓨터를 임대하는 것이 아니라, 입출력 장치만 임대하면 된다. 관리 프로그램이 하는 일은 스케줄링 또는 큐잉 문제가 될 것이다. 교체 방법을 사용하면—영화가 영상을 빠른 속도로 교체함으로써 움직이는 영상을 보여주듯이—전체 과정을 초고속 컴퓨터로 제어할 수 있다. …"—밥 비머, 「컴퓨터를 어떻게 볼 것인가」, 『자동제어』(1957 년 3월호)

실물 제작은 MIT에서 시작된다. MIT의 전기공학과 교수인 매카시, 파노, 코바토는 시분할 시스템 제작에 돌입하여, 1961년에 세계 최초의 시분할 운영체제 CTSS(Compatible Time_Sharing System)를 시연한다. 이 시연에서는 단지 세 명의 사용자가 자신의 단말기에서 동시에 작업하는 상황이었지만 사용자에게는 혁명적인 순간이 아닐 수 없었다. 이제 컴퓨터 센터에 카드 뭉치를 제출하고 언제 결과가 나오나 목을 빼고 기다리는 지긋지긋한 일에서 벗어날 수 있게 된 것이다. 같은 해, 일리노이즈 대학에서는 PLATO라는 시스템을 만들어 시연한다. 1964년에는 다트머스 대학에서 세계 최초의 상업용 시분할 운영체제인 DTSS(Dartmouth Time-Sharing System)를 발표한다. 베이직 언어로 유명한 케메니와 커츠의 지도하에 학생들이 개발한 DTSS는 다수의 학생을 서비스하는 대규모 시분할 시스템이었다. 1960년대 중반 이후에는 비머가 예언한 시분할 비즈니스가 활성화된다. 사용자는 단말기를 임대하여 시분할 시스템을 사용한다. 인터넷이 없던 당시에는 전화 회선을 사용하였는데, 초당 고작 수십 문자를 주고받을 수 있을 정도였다. 그럼에도 불구하고 집에서 작업할 수 있게 된 사용자는 마냥 즐거웠다. 바야흐로 시분할이 대세인 시대로 접어들었다.

시분할은 CPU 시간을 일정한 크기로 나누어, 현재 접속하고 있는 여러 사용자를 번갈아 서비스하는 기법이다. 예를 들어, 1초를 1000개로 나누었다고 해보자. 컴퓨터에 로그인한 사람이 20명이라면, 컴퓨터는 이들을 돌아가면서 1/1000초씩 서비스한다. 한 사람 입장에서 보면 1/1000초 서비스받고, 19/1000초 쉬고, 1/1000초 서비스 받고, 19/1000초 쉬는 사이클을 반복한다. 실제로는 1초 동안에 1/20을 서비스 받고 나머지 19/20는 쉬는 셈이다. 컴퓨터에 접속한 사용자는 수치계산 프로그램을 실행하거나, 키보드로 입력하거나, 프린터로 출력하는 사람 등 다양할 것이다. 예를 들어 키보드로 입력하는 사용자의 경우, 제아무리 빨리 타이핑하더라도 컴퓨터에 비하면 턱없이 느리다. 따라서 대부분 사용자는, 컴퓨터 내부에서 시분할을 하고 있음에도 불구하고 마치 컴퓨터를 혼자 쓰고 있는 것처럼 느끼게 된다. 물론 컴퓨터 용량에 비해 너무 많은 사용자가 접속한 경우에는 컴퓨터의 응답이 느려져, 사용자가 시분할하고 있다는 사실을 눈치챌 수도 있다. 시분할은 CPU 시간을 일정하게 나누어 강제로 번갈아 서비스한다는 점에서, 입출력 명령이 발생했을 때만 CPU를 다른 프로그램에 양보하는 멀티프로그래밍과는 확연히 다른 기법이다.

시분할은 단순한 아이디어지만, 실현에는 난관이 많다. 여러 사용자의 프로그램을 메모리에 동시에 적재해야 하므로 충분한 크기의 메모리가 필수적이다. 다행히 당시 자기 코어 메모리 기술이 성숙하여 그런 정도의 성능을 갖춘 컴퓨터가 보편화되고 있었다. 여러 사용자의 프로그램뿐 아니라 운영체제가 메모리에 적재되므로 메모리 보호가 필수적이다. 즉 어떤 사용자의 프로그램이 자신의 메모리 영역을 넘어 다른 프로그램의 영역을 훼손하는 일을 방지하는 장치가 필수적이다. 이러한 필요성에 따라, CTSS는 IBM 7094의 하드웨어를 개조하여 사용하였다. 이 컴퓨터의 사양을 살펴보면 당시 하드웨어의 규격을 가늠할 수 있다. 이 컴퓨터는 32킬로워드(한 워드는 36비트) 용량의 메모리를 두 개 가졌는데, 하나는 CTSS 운영체제 프로그램을 저장하고 다른 하나는 사용자 프로그램을 저장하였다. 보조 기억 장치로는 186킬로워드 용량의 드럼을 가졌다. 드럼에 있는 내용(프로그램 또는 데이터)을 32킬로워드 메모리에 적재하는 데 1초가량 걸렸다. 이 적재 시간은 시분할 시스템의 성공을 좌우하는 매우 중요한 요소이다. 사용자는 문서 편집하다가 게임하고, 게임하다가 컴파일하는 식으로 수시로 작업을 바꾼다. 운영체제 개발자가 보기에 매우 변덕스러운 이런 사용자를 한 명도 아니고 동시에 여럿 서비스해야 하는 상황인 것이다. 문서 편집하던 사용자가 컴파일하는 작업으로 전환하면, 운영체제는 보조 기억 장치에 있는 컴파일러 프로그램을 메모리에 새로 적재해야 한다. 하지만 메모리 용량은 한정되어 있으므로 무작정 많은 프로그램을 적재할 수는 없는 노릇이다. 따라서 더 이상 안 쓰는 —또는 쓰이지 않을 것으로 추정되는—프로그램을 밀어내고 새로 필요해진 프로그램을 적재해야 한다. 이러한 일을 메모리 스와핑memory swapping이라 하는데, 시분할 상황에서는 스와핑 요청이 빈번하게 발생할 것이므로 메모리 적재 시간이 매우 짧아야 한다. CTSS는 스와핑에 1초가량 걸렸으니, 사용자는 쉽게 시분할하고 있음을 느꼈을 것이다. 그럼에도 불구하고 일괄 작업에 신음하던 프로그래머들은 감지덕지하였을 것이 틀림없다. 이후 하드웨어의 성능은 급속도로 좋아지고, 사용자가 시분할을 못느낄 정도의 명실상부한 운영체제로 발전해 나간다.

멀틱스는 성공했나?

MIT는 CTSS의 성공에 힘입어, AT&T의 벨 연구소와 제너럴 일렉트릭과 손잡고 1964년에 맥MAC 프로젝트를 시작한다. 맥 프로젝트의 주요 관심사는 멀틱스MULTICS(MULTiplexed Information and Computing Service)라는 시분할 운

매사추세츠 공과대학(MIT)의 스테이타 건물이다. 맥 프로젝트를 수행한 컴퓨터과학연구소는 2003년에 인공지능 연구소와 합쳐 컴퓨터과학 인공지능연구소CSAIL가 되고 이 건물에 새로 입주한다. 컴퓨터과학 인공지능연구소는 현재 MIT에서 규모가 가장 큰 연구소이다. 함석을 구겨놓은 것 같은 특이한 건물 외양이 강렬한 느낌을 준다.

영체제를 개발하는 일이었다. 이전의 CTSS가 시분할 아이디어가 실현 가능한지 알아보기 위한 것이었다면, 멀틱스는 시분할을 실용화하기 위한 것이었다. 멀틱스는 제너럴 일렉트릭이 생산하는 메인프레임 컴퓨터인 GE-645에서 개발되었으며, 향후에 상용화할 목적이었다. 멀틱스는 계층 파일 구조나 동적 링킹 따위의 새로운 개념과 기술을 여럿 담고 있으며, 이후 운영체제에 깊은 영향을 끼친다. 하지만 멀틱스는 실패한 운영체제라고 말하는 사람이 많다. 벨연구소는, 처음 예상과 달리 시스템이 너무 복잡해졌고 많은 예산을 소요한다고 판단하고 1969년에 프로젝트에서 발을 뺀다. 같은 해에 멀틱스의 첫 버전이 완성되는데, 이듬해인 1970년에 제너럴 일렉트릭은 멀틱스를 포함한 컴퓨터 사업부 전체를 허니웰에 매각하고 컴퓨터에서 손을 뗀다. 이후 멀틱스라는 상품은 허니웰이 판매한다. 이런 정황과 이후 전개 과정을 보면, 멀틱스는 분명 상업적으로 성공한 운영체제는 아니다.

멀틱스의 성공 여부에 대해서는 지금도 의견이 분분하다. 보는 관점과 입장 차이로 생기는 현상이다. 이러한 의견 충돌은 분명, 멀틱스에서 빠져나온 벨 연구소의 몇 사람이 만든 유닉스Unix라는 운영체제 때문일 것이다. 유닉스는 역사상 가장 성공한 운영체제로 평가받고 있으며, 현재 표준으로 자리 잡고 있다. 멀틱스는 유닉스가 드리운 짙은 그늘에 가려졌던 것이다.

"… 벨 연구소의 컴퓨터 부서는 1968~1969년에 약간 불안정하였다. 원인은 멀틱스 프로젝트에서 서서히 발을 빼고 있었기 때문이다. 처음 머릿속에 그렸던 만병통치약은 커녕, 쓸만한 시스템을 제때 공급하려던 일은 확실히 실패의 길로 접어들고 있었다."—데니스 리치, 「유닉스 시분할 시스템의 진화The evolution of the Unix time_ sharing system」(1979년, 시드니에서 열린 언어 설계와 프로그래밍 방법론 학술대회 논문)

"… 1965년에 벨 연구소는 '뭔가 숨기는' 듯한 태도로 멀틱스에 참여한다. 그리고 몇 년 후 철수한다. 그들의 목적은 벨 연구소의 연구원이 사용할 시분할 시스템을 확보하는 것이었다. 멀틱스는 계획된 시간 안에 완성되지 못했고 남은 일은 산더미 같았다. GE-645의 임대료를 지불할 뿐 아니라 유능한 연구원을 멀틱스에 투입한 벨 연구소는 언제 끝날지 모르는 프로젝트를 계속할 명분을 잃었다. 그들은 1969년에 철수한다. MIT는 GE를 인수한 허니웰과 함께 멀틱스 개발을 계속한다. MIT는 1969년 10월부터 비용을 지불하는 대학과 연구 그룹에 멀틱스 서비스를 시작하였고, 멀틱스는 그 후 20년가량 쓰인다. 허니웰과 협력 업체는 멀틱스를 위한 새로운 하드웨어를 1973년에 발표하고, 1980년 중반까지 판매한다. 허니웰은 멀틱스 판매를 통해 수억 불의 수입을 거둔다."—멀틱스에 대한 신화Myths about Multics(멀틱스 유저 그룹이 운영하는 멀티시언 웹 사이트[4]

벨 연구소의 경영진뿐 아니라 연구원들이 느끼기에, 멀틱스는 너무 많은 비용이 들고 너무 지체되고 있었다. 1968년부터 몇몇 연구원은 비록 비공식적이지만 다른 꿈을 꾸고 있었다. 이들 그룹은 켄 톰슨(Ken Thompson, 1943~, 미국), 데니스 리치(Dennis MacAlistair Ritchie, 1941~2011, 미국), 말콤 매클로이(Malcolm Douglas McIlroy, 1932~, 미국), 그리고 조셉 오산나(Joseph Ossanna, 1928~1977, 미국)였다. 이들은 CTSS와 멀틱스라는 당시로서는 획기적인 대화식 환경에 이미 익숙해졌다. 이제 다시 카드 뭉치를 꺼내 들 수 없는 노릇이었다. 이들은 이미 '버릇이 나빠져' 있었다. 멀틱스의 복잡함이 문제의 근원임을 잘 알고 있던 이들 넷은 간결함을 원칙으로 하는 새로운 시분할 운영체제를 만들기로 한다.

1969년에 이들은 연구소 측에 중형급 컴퓨터를 구입해 줄 것을 정식으로 요청한다. 하지만 연구소는 거절도 아니지만 승인도 안 하는 애매한 태도를 취한다. 한때 승인하는 듯하다가, 결국 '벨 연구소는 그런 식으로 사업을 하지 않는다'라는 호된 응답과 함께 기각해 버린다. 벨 연구소는 지긋지긋한 멀틱스 프로젝트에서 갓 발을 뺀 상태였다. 그런데 또 그런 일을 하겠다며 컴퓨터를 사달라니. 컴퓨터를 구입해달라는 요청은 순진한 발상이 아닐 수 없었다. 이러한 혼란스런 상황에서도, 톰슨과 리치는 운영체제의 핵심인 파일 시스템의 설계에 몰두한다. 새로운 운영체제에 대한 갈망이 무척 강했던 톰

4 http://www.multicians.org/myths.html

슨은 멀틱스 프로젝트에서 사용하던 GE-645 컴퓨터에서, 나중에 유닉스라는 이름을 얻게 되는 새로운 운영체제를 위한 파일 시스템을 완성한다. 톰슨은 여가 시간을 이용하여 태양계의 행성 운동을 시뮬레이션하는 우주여행SpaceTravel이라는 게임도 개발한다. 하지만 임대한 GE-645가 연구소에 머물 시간이 불과 몇 달뿐임을 깨달은 톰슨과 리치는 부랴부랴 대안을 찾아 나서야만 했다.

PDP-7에서 탄생한 유닉스

이들은 연구소 안에서 행운을 찾아낸다. 연구소 한쪽에서 놀고 있는, 우주여행 게임을 설치하기에 딱 맞는 컴퓨터가 눈에 띈 것이다. 다행히 눈독을 들이고 있는 사람이 아무도 없었다. 사실 방치되고 있었다. DEC에서 생산한 PDP-7으로 당시로서는 훌륭한 그래픽 단말기를 갖추고 있었다. 메모리는 8킬로워드(워드당 18비트)에 불과하였다. 곧바로 톰슨과 리치는 GE-645 컴퓨터에 설치되어 있는 우주여행 게임 프로그램을 PDP-7으로 이식하기로 마음 먹는다. 하지만 PDP-7의 프로그래밍 환경은 매우 열악하였다. 둘은 먼저 GE-645에서 PDP-7을 위한 교차 어셈블러를 개발한 후, 그것을 이용하여 PDP-7용 우주여행 게임을 만든다. 그리고 프로그램을 종이 테이프에 담아 PDP-7으로 옮기는 끔찍할 정도로 지루한 작업을 한다. 역설적으로 이러한 끔찍한 불편은 이들의 의지를 꺾기는 커녕, 편리한 운영체제와 편리한 프로그래밍 환경을 만들겠다는 마음을 더욱 굳혀준다. 톰슨은 종이에 그려두었던 파일 시스템을 PDP-7에서 구현하기 시작한다. 얼마 지나지 않아 파일 저장 구조와 함께 파일 복사, 삭제, 편집, 출력 등의 명령어가 완성된다. 또한 어셈블러를 완성하여 기초적인 프로그래밍 환경을 갖춘다. 곧이어 셸shell이라 불리는 명령어 해석기가 완성된다. 운영체제의 핵심인 커널이 만들어진 셈이다. 여기까지는 주로 GE-645에서 프로그래밍하고 결과를 PDP-7으로 옮기는 방식으로 작업을 하였다. 즉 PDP-7의 운영체제와 프로그래밍 환경은 배아 상태에 있었다. 하지만 커널을 갖춘 PDP-7은 그 자체로 프로그래밍 환경이 갖추어진 셈이다. 이제부터 PDP-7 자체에서 운영체제를 키워나갈 수 있게 되었다. 태반에서 갓 나온 갓난아기가 된 셈이다. 이렇게 1969년에 유닉스가 탄생한다.

1970년이 되자, 연구소의 다른 사람들이 유닉스를 기웃거리기 시작한다. 동료인 커니핸은 멀틱스의 다중을 뜻하는 Multi를 하나를 뜻하는 Uni로 바꾸어 Unics라고 부르자고 제안한다. 나중에 시분할이 완성되어 다중 사용자를 지원하게 되자 유닉스Unix라는 이름으로 굳어진다. 현재에 비하면 비록 원시적인 형태이긴 하지만, 유닉스를 탑재한 PDP-7은 당시 어느 컴퓨터보다 '편리한' 프로그래밍 환경을 갖춘 셈이었다. 톰슨과 리치는 연구소의 특허 부서가 문서 편집기를 필요로 한다는 정보를 입수하고, 문서 편집기를 만들어 준다는 조항을 포함시켜 컴퓨터를 구입해 달라는 제안서를 다시 제출한다. 둘은 조금 영악해졌다. 여전히 부정적인 견해가 있음에도 불구하고, 결국 이들은 PDP-11 컴퓨터를 손에 넣게 된다. 약속대로 이들은, 유닉스 개발을 잠시 멈추고 PDP-7에서 동작하던 문서 편집기를 기반으로 PDP-11에서 roff라는 문서 편집기를 개발하기 시작한다. 1971년 여름 경에 완성된 roff를 세 명의 타이피스트가 사용하기 시작한다. 이들은 고맙게도 유닉스의 베타테스터 역할을 해준 셈이다. roff는 당시 상업용 문서 편집기보다 기능이 뛰어난 것으로 판명되었고, 특허 부서는 유닉스와 roff를 채택한다. 유닉스를 공식적으로 인정해 준 것이다. roff는 오산나가 맡아 개발하였는데, 이후 커니핸이 개선하고 troff로 개명한다. 1971년에는 『유닉스 프로그래머 매뉴얼』이 출간된다. 유닉스는 성년이 된 것이다. 그후로도 유닉스는 기능과 성능 면에서 꾸준히 진화한다.

유닉스는 그 자체만으로 대단한 발명품이다. 그런데 유닉스는 부산물로서 또 다른 발명품을 인류에게 선물한다. 그것은 다름 아닌 C 언어이다. PDP- 7에서 유닉스를 개발할 초창기에는 프로그램을 모두 어셈블리어로 작성하였다. 어셈블리어는 프로그래밍 작업이 오래 걸린다. 더 큰 문제는, 어셈블리어는 기계에 종속적인 언어이므로 이식성을 확보할 수 없다는 사실이다. 즉 DEC의 PDP에서 개발한 어셈블리어 프로그램은 IBM 컴퓨터에서 사용할 수가 없다. 이런 문제를 인식한 톰슨은 고급어의 일종인 BCPL을 개조하

1999년, 유닉스와 C 언어를 개발한 공로를 인정받아 빌 클린턴 대통령으로부터 국가 기술상을 수상하는 톰슨(왼쪽)과 리치(중앙)이다.

여 B라는 언어를 만들고, B를 이용하여 유닉스 개발을 계속한다. PDP-11 컴퓨터를 손에 넣은 후, 리치는 B를 개선하여 새로운 언어를 만들고 C 언어라 부른다. C는 유닉스와 마찬가지로 간결한 특성을 갖는다. 이름조차도 간결하다. 유닉스는 C 언어로 전면 다시 작성되며, 결과적으로 유닉스는 이식성이 뛰어난 운영체제가 된다. 이후 C 언어는 운영체제뿐 아니라, 다양한 응용 프로그램을 작성하는 데 널리 사용되는 인기 있는 언어로 자리잡는다.

벨 연구소는 외부에 유닉스를 보급하기 시작한다. 특히 대학과 정부 기관에는 공짜로 공급하였다. 눈여겨 볼 대목은 오픈소스 방식으로 공급한 것이다. 유닉스를 받은 누구나 프로그램을 마음대로 볼 수 있었다. 게다가 새로운 명령어를 추가하기 쉬운 설계 구조를 가졌으므로, 개발자가 좋아하는 운영체제로 자리매김한다. 이런 이유로 유닉스는 대학에서 교육용으로 널리 사용되었으며, 유닉스의 열린 정신은 학생들을 끌어들인다. 1971~1973년에 버전 1, 2, 3, 4가 발표되며, 1975년에 버전 5와 6, 그리고 1979년에 버전 7로 발전한다. 이제 IBM을 포함한 여러 회사의 다양한 기종이 유닉스를 채택한다. 바야흐로 유닉스의 전성 시대가 개막한 것이다.

1980년대 들어, 벨 연구소는 난립하는 버전을 System V로 통일한다. 버클리 대학은 자체적으로 유닉스 호환 운영체제를 개발하고 BSD 유닉스라고 부른다. BSD에서 눈여겨 볼 점은 당시 통신 표준인 TCP/IP 프로토콜을 포함시켜 유닉스의 통신 기능을 향상시킨 것이다. 1980년에는 마이크로소프트가 개인용 컴퓨터에서 사용할 수 있는 유닉스 호환 운영체제로서 제닉스Xenix를 발표한다. 1982년에는, 버클리 대학의 대학원 학생일 때 BSD 유닉스 제작에 참여했던 빌 조이가 선마이크로시스템즈를 창업한다. 이 회사는 자사가 만든 워크스테이션 컴퓨터에서 사용할 유닉스 호환 운영체제를 개발하고 SunOS라 부른다. 애플 사도 유닉스의 중요성을 인지하고 Mac OS X을 개발하여 공급한다.

1980년대 중반 이후에는, 유닉스를 취급하는 기업들 간에 표준 선점을 위한 치열한 합종연횡이 발생하여 '유닉스 전쟁' 양상을 띤다. 이런 상황에서 AT&T는 유닉스의 모든 권리를 노벨이라는 회사에 판다. 이를 못마땅하게 생각한 리치는 에서가 동생 야곱에게 죽 한 그릇을 얻어 먹고 상속권을 포기한 성경 이야기에 비유한다. 이후 돈을 버는 데 실패한 노벨은 모든 권한을 OSF(Open Software Foundation)에 넘긴다. OSF는 1996년에 여러 기업의 연합체인 Open Group이 된다.

간결함, 공개 정신, 특정 기업에 종속되지 않음, 몸집이 작아 값싼 컴퓨터에서도 동작 가능함, 이식성이 뛰어남, 오픈소스를 누구나 쓸 수 있다는 점 등, 유닉스는 나름의 탄탄한 철학을 형성한다. 개발에 관여한 사람들의 이야기를 들어보면, 이런 유닉스 철학이 어디서 샘 솟았는지 실마리를 찾을 수 있다. 리치는 짧게 말한다. "좋은 일이라 생각하여 개발하였다." 그는 동료인 톰슨의 공을 치켜세우는 일도 잊지 않는다. "이 글에서 '우리'라는 단어는 '나(리치)에게 약간의 도움을 받은 톰슨'이라고 해석하면 맞다." 리누스 토르발스에게 왜 리눅스를 개발했느냐고 묻자 그는 대답한다. "그냥 재미로" 유닉스 철학은 이러한 정신에서 탄생한 것이다.

다음 그림은 유닉스의 가계로다. 참으로 복잡하다. 그만큼 유닉스가 끼친 영향력이 대단하다고 볼 수 있다.

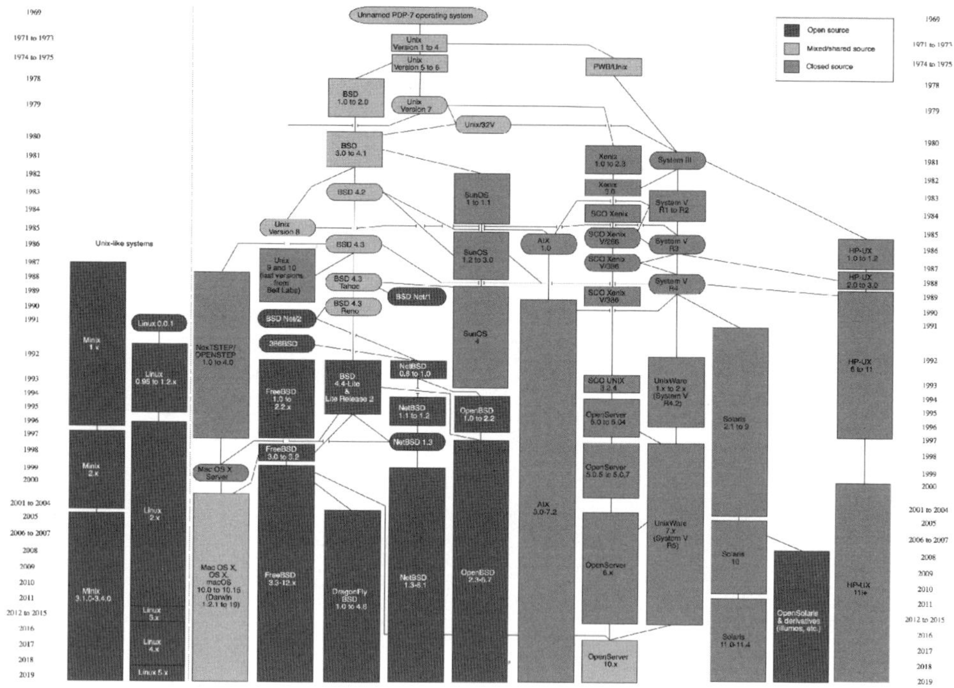

유닉스의 가계도(출처: https://www.levenez.com/unix)

CHAPTER

06

프로그래머의 약진

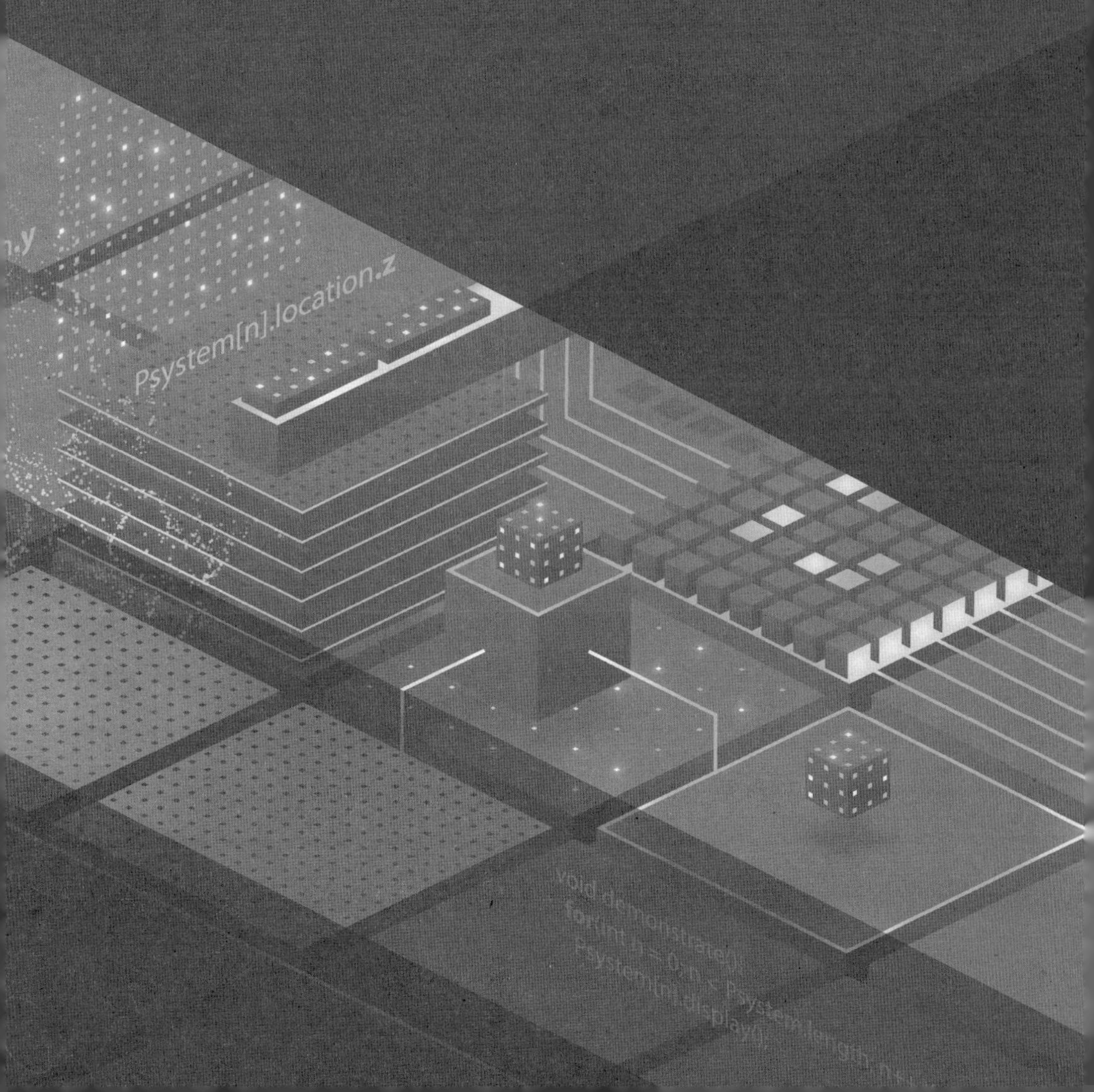

06

프로그래머의 약진

이번에는 두 사람과 고풍스러운 건물이 화면을 채우고 있다. 우아하게 단장한 아름다운 여인과 이목구비가 뚜렷한 남자. 분명 어느 시대의 컴퓨터 이야기 속 주인공이겠지만, 풍기는 분위기는 전혀 다르다. 누굴까? 게다가 고풍스러운 건물은?

바이런의 딸 에이다

교수님께서 칠판에 어떤 시구를 쓰신다. 둘 중 하나는 시인인가 보다. 아하… 누군지 알겠다.

> "She walks in beauty, like the night
> Of cloudless climes and starry skies;"
> 구름 한 점 없는 별이 총총한 밤하늘처럼
> 그녀는 아름답게 걷는다.

"에이다와 바이런이죠?"

"대단한 추리력이네. 내가 네 추리를 추리해 볼까. 누군가는 컴퓨터와 관련이 있을 테고, 누군가는 저 시를 지었을 테고… 결국 바이런의 딸이자 세계 최초의 컴퓨터 프로그래머인 에이다가 네 머리에 떠올랐겠지."

"맞아요. 에이다는 아버지를 닮았는지 코가 오뚝하고 눈이 아주 총명해 보여요. 아버지와 길은 다르지만 아버지의 영향을 많이 받았겠지요?"

"생물학적으로는 그렇지만 정서적으로나 교육적으로는 전혀 관련이 없단다."

"어찌 세계적인 시인의 딸인데… 게다가 컴퓨터 역사에 등장할 정도면 교육을 제대로 받았을 텐데요."

"바이런은 시인으로 유명하지만, 또한 방탕한 생활로도 유명하단다. 여성 편력이 많았으며, 심지어 한때 배다른 여동생을 사랑하여 그녀 사이에서 딸이 태어나는 광기를 부리기도 한다."

"혹 그 딸이 에이다…"

"그렇지는 않다. 에이다는 정식으로 결혼한 여인에게서 얻은 유일하게 합법적인 딸이란다. 에이다의 어머니는 바이런의 방탕을 견디지 못하고, 태어난 지 불과 1개월된 에이다를 데리고 떠나버린다. 곧이어 바이런도 영국을 떠나 유럽 곳곳을 전전하게 되어, 에이다는 평생 아버지를 한 번도 보지 못한단다."

"헉… 어머니의 교육이 훌륭했던 모양이네요."

"에이다는 어릴 적부터 병치레가 심해, 한때 실명 위기를 맞기도 하고, 평생 침대에 누워 살 형편에 처하기도 한다. 다행히 병에서 회복하게 되는데 병석에 누워서도 공부를 계속한 덕분에 수학적인 재능을 발견하게 된다. 그녀의 수학 스승 중에는 드 모르간도 있단다. 누군지 알지?"

"수학의 집합 단원에서 드 모르간의 법칙을 배웠는데, 그가 맞는지요?"

"맞단다. 그걸 보면 에이다의 어머니가 딸의 교육에 꽤 신경을 쓴 것을 알 수 있겠다. 에이다는 18세의 어린 나이에 지인의 소개로 배비지를 만나게 된다. 이때부터 에이다의 수학 실력이 발휘된단다."

"드디어 만났군요."

"에이다는 나중에 세계 최초의 컴퓨터로 평가되는 배비지의 해석 엔진을 완벽하게 이해했으며, 해석 엔진에서 수행할 수 있는 베르누이 수를 계산하는 프로그램을 작성한단다."

"그 프로그램이 지금까지 전해지나요?"

"당연하지. 그렇지 않다면 후손이 에이다의 공적을 알 도리가 없지? 인터넷에서 검색하면 그녀의 논문을 쉽게 구해 볼 수 있단다."

"역시 글이 중요하네요."

"그럼. 자신이 한 일을 글로 잘 정리하여 공식적인 매체에 발표하는 일의 중요성은 아무리 강조해도 지나치지 않다."

"글의 힘…"

"그녀는 18세부터 사교계에 데뷔하는데 아름다운 몸가짐으로 꽤 인기가 좋았다고 전해진다."

"재능과 미모…"

"결국 러브레이스 백작과 결혼하고 대저택에서 생활하게 된단다."

"대단하네요."

"뭐가?"

"그런 생활을 하는 귀족이 톱니바퀴로 만든 컴퓨터에 관심을 가지고 무언가를 이루어 냈다는 것이 평범하진 않은 것 같아요."

"잘 보았다. 게다가 당시에는 여자가 수학이나 기계공학에 관심을 갖는 것을 매우 이상하게 보았단다. 우리 조선 시대에 양반의 딸이 수 놓는 일을 팽개치고 천문학이나 의술에 빠져드는 것만큼이나 이상했겠지?"

"장금이가 생각나네요."

"인습에 찌든 시대에 불꽃 같은 삶을 산 장금이와 에이다…"

"게다가 총명하고 아름답다는 점도 같고요."

"에이다는 평생 만나보지 못한 아버지가 광기 어린 소문에 휩싸여 있었으니 그를 미워하지 않을 수 없었지. 하지만 아버지의 시는 끔찍이 사랑했던 모양이다. 그녀는 죽기 직전 아버지 곁에 묻어달라고 유언한다. 세 번째 사진이 부녀가 나란히 묻혀 있는 교회란다. 영국의 작은 도시인 허크날Hucknall에 있는. 영국에 가면 둘러볼 데가 하나 늘었지?"

"그래요. 시인과 세계 최초의 컴퓨터 프로그래머가 나란히 누워 있는 곳…"

프로그래밍이란?

운동회 프로그램은, 어떤 측면에서 바라보면 순차적인 명령어의 집합이라 할 수 있다. 특히 컴퓨터 프로그램에 비유하면 더욱 그렇다. 점심 식사 후에 줄다리기가 있고, 줄다리기가 끝나면 계주가 있고, 모든 경기가 끝나면 시상식이 있다. 종료 함성과 함께 프로그램 실행이 끝난다. 선택 명령어도 있다. 만일 비가 내리면 실내 경기로 대치하고, 시간이 지연되면 일부 경기를 생략하기도 한다. 반복 명령어도 있다. 5명이 한 조가 되어 100미터 달리기를 하는데, 모든 학생이 참여할 때까지 반복한다. 운동회 프로그램은 사람이 '작성'하고 사람이 '실행'한다.

운동회는 프로그램에 따라 실행된다. 컴퓨터 프로그램과 마찬가지로 순차, 반복, 선택 명령어로 짜여 있다. 운동회 프로그램은 사람이 작성하고 사람이 실행한다.

세계 최초의 컴퓨터 프로그램

프로그램을 스스로 작성하는 기계가 있는가? 단연코 말하건데, 인류는 아직 그런 지능적인 기계를 만들어내지 못했다. 사람이 작성해 준 프로그램을 실행하는 기계는 있는가? 그런 기계는 여러 종류가 있다. 일례로 전기 밥솥을 생각해 볼 수 있다. 사람이 단추를 눌러, 조리법을 선택한 후 예약 시간을 설정하는 행위를 프로그래밍으로 볼 수 있다. 밥솥이라는 기계는 프로그램을 충실히 실행해 준다.

인류가 만든 '프로그래밍이 가능한' 최초의 기계는 무엇일까? 재미있게도 그것은 조셉 자카드(Joseph Marie Charles Jacquard, 1752~1834, 프랑스)의 방직 기계이다. 이 기계는 종이 테이프에 구멍을 뚫어 원하는 패턴을 새기고 입력 장치에 걸어주면, 그에 따라 천에 무늬를 새겨준다. 이때 종이 테이프에 새겨진 패턴이 프로그램이고, 패턴을 만든 사람이 프로그래머인 셈이다. 프로그램 실행은 방직 기계가 한다. 자카드는 방직 기술을 혁신하기 위해 이 기계를 발명하였지만, 100여 년이 지난 후 의도하지 않은 컴퓨터 기술에 깊은 영향을 미친다.

자카드의 방직 기계다. 오른편에 있는 종이 테이프의 패턴(프로그램)에 따라 왼쪽 직물에 무늬가 새겨진다. 100여 년이 지난 후, 홀러리스는 이 아이디어를 데이터 처리에 활용한다.

1890년 홀러리스는 종이 카드에 구멍을 뚫어 '데이터'를 기록하는 펀치카드 장치와 펀치카드를 처리하는 표 작성기라는 기계를 발명한다. 표 작성기는 프로그램이 지정하는 명령어에 따라, 어떤 조건을 만족하는 카드의 개수를 세기도 하고 간단한 덧셈도 수행한다. 표 작성기는 단순히 세고 더하는 기능만을 가졌으므로 컴퓨터라고 볼 수는 없다. 하지만 분명 프로그래밍이 가능한 기계였다. 또한 천의 무늬가 아니라 데이터를 다룬다는 점에서 정보처리에 혁신을 일으킨 기계라 할 수 있다.

배비지는 세계 최초의 컴퓨터, 즉 프로그래밍이 가능한 계산 기계인 해석 엔진을 설계한다. 그는 1837년에 해석 엔진의 설계를 시작하여 1871년 죽을 때까지 해석 엔진에 매달린다. 배비지의 연구 활동에 가장 크게 성원을 보내고 실질적인 도움을 준 사람은 어거스타 에이다(Augusta Ada Lovelace, 1815~1852, 영국)라는 여성 수학자였다. 해석 엔진의 설계도를 완벽히 이해한 그녀는 베르누이 수를 구하는 프로그램을 작성하여 학계에 발표한다. 또한 다른 수학 문제도 풀 수 있음을 입증하여 해석 엔진이 범용 수치 계산용 기계임을 보인다. 그녀가 해석 엔진을 보는 시각은 수학 문제를 푸는 것 이상이었다. 비록 구체적인 방법은 제시하지 못했지만 음악 작곡에도 사용할 수 있다는 견해를 제시한다. 다음은 그녀의 글에서 발췌한 것이다.[1]

"… 해석 엔진은 숫자 이외의 것도 처리할 수 있을 것이다. 만일 그것이 해석 엔진의 동작 원리와 표기에 따를 수 있다면, 예를 들어 화음과 음조를 해석 엔진의 표기에 맞출 수 있다면 해석 엔진은 꽤 복잡한 곡을 작곡할 수도 있다"

해석 엔진에 대한 통찰력을 바탕으로 미래에 스스로 작곡하는 인공지능이 출현할 것을 예견한 주장이다.[2] 에이다는 아버지 바이런의 피를 이어받았는지 아름다운 문장으로 해석 엔진을 방적기와 연관짓는다. 다음은 그녀의 글에서 발췌한 것이다.

"… 자카드의 방적기가 꽃과 잎사귀를 짜주는 것과 같이 해석 엔진은 수치 패턴을 짜준다."

에이다는 세계 최초의 컴퓨터 프로그래머라는 영예를 안고 있다. 더불어 그녀가 작성한 베르누이 수를 구하는 프로그램은 세계 최초의 컴퓨터 프로그램이라고 평가된다. 미 국방성은 여러 언어로 작성된 국방 소프트웨어를 하나의 언어로 통일할 목적으로 새로운 프로그래밍 언어를 개발한다. 1979년 미 국방성은 에이다의 공적을 기려 언어의 이름을 에이다로 결정한

---

1 1842~1843년에 걸쳐 에이다는 메나브레아가 이탈리아어로 발표한 논문을 영어로 번역하고, 거기에 자신의 글을 덧붙인 후 발표한다. 덧붙인 글은 A부터 G절까지 있는데 베르누이 수를 구하는 프로그램은 G절에 있다. 음악에 관한 글과 방적기에 비유한 글은 모두 A절에 있다. http://www.fourmilab.ch/babbage/sketch.html에 접속하면 에이다의 논문 전체를 볼 수 있다.

2 현대 인공지능은 작곡을 한다. 인공지능이 작곡한 곡을 감상해 보려면https://magenta.github.io/listen-to-transformer/에 접속한다. 구글이 수행한 마젠타 프로젝트의 연구 결과이다.

다. 1994년 예일 대학에서 시작되어 컴퓨터 분야에 종사하는 여성들이 주축이 되어 운영하는 웹 사이트가 있는데, 에이다의 이름을 따 TAP(The Ada Project)라 부른다.[3] 배비지는 해석 엔진의 실물 제작을 시도하는데, 당시 정밀 기계공학의 낮은 수준과 정부의 소극적인 재정 지원으로 실패한다. 따라서 에이다의 프로그램은 실제로 실행되지는 못한다.

저급 언어

배비지와 에이다가 활동하던 시기를 지나 약 100년 후, 인류는 실물로 제작된 컴퓨터를 갖게 된다. 추제의 Z3(1941년), 에이컨의 마크 I(1944년), 모클리와 에커트의 에니악(1946년)이 컴퓨터의 새벽을 열었다. 컴퓨터 개척 시대에는 하드웨어는 남성이 맡고, 프로그래밍(소프트웨어)은 주로 여성이 맡았다. 그레이스 호퍼(Grace Murray Hopper, 1906~1992, 미국)는 예일대 수학과에서 박사 학위를 취득한 후 바사 대학의 교수가 된다. 그녀는 2차 세계대전 중 미 해군에 입대한다. 해군이 그녀에게 맡긴 작업은 하버드 대학의 마크 I 컴퓨터를 이용하여 선박 설계에 관한 계산을 하는 일이었다. 마크 I의 책임자인 에이컨은 호퍼를 프로그래밍 팀에 배속시켰으며, 그녀는 충실히 일을 해낸다.

1946년에는 펜실베이니아 대학의 무어 스쿨에서 세계 최초의 전자식 컴퓨터인 에니악이 탄생한다. 모클리는 같은 건물에서 미분 해석기를 사용하여 탄도 계산을 하던 여성 중에서 여섯 명을 프로그래머로 뽑는다. 그들은 캐슬린 맥널티(나중에 모클리의 부인이 된다), 제닝스, 스나이더, 웨스코프, 빌라스, 리히터만으로 초창기 컴퓨터 프로그래머로 활약한다.

그렇다면 이들 초창기 프로그래머들은 어떻게 프로그래밍 하였을까? 이들은 0과 1로 표현되는 기계 언어를 사용하였다. 게다가 당시 컴퓨터는 프로그램을 메모리에 저장하는 방식이 아니었으므로(즉 '저장 프로그램' 방식이 아니었으므로), 작성한 프로그램을 외부 장치에 저장하는 수밖에 없었다. 마크 I은 프로그램을 종이 테이프에 천공한 후 테이프 판독기에 걸어 주었고, 에니

3 http://www.cs.yale.edu/homes/tap/tap.html

악은 스위치와 케이블을 조작하여 프로그램을 입력하였다. 한마디로 1940년대 컴퓨터는 프로그래밍이 매우 어려웠다. 에니악의 경우 새로운 프로그램으로 변경하는 데 며칠이 걸리곤 했다. 요즘 용어로 말한다면, 소프트웨어 개발 생산성이 매우 낮았다. 사람들은 서서히 그간 소홀히 취급했던 프로그래밍의 중요성을 인식하기 시작한다. '컴퓨터를 어떻게 만들지?'라는 고민이 이제 '어떻게 프로그래밍을 쉽게 하지?'라는 문제로 바뀐 것이다. 그리고 '프로그래밍 언어'에 관심을 집중한다.

언어란 무엇인가? 언어는 약속이다. 사람이 사용하는 한국어, 프랑스어, 영어와 같은 자연 언어natural language는 사람 사이의 약속이다. 누구에게나 사과는 맛이 있는 과일을 뜻한다. 언어는 기호이다. 세상에 존재하는 물체나 추상적인 개념을 글자라는 기호를 이용하여 표현한다. 언어는 체계이다. 미리 정해진 문법에 따라 구문과 의미를 갖는다. 인류는 아주 많은 언어를 창안하여 사용하고 있다. 악보도 일종의 언어이다. 악보는 작곡가와 연주가 사이의 약속이며, 음표라는 기호를 사용하고 있으며, 오선에 음표를 그려 넣는 일정한 구문이 있으며 박자와 음정이라는 의미를 지닌다. 봉화도 언어이다. 연기 속에 약속과 기호와 체계가 들어있다.

악보나 깃발 신호 따위는 일종의 언어라 볼 수 있다.

컴퓨터를 프로그래밍하기 위해서는 사람(프로그래머)과 컴퓨터가 대화하는 데 쓸 언어가 필요하다. 컴퓨터로 다양한 문제를 풀어야 하므로, 프로그래밍 언어는 풍부한 명령어 집합을 제공해야 한다. 게다가 컴퓨터가 프로그램을 자동 처리할 수 있을 정도의 복잡도를 갖는 문법을 사용해야 한다. 우리가 일상에서 사용하는 자연어를 사용한다면, 프로그래머는 좋겠지만 컴퓨터는 해독하지 못한다. 컴퓨터에게 '수를 읽어 크기 순으로 나열하라'고 명령하면 좋겠지만 이런 언어를 이해하는 기술은 아직 없다.

컴퓨터는 0과 1을 표현하고 처리하는 회로의 집합체라 볼 수 있다. 이런 회로가 모여 23.8과 같은 실수도 표현하고 실수 간의 사칙 연산도 수행한다. 따라서 컴퓨터에 덧셈, 곱셈, 비교, 분기, 점프 따위의 명령을 내리려면 0과 1의 이진 코드binary code로 표현해야 한다. 예를 들면, 0001은 덧셈, 0010은 곱셈, 1000은 비교하라는 명령어instruction이다. 어떤 컴퓨터라도 이런 이진 코드로 된 명령어만 해독하고 실행할 수 있다. 이런 코드는 기계를 설계할 때 설계자가 정한다. 따라서 호환 기종이 아니라면 다른 기종의 명령어를 해독할 수 없다. 이런 이진 코드를 이용하는 언어를 기계 언어machine language 또는 줄여서 기계어라 부른다. 기계어로 작성된 프로그램은 컴퓨터 입장에서 보면 별도의 번역 작업 없이 처리할 수 있어 좋지만, 사람에게 기계어 프로그래밍은 무척 곤혹스런 일이 아닐 수 없다. 아래 맨 왼쪽에 있는 기계어 프로그램을 수천 또는 수만 줄 작성하는 일을 상상해 보라. 에니악이나 마크 I과 같이 1940년대에 만들어진 컴퓨터는 기계어로 프로그래밍하는 수밖에 없었다.

기계어 프로그램	어셈블리어 프로그램	고급어 프로그램
0001 0110 1000	ADD 4 18	X=A+B
0010 0111 0001	JUMP 110	IF(X<0) GOTO 10
…	…	…

컴퓨터 프로그래머를 이런 지루한 기계어 프로그래밍에서 해방시켜준 언어가 바로 어셈블리 언어assembly language이다. 어셈블리어는 기계어의 이진 코드를 영어식 기호로 일대일 대응시킨 언어이다. 덧셈을 뜻하는 코드 0001을 ADD라고 쓰는 식이다. 명령어를 쉽게 기억할 수 있어 프로그래밍 작업이 훨씬 간편해진다. 하지만 공짜는 없는 법이다. 사람은 편해졌지만, 기

계가 어셈블리어 프로그램을 이해하지 못하는 문제가 발생한다. 하지만 해결책은 간단하다. 어셈블리어 프로그램을 기계어 프로그램으로 번역해 주는 무엇인가가 있으면 된다. 이 번역 프로그램을 어셈블러assembler라 부른다. 물론 어셈블러는 기계어로 작성해야 한다.

어셈블리어는 프로그래머의 생산성을 획기적으로 향상시켜 주었다. 하지만 인간의 욕심은 자연스럽게 커진다. 이제까지는 삼각 함수나 미분 방정식을 계산하는 별개의 프로그램으로 만족하였는데, 이제 여러 가지 수학 기능을 제공하는 통합 프로그램에 대한 욕심이 생겨난다. 기술 개선과 사람 욕구는 맞물려 돌아가기 마련이다. 이제 프로그래머가 풀어야 하는 문제의 복잡도가 커져, 어셈블리어는 한계를 드러낸다. 게다가 컴퓨터 기종마다 명령어 종류와 메모리의 주소 체계가 다르기 때문에 기계어와 어셈블리어는 기계에 종속적이다. 다시 말해 어떤 기계에서 작성한 어셈블리어 프로그램은 다른 기종에서 실행할 수가 없다. 프로그램의 이식성portability이 매우 나빴던 것이다. 사람의 언어와 비슷하고 기계 독립적인 새로운 프로그래밍 언어가 필요해진 것이다.

코볼의 어머니이자
해군 장성인 호퍼

화면에 제복을 입은 할머니가 등장한다. 연세가 꽤 들어 보이는데… 제복 차림이 이채롭다.

"내친 김에 또 다른 여성 컴퓨터과학자에 대해 이야기해 보자. 궁금증이 가득한 눈으로 네가 보고 있는 분은 코볼의 어머니라 불리는 그레이스 호퍼란다."

"군인이었나 보네요."

"반평생을 해군에 몸담은 치열한 삶을 산 사람이란다. 호퍼는 명문 예일 대학에서 박사학위를 받고, 바사 대학의 수학과 교수가 된다. 당시 여성으로서 큰 영광이었겠지. 그녀는 교수 생활이 성에 차지 않았는지 연구년을 얻어 해군에 자원 입대한다. 그 후 바사 대학에서 정교수로 승진했음에도 불구하고 대학으로 돌아가지 않고 해군에 남는 어려운 결정을 한다."

"현명한 것 같아요."

"왜?"

"그런 선택을 하지 않았다면, 컴퓨터 역사에 기록되는 일은 없었을 테니까요."

"그렇구나. 그녀의 선택은 행운으로 이어진다. 해군의 정보 분과에 배속된 그녀는 하버드 대학에 파견되어 에이컨을 만나고, 그 후에는 모클리의 유니백 개발 팀에 소속된다. 컴퓨터 개척시대의 걸출한 인물들과 같이 일하는 기회를 얻은 셈이지. 어느 곳에서건 프로그래밍을 맡아 수행한단다. 그녀의 프로그래밍에 대한 전문성은 날로 깊어졌겠지."

"그것이 코볼의 밑바탕이 되는군요."

"바로 그거다. 1959년에 학계와 산업계의 유명한 사람들이 만나 표준 언어를 제정하는 일을 시작하는데, 호퍼가 만든 플로매틱이라는 언어를 토대로 삼기로 결정한다. 새로운 언어는 코볼이란 이름을 얻게 되고, 회의에 참석한 사람들은 호퍼를 코볼의 어머니라 부르기 시작한단다."

"결국 준비된 자가 기회를 잡네요."

"호퍼는 해군의 정보화에 혁혁한 공을 세우게 되고 승진을 거듭하여 해군 장성이 된다. 80세에 제대하는데, 당시 해군 장교 중에 최고령이었단다."

"그때 사진인 모양이네요."

"아마도… 그녀는 은퇴 후에 DEC이라는 회사의 자문관 역할을 하는데, 이때부터 제2의 인생을 살게 된다."

"그 나이에요?"

"그녀는 격식을 파괴하는 생동감 있는 강연으로 유명해진다. 컴퓨터 개척시대부터 1980년대까지 40년 이상을 컴퓨터에 종사하였으니… 게다가 해군의 전투 이야기를 곁들이면 얼마나 할 이야기가 많겠니. 한마디로 호퍼의 콘텐츠는 훌륭했다. 거기에 뛰어난 연설 실력을 더하고… 게다가 비주얼한 효과를 잘 쓴 것으로도 유명하다. 느낌은 완전 다르지만 스티브 잡스와 통한다고 할까."

"어떤 비주얼을?"

"그녀는 항상 해군복을 입고 연단에 섰단다. 스티브 잡스가 항상 청바지 차림으로 대중 앞에 나타나듯이. 호퍼는 위성이 지구 반대편으로 신호를 전송하는 데 시간 지연이 필연적으로 발생할 수밖에 없는 물리적인 한계가 있다는 점을 이해시키기 위해, 못쓰는 전선을 30cm가량으로 토막내어 청중에게 나누어 주곤 했단다. 빛의 속도가 3×10^{10}cm이니, 전선 토막을 통과하는 데 1 나노초(10억분의 1초)가 걸린다는 것이지. 거리가 그것의 백만 배가 되면 1밀리초(1000분의 1초)가 걸릴 테고."

"칠판에 수를 잔뜩 쓰는 것보다 훨씬 효과가 있을 것 같아요."

"호퍼는 거의 모든 강연에서 기립박수를 받은 것으로 전해진다. 80이

넘은 할머니에게 보내는 홀을 가득 채운 박수 소리… 그녀의 제2의 인생도 화려했다고 할 수 있지."

고급 언어

새로운 프로그래밍 언어는 우리가 일상에서 사용하는 언어와 비슷한 어휘와 문법을 사용해야 하며, 이미 익숙한 수학식을 표현할 수 있어야 한다. 또한 어떤 컴퓨터에서 작성한 프로그램은 다른 기종에서도 수행되어야 한다. 이와 같이 기계에 독립적이고 자연어에 가까운 프로그래밍 언어를 어떻게 만들 것인가? 이것이 1950년대 컴퓨터 분야에 종사하던 사람의 주요 고민거리였다.

구체적인 사례를 가지고 다시 생각해 보자. 입력 장치로부터 정수 세 개를 읽어 들이고, 앞의 두 개 정수 중 큰 것과 세 번째 정수를 더하여 출력하는 문제가 있다고 하자. 이 문제를 푸는 프로그램을 아래와 같이 쓸 수 있다면, 프로그래밍 작업이 획기적으로 쉬워질 것이 확실하다.

```
// 앞의 두 정수 중 큰 것을 찾고, 그것을 세 번째 정수와 더하는 프로그램
read a, b, c        // 세 개의 정수를 읽어, 각각 a, b, c라는 변수에 저장하라.
if(a>b) max=a       // 만일 a가 b보다 크면, a를 max에 대입하라.
else max=b          // 그렇지 않으면, b를 max에 대입하라.
answer=max+c        // max와 c를 더하여 answer에 대입하라.
print answer        // answer를 출력하라.
```

우선 사람에게 익숙한 수식을 사용하고 있다. 또한 if, else, read, print와 같이 자연어에 가까운 문장을 사용하고 있다. 사람에게 익숙한 논리 체계를 사용하기 때문에 프로그래밍이 쉬워진 것이다. 게다가 기계어와 어셈

블리어에서는 데이터가 저장되어 있는 메모리의 위치(주소)를 명령어에 지정해 주어야 하는데, 새로운 언어는 데이터를 변수에 저장하고 있다. 이런 방식의 언어를 고급 언어high-level language, 줄여서 고급어라 부른다. 상대적으로 기계어와 어셈블리어는 저급 언어라 부른다. 여기에서 저급과 고급을 나누는 척도는, 기계의 구체성을 얼마나 탈피했는 지를 나타내는 추상화 정도이다. 저급할수록 기계에게 유리하고, 고급으로 갈수록 사람이 이해하기 좋다. 고급어 프로그램은 컴퓨터가 이해하지 못하므로, 번역을 통해 기계어 프로그램으로 변환한 후 실행해야 한다. 번역을 담당하는 프로그램을 컴파일러compiler라 부른다.

세계 최초로 고급어를 만든 사람은 Z3 컴퓨터를 만든 독일의 추제다. 그는 1943~1945년에 플랑칼큘Plankalkül이라는 언어를 만든다. 1948년에 플랑칼큘에 대한 논문을 발표하지만 주목을 받지는 못한다. 게다가 추제는 플랑칼큘을 구현하지 못했다. 다시 말해, 플랑칼큘 언어를 기계어로 번역하는 컴파일러를 만들지 못한 것이다. 추제는 어떤 강연에서 플랑칼큘이 잠자는 숲속의 미녀가 그랬듯이 언젠가 잠에서 깨어나기를 바란다고 말한다. 2000년에 베를린 자유대학에서 컴파일러를 만들었지만, 플랑칼큘은 더 뛰어난 현대적인 언어에 밀려 실제로 쓰이지는 않는다. 추제의 바램과 달리 플랑칼큘은 영원히 잠든 미녀가 되어버린다.

초창기 언어, 포트란과 코볼

실제로 '널리 사용된' 세계 최초의 고급어는 1957년에 발표된 포트란FORTRAN(FORmula TRANslating)이다. 존 배커스(John Warner Backus, 1924~2007, 미국)는 젊은 시절 한때 화학과 의학을 공부했는데, 흥미를 잃게 되자 곧바로 IBM에 취업한다. 그는 701 기종의 어셈블러를 개발하는 프로그래밍 팀의 책임을 맡는데 이것을 계기로 프로그래밍 언어와 인연을 맺는다. 1953년에는 고급 언어를 개발하겠다는 제안서를 상사에게 제출하는데, 고급어의 필요성을 잘 알고 있던 IBM은 그의 팀을 적극적으로 지원한다. 배커스가 이끄는 연구 팀은 4년을 고생한 끝에 포트란 언어와 704 기종을 위한 컴파일러를 완성하여 1957년 4월에 세상에 내놓는다. 포트란 컴파일러는 기계어로 작성된 당시로서는 방대한 무려 2만 5천 줄이나 되는 프로그램이었다.

IBM은 포트란 컴파일러를 자기 테이프에 담아 고객에게 공급하기 시작한다. 이제 704 컴퓨터를 가진 기관은 포트란 컴파일러 덕분으로, 704의 내부에 은밀히 숨겨져 있는 메모리 구조와 주소 체계 따위의 하드웨어 상세를 몰라도 프로그래밍을 할 수 있게 된다. 당연히 704 기종의 판매가 호조를 띠게 된다. 이제 다른 컴퓨터 회사의 영업 사원은 고객에게 이런 질문을 받는다. "포트란 되나요?" 자연스럽게 다른 회사도 포트란을 주요 언어로 채택하고, 자신의 기계에 맞는 컴파일러를 만들어 배포한다. 결국 포트란은 인기가 치솟게 되고, 사실상 표준 언어로 자리잡는다. 포트란은 과학기술 분야의 문제를 푸는 데 적합하도록 설계되었다. 따라서 포트란은 1960~1970년대에 과학기술용 언어의 표준으로 행세한다. 포트란은 현대적인 프로그래밍 언어의 구문을 갖추었고 실제 컴파일러가 구현되었으며 시장에서 호평을 받았다. 따라서 세계 최초의 성공한 고급어라는 영예를 받을 가치가 충분하다.

인류에게 포트란이라는 고급언어를 안겨준 배커스이다. 1977년에 튜링상을 수상한다.

컴퓨터 고객 중 일부에서 새로운 불만이 싹튼다. 당시 포트란은 그들이 사용할 수 있는 유일한 고급어였는데, 과학기술 문제에는 적합하지만 이름, 주소, 계좌번호, 돈이나 시간 단위 따위를 주로 처리하는 비즈니스 용으로 매우 불편했다. 이러한 새로운 요구는 코볼이라는 언어를 탄생시키는 계기가 된다. 코볼의 태동은 호퍼로 거슬러 올라간다. 호퍼는 하버드 대학의 마크 I 팀에서 프로그래머로 일하다가, 1949년에 모클리와 에커트가 설립한 EMCC로 옮겨 프로그래밍을 담당한다. EMCC가 래밍톤랜드에 합병된 뒤에는, 래밍톤랜드에서 유니백을 위한 프로그래밍 언어를 개발하는 일을 맡는다. 그녀는 A 시리즈와 B 시리즈의 언어를 개발하는데, A는 Arithmatic의 첫 글자를 딴 것으로 과학기술용 언어이고, B는 Business의 첫 글자로서 비즈니스용 언어를 뜻한다. 호퍼는 1952년에 A-0라는 프로그래밍 언어와 컴파일러를 완성하는데, A-0는 세계 최초로 구현된 고급 언어가 된다.[4] 1958년에는 B-0 언어를 완성한다. 보통 B-0는 플로매틱FLOW-MATIC이라는 이름으로 불렸다.

1959년 4월에 비즈니스 분야에 적합한 언어를 개발할 목적으로 여러 업체의 대표와 대학 교수가 펜실베이니아 대학에서 회합을 가진다. 미 국방성의 지원을 받은 위원회는 1959년 12월에 코볼COBOL(COmmon Business_Oriented Language)이라는 언어를 발표한다. 코볼은 호퍼 개인이 만든 것은 아니지만, 그녀의 플로매틱에 큰 영향을 받았다. 따라서 위원회에 속한 누구도 호퍼를 코볼의 어머니라 부르는 데 반대하지 않았다. 코볼은 컴퓨터 비전문가가 보아도 대략 이해할 수 있도록 아래와 같이 영어 문장에 가까운 구문을 사용한다. 어떤 프로그래머는, 특히 과학기술 분야에 종사하는 프로그래머는 이러한 장황함에 질색하고 코볼에 등을 돌리기도 한다. 하지만 은행 전산실처럼 재정 문제를 주로 다룬다거나 병원 전산실처럼 행정 사무를 주로 다루는 곳에 근무하는 프로그래머로부터 크게 환영받았음은 말할 나위 없다.

```
IF EMPLOYEE_WORK_HOUR IS GREATER THAN NORMAL
```

과학기술 분야와 비즈니스 분야의 계산은 성격이 다르다. 과학기술은 입출력이 적은 반면 계산을 많이 한다. 예를 들어, 삼각 함수 sin(x)를 계산할 때, x 값을 읽어들인 후 수백 번의 반복 연산을 통해 답을 구한다. 이러한 특성을 갖는 작업을 CPU-집중이라 부른다. 반면 비즈니스 분야는 계산이 적고 입력과 출력 데이터가 많다. 사원 급여를 산정하는 경우 사원 각각에 대

4 호퍼는 세계 최초로 컴파일러를 완성한 인물이고, A-0는 컴파일러를 가진 세계 최초의 프로그래밍 언어이다.

해 직위, 근무 연수, 작업량, 이름, 부서, 사원 번호를 읽은 후 곱셈과 덧셈을 몇 개 정도 하면 된다. 이런 종류의 작업은 입출력-집중이라 부른다. 포트란은 CPU-집중 작업에 적합하고, 코볼은 입출력-집중 작업에 적합하다. 따라서 대체적으로 대학이나 연구소에 근무하는 사람은 포트란에 능숙한 반면, 기업 전산실에 근무하는 사람은 코볼에 능숙하였다.

1940년대와 1950년대 초반에 프로그래밍은 컴퓨터 센터에 근무하는 전문 프로그래머의 몫이었다. 하지만 컴퓨터를 보유한 대학, 연구소, 기업이 늘어나자, 교육을 받고 있는 학생이나 연구하는 교수와 연구원이 자신이 맡은 문제를 해결하기 위해 스스로 프로그래밍하는 사례가 점점 늘어나게 된다. 새로운 사용자 그룹이 형성되기 시작한 것이다. 그들에게 주어진 컴퓨터 사용 환경은 불편하기 짝이 없는 '일괄 처리' 방식이었다. 그들은 자신이 짠 프로그램을 펀치카드에 기록한 후 전산실에 제출하면 일정 시간 후에야 실행 결과를 받아볼 수 있었다. 1960년대는 새로운 양상이 나타난다. 대기업이나 큰 정부 기관이 보유한 메인프레임에 비해 성능은 떨어지지만 가격이 훨씬 싼 미니컴퓨터가 시장에 나왔다. 이들 미니컴퓨터는, 원격 단말기 앞에 앉은 사용자가 컴퓨터와 직접 '대화'할 수 있는 기능을 갖추고 대학과 중소 업체에 빠르게 공급되었다. 게다가 여러 사용자가 원격지에서 동시에 접속하는 경우 CPU 시간을 쪼개 번갈아 실행해 주는 '시분할' 방식을 지원하는 운영체제가 보편화된다. 이와 같이 하드웨어와 운영체제가 발전함에 따라, 새로운 프로그래밍 요구가 생겨난다. 포트란이나 코볼보다 쉽고 컴퓨터 전문가가 아니라도 다룰 수 있는 언어에 대한 욕구가 생겨난 것이다. 게다가 몇몇 사람은 개인용 컴퓨터가 등장할 것이라는 사실도 예견하고 있었다.

배우기 쉬운 언어, 베이직

1960년대 초에 다트머스 대학의 존 케메니(John George Kemeny, 1926~1992, 미국)와 토머스 커츠(Thomas Eugene Kurtz, 1928~, 미국)는 컴퓨터가 널리 쓰이게 되면 사람들이 좀 더 쉬운 프로그래밍 언어를 원할 것이라는 사실을 누구보다 먼저 깨달았다. 특히 케메니는 프린스턴 대학에서 공부하던 중에, 누구보다 컴퓨터를 많이 사용한 물리학자 아인슈타인과 파인만의 연구 조교를 하였으며 폰 노이만 아키텍처로 유명한 노이만의 가르침을 받았다. 자신의 박사 지도교수인 처치는 프로그래밍의 기본 원리에 관한 람다 계산법을 창안한 사람이었다. 이런 학문 분위기 속에서 케메니는 프로그래밍의 중요성을 누구보다 깊이 이해했을 것이고, 새로운 언어를 만들고자 하는 생각이 가슴 한 구석을 차지했을 것이다. 케메니와 커츠는 누구나 쉽게 쓸 수 있는 언어를 만들기로 작정하고, 초기 버전인 다심코DARSIMCO와 도프DOPE를 개발한다. 이후 이것을 개선한 베이직BASIC(Beginner's All-purpose Symbolic Instruction Code)을 완성하여 1964년에 발표한다. 문법이 간단한 베이직은 배우기 쉽다는 장점으로 인해 나오자마자 많은 사람의 사랑을 받는다. 1970 년대 들어서 베이직이 날개를 다는 환경이 만들어진다. 집적회로 기술 덕분으로 값이 싼 마이크로프로세서가 나오고 이로써 개인용 컴퓨터가 시장에 등장한 것이다. 개인용 컴퓨터를 공급하는 회사는 언어 구조가 단순하여 번역 프로그램이 메모리를 적게 차지한다는 장점뿐 아니라 배우기 쉬워 대중에게 사랑받을 것이라는 기대를 가지고 베이직을 기본 언어로 채택한다. 이러한 시장 전략은 제대로 먹혔으며 베이직은 가장 대중적인 언어로 자리잡는다. 특히 당시 하버드 대학의 학생이었던 빌 게이츠와 폴 앨런은 베이직 번역 프로그램을 만들었고, 곧이어 마이크로소프트라는 회사를 설립하고 베이직을 지렛대 삼아 회사를 키워 나간다. 1970~1980년대에 출간된 컴퓨터 잡지들은 앞다투어 베이직으로 작성한 게임 프로그램의 소스 코드를 부록으로 제공했는데 그것이 하나의 유행처럼 번졌다.

초보자들이 쉽게 배울 수 있는 베이직 언어를 개발한 커츠(왼쪽)와 케메니(오른쪽)이다. 이들은 사투리가 창궐하자 그런 류의 베이직을 거리의 베이직이라 폄하하고, 자신이 정의한 표준 베이직을 참 베이직(True BASIC)이라 부른다.

고급어로 작성한 프로그램을 원시 프로그램(소스 프로그램)source program 또는 원시 코드라 부르고, 그것을 번역하여 얻은 기계어 프로그램을 목적 프로그램 object program 또는 목적 코드라 부른다. 번역기는 컴파일러 방식과 인터프리터 방식이 있다. 컴파일러는 프로그램 전체를 번역한 다음 목적 코드를 가지고 실행한다. 반면 인터프리터는 한 줄을 번역하고 실행한 다음 그 다음 줄을 번역하고 실행하는 식이다. 인터프리터는 번역을 하면서 실행하므로 프로그램의 실행 속도가 느린 단점이 있다. 케메니와 커츠는 베이직의 번역기를 컴파일 방식으로 만들었는데, 다른 사람들은 대부분 인터프리터 방식으로 만들었다. 인터프리터가 만들기 쉽고 메모리를 덜 차지하기 때문이다. 따라서 베이직은 느린 언어라는 인식이 팽배해져 버린다. 게다가 전혀 예상하지 못했던 문제도 발생한다. 사투리를 가진 베이직이 많이 생겨난 것이다. 원래 베이직은 한 줄에 하나의 명령어만 쓰게 되어 있는데, 한 줄에 여러 명령어를 쓴다거나 없던 명령어를 지원하는 것 등 걷잡을 수 없을 정도로 많은 사투리 버전이 시장에 나온다. 이러한 이유로 컴퓨터 전문가 중에는 베이직을 경멸하는 태도를 보이기도 한다. 거기에 덧붙여 베이직은 간단한 프로그램을 만들 때는 간편하여 좋지만, 대규모 프로그램을 만드는 데는 분명한 한계를 드러내는 것도 한몫한다. 특히 데이크스트라는, 학생에게 베이직을 가르치는 것은 범죄 행위와 같다고 말하기도 한다. 베이직은 한때 인기가 시들해진다. 하지만 1990년대 들어 기사회생한다. 마이크로소프트가 비주얼 베이직Visual BASIC을 공급하기 시작한 탓이다. 이 언어는 베이직 구문을 따랐지만, 프로그래밍 환경이 매우 현대적이다. 간단한 명령어로 화면에 윈도우를 띄울 수 있으며 마우스로 아이콘을 끌어 명령을 내릴 수도 있는 비주얼 프로그래밍 환경을 제공한다. 지금은 초중고 학생이 주로 배우는 스크래치, 스마트폰을 위한 앱을 쉽게 만들 수 있는 앱인벤터 등에 밀려 잘 쓰이지 않는다.

구조적 프로그래밍이라는 패러다임의 등장

어떤 대상을 바라보는 사람들의 관점이 이전과 확연히 달라지면, 패러다임 paradigm이 바뀌었다고 말한다. 태양이 지구 주위를 돈다는 천동설이 지구가 태양 주위를 돈다는 지동설로 바뀐 것은 패러다임이 바뀐 것이다. 패러다임 변화가 몰고 오는 효과의 폭과 깊이는 매우 크다. 컴퓨터 프로그래밍에서도 패러다임 변화가 여러 번 찾아온다. 에츠허르 데이크스트라(Edsger Wybe Dijkstra, 1930~2002, 네덜란드)는 ACM 학회의 대표적인 학술 잡지 『Communications of the ACM』의 1968년 3월 호에 「GOTO 문은 해롭다GOTO statement considered harmful」라는 다소 색다른 제목의 논문을 발표한다. 이 논문의 요지는 GOTO 문을 많이 쓰면 명령어들이 서로 엉켜 에러 수정이나 재사용에 큰 장애가 된다는 것이다. 데이크스트라의 주장은 치열한 논쟁을 불러왔는데, 결국 그의 주장은 힘을 얻게 되고 구조적 프로그래밍structured programming이라는새로운 패러다임으로 발전한다. 그의 주장에 따르면, 컴퓨터가 나온 초창기에는 기계어와 어셈블리어만 있었고 이들 언어는 GOTO에 해당하는 JUMP 문이 필수적이기 때문에 프로그래머들이 GOTO 문의 사용에 익숙해져 버렸고, 고급어가 나온 이후에도 그 습성을 버리지 못한다는 것이다. 게다가 포트란, 코볼, 베이직 같은 초창기 언어도 GOTO 문의 해악을 제대로 이해하지 못해 GOTO 문을 자주 쓸 수밖에 없도록 설계되어 있다는 것이다.

아래 프로그램은 키보드에서 읽은 수를 변수 N에 저장한 후, 1+2+…+N을 계산하는 간단한 기능을 수행한다. 왼쪽에 있는 베이직 프로그램은 GOTO 문을 세 군데에서 사용하고 있다. 그런데 GOTO 문과 그것이 지정하는 문을 화살표로 연결해 보면, 입력, 계산, 출력 부분이 엉킨 것을 알 수 있다. 이러한 프로그램 코드를 면이 엉킨 모양을 빗대어 '스파게티 코드'라 부른다. 이 프로그램과 같이 단순하면 큰 문제가 아닐 수 있지만, 은행 온라인 프로그램이나 비행기 이착륙 제어 프로그램과 같이 수십만~수백만 줄의 복잡한 프로그램에서는 재앙이 될 가능성이 매우 높다. 요행히 옳게 동작하는 온라인 프로그램을 짜 놓았다 하더라도, 은행 업무에 변화가 생겨 프로그램을 수정해야 하는 경우 어느 곳을 어떻게 손대야 하는지 파악하는 일은 가히 재앙 수준이라 할 수 있다. 다른 말로 표현하자면, 프로그램의 유지보수가 불가능한 상황에 빠져버리는 것이다.

베이직 프로그램(비구조적 언어)	C 프로그램(구조적 언어)

10 READ N
20 IF N<1 GOTO 100
30 SUM=0
40 I=0
50 I=I+1
60 SUM=SUM+I
70 IF I<=N GOTO 50
80 PRINT SUM
90 STOP
100 PRINT "0보다 큰 수를 입력하세요."
110 GOTO 10
	scanf("%d", &N); // 입력
	while (N<1) {
	    printf("0이상을 입력하세요.\n");
	    scanf("%d", &N);
	}
	
	SUM=0; // 계산
	I=0;
	while(I<=N) {
	    SUM=SUM+I;
	    I=I+1;
	}
	
	printf("%d\n", SUM); // 출력

오른쪽 코드는 C 언어로 작성한 것이다. 크게 입력, 계산, 출력의 세 부분으로 구성되어 있고, 이들 세 덩어리가 위에서 아래로 물 흐르듯이 데이터를 주고 받는 관계임을 볼 수 있다. 프로그램이 '좋은 구조'를 가진 것이다. 이렇게 순차, 선택, 반복이라는 세 가지 명령만을 사용하여 좋은 구조를 가진 프로그램을 작성하자는 생각이 바로 구조적 프로그래밍의 핵심이다. 구조적 프로그래밍 패러다임이 정착된 뒤에 나온 파스칼, C, 에이다 등의 언어는 모두 이 철학을 충실히 따른다. 프로그래머의 습성도 언어에 따라 바뀌게 된 것은 두말할 나위 없다.

구조적 프로그래밍 원칙에 가장 모범적이라는 평가를 받는 파스칼 언어를 창안한 비르트이다. 1994년에 튜링상을 수상한다.

니클라우스 비르트(Niklaus Wirth, 1934~, 스위스)가 개발하여 1970년에 발표한 파스칼 언어는 구조적 프로그래밍의 철학을 가장 충실히 따른 것으로 평가된다. 원래 파스칼은 학생에게 프로그래밍을 교육하는 데 사용할 목적으로 개발했는데, 인기를 끌어 산업계에서도 널리 사용하게 된다. 1970년 대와 1980년대 초반에는 많은 대학이 신입생을 대상으로 파스칼을 가르쳤다. 하지만 C 언어가 상승세를 타면서 서서히 자리를 내주게 된다.

벨연구소에 근무하던 켄 톰슨(Ken Thompson, 1943~, 미국)과 데니스 리치(Dennis MacAlistair Ritchie, 1941~2011, 미국)는 돈이 많이 든다는 이유로 연구소가 멀티스Multics라는 운영체제의 개발을 포기하자 크게 실망한다. 둘은 멀티스를 개선한 새로운 운영체제를 만들기로 마음먹는다. 이렇게 탄생한 운영체제가 바로 유닉스이다. 이들은 PDP-7이라는 미니컴퓨터에서 어셈블리어로 프로그래밍했는데, 이식성이 떨어지는 문제를 고민한다. 결국 고급 언어로 다시 프로그래밍하기로 했는데, 당시 사용 가능한 언어 중에 마땅한 것이 없었다. 운영체제는 거의 모든 하드웨어 요소에 접근할 수 있어야 하는데, 포트란이나 코볼 같은 언어는 하드웨어에 접근하는 기능이 무척 약했다. 톰슨은 하드웨어 접근이 강력한 B라는 언어를 새로 개발하고, 그 언어로 운영체제를 다시 프로그래밍하였다. 리치는 B 언어를 개선한 C 언어를 1972년에 세상에 내놓는다. C는 파일 시스템이나 메모리를 직접 접근하는 기능을 가지고 있어, 어떤 사람은 C를 저급 언어라 말하기도 한다. 하지만 C는 저급 언어의 일부 특성을 제공하는 고급 언어라고 말하는 것이 정확하다. C 언어는 세상에 나오자마자 급속도로 인기를 끌었고, 지금은 대학의 컴퓨터학과 대부분이 신입생에게 C 언어를 가르치고 있다. 또한 많은 비율의 소프트웨어가 C로 작성되어 있다. C가 인기를 끈 데에는 유닉스의 배경이 절대적이다. 톰슨과 리치가 C 언어를 가지고 만든 유닉스는 가장 성공한 운영체제가 되었던 것이다. C는 하드웨어 접근성이 좋음에도 불구하고 이식성이 뛰어나다. 또한 컴파일하여 얻은 기계어 코드가 매우 빨라 효율적인 언어로 정평이 나 있다. 그리고 MP3, 핸드폰, 자동차 따위의 기계의 깊숙한 곳에 들어가는 임베디드 소프트웨어 대부분이 C 언어로 작성되고 있다.

객체지향이라는 패러다임의 등장

지금까지 나온 언어는 모두 절차적 언어procedural language이다. 이들 언어에서 프로그래머는 명령어를 '어떤 순서로' 실행할지에 정신을 집중한다. 1980년대 들어 객체지향이라는 새로운 패러다임이 탄생하고, 결국 객체지향 언어object-oriented language로 발전한다. 이 패러다임에서 프로그래머는 객체를 중심으로 생각한다.

<table>
<tr><th>C 프로그램(절차적 언어)</th><th>C++ 프로그램(객체지향 언어)</th></tr>
<tr><td>

```
int start_x, start_y; // 직선
int end_x, end_y;
...
draw_line(...){...}
line_length(...){...}
...

int center_x, center_y; // 원
int radius;
...
draw_circle(...){...}
circle_area(...){...}
...
```

</td><td>

```
class line { // 직선
    int start_x, start_y;
    int end_x, end_y;
    ...
    draw(..) {...}
    length(...){...}
    ...
};

class circle { // 원
    int center_x, center_y;
    int radius;
    ...
    draw(..) {...}
    area(...){...}
    ...
};
```

</td></tr>
</table>

간단한 그림을 그릴 때 유용한 그림판 프로그램을 작성한다고 생각해 보자. 위에 있는 프로그램은 선분과 원을 다루는 부분만 떼내어, 상세한 코드는 생략하고 골격만 보여준다. 왼쪽은 C 언어로 작성한 코드이다. 직선의 양 끝점을 저장하는 변수, 직선을 그리는 함수와 길이를 구하는 함수가 있다. 또한 원을 위한 변수와 함수가 있다. 여기에서는 서로 관련 있는 변수와 함수가 한 몸체를 이루지 못하고, 단지 가까이 위치시킨 것으로 서로의 관련성을 나타낸다. 이런 구조에서 프로그래머는 항상 어떤 변수가 어떤 함수와 관련이

있는지 주의 깊게 살펴야 한다. 수십만~수백만 줄의 복잡한 프로그램에서 이런 일은 프로그래머에게 큰 부담이 아닐 수 없다. 만일 새로운 프로젝트가 시작되었을 때, 기존 수십만 줄의 프로그램에서 원을 다루는 부분만 떼어 재활용하는 일은 그리 쉽지 않을 것이다. 종종 새로 작성하는 것이 더 빠를 수 있다. 한마디로 재사용성reuse이 나쁘며, 결국 소프트웨어의 개발 생산성을 떨어뜨리는 주요 원인이 된다.

오른쪽은 객체지향 언어인 C++로 작성한 코드이다. 직선과 원 각각에 대해 클래스class를 이용하여 변수와 함수를 한 덩어리로 묶었다. 이제 line이라는 타입을 가지는 객체object는 두 점의 좌표를 나타내는 데이터뿐 아니라 그 데이터에 적용할 함수를 소유하고 있다. 이제 프로그래머는 어떤 객체가 있는지, 객체는 어떤 함수를 가지고 있는지 한 눈에 알아볼 수 있다. 새로운 프로젝트에서 원을 다루는 기능이 필요하다면 class circle 덩어리만 복사해 가면 된다. 재사용성이 월등히 향상된 것이다.

객체지향 개념을 최초로 도입한 언어는 1967년에 발표된 시뮬라Simula이다. 시뮬라는 실제 세계에 나타나는 현상을 시뮬레이션하는 데 사용하려고 만들었는데, 클래스를 포함하여 여러 가지 객체지향 개념을 지니고 있다. 1963년에 MIT의 서덜랜드는 화면에 있는 도형 아이콘을 라이트펜으로 끌어 그림을 그릴 수 있는 세계 최초의 대화식 그래픽 시스템인 스케치패드Sketchpad를 구현한다. 스케치패드는 비록 언어는 아니지만, 표준 도형으로부터 실제 도형을 원하는 만큼 생성해 낼 수 있다는 점에서 객체지향 개념을 내포하고 있다. 이러한 개념과 아이디어를 결집하여 객체지향 언어를 완성한 사람은 앨런 케이(Alan Curtis Kay, 1940~, 미국)이다. 1970년대는 개인용 컴퓨터를 어떻게 만들지 여러 연구소와 회사가 고민하던 시기였는데, 제록스 팰로앨토 연구소PARC에 근무하던 케이도 그런 사람 중의 하나였다. 그는 플렉스Flex라는 개인용 컴퓨터 모형뿐 아니라 어린아이가 들고 다닐 수 있는 키디콤KiddiKomp이라는 컴퓨터도 설계한다. 케이는 이런 종류의 컴퓨터에서는 누구나 자신이 가진 생각을 쉽게 프로그램으로 옮길 수 있어야 한다고 생각하고 새로운 프로그래밍 언어를 꿈꾼다. 그는 시뮬라 언어와 스케치패드 시스템에서 영감을 얻어 새로운 언어를 개발하는데 그것이 바로 1972년에 세상에 나온 세계 최초의 객체지향 언어인 스몰토크Smalltalk이다. 객체지향이라는 용어를 만들어낸 사람도 다름 아닌 케이였다. 스몰토크는 객체지향 원칙을 가장 잘 지킨 것으로 유명하다. 프로그래밍의 새로운 물줄기를 만든 스몰토크는 명성에 비해 널리 쓰이지는 않았다. 게다가 1980년대 초에 C 언어에 객체지향 기능을 추가한 C++ 언어가 나오는 바람에, 객체지향의 원조 자리는 유지하지만 대표 자리는 내주게 된다.

객체지향 언어인 스몰토크를 창안한 케이(왼쪽)와 C++를 창안한 스트롭스트룹(오른쪽)이다. 케이는 2003년에 튜링상을 수상한다.

C++는 비야네 스트롭스트룹(Bjarne Stroustrup, 1950~, 미국)이 1979년에 개발을 시작하여 1983년에 완성한 객체지향 언어이다. 이 언어는 C 언어를 기반으로 삼았기 때문에, C의 모든 것을 포함한다. 현재 대학과 산업계에서 절차적 언어로는 C, 객체지향 언어로는 C++가 가장 널리 사용되고 있다. 사실 C 언어에서는 while이나 for 루프 속 아무 곳에서나 break 문으로 빠져나올 수 있어, '하나의 입구에 하나의 출구'라는 구조적 프로그래밍의 일부 원칙을 어기고 있다. C++는 C의 특성과 객체지향 특성이 결합된 불완전한 객체지향 언어이다. 이에 비하면 파스칼은 구조적 프로그래밍의 원칙을 가장 모범적으로 따르고 있고, 스몰토크는 객체지향 원칙을 충실히 따르고 있다. 그럼에도 불구하고 파스칼보다 C, 스몰토크보다 C++가 대학과 산업계를 지배하고 있는 사실은 역설적이다. C와 C++의 배후에 유닉스라는 운영체제가 있고, 이들 언어가 하드웨어를 직접 다룰 수 있는 저급 언어의 특성을 지닌 것이 가장 큰 이유일 것이다.

실패에서 건진 언어, 자바

실패에서 건진 언어를 꼽으라면 단연 자바Java이다. 자바는 제임스 고슬링(James Gosling, 1955~, 캐나다)이 1995년에 발표한 객체지향 언어이다. 1990년 선마이크로시스템즈는 향후에 핸드폰, TV 셋톱박스, 가전 기기들이 네트워크로 연결되고, 그로 인해 데이터뿐 아니라 '실행 가능한 프로그램 코드'를 주고받는 융합 시대가 올 것을 예측하고 그린 프로젝트라는 이름의 미래지향적이고 야심찬 프로젝트를 시작한다. 고슬링은 그린 프로젝트에서 프로그래밍 언어 부문을 맡았다. 그 일은 서로 다른 이기종 기기들을 다루어야 하는 만큼 다양한 조건을 고려해야 하는 만만치 않은 작업이었다. 네트워크를 타고 이동하는 프로그램 코드가 서로 다른 기종에서 실행되어야 하므로 기계어로 된 목적 코드를 주고 받을 수는 없는 노릇이다. 그렇다고 C나 C++로 작성된 원시 코드 자체를 주고 받을 수도 없다. 고슬링은 이러한 상황을 돌파하기 위해, 목적 코드와 원시 코드의 중간 형태인 바이트 코드byte code를 생성하고 그것을 주고받기로 마음먹는다.

면밀한 검토 끝에 C 언어는 이러한 목적에 적당하지 않다고 판단하고 새로운 언어 오크Oak를 개발한다. 이제 케이블 TV의 셋톱박스를 지원하는 회사는 자신이 운영하는 서버에 오크 프로그램을 컴파일하여 얻은 바이트 코드를 올려 놓는다. 고객은 서버로부터 자신의 셋톱박스에 바이트 코드를 내려받는다. 셋톱박스에 설치되어 있는 가상 머신virtual machine은 바이트 코드를 실행한다. 가상 머신은 바이트 코드를 기계어 코드로 번역해 주는 인터프리터이다. 이제 오크는 가상 머신을 가진 어떠한 기기에서도 실행될 수 있는 환경이 조성된 것이다. 고슬링은 보안에도 신경을 썼다. 자칫 악성 코드를 내려받을 수 있으므로, 가상 머신이 반드시 보안 점검을 하도록 조치하였다. 고슬링은 오크가 C와 C++의 문법 체계를 이어받도록 하였는데, 단순함을 위해 포인터나 다중 상속과 같은 기능을 과감히 빼 버린다. 그린 프로젝트는 1992년에 끝나고, 회사 내부에서 성공적인 결과로 인정받는다. 선마이크로시스템즈는 이 결과를 가지고 야심만만하게 비즈니스 영역을 개척하기로 한다. 먼저 워너브라더스의 케이블 TV의 셋톱박스에 설치하는데, 예상외로 시

자바 언어를 개발한 고슬링과 자바 로고이다. 자바는 컴퓨터 간에 (또는 전자 기기 간에) '실행이 가능한' 코드를 주고 받음으로써, 이전에 하지 못했던 꽤 유용한 일을 하는 아이디어를 담고 있다.

장에서 냉혹한 대접을 받는다. 시대를 너무 앞서간 탓일까? 이로써 오크를 포함한 그린 프로젝트의 결과는 사장될 위기를 맞는다.

그때 기적같이 웹web이 등장한다. 최소한 고슬링에게는 기적이었을 것이다. 웹 이전의 인터넷 서비스는 단지 데이터를 전달해 주는 기능만 담당하고, 전달된 파일의 해석은 사람이 담당해야만 했다. 하지만 웹이라는 새로운 인터넷 서비스는 HTML이라는 스크립트 언어로 작성된 코드를 주고 받는데, 모자이크나 넷스케이프와 같은 웹 브라우저가 HTML 코드를 해석하여 화면에 멋진 그림을 그려준다. 게다가 하이퍼링크가 걸린 곳을 클릭하면 연결되어 있는 페이지로 자동 전환해 준다. 인터넷에 새로운 세상이 창조된 셈이다. 고슬링을 포함하여 그린 프로젝트를 수행한 멤버들에게 웹은 가뭄에 단비와 같았다. 이들은 기회를 놓치지 않는다. 이들 눈에, 이기종 가전 기기가 네트워크를 통해 HTML 프로그램을 주고받는 일과 인터넷에 연결된 서로 다른 기종의 컴퓨터가 오크 프로그램을 주고 받는 일은 매한가지였다. 게다가 이들이 보기에 당시 웹은 절반의 성공에 불과하였다. 왜냐하면 HTML 코드는 화면에 디스플레이할 문자와 그림, 그리고 그것들이 나타날 모양만 지정하는 정적인 코드였던 것이다. 당시 웹은 '실행 가능한' 프로그램 코드를 내려받는 기능은 없었던 것이다. 이들의 생각은 HTML의 정적인 서비스에 오크의 동적인 기능을 추가하면 웹이 날개를 다는 꼴이 된다는 것이었다. 고슬링은 오크를 자바라는 이름으로 바꾼다. 그리고 모자이크와 넷스케이프를 공급하는 회사를 설득하여, 자바 기능을 추가하는 계약을 성사시킨다. 1994년말 자바 1.0 알파 버전이 웹에 공개되고, 1995년에 자바 1.0 정식 버전이 서비스되기 시작한다. 예상대로 자바는 웹에서 인기가 폭발한다.

자바는 범용 고급 언어의 면모를 갖추고 있다. 따라서 웹 프로그램뿐 아니라 다양한 기능의 프로그램을 개발하는 데 널리 쓰인다. 이런 이유로 자바로 작성된 일반 프로그램과 구별하기 위해 웹에서 사용하는 바이트 코드를 자바 애플릿Java Applet이라 부른다. 온라인 뱅킹을 할 때 자바 애플릿을 설치하라는 요청을 받은 경험이 있을 것이다. 이때 예를 누르면, 자바 애플릿이 내 컴퓨터에 설치된다. 이 프로그램은 개인 인증 또는 보안 따위에 필요한 기능을 해준다. 마이크로소프트는 1996년에 액티브엑스ActiveX를 시장에 내놓는데, 액티브엑스 콘트롤은 자바 애플릿과 비슷한 기능을 한다. 액티브엑스는 마이크로소프트가 공급하는 익스플로러에서만 작동하는데, 모자이크와 넷스케이프가 시장에서 약해지고 익스플로러가 시장을 석권하는 바람에 지금은 자바 애플릿보다 액티브엑스가 더 많이 사용되고 있다.

1990년대 이후에는 프로그래밍 언어에 패러다임 변화라 볼만한 혁신이 나타나지 않았다. 이 시대의 특징이라면, 웹의 활성화와 맞물려 웹 언어가 여럿 등장한 것이다. 전자 상거래, 웹 기반 행정관리 시스템, 온라인 뱅킹, 전자 정부 등이 구상되었으며, 이러한 웹 서비스를 구현하기 위한 신종 언어가 여럿 등장한다. 이런 언어는 대부분 스크립트 언어로서 펄Perl, PHP, 파이썬Python 등이 있다. 이러한 언어를 이용하여 웹 시스템을 개발하기 위해서는 여러 환경을 갖추어야 하는데, 독일의 쿤제는 이런 일이 모두 무료로 쓸 수 있는 공개 소프트웨어로 충분함을 알리기 위해 램프LAMP라는 용어를 만들어 퍼뜨렸다. 운영체제는 리눅스Linux, 웹 서버는 아파치Apache, 데이터베이스 MySQL는, 그리고 웹 언어는 펄(또는 PHP나 파이썬)을 쓰면 충분하다는 뜻이다. 고맙게도 돈을 전혀 들이지 않고 웹 서비스를 개발할 수 있는 것이다. 또 다른 큰 변화는 파이썬의 등장이다. 1991년에 귀도 반 로섬이 개발한 파이썬은 다른 언어에 비해 배우기 쉽고 사용 가능한 라이브러리가 많다는 장점에 따라 가장 널리 쓰이는 언어 반열에 올랐다. 특히 인공지능 프로그래밍에서 가장 널리 쓰이는 언어로 자리매김하였다.

성경에 나오는 바벨탑 이야기는 매우 인상적이다. 하늘 나라에 도달하기 위해 점점 높이 탑을 쌓아가는 인간을 훼방 놓기 위해 하나님이 취한 행동은 기발하였다. 부족끼리 언어를 다르게 만들어 버린 것이다. 벽돌을 달라는데 나무를 주고, 쉬자는데 일하기 시작하고, 결국 서로 손발이 맞지 않는 일이 벌어져 인간의 야심적인 프로젝트는 허망하게 무너져 버린다. 컴퓨터 프로그래밍 언어도 비슷한 현상이 벌어진다. 언어의 종류도 많을 뿐 아니라 같은 언어도 버전이 여럿 있다. 심지어 컴파일러를 제공하는 회사는 프로그래머가 편리하게 사용할 수 있는 새로운 기능을 멋대로 추가하여 사투리가 창궐하는 일이 벌어지기도 한다. 이런 컴파일러에서 작성한 프로그램은 표준을 벗어나기 때문에 다른 기종에 가져가면 컴파일 자체가 안 되거나 컴파일은 되더라도 수행 결과가 다르게 나오는 위험을 안고 있다. 사투리가 가장 많이 등장한 언어 중의 하나는 베이직이다. 베이직을 개발한 케메니와 커츠는 이러한 현상을 개탄하며, 사투리 베이직을 거리의 베이직이라 경멸하기도 하였다. 다음 그림은 프로그래밍 언어의 가계도이다. 여기에 등장하지도 못하고 퇴출된 언어도 아주 많다.

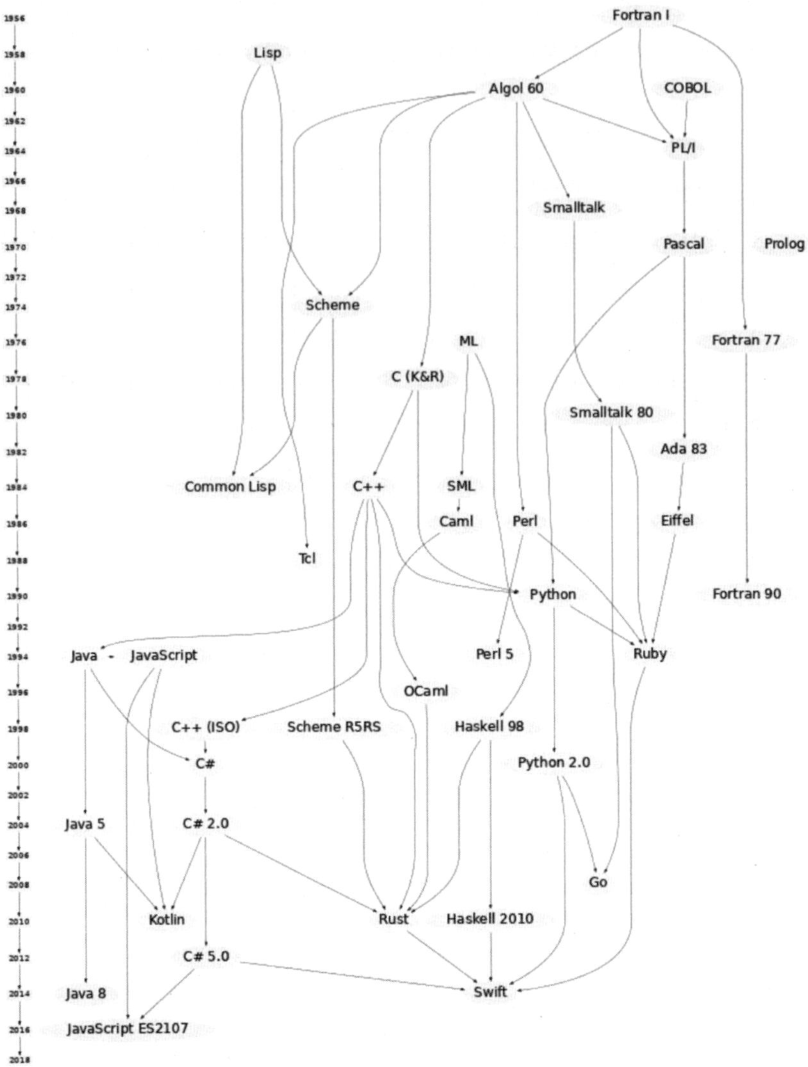

프로그래밍 언어의 가계도 (출처: https://www.levenez.com/lang)

CHAPTER

07

더 작고 빠르게, 그러나 더 싸게

07

더 작고 빠르게, 그러나 더 싸게

오늘은 특별한 임무가 있다. 담임 선생님께서 부탁하신 일인데, 잘 될지 모르겠다. 좋은 일인데 뭐. 당당하자.

"안녕하셨어요? 오늘은 부탁드릴 말씀이 있는데…"

"뭘까? 긴장한 걸 보니 뭔가 단단히 벼른 일이 있는가 보구나."

"다름이 아니라, 우리 반에 한번 오실 수 있는지?"

"너희 반에? 무슨 일로?"

"교수님과 컴퓨터 역사 공부한단 말을 하니, 선생님께서 우리 반에 오셔서 아이들에게 강연을 해주시면 좋겠다고 하셔서요."

"허허~~ 제자가 점점 늘어나는구나. 나에게도 즐거운 일이란다."

"그럼 허락하신 걸로…"

"그래."

달팽이와 치타,
에니악과 아이폰

이렇게 쉽게 해결될 줄이야…

"그런데 지난번 내준 숙제는 했니?"

"에니악과 현재 우리가 쓰고 있는 컴퓨터를 비교하는 것 말씀이시죠?"

"그래."

"저는 동물하고 비교해봤어요. 세상에서 가장 빠른 동물이 뭔지 아세요."

"그쯤이야. 치타 아니니?"

"맞아요. 그럼 치타가 달리는 속도는요?"

"하… 동물의 왕국에서 톰슨 가젤을 쫓는 장면을 여러 번 봤는데. 자동차가 시속 100km정도 달리니, 그 정도 아닐까?"

"비슷해요. 순간 속도가 120km까지 나온대요. 달팽이는요? 제가 사진을 인쇄해 왔는데 한번 보고 답해 보세요."

나는 가방에서 달팽이 사진과 치타가 톰슨 가젤을 쫓는 사진이 나란히 인쇄된 종이를 꺼내 보여드린다.

“이거 완전 멀티미디어 수업이네. 달팽이의 속도라… 한 시간에 10m쯤 갈까?”

“제가 찾아본 바로는 초속 1mm라고 하는데, 한 시간은 3600초이니… 3.6m가량 가네요.”

“달팽이는 3.6m, 치타는 120,000m를 가네. 그럼 달팽이가 에니악이구나. 그럼 치타는 슈퍼컴퓨터 정도 되니?”

“그렇지 않아요. 저는 아이폰과 비교했어요. 아이폰은 손 안의 컴퓨터니까요.”

“그렇지. 에니악과 아이폰 그리고 달팽이와 치타. 아주 좋은 비유구나. 비교해 보니 어땠니?”

“에니악이 1초에 곱셈을 400개가량 했어요. 아이폰은 속도를 1기가헤르츠(GHz)라 치면 1초에 10억 개의 펄스가 발생한다는 말인데, 하나의 곱셈을 하는 데 몇 개의 펄스를 쓰나요?”

“나도 정확히 모르겠다. 대략 이야기하면, 모든 컴퓨터는 명령어를 가져오고, 해독하고, 실행하는 과정을 거쳐야 하니 10개 정도의 펄스를 쓸 것 같다.”

“그렇다면 1초에 1억개의 곱셈을 한다고 추정하면 되겠네요. 에니악이 400개를 계산하니 아이폰이 대략 30만 배가 빠르네요.”

“치타가 달팽이보다 약 3만배 빠르니까… 아이폰이 치타라면, 에니악은 느림보 달팽이와 맞먹는구나. 동료들이 1초에 1mm를 갈 때, 그것의 10분의 1인 0.1mm밖에 못 가는 굼벵이 달팽이."

"그렇네요."

"이렇게 비유하니 재미있기도 하지만 확실히 이해가 되는구나. 고맙다."

"크기도 비교해봤어요. 에니악이 길이가 26m였고, 큰 강의실 하나를 꽉 채웠는데요. 아이폰은 10cm 조금 넘고 주머니에 넣고 다닐 수 있어요."

"이것이 바로 천지개벽이구나."

불 대수에서 집적회로까지

논리를 수학에 편입시킨 불

수학자임에도 불구하고 수학보다 컴퓨터 분야에 더 잘 알려진 사람이 있다. 그는 바로 불 대수를 정립한 조지 불(George Boole, 1815~1864, 영국)이다. 그의 발상은 논리를 수학 영역으로 끌어들인다. 인간이 하는 생각의 밑바닥에는 논리가 있다. 그래서 인간은 논리적인 동물이다. '파란 눈이고 검은 머리라면', '파란 눈이 아니거나 검은 머리라면'과 같은 문장은 논리를 포함하고 있다. 여기에 나타난 파란 눈, 검은 머리라는 주장은 사람에 따라 참 아니

Boole(불)의 이름에 접미사 ..ean을 붙여 만든 형용사 Boolean는 Boolean algebra(불 대수)를 뜻하는 데 사용한다. 논리학을 수학으로 끌어들인 불의 공헌은 그의 이름을 형용사로 만들 정도로 파급력이 큰 것이었다. 하지만 잠자고 있던 그의 이론은 70년가량이 지난 후에야 섀넌에 의해 컴퓨터 설계를 위한 기초 이론으로 다시 태어난다.

면 거짓이라는 값을 가질 것이다. 훨씬 많은 주장을 포함한 매우 복잡한 문장이 등장하면, 문장을 분석하고 해석하는 일은 어려워진다. 불의 아이디어는 일반 대수에서 '8과 3을 곱하고, 8과 2를 곱하고, 두 결과를 더하라'와 같은 문장을 $8 \times 3 + 8 \times 2$와 같이 쓰고, 그 식을 $8 \times 3 + 8 \times 2 = 8 \times (3 + 2) = 8 \times 5 = 40$과 같이 전개할 수 있다면, 비슷한 수식 전개를 '논리'에도 적용할 수 있을 것이라는 생각이었다. 그는 논리 문장에 나타난 주장 각각을 논리 변수로 표시하고, '그리고'는 ×, '또는'은 +로 표기하였다. 이 표기법에 따라 파란 눈은 x, 검은 머리는 y, 오뚝한 코는 z로 표시한다면, '오뚝한 코, 그리고 파란 눈이거나 검은 머리'라는 문장은 $z \times (x + y)$로 표현할 수 있다. 이것이 불이 한 일의 핵심이다. 일반 대수와 다른 점은 변수가 23.1과 같은 수가 아니라, 0(거짓) 또는 1(참)의 두 가지 상태의 값만 가진다는 것이다. 한마디로 불은 논리를 수학 세계로 끌어들였다. 하지만 그가 살았던 19세기 당시에는 불 대수를 어디에 쓸지 잘 몰랐다.

불 대수로 전기 회로를 만든 섀넌

불이 죽은 지 70년가량 지난 1937년, MIT의 석사 학생이던 클로드 섀넌(Claude Elwood Shannon, 1916~2001, 미국)은 「릴레이와 스위칭 회로의 기호학 분석A symbolic analysis of relay and switching circuits」이라는 석사학위 논문을 발표한다. 이 논문은 하버드 대학의 가드너 교수가 '금세기 가장 뛰어난 석사학위 논문'이라고 평할 정도로 파급력이 컸다. 섀넌이 한 일의 핵심은 불 대수의 응용을 찾은 것이었다. 그 응용은 다름 아닌 '컴퓨터 설계'였다.

컴퓨터의 핵심 부품인 덧셈기adder를 어떻게 만들지 생각해 보자. 우리가 일상에서 사용하는 십진수를 사용한다고 해 보자. 그러면 0, 1, …, 9의 10개 숫자가 있으므로, 메모리를 제작하기 위해서는 10개 상태를 표현해 주는 무엇인가가 있어야 한다. 예를 들어, 0볼트의 전압은 0, 1볼트는 1, …, 9볼트는 9로 간주할 수 있다. 한 자리의 덧셈 연산은 아래 그림에서 볼 수 있듯이 100가지 경우가 있다. 예를 들어, 9와 8이 입력된 경우 덧셈 결과는 7, 올림수는 1이 되어야 한다. 이런 회로를 만드는 일은 무척 까다롭다. 이제 이진수로 관심을 옮겨보자. 이진수 체계에서는 0과 1의 두 가지 상태만 표현하면 된다. 0볼트는 0, 5볼트는 1로 하면 매우 간단한다. 한 자리의 덧셈은 그림의 오른쪽과 같이 네 가지 경우만 발생한다. 축복이다! 예를 들어, 입력이 0과 1인 경우 덧셈 결과는 1, 올림수는 0이 된다. 이런 회로를 만드는 일은 십진수에 비하면 매우 쉽다.

십진수의 한 자리 덧셈

```
0↰ 0↰ 0↰     0↰     1↰  1↰
 0   0   0 …  9  …   9   9
+0  +1  +2 … +0  …  +8  +9
——  ——  ——   ——     ——  ——
 0   1   2 …  9  …   7   8
```

(100가지 경우나 발생)

이진수의 한 자리 덧셈

```
0↰ 0↰ 0↰ 1↰   ← 올림수
 0   0   1   1
+0  +1  +0  +1
——  ——  ——  ——
 0   1   1   0   ← 덧셈 결과
```

(4가지 경우만 발생)

이진수 덧셈기를 만들어보자. 덧셈기는 AND와 XOR라는 두 개의 논리 게이트로 만들 수 있다. 다음에 등장하는 그림이 보여주듯이, AND 게이트는 입력이 둘 다 참일 때만 출력이 참이 되고, XOR 게이트는 입력값이 다를 때만 참이 된다. 이진수 한 자리를 더하는 덧셈기는 AND 게이트와 XOR 게이트를 그림과 같이 연결하면 만들 수 있다. 이 덧셈기에 A=0과 B=1이 입력된다면, 덧셈 결과 S는 1, 올림수 C는 0이 된다. 우리가 바라던 바이다.(나머지 세 가지 경우도 직접 해보기 바란다.) 이제 한 자리를 더해 주는 덧셈기를 확보한 셈이다. 이러한 덧셈기를 여러 개 이어 붙이면 수십 자리의 이진수 두 개를 더하는 덧셈기를 만들 수 있다.[1] 섀넌이 창안한 것이 바로 이것이다. 비슷한 원리에 따라 곱셈기와 비교기 따위의 핵심 연산 회로를 만들 수 있다. 이제 남은 일은 게이트를 어떻게 만들 것인가이다. 게이트는 접촉을 '하거나 안 하거나' 또는 '켜거나 끄거나'를 제어할 수 있는 '스위치' 몇 개를 가지고 만들 수 있다.

---

1 이 책에서 설명한 것은 반덧셈기half adder이다. 자신에게 들어오는 올림수를 고려하지 않은 불완전한 덧셈기이다. 완전한 덧셈기는 자신의 바로 오른쪽 자리에서 발생한 올림수까지 입력으로 취하여 총 세 개의 입력을 갖는 온덧셈기full adder이다. 온덧셈기는 두 개의 반덧셈기와 하나의 OR 게이트로 만들 수 있다. 여러 자리 덧셈을 해 주는 회로를 만들 때는 온덧셈기를 이어 붙이면 된다.

AND 게이트

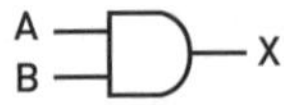

둘 다 참일 때만 참

입력		출력
A	B	X
0	0	0
0	1	0
1	0	0
1	1	1

XOR 게이트

둘이 다를 때만 참

입력		출력
A	B	X
0	0	0
0	1	1
1	0	1
1	1	0

덧셈기 (이진수 한 자리를 더해주는 반덧셈기)

0↰ 0↰ 0↰ 1↰ ← C(올림수)
A → 0 0 1 1
B → 0 1 0 1
— — — —
0 1 1 0 ← S(덧셈 결과)

섀넌의 시대에는 릴레이를 기계를 제어하는 데 널리 쓰고 있었다. 릴레이는 전기 공급 여부 (주면 1, 끊으면 0)에 따라 붙거나 떨어지는 일종의 스위치였다. 섀넌은 릴레이를 사용하여 논리 게이트를 만드는 방법을 제시하였다. 먼저 전기를 공급하면 붙는 양스위치, 반대로 전기를 끊으면 붙는 음스위치라는 두 종류의 스위치를 릴레이를 가지고 만든다. 그런 다음 두 개의 양스위치를 직렬 연결하고(그곳에 1을 뜻하는 5볼트를 공급), 두 개의 음스위치를 병렬 연결한 후 (그곳에 0을 뜻하는 0볼트를 공급), 그 둘을 다음에 등장하는 그림과 같이 붙이면 AND 게이트가 된다. 그림을 보고, 네 가지 경우가 모두 제대로 동작하는지 확인해 보기 바란다. 제대로 동작한다면, 뜻하는 바를 이룬 셈이 된다. 릴레이를 가지고 스위치를 만들고, 스위치를 가지고 게이트를 만들고, 게이트를 가지고 덧셈기를 만들고, 덧셈기를 가지고 컴퓨터를 만드는 것이다.

섀넌은 미시건 대학에서 전기공학과 수학을 동시에 전공하였다. 수학 시간에는 부호논리학과 불 대수가 그의 관심을 끌었다. 졸업 후 섀넌은 MIT로 옮겨 그곳에서 부시가 개발한 미분 해석기를 다루는 일을 맡게 되고, 부시로부터 많은 영향을 받는다. 그는 릴레이로 만든 미분 해석기를 사용하면서, 대학에서 공부했던 불 대수로 그것을 개량하려는 구상을 끊임없이 한다. 결국 21세에 세계적인 학자 반열에 오르게 해주는 석사 논문을 쓴다. 그 논문은 불 대수를 활용하면 매우 유용한 기능을 갖는 전기 회로를 만들 수 있다는 내용을 담고 있었으며, 결국 컴퓨터 회로를 만드는 기초 이론을 제공하게 된다.[2]

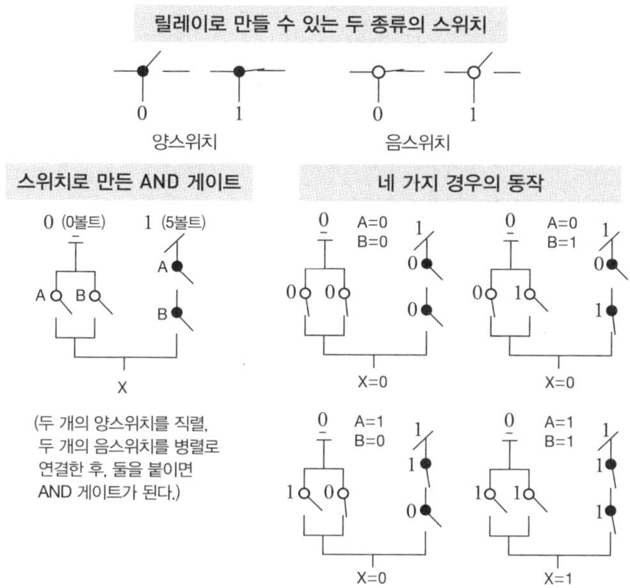

'한국이 월드컵에서 우승했다'라는 메시지와 '브라질이 우승했다'라는 메시지를 접하면, 분명 앞의 메시지에 더 놀랄 것이다. 두 메시지가 전달하는 '정보의 양'에 큰 차이가 있기 때문이다. 특정 메시지가 가진 정보의 양을 수치로 표현할 수 있을까? 이것이 섀넌이 고민한 또 다른 문제였다. 한때 섀넌은 프린스턴 대학의 고등연구소에 근무하는데, 그곳에서 폰 노이만, 아인슈타인 등과 교류한다. 또한 벨연구소에 근무하던 1943년, 영국과 미국의 암호 체계의 협력을 위해 영국 블레츨리 파크에서 파견된 튜링과 만난다. 약 두 달간 섀넌과 튜링은 거의 매일 카페테리아에서 만나 학문적인 대화를 나누곤

2 모스크바 대학의 쉬스타코프는 섀넌보다 조금 먼저 비슷한 이론을 제시하였다. 하지만 실제 발표는 섀넌보다 늦은 1941년에 하여 명성은 섀넌에게 돌아간다.

했다. 이러한 과정에서 섀넌은 정보이론Information Theory을 정립한다. 그는 메시지가 담고 있는 정보의 양을 수치화하고 연산을 통해 중요한 의사 결정을 할 수 있는 이론적 토대를 제시한 것이다. 그의 이론에 따르면, 한국이 월드컵에서 우승할 확률이 브라질보다 낮기 때문에 한국이 우승한 메시지가 더 많은 정보를 갖게 된다. 그는 어떤 메시지의 발생 확률로 정보의 양을 계량화한 것이다. 현재 정보이론은 패턴인식, 인공지능, 정보검색, 고객관리, 통신 등 아주 많은 분야에 활용되고 있다. 섀넌은 전자 생쥐를 제작하고 체스를 두는 프로그램을 제작하여 인공지능 분야에도 큰 공헌을 한다.

자신이 제작한 전자 생쥐 테세우스를 조작하고 있는 섀넌이다. 테세우스는 100여 개의 릴레이로 만든 로봇이며, 미로 속에서 목적지를 스스로 찾아가는 지능을 가졌다. 섀넌은 컴퓨터 회로 이론, 정보 이론 뿐 아니라 인공 생쥐와 체스 프로그램을 제작함으로써 인공지능 분야에도 커다란 발자취를 남긴다.

1940년대 들어, 사람들은 컴퓨터를 앞다투어 제작하기 시작한다. 그중 대표적인 것은 하버드 대학의 에이컨과 펜실베이니아 대학의 모클리와 에커트이다. 이 두 연구 그룹은 서로 다른 종류의 스위치를 채택한다. 하버드 그룹은 '전기기계식' 스위치인 릴레이를 채택하고, 펜실베이니아 그룹은 '전자식' 스위치인 진공관을 채택한다. 당시 두 가지 부품 모두, 비행기나 자동차 같은 기계 장비와 레이더나 라디오 같은 전자 장비에 널리 사용되고 있었다. 하지만 진공관은 쉽게 타버려 안정성에 큰 문제가 있었으며 값이 비쌌다. 따라서 에이컨은 이미 증명된 안정적인 접근 방법을 쓴 반면, 모클리와 에커트는 아직 증명되지 않아 도전적이고 실패 위험을 안고 있는 접근 방법을 썼다고 볼 수 있다. 당시 전자 장비는 기껏 수십 내지 수백 개의 진공관을 사용하였지만, 모클리와 에커트가 제작하고 있던 에니악은 무려 수천 개의 진공관이 필요했던 까닭이다. 이들 진공관이 번갈아 가며 타버린다면 에니악은 수시로 고장을 일으켜 사용 불가능하다는 것이 많은 사람이 가졌던 우려였다.

하지만 에니악은 성공을 거두었고, 그 이후에는 릴레이를 사용하여 컴퓨터를 제작하는 사례는 자취를 감춘다.

1940년대와 1950년대는 진공관 컴퓨터가 꽃을 피운 시기이다. 에니악(1946년)으로 진공관 컴퓨터 시대를 연 모클리와 에커트는 상업용 컴퓨터인 유니백(1951년)을 제작하여 컴퓨터의 상용화 시대를 활짝 연다. 표 작성기로 사무용기기 시장을 석권하고 있던 IBM은 시대 변화를 감지하고 컴퓨터 시장에 뛰어든다. 701, 650, 1401과 같은 기종으로 IBM은 시장을 서서히 점령한다. 하지만 고장이 잦고, 전력을 많이 먹고, 부피가 큰 진공관의 한계는 극복되지 않고 있었다. 사람들은 새로운 무엇인가를 갈망하고 있었다.

1956년 노벨 물리학상은 트랜지스터 발명가에게

1956년 노벨상 위원회는 바딘과 쇼클리, 브레튼을 물리학상의 공동 수상자로 발표한다. 이들은 불안정하고 비싼 진공관을 대체할 수 있는, 금세기 최고의 발명품으로 평가되는 트랜지스터를 발명한 공로를 인정받은 것이다. 바딘은 세 명의 자녀 중 하버드에 다니는 두 자녀의 공부를 방해한다는 생각으로 수상식장에 나머지 한 명만 데려갔는데, 스웨덴 국왕으로부터 핀잔을 받는다. 바딘은 다음에는 모두 데려오겠다고 약속한다. 한때 벨연구소에서 같이 연구하던 동료였지만 관계가 험악해진 이들 셋은, 스톡홀름 시내 음식점에서만은 즐거운 저녁 시간을 보낸다.

1956년 노벨 물리학상을 공동 수상한 바딘(왼쪽), 쇼클리(중앙), 브레튼(오른쪽)이다. 이들이 발명한 트랜지스터는 정보 시대로 나아가는 길을 활짝 열어 준다.

여러 가지 모양의 트랜지스터를 보여준다. 진공관에 비해 안정적이며 대량 생산이 쉬워 값이 싸다. 전력 소모도 무척 적다. 크기는 진공관의 50분의 1 정도로, 귀에 끼는 보청기에 들어갈 수 있는 정도이다. 진공관을 귀에 끼고 다닐 수는 없는 노릇이다. 트랜지스터는 20세기의 최고 발명품이라는 찬사를 듣는다.

트랜지스터의 기본 원리는 이미 1925년에 줄리어스 리니엔펠드(Julius Edgar Lilienfeld, 1882~1963, 헝가리)에 의해 특허로 등록되어 있었다. 하지만 안타깝게도 20여 년 간 학계와 산업계는 중요성을 깨닫지 못하여 그 기술을 실용화하려는 노력이 전혀 없었다. 이 발명은 특허국의 문서고에서 긴 잠을 자고 있었던 것이다.

진공관의 한계를 누구보다 절감하고 있던 AT&T의 벨연구소는 2차 세계대전이 끝난 직후, 진공관을 대체할 무언가를 만들 야심찬 목적으로 고체물리 연구팀을 꾸린다. 팀장은 윌리엄 쇼클리(William Bradford Shockley, 1910~1989, 미국)가 맡았으며, 팀원에는 존 바딘(John Bardeen, 1908~1991, 미국)과 월터 브레튼(Walter Houser Brattain, 1902~1987, 미국)이 끼어 있었다. 이들이 만들고자 하는 것은, 외부에서 전류를 공급하고 적당한 방법으로 제어를 하면 전류가 증폭되고 그것을 통해 스위치 역할을 해주는 소자였다. 진공관과 기능은 같은데, 유리관 속에 기체를 담고 있는 불안정한 진공관과 달리 '고체' 상태를 띠는 안정적인 어떤 것이었다. 지구상에는 전기를 통과시키는 구리와 같은 도체와 전기를 통과시키지 못하는 나무와 같은 부도체가 있다. 그리고 그들의 중간 지대에, 조건에 따라 도체가 되기도 하고 부도체가 되기도 하는 게르마늄이나 실리콘 같은 반도체semi-conductor가 있다. 이들 반도체의 전기적 특성은 물리학이나 전기공학에서 어느 정도 밝혀져 있었고, 거기에 진공관을 대체할 수 있는 길이 있다는 것을 어렴풋이 알고 있었다. 하지만 인류는 그것을 마음대로 제어하고 스위치로 쓸 수 있는 기술은 가지고 있지 않았다. 고체물리 연구팀의 목표는 그러한 기술을 실용화하는 것이었다.

이 연구팀은 쇼클리의 아이디어인 전기장 효과를 이용하여 전류 증폭을 꾀하는 실험에 몰두한다. 하지만 번번이 실패로 끝나고 연구는 답보 상태에 빠져든다. 이때 바딘이 표면상태 이론을 제안하고, 브레튼과 더불어 새로운 실험을 시작한다. 바딘과 브레튼은 꽤 좋은 연구 쌍이었다. 브레튼의 정교한 실험 결과는 바딘에게 전달된다. 바딘은 이 실험 결과를 토대로 이론을 다듬는다. 다듬어진 이론에 따라 브레튼은 다음 실험을 진행한다. 둘 사이에 형성된 이러한 연구 사이클은 훌륭하게 작동하였다. 1947년 크리스마스 이브 전날, 이들이 만든 반도체 소자에 전류를 흘리자 증폭이 되었다. 점접촉형 트랜지스터point-contact transistor가 탄생하는 순간이었다.[3 4] 곧바로 벨연구소의 특허 부서는 특허를 신청한다. 이때 작은 갈등이 생긴다. 특허 신청서에 쇼클리의 이름이 빠진 것이다. 쇼클리는 분개한다. 시간이 지남에 따라 갈등은 증폭된다.

---

3 웨스팅하우스의 프랑스 파리 지부에 근무하던 두 명의 독일인, 마타레와 웰커는 새로운 소자를 발명하고 트랜지스트론transistron이라 부른다. 트랜지스트론은 벨연구소의 트랜지스터와 유사하며 거의 같은 시기에 발표된다. 트랜지스터는 미국과 유럽에서 거의 동시에 발명된 셈이다. 하지만 웨스팅하우스나 프랑스 정부가 크게 관심을 보이지 않은 것을 보면, 그것의 중요성을 잘 몰랐던 듯싶다. 게다가 벨연구소의 연구원들은 트랜지스터가 어째서 그런 전기적 특성을 보이는지를 설명하는 '이론'을 가지고 있었던 반면, 유럽 측 연구원들은 잘 모르고 있었다. 결국 유럽 측 연구는 묻혀버린다.

4 트랜지스터라는 이름은 6개의 후보 이름을 대상으로 벨연구소가 진행한 내부 투표로 정해진다. 트랜지스터는 'transfer(전도)+resistor(저항)'의 합성어이다.

쇼클리는 바딘과 브레튼이 발명한 점접촉 방식이 알 수 없는 이유로 때때로 작동하지 않는 점에 주목하고 비밀리에 새로운 실험을 시작한다. 쇼클리는 바딘과 브레튼을 견제하며 심지어 따돌리기까지 한다. 그의 실험은 1951년에 성공한다. 두 개의 반도체 조각을 붙였던 기존 방식과 달리, 두 개의 조각 사이에 또 다른 조각을 끼워 넣어 안정성을 크게 개선했다. 쇼클리는 샌드위치 트랜지스터라 부르기도 하였는데 공식적인 이름은 접합형 트랜지스터junction transistor이다. 쇼클리는 자신의 이름으로 특허를 신청한다. 쇼클리에 의해 따돌림을 받던 바딘은 1951년에 벨연구소를 떠나 일리노이 대학으로 옮긴다. 그는 초전도체라는 새로운 분야의 연구를 시작한다. 브레튼은 쇼클리와 같이 일하기를 거부하고 벨연구소의 다른 부서로 옮겨버린다.

쇼클리는 트랜지스터 발명가는 바로 자신이라고 생각하고 남들도 그렇게 받아들이도록 언론을 포함하여 여러모로 애를 쓴다. 하지만 벨연구소는 항상 바딘, 쇼클리, 브레튼을 공동 발명가로 발표하곤 했다. 결국 노벨상 위원회는 이들 셋을 공동 수상자로 결정한다. 이들 셋이 보여준 우애는 수상식 날뿐이었고, 그 이전과 이후는 심한 갈등의 연속이었다. 바딘은 쇼클리와 헤어진 후, 초전도체 연구에 매진한다. 결국 그는 쿠퍼와 슈리퍼와 함께 획기적인 연구 결과를 얻게 되고 또 다른 노벨 물리학상을 1972년에 공동 수상한다. 이번에는 세 명의 자녀를 모두 수상식장에 데려가, 첫 번째 수상할 때 스웨덴 국왕과 한 약속을 지킨다. 바딘은 이웃이 노벨상 수상자라는 사실을 모를 정도로 매우 겸손한 사람으로 알려져 있다.

이들 셋의 노력은 인류에게 트랜지스터라는 커다란 선물을 안긴다. 현재 우리가 누리고 있는 정보 기술은 이들의 손끝에서 시작되었다고 말해도 과언이 아니다. 트랜지스터가 대중에게 첫선을 보인 제품은 보청기이다. 벨연구소는 설립자인 알렉산더 벨이 평소 청각장애인에게 호의적이었던 점을 기려 보청기 제조사에게는 특별히 로열티를 면제해 주었다.[5] 또 다른 제품은

5 벨의 어머니는 벨이 10대일 때부터 서서히 귀를 먹어갔다. 벨은 수화를 배워 어머니와 대화한 애틋한 사연을 지니고 있다.

라디오이다. 1950년대 초에 미국과 유럽에서 트랜지스터를 사용한 라디오가 대중에게 선보이기 시작한다. 이때 소니라는 일본 회사도 뛰어든다. 소니는 일본 정부로부터 특별 허가를 받아내어 라이선스 비용을 지불하고, 트랜지스터 라디오를 생산하기 시작한다. 소니 라디오는 시장에서 호평을 얻고 소니가 세계적인 기업으로 성장하는 발판을 만들어 준다.

트랜지스터의 발명은 컴퓨터의 세대를 바꿀 정도로 커다란 영향을 미친다. 진공관을 사용한 '1세대 컴퓨터' 시대는 서서히 막을 내리고, 트랜지스터를 사용한 '2세대 컴퓨터' 시대가 개막한 것이다. 트랜지스터가 진공관에 비해 안정성이 실질적으로 뛰어나게 된 것은 발명된 뒤 조금 지나서부터이다. 따라서 1940년대 말에 트랜지스터가 세상에 나왔지만, 실제 컴퓨터 제작에 사용한 것은 1950년대 중반이다. 최초로 트랜지스터를 사용한 컴퓨터는 영국 맨체스터 대학이 개발한 '트랜지스터 컴퓨터'인데, 1953년의 시험판과 1955년의 완성판이 있다. 시험판은 92개의 점접촉형 트랜지스터를 사용하였으며, 완성판은 200개를 사용하였다. 이들 컴퓨터는 초기 트랜지스터의 불안정성으로 인해 오류 없이 연속 동작하는 지속 시간이 평균 1.5시간에 불과 하였다. 또한 일부 부품은 여전히 진공관을 사용하였으므로 완전한 트랜지스터 컴퓨터로 볼 수 없다. 이들 기종은 상업화로 이어지지 못한다. 1955년에 IBM은 608이라는 계산기를 시장에 내놓는데, IBM은 트랜지스터를 사용한 세계 최초의 상업용 계산 기계(컴퓨터는 아니었다)라 주장한다. 가장 성공적인 기종은 1959년에 시장에 나온 IBM 1401이다. 1401은 완전한 트랜지스터 컴퓨터였으며 가격이 싸 전 세계 시장의 3분의 1가량을 차지할 정도로 호평을 받는다.

쇼클리는 벨연구소가 업적에 걸맞는 대우를 해주지 않는다고 생각하고, 1955년에 연구소를 떠나 쇼클리 반도체라는 회사를 창업한다. 그는 벨연구소에서 같이 일하던 동료들을 스카우트하려 노력하지만 아무도 함께 하지 않는다. 쇼클리는 위대한 발명가임에는 틀림없지만, 동료들은 리더로서 자격을 박탈한 상태였다. 그는 미국 곳곳에 퍼져 있는 유능한 대학원 학생에게 눈을 돌린다. 그는 자신의 명성에 힘입어 손쉽게 대학원생을 스카우트한다.

8인의 반란자에 끼어 있었던 노이스(왼쪽)와 무어(오른쪽). 이들은 페어차일드를 거쳐 인텔을 창업함으로써, 실리콘밸리를 반석에 올려놓는 데 결정적인 기여를 한다. 노이스는 실리콘밸리의 시장이라 불릴 정도로 영향력이 대단하였으며, 무어는 무어의 법칙으로 유명하다. 이들은 집적회로를 발명함으로써 3세대 컴퓨터 시대를 여는 데 핵심적인 역할을 한다.

하지만 그의 까다로운 성격은 회사 경영에서 고스란히 나타난다. 한번은 사소한 사건을 계기로 연구원에게 거짓말 탐지기를 강요하는데, 나중에 다른 곳에서 진짜 원인이 밝혀진다. 그동안 쌓인 감정은 폭발하게 되고, 결국 8명의 연구원이 회사를 떠난다. 쇼클리는 이들을 '8인의 반란자'라 부르며 심하게 비난한다. 이들 반란자 속에는 노이스와 무어가 끼어 있었다. 이후 회사는 불구 상태로 남아 있다가 결국 매각되는 운명을 맞이한다. 쇼클리는 말년에 우생학에 관심을 돌리게 되는데, 흑인과 같이 열성 인자를 가진 종족이 2세를 가지지 못하게 하는 정책을 펴야 한다고 주장한다. 이로 인해 쇼클리의 연설이 예정되어 있는 대학 캠퍼스에서는 반대 데모가 일어나는 진풍경이 벌어지기도 한다. 그는 쓸쓸한 말년을 보낸다. 임종은 부인만 같이 했으며 자식들조차 신문을 통해 그의 죽음을 알 정도였다고 전해진다.

2000년 노벨 물리학상은 집적회로 발명가에게

트랜지스터를 손에 넣어 전자 혁명의 꿈을 이룬 인류는 그것으로 만족하지 못하고 또 다른 꿈을 꾼다. 어떤 전자 제품이든지 트랜지스터 여러 개로 회로를 만드는데, 전선을 연결하는 작업은 사람 손을 거쳐야만 했다. 이렇게 만든 회로는 진공관에 비하면 훨씬 작아졌지만 여전히 컸다. 1957년 10월 4일, 소련은 스푸트니크 인공위성을 쏘아올린다. 당시 소련과 경쟁하던 미국은 충격을 받고, 케네디 대통령은 곧바로 달 착륙 프로젝트를 발표한다. 이제 각종 전자 장치는 우주선 꼭지에 들어갈 정도로 작아야 하고, 이상 상황에서 버틸 수 있을 정도로 안정적이어야만 한다. 이 문제의 해답은 손톱만한 크기의 작은 반도체 조각 위에 다수의 트랜지스터를 얹고 새로운 방법으로 연결하는 것이다. 이 기술에서는 전선 연결이 생산 공정의 일부가 되어 사람이 납땜하는 과정이 없어진다. 즉 대량 생산이 가능해지는 것이다. 우리는 이 반도체 조각을 집적회로integrated circuit(IC), 마이크로 칩micro chip, 또는 줄여서 칩이라 부른다. 이제 사람들은 칩이란 단어를 들으면 감자를 얇게 썰어 만든 과자가 아닌 손톱만한 전자 부품을 떠올리게 된다. 칩은 트랜지스터와 그들의 연결 관계를 미세 기술을 이용하여 실리콘 표면 위에 인쇄하는 방식으로 만들어진다. 칩은 모든 종류의 전자 제품에 혁신을 몰고 온다. 특히 가장 복잡한 장치인 컴퓨터는 가장 큰 혜택을 받는다. 집적회로를 사용한 3세대 컴퓨터가 탄생한 것이다. 집적회로는 페어차일드 반도체Fairchild Semiconductor와 텍사스 인스트루먼트Texas Instrument라는 두 회사가 서로 모른 채 비밀리에 개발하고 있었다.

MIT에서 물리학 박사학위를 받고 필코라는 회사에 근무하던 로버트 노이스(Robert Norton Noyce, 1927~1990, 미국)는 1956년 1월 쇼클리로부터 전화를 받는다. 당시 반도체 기술의 대가였던 쇼클리로부터 개인적인 전화를 받는 일은 큰 영광이었다. 노이스는 쇼클리의 제안을 받아들여 쇼클리 반도체로 이적한다. 처음에 노이스는 노벨 물리학상을 받은 쇼클리를 존경하고 잘 따랐다. 하지만 시간이 지남에 따라 회사 경영 방식에 심각한 문제가 불거지고 주력 제품에 대한 의견 차이가 발생한다. 결국 노이스를 포함한 8명은 회사를 떠나 1957년에 페어차일드 반도체를 창업한다. 8인의 반란자들은 29세의 청년인 노이스를 대표로 떠받든다. 노이스는 집적회로 개발에 몰두하고 결국 성공한다. 그는 실리콘밸리의 많은 기업인으로부터 존경을 받았으며, 스티브 잡스를 비롯하여 그의 가르침을 따르는 사람이 많았다. 그는 실리콘밸리의 시장이라는 별명을 얻는다.

대학에서 전자공학을 전공한 잭 킬비(Jack Kilby, 1923~2005, 미국)는 당시 전자 부품을 생산하는 센트럴랩이라는 회사에 취직한다. 이 회사의 한계를 깨달은 그는 1958년 텍사스 인스트루먼트로 이적한다. 회사 초년생인 킬비는 모든 직원이 여름 휴가를 떠났을 때 연구실에 혼자 남아 호젓한 분위기에서 새로운 구상에 몰두한다. 그는 집적회로로 가는 어렴풋한 길을 본 것이다. 킬비는 휴가에서 돌아온 상사에게 계획을 이야기한다. 상사는 못미덥기는 하지만 킬비가 뭔가 큰 것을 구상한 것을 감지하고 개발 자금을 지원한다. 킬비는 집적회로 개발에 몰두하고 결국 발명에 성공한다. 킬비의 발명은 페어차일드 반도체의 노이스보다 반년가량 앞선 것이었다. 하지만 발명한 시기가 비슷하고 세부 기술에서 차이가 있었다. 예를 들어 킬비는 게르마늄을 사용한 반면 노이스는 전기적인 특성이 훨씬 뛰어난 실리콘을 사용하였다. 노이스는 시기적으로 한발 늦었지만 기술적으로 한발 앞서 있었던 것이다. 이러한 이유로 인해 킬비와 노이스 간에 특허 분쟁이 발생하고 결국 법정으로 간다. 치열한 법정 공방 끝에 둘은 공동 발명을 인정하는 선에서 타협한다.[6] 이 결정으로 인해 킬비와 노이스는 집적회로의 공동 발명가로 불리게 되고, 집적회로를 생산하는 회사는 텍사스 인스트루먼트와 페어차일드 반도체라는 두 회사에 로열티를 지급하게 된다. 킬비는 집적회로 발명이라는 업적을 인정받아 2000년에 노벨 물리학상을 수상한다.

반도체의 거인, 인텔

1968년에 노이스와 무어는 페어차일드 반도체를 떠나, 나중에 실리콘밸리의 대표 기업 중의 하나가 되는 인텔을 창업한다. 인텔은 메모리 칩의 생산

6 집적회로 기술은 킬비와 노이스 이전에도 구상되었다. 독일의 자코비는 1949년에 집적회로와 유사한 아이디어로 특허를 획득한다. 영국의 더머는 1952년에 열린 심포지움에서 집적회로에 대한 아이디어를 여러 사람에게 전파한다.

점점 작아지는 컴퓨터 회로를 들고 있는 여성들의 모습이 인상적이다. 왼쪽부터 에니악ENIAC(1946 년), 에드박EDVAC(1951년), 오르드박ORDVAC(1951년), BRLESC-I(1962년)이라는 컴퓨터에 들어 있는 회로이다.

을 시작으로 서서히 반도체 업계의 강자로 떠오른다. 인텔의 연구원인 마르샨 테드 호프(Marcian Ted Hoff, 1937~, 미국)는 1971년에 세계를 깜짝 놀라게 한다. 그가 만든 것은 바로 4004라는 세계 최초의 마이크로프로세서이다. 4004는 연산 장치와 제어 장치, 연산의 중간 결과를 저장할 소형 메모리를 '하나의 칩' 위에 모두 담은 혁신적인 것이었다. 게다가 모든 것이 규격화되어 있어 프로그램만 바꾸어 주면 다양한 일을 해주는 다재다능한 것이었다. 이전에는 레이더를 제어하는 회로를 만든다면, 그 기능만을 전문적으로 수행해 주는 회로를 칩 생산 공장에 주문해야했다. 하지만 이제는 4004를 구입하여 꽂고, 레이더 제어 기능을 하는 프로그램을 작성하여 외부 메모리에 담아주기만 하면 된다. 전용 회로를 설계하고 공장에 생산 주문하는 일이 단지 프로그래밍하는 일로 바뀐 것이다. 4004는 4비트 칩이었으므로 한번에 4비트씩만 자료를 주고받았다. 만약 32비트 정수를 처리한다면 중앙처리장치가 메모리에서 정수 하나를 읽어오는 데 8번의 자료 이동을 해야만 한다. 이후 성능이 월등한 8비트의 8008, 16비트의 8086 등이 등장하여 바야흐로 마이크로프로세서 시대를 활짝 연다. 1980년대 초에 IBM은 IBM PC에 인텔의 8086을 채택하기로 결정한다. 이로써 인텔은 또 한 번 도약하게 되고, 현재까지 반도체 업체의 최강자로 군림하고 있다.

집적회로 기술은 작은 실리콘 조각 위에 트랜지스터를 몇 개나 집적했느냐라는 척도에 따라 시대 구분을 한다. 집적회로 기술이 처음 개발되었을 때는 두세 개에서 수십 개에 불과한 SSI(Small-scale IC)였다. 이렇게 작은 규모임에도 불구하고 1960년대 초반에는 하나의 칩이 1000달러를 호가하였다. 하지만 가격이 급속히 떨어져 3년이 지난 1963년에는 25달러가량이 된다. 이 시대에 집적회로는 인류가 아폴로를 타고 최초로 달에 착륙하는 데 결정적인 기여를 한다. 또한 아폴로는 집적회로를 많이 소비해줌으로써 집적회로 기술 발전에 결정적인 기여를 한다. 1960년대 후반에는 수백 개의 트랜지스터를 집적한 MSI(Middle-scale IC)로 발전한다. 이때 최초로 램과 마이크로프로세서가 등장하며, 계산기용 칩이 봇물을 이룬다. 1970년대 중반에는 무려 수만 개를 집적한 LSI(Large-scale IC)가 나타난다. 1980년대부터는 수십만~수십억 개를 집적한 VLSI(Very large-scale IC)가 나와 현재 우리가 누리는 정보 시대를 활짝 열어준다.

인텔 창업자 중 하나인 고든 무어(Gordon Earle Moore, 1929~, 미국)는 1965년 『일렉트로닉스 매거진』에 흥미로운 글을 싣는다. 그 글의 핵심은 '집적회로에 욱여넣는 트랜지스터의 개수는 대략 1년에 두 배씩 증가'한다는 것이었다. 무어는 나중에 2년에 두 배씩 증가하는 것으로 바로잡는다. 그의 주장은 놀라울 정도로 잘 맞아떨어진다. 이 속도는 지수적이므로 극적인 발전이 이루어진다. 10년은 2년이 5번 지난 셈이므로, 두 배 증가가 다섯 번 이루어진다. 즉 10년 동안 2^5=32배로 증가하는 것이다. 실제로 1971년에 나온 4004 마이크로프로세서는 2300개의 트랜지스터를 가졌는데 2008년에 나온 마이크로프로세서는 20억 개가량을 가지고 있다. 어째서 무어의 예측이 꽤 정확하게 맞아떨어질까? 여러 요인이 있겠지만, 기업들이 무어의 예측을 단기 달성 목표로 삼고 기술 개발에 매진한 탓도 있는 것으로 분석된다. 무어의 법동전보다 작은 '칩 위의 에니악'이다. 에니악의 크기는 대략 높이 2.6m, 너비 0.9m, 길이 26m인 거구였다.

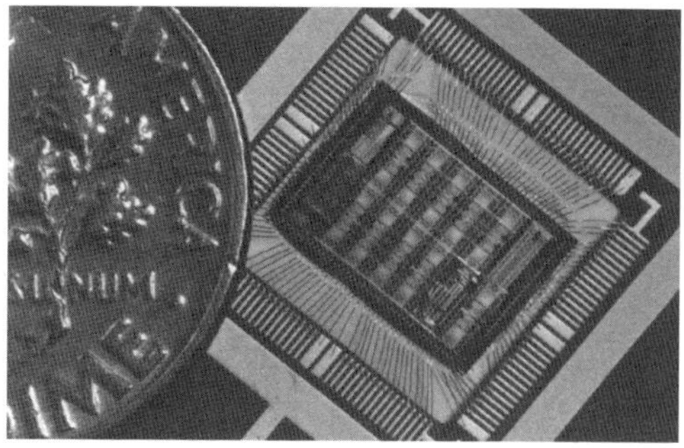

칙은 컴퓨터 기술의 다른 여러 분야에도 적용된다. 메모리 용량, 네트워크 용량, 디지털 카메라의 화소 수 등에도 얼추 들어맞는다.

『이기적 유전자』라는 책으로 유명한 리처드 도킨스는 생물학에서 유전자 정보처리 능력에도 무어의 법칙이 적용된다고 주장한다. 그런데 무어의 법칙은 영원할까? 무어는 2005년의 한 인터뷰에서 트랜지스터가 원자보다 작아질 수는 없으므로 그것이 근본적인 한계라고 말하고 10~20년 지난 후에 한계에 도달할 것으로 예측한다. 그의 말에 따르면 2015~2025년 사이의 어느 때에 원자 수준에 도달하고 서서히 증가 속도가 0으로 떨어질 것이다. 미래학자인 레이먼드 커즈와일(Raymond Kurzweil, 1948~, 미국)은 집적 회로를 대체하는 새로운 기술이 나타나게 되고, 그로 인해 2020년을 지나 훨씬 오랫동안 무어의 법칙이 적용될 것으로 내다보고 있다.

1995년에 펜실베이니아 대학 전기공학과의 스피겔 교수는 학생들과 흥미로운 프로젝트를 시작한다. 50년 전에 같은 학과의 모클리 교수와 에커트라는 대학원 학생이 제작한 에니악을 집적회로 기술로 재현하는 프로젝트였다. 그들이 완성한 칩은 0.744cm × 0.529cm에 불과하였다. 큰 방 하나를 가득 채웠던 30톤의 거구가 손톱보다 작아진 것이다. 전력은 에니악이 174킬로와트(174,000와트)를 소모한 반면 '칩 위의 에니악'은 불과 0.5와트를 소비하였다.

펀치카드에서 플래시 메모리까지

동물의 달리는 속도와 컴퓨터의 연산 속도를 비교한 일. 내가 봐도 멋진 생각이었다. 이제 궁금한 것을 여쭤봐야겠다.

"그런데 대학생일 때 카드 작업을 하셨다고 했는데, 그때는 휴대할 수 있는 메모리가 없었나요?"

"없었으니 그걸 들고 다녔지. 그때는 불룩한 가방을 들고 다니는 학생은 컴퓨터공학과 학생이라고 보면 대충 맞았다. 카드 한 장이 80열이니 80바이트였던 셈이다. 그러니 데이터 용량이 클 때는 수백 장의 카드를 가방에 넣고 다녀야 했단다."

"뭔가 새로운 것이 등장할 것 같은데요."

"플로피 디스크라고 부르는 것이 등장하는데, 우리나라 대학생들은 대략 80년대 중반부터 쓰기 시작했단다. 디스크 한 장에 360킬로바이트를 저장하였으니 4500장의 카드에 맞먹었지. 당시 학생들에게는 천지개벽이 따로 없었다."

"누가 발명했나요?"

"IBM으로 거슬러 올라간단다. 1967년에 IBM은 값이 싸 널리 보급할 수 있는 새로운 저장 매체를 개발하기 시작한다. 원래 목적은 메인프레임인 IBM/370의 운영체제의 일부를 저장하는 것이었다. 연구진은 8인치 플로피 디스크를 개발하는 데 성공한다. 용량은 80킬로바이트였는데, 카드 1000 장에 맞먹는 용량이었지. 지름이 8인치이니 책 크기 정도였다.

지금 생각하면 꽤 크고 용량도 작지만, 당시로서는 놀라운 기술 혁신이었단다. 1970년대에 개인용 컴퓨터가 등장하면서 이 기술은 개인용 컴퓨터에 사용되기 시작한다. 킬달은 플로피 디스크를 위한 프로그램을 만들었는데 나중에 CP/M이라는 운영체제가 된다."

"하지만 책 크기이면 여전히 휴대하기가 불편했을 것이고요. 그래서 작은 것이 새로 등장하고요."

"그렇단다. 자기 코어 메모리의 특허를 소유한 왕이라는 사람이 있는데, 그는 1976년에 슈가르트라는 회사에 5.25인치짜리를 개발할 것을 제안한다. 그걸 만들면 자기 회사가 생산하는 개인용 컴퓨터가 채택할 것이라는 말과 함께. 결국 5.25인치 플로피 디스크가 시장에 등장하고, 1970년 후반에 이르러서는 8인치는 자취를 감춘다. 이 디스크는 80년대를 주름잡는다. 내가 대학 다닐 때, 수십 장씩 가방에 넣고 다녔지. 80년대의 개인용 컴퓨터는 거의 5.25인치 디스크를 읽을 수 있는 디스크 드라이브를 부착한 채로 생산되었단다."

"그런데 또 뭐가 나타나지요?"

"그럴 수밖에… 5.25인치는 우선 크기가 커 불편할 뿐 아니라 쉽게 휘어져 망가져버리는 문제가 있었던 것이다. 기껏 숙제를 마치고 디스크에 저장해 가방에 넣어 두었는데, 가방 속에서 휘어져 데이터가 망가진다면 얼마나 속상하겠니?"

"그 기분 알 것 같아요."

"많은 회사들이 나름대로 2인치, 2.5인치, 3인치, 3.5인치 등을 만들어 시장에 내놓는데, 결국 소니가 만든 3.5인치가 업계 표준으로 채택된단다. 3.5인치 플로피 디스크는 용량이 1.44메가바이트로 당시로서는 꽤 만족스러웠으며, 잘 휘어지지 않고, 철로 만들어진 덮개가 있어 안정성도 뛰어났다. 1990년대 들어서는 어느덧 5.25인치는 자취를 감추고, 3.5인치가 시장을 지배한단다. 상승세를 탄 기술은 발전 속도가 무척 빠른 법이지. 어느덧 3.5인치도 밀려나 지금은 자취도 없는데 뭐가 문제여서 퇴출되었을까?"

"용량이 작아서요. MP3 한 곡이 보통 4메가바이트인데, 3.5인치 디스크 한 장에 한 곡도 담을 수 없잖아요."

"바로 그거란다. 음악, 사진, 그래픽, 동영상 등을 저장하기에는 플로피 디스크는 턱도 없었지. 이때 나타난 것이…"

"시디죠?"

"원래 시디는 음악을 저장하기 위해 개발된 것은 알고 있겠지. 1985년에 소니와 필립스라는 회사는 시디에 음악 대신 데이터를 저장하는 기술을 개발하여 시디롬CD ROM이라는 이름으로 시장에 내놓는다. 시디 한 장은 약 700메가바이트를 저장할 수 있다. 그러니 MP3 음악을 200여 곡을 저장할 수 있단다. 시디가 등장하기 전에는, 사람들은 컴퓨터를 주로 사무 처리나 하는 기계로 여겼는데 시디가 나타나면서 즐기는 기계로 보기 시작한다. 어느덧 컴퓨터는 음악을 듣고, 사진을 편집하고, 동영상을 보는, 멀티미디어 기계가 되었는데, 그 과정에서 시디가 중요한 역할을 한 셈이다. 하지만 너도 알다시피 시디는 데이터를 반복하여 쓸 수 없단다. 결정적인 단점이지. 그래서 플로피 디스크와 시디가 공존하지."

"그러다가 플래시 메모리로 바뀌었고요. 초등학생 주머니 속에도 플래시 메모리가 들어 있어요."

"플래시 메모리는 1980년경에 일본 회사인 도시바에 근무하던 마쓰

오카 후지오라는 사람이 발명하였다. 이 장치는 발전에 발전을 거듭하여 휴대용 메모리의 대명사가 되었고, PC의 내장 하드디스크를 플래시 메모리로 대치하게 된다. 하드 디스크보다 작고, 가볍고, 전력 소모가 적어 열도 적게 나는, 장점이 많은 장치란다. 하드 디스크보다 가격이 비싼 게 흠인데, 이 문제는 시간이 자연스럽게 해결해 준다."

"기술 발전이란…"

"그렇지. 이제 플래시 메모리가 클라우드에 밀리는 시대가 되었다. 구름 넘어 어딘가에 있는 서버에 자신의 데이터를 저장하는 시대. 꿈 같은 이야기가 현실이 되었구나. 하지만 나는 플로피 디스크를 모으고 있단다."

"왜요?"

"나중에 컴퓨터 박물관을 만드는 것이 내 꿈이란다."

"근사한 꿈이네요. 꼭 성공하길 바라요."

메모리의 진화

컴퓨터의 핵심 부품 중의 하나는 데이터를 저장하는 메모리이다. 메모리는 새로운 데이터를 쓸 수 있어야 하며, 내부에 기록되어 있는 데이터를 읽어낼 수 있어야 한다. 전기 또는 전자식 컴퓨터가 등장하기 이전의 기계식 컴퓨터에서는 톱니를 가진 톱니바퀴가 메모리 역할을 했다. 새로운 수를 쓰기 위해서는 손잡이를 돌려 톱니바퀴의 위치를 바꾸었다. 1940년대 들어 전자식 컴

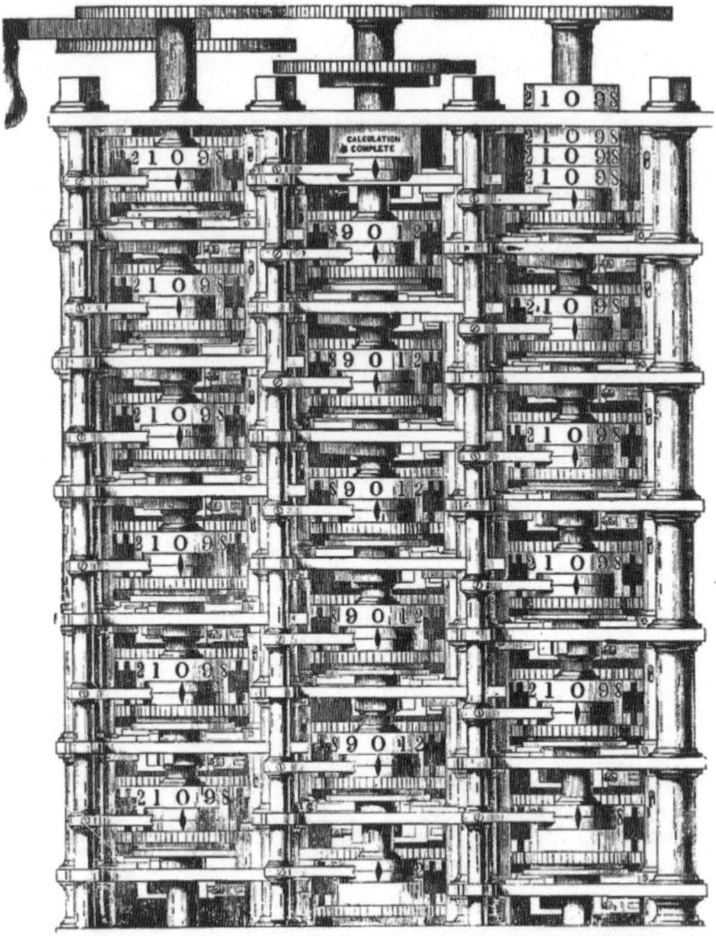

B. H. Babbage, del.

Impression from a woodcut ot a small portion of Mr. Babbage's Difference Engine No. 1, the property of Government, at present deposited in the Museum at South Kensington.

It was commenced 1823.
This portion put together 1833.
The construction abandoned 1842.
This plate was printed June, 1853.
This portion was in the Exhibition 1862.

배비지의 차분 엔진을 위한 메모리 설계도이다. 이런 기계식 계산 장치는 톱니의 위치로 수를 표현하였으며 손잡이를 돌려 수를 입력하였다. 외부에 붙어 있는 창을 통해 톱니에 쓰여 있는 수를 육안으로 읽었다.

퓨터를 만들려는 사람이 나타났으며, 그들은 '전자식'으로 작동하는 새로운 메모리가 필요했다.

세계 최초의 범용 전자식 컴퓨터인 에니악은 진공관을 가지고 메모리를 만들었다. 한 비트를 저장하기 위해 여러 개의 진공관을 사용하였으므로, 진공관이 너무 많이 필요한 문제를 안고 있었다. 이러한 이유로 에니악의 메모리는 10자리 십진수를 20개까지 저장하는 데 그쳤다. 이것은 100바이트가 채 안 되는 매우 적은 메모리 용량이다.[7] 이 점이 에니악이 안고 있는 결정적인 한계였다. 에니악의 제작을 진두지휘했던 핵심 엔지니어인 에커트는 새로운 구상을 한다.

수은 탱크로 만든 메모리

에커트는 대학원 학생일 때 이미 레이더의 성능 개선을 위해 지연 라인delay line 장치를 고안한 경험이 있었다. 어느 날 그의 뇌리에 '지연 라인을 컴퓨터 메모리로 사용하면 어떨까'라는 생각이 스친다. 그의 생각은 점점 구체화되었고, 에니악의 후속 모델인 에드박에 지연 라인 메모리를 쓰기로 결정한다. 지연 라인의 원리는 간단하다. 외부에서 입력된 데이터는 1011과 같이 0과 1의 열로서 표현되는데, 그것은 전기 신호로 바뀌어 메모리의 입력단에 도달한다. 입력단에 있는 수정 결정체는 전기 신호를 초음파로 변형해 주고, 초음파는 탱크 속에 담긴 수은을 통과하여 출력단에 도달한다. 이때 초음파의 전달 속도가 전기보다 느려 약간의 지연이 발생한다. 출력단에 도달한 초음파는 수정 결정체에 압력을 가하게 되고 그로 인해 초음파가 다시 전기 신호로 바뀐다. 이 전기 신호는 증폭기를 통해 증폭되어 다시 입력단에 입력된다. 이 과정을 주기적으로 반복하면 데이터를 잃지 않고 저장할 수 있게 된다. 이 장치를 '지연 라인' 메모리라 부른다.

---

7 비트는 0 또는 1을 표현하는 메모리의 가장 작은 단위이다. 1바이트는 8비트로, 영문의 한 글자를 표현할 수 있는 메모리 단위이다. 한글의 한 글자는 2바이트를 사용한다.

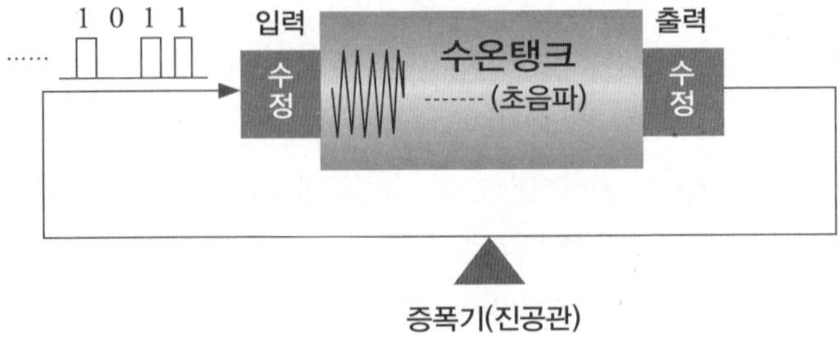

유니백 I에 사용된 지연 라인 메모리이다.(유니백 I은 이런 탱크 7개를 사용했다) 수은 탱크 하나는 내부에 18개의 채널을 갖는데 채널 당 120비트를 저장할 수 있다. 따라서 이 탱크의 메모리 용량은 2160비트(약 270바이트)이다. 현재 시장에서 구입할 수 있는 1테라바이트(TB)의 플래시 메모리는 이 탱크에 비해 약 37억 배 용량이 크다. 이 탱크의 저장 용량을 30cm 자에 비유하면, 플래시 메모리는 한반도 길이(1,110km)의 천 배가 된다. 이런 거대한 용량의 플래시 메모리는 탱크 표면에 돌출된 꼭지보다도 작다.

유니백 I이 사용한 지연 라인 메모리의 탱크 하나는 2160비트를 저장할 수 있었는데, 증폭을 위해 10여 개의 진공관만 사용하면 되었다. 이 메모리는 이전의 진공관 메모리에 비해, 훨씬 적은 수의 진공관으로 월등히 많은 저장 공간을 확보한 당시로서는 획기적인 발명품이었다. 지연 라인 메모리는 상업용 컴퓨터인 유니백 I뿐 아니라 에니악의 후속 모델인 에드박, 그리고 영국 케임브리지 대학에서 개발한 에드삭에도 사용되었다. 지연 라인은 단점이 있다. 수은의 독성을 주의해야 했으며, 수은은 온도에 따라 초음파 전달

속도가 달라지므로 온도를 일정하게 유지하기 위해 가열해 주어야 했다. 컴퓨터 옆에 큼직한 수은 탱크가 여러 개 놓여 있는 장면을 떠올리면 좀 우습다. 지연 라인 메모리는 특정 주소의 데이터를 읽기 위해서는 주소에 해당하는 위치에 도달할 때까지 기다려야 하므로, '순차' 접근 메모리에 속한다.[8]

CRT로 만든 메모리

영국의 맨체스터 대학에서는 윌리엄스와 킬번이 쎔SSEM이라는 컴퓨터를 개발하던 중, 새로운 방식의 메모리 장치의 발명에 몰두하고 있었다. 이들은 텔레비전 수상기로 사용되던 음극선관CRT(Cathode Ray Tube)에 주목한다. 음극선관은 화면에 화학물질이 발라져 있는데, 전자총으로 전자를 쏘면 화학물질이 전하를 띠게 된다. 전하의 상태를 두 가지로 다르게 하면 0과 1의 데이터를 표현할 수 있다는 것이 둘의 발상이었다. 전자총은 빠른 속도로 화면을 반복 주사하므로 데이터를 잃지 않고 유지할 수 있다. 화면에는 많은 점이 있어 점의 수만큼 이진수를 저장할 수 있다. 화면 앞쪽에 특수 금속판을 설치하여 데이터를 읽어내었다.

윌리엄스-킬번 튜브 메모리는 세계 최초의 '임의' 접근 방식의 메모리다. 특정 주소의 데이터를 읽기 위해서는 화면상의 해당 점을 읽으면 되는데, 화면의 모든 점이 접근하는 데 동일한 시간이 걸리기 때문이다. 이 메모리 장치는 512~1024비트(64~128바이트)를

윌리엄스-킬번 튜브 메모리다. 이 장치 하나는 512~1024비트(64~128바이트)를 저장할 수 있다. 세계 최초의 임의 접근 메모리다.

---

8 카세트테이프에 담긴 곡을 듣기 위해서는 그 곡이 있는 곳까지 카세트테이프를 돌려야 한다. 이런 방식이 '순차' 접근이다. 읽어내는 데 걸리는 시간은 데이터가 있는 위치에 따라 달라진다. CD는 곡이 있는 곳으로 헤드가 바로 이동한다. 따라서 읽는 데 걸리는 시간은 데이터 위치에 무관하게 일정 하다. 이런 방식을 '임의' 접근이라 부른다.

저장할 수 있다. 이 장치는 피아노와 마찬가지로 일정한 시간이 지나면 수작업으로 조율해 줄 필요가 있었다. 이 메모리는 영국에서 상업화된 페란티 마크 1뿐 아니라 미국에서 생산된 유니백 1103과 IBM 701, 702에 사용되었다.

진공관 메모리를 대체한 지연 라인과 윌리엄스-킬번 튜브는 획기적인 발명품임에 틀림없고 1950년대 중반까지 폭넓게 활용되었다. 하지만 지연 라인 메모리는 일정한 온도를 유지하기 위해 끊임없이 가열해야 했으며, 윌리엄스-킬번 튜브 메모리는 가끔 손으로 조율해야 하는 등의 불편이 따랐다.

게다가 대량 생산이 어려워 가격이 비쌌다. 무엇보다 컴퓨터 옆에 큰 통을 끼고 있어야 한다는 심리적인 부담도 컸을 것이다. 당시 컴퓨터에서 가장 불안정한 부품은 바로 메모리였다. 컴퓨터가 한발 진보하기 위해서는, 더 작고 안정적이며 값이 싼 새로운 메모리 기술의 탄생이 절실한 상황이었다.

자기 코어 메모리가 이룩한 컴퓨터 성능의 혁신

중국 상하이에서 태어나 전기공학을 전공한 안 왕(An Wang, 1920~1990, 중국계 미국인)은 1945년에 미국으로 이민을 간다. 그는 1948년에 하버드 대학에서 응용 물리학으로 박사학위를 취득한다. 졸업 후, 왕은 에이컨 교수의 연구소에 취직하여 마크 IV의 개발에 참여한다. 마크 IV는 에이컨이 만든 마크 시리즈에서 처음으로 순수 전자식을 채택한 컴퓨터였다. 메모리의 중요성을 누구보다 잘 알고 있던 에이컨은 팀원들에게 '자기'를 활용한 새로운 메모리 기술을 개발할 것을 지시한다. 신참인 왕도 예외는 아니었다. 당시 링 모양의 작은 코어에 자기를 걸어, 시계 방향이면 1, 반시계 방향이면 0으로 이진수를 표현하는 아이디어는 누구나 알고 있었다. 하지만 이렇게 기록한 정보를 안정적으로 읽어내는 문제는 여전히 미해결인 채로 남아 있었다. 읽어내면 데이터가 지워져버리는 문제가 있었다. 왕은 하버드 교정을 거닐며 생각을 거듭한다. 어느 날 아이디어가 뇌리를 스친다. 그것은 '읽은 뒤에 곧바로 다시 써주는' 매우 단순한 발상이었다. 왕의 이 발상은 컴퓨터 산업을 통째로 뒤흔든다.

왕은 에이컨 교수 몰래 특허를 신청한다. 당시 대학은 새로운 기술을 발명하면 공개하는 것을 보편적 가치로 여겼으며, 특허 신청을 꺼리는, 심지어

죄악시하는 분위기가 있었다.[9] 특허는 1949년에 신청되었으며 1955년에 승인된다. 특허 신청 후 왕은 에이컨이 알까봐 불면증에 시달릴 정도로 전전긍긍했는데, 나중에 사실을 안 에이컨은 의외로 담담하게 넘어갔다는 일화가 전해진다. 1951년에 왕은 하버드를 떠나 왕연구소Wang Laboratories라는 회사를 창업한다. 그는 초기 사업 자금을 마련하기 위해 IBM에 특허를 살 것을 제안한다. 결국 IBM은 50만 달러를 지불하고 자기 코어 메모리 기술을 수중에 넣는다. 이 기술은 IBM이 컴퓨터 업계의 강자로 부상하는 데 주춧돌이 된다.

다른 곳에서 비슷한 생각을 하는 사람이 있었다. 제이 포레스터(Jay Wright Forrester, 1918~2016, 미국)는 실시간 모의 비행에 사용할 수 있는 훨윈드Whirlwind라는 프로젝트에 몰두하고 있었다. 그의 고민은 당시의 다른 컴퓨터 개발자보다 훨씬 컸다. 공군의 비행 훈련에 사용하기 위해 제작하는 컴퓨터인 만큼 안정성이 무척 중요하였으며, 게다가 실시간으로 동작해야 했다. 그는 자기 증폭에 활용되고 있던 자기 코어 장치에 주목한다. 그리고 그것을

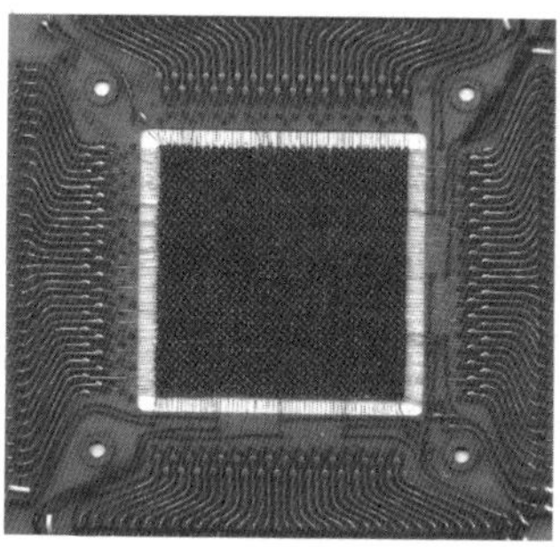
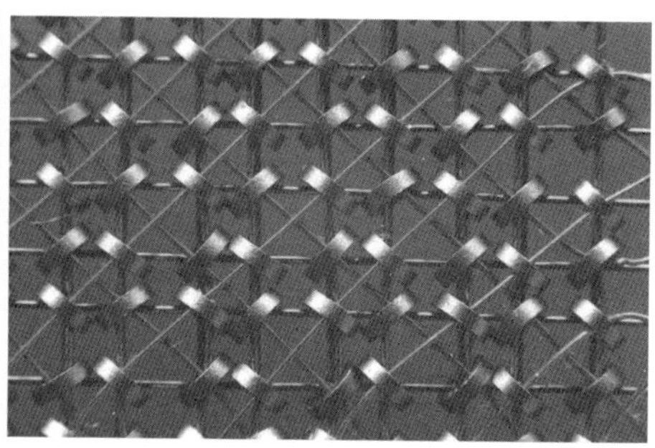

왼쪽은 CDC 6600이라는 컴퓨터에 사용된 코어 메모리이다. 중앙에 64 × 64로 배열된 코어가 자리 잡고 있으며, 주변에는 데이터를 쓰거나 읽는 데 사용하는 전선이 보인다. 코어 하나가 한 비트이므로 이 메모리의 용량은 4096비트, 즉 512바이트이다. 크기는 가로와 세로가 모두 10.8cm로 주머니에 넣고 다니는 수첩 크기 정도이다. 오른쪽은 일부분을 크게 확대한 사진이다. 코어가 가로와 세로 방향의 전선에 끼어 있는 것을 볼 수 있다. 코어의 지름은 1mm가량으로, 잘 보면 육안으로 확인할 수 있을 정도이다.

9 발명가에게 특허를 허용하여 그의 공헌에 걸맞은 보상을 해주는 제도를 먼저 도입한 대학은 MIT이다. 컴퓨터의 개척 시대를 장식한 펜실베이니아 대학과 하버드 대학은 여전히 학문의 공공적 가치를 강조하고 있었다. 현재 MIT가 기술 분야에서 우위를 점하게 된 이유를 이 차이에서 찾는 사람도 있다.

메모리 용도로 사용할 수 있는 기술을 개발한다. 그가 개발한 자기 코어 메모리는 휠윈드 컴퓨터에 탑재된다.

자기 코어 메모리는 컴퓨터 구성요소 중에서 가장 불안정한 것으로 악명이 높던 메모리를 가장 안정적인 것으로 바꾸어 주었다. 기억 용량이 획기적으로 커짐에 따라 컴퓨터 산업이 한 단계 도약한 것은 말할 것도 없다. 처음 시장에 나왔을 때는 비트당 1달러 정도였으니 꽤 비싼 편이었다. 자기 코어 메모리 생산 업체는 생산 단가를 내리기 위해 숙련공을 찾는다. 그들이 눈을 돌린 노동자는 직물공이었다. 옷감을 짜기 위해 가로와 세로 방향으로 실을 꿰는 것과 작은 코어에 전선을 꿰는 것은 상당히 유사한 작업이었기 때문이다. 1960년대 초반에는 대부분 컴퓨터가 자기 코어 메모리를 탑재할 수 있을 정도로 가격이 내려간다. 비트당 1달러로 출발한 메모리는 나중에는 0.01달러 정도로 하락한다. 자기 코어 메모리는 컴퓨터 기술 발전에 크게 기여하면서, 이렇게 한 시대를 풍미하고 있었다.

반도체 메모리

1940년대 말에는 트랜지스터가 발명되고, 1950년대 말에는 트랜지스터를 실리콘 조각 위에 집적하는 칩 기술이 발명된다. 1968년에는 인텔이라는 규모는 작지만 구성원을 보면 예사롭지 않은 반도체 회사가 출범한다. 창업자인 노이스와 무어는 메모리 시장에 눈을 돌린다. 당시 메모리 시장의 95%가량을 코어 메모리가 차지하고 있었는데—1970년대 중반까지 이 상태가 유지된다—이들은 반도체 메모리를 만들어 이 시장을 탈환하려는 야망을 불태운다. 1969년 인텔은 첫 제품으로 3101이라는 메모리 칩을 내놓는다. 이 칩은 64비트(8바이트)의 매우 작은 용량에 불과하였다. 하지만 이 칩은 반도체 메모리의 길을 열었다는 역사적인 의미를 갖는다. 같은 해 말에 용량이 4배인 32바이트를 저장할 수 있는 1101을 시장에 내놓는다. 이듬해인 1970년에는 용량이 또 4배로 증가한 128바이트의 1103을 내놓는다. 1103은 서서히 사람들의 관심을 불러일으키고 결국 코어 메모리 시장을 잠식하기 시작한다. 이 메모리 칩은 메모리 시장의 무게중심을 코어에서 칩으로 바꾸는 전환

점이 되며 인텔에게는 효자 상품이 된다. 이후 메모리 칩의 용량은 급속도로 증가하고 값은 싸져 코어 메모리는 시장에서 퇴출된다. 인텔은 1980년대에 일본의 거센 추격으로 메모리 시장을 잠식당하다가 1985년에 메모리 부문을 접고, 더욱 정밀한 기술이 필요한 마이크로프로세서에 전념한다. 이후 한국이 일본을 밀치고 메모리 칩 기술을 주도하게 된다. 2010년에는 메모리 칩 하나가 4기가비트의 용량을 가질 정도로 고도의 집적 기술이 실용화된다.

반도체 기술을 사용하여 만든 메모리 칩을 보통 램RAM(Random Access Memory)이라 부른다. 이 용어는 때로 혼란을 불러일으킨다. 임의 접근random access이란 데이터가 어느 위치(주소)에 저장되어 있건 상관없이 동일한 시간에 읽고 쓸 수 있는 성질을 뜻한다. 따라서 윌리엄스-킬번 튜브나 코어 메모리도 임의 접근 방식이므로 그들도 램이라 불러야 마땅하다. 하지만 이제 램은 반도체 기술로 만든 메모리 칩을 뜻하는 것으로 굳어졌다. 램과 다른 성질을 갖는 롬ROM(Read-Only Memory)이라는 이름의 또 다른 종류의 메모리 칩이 있다. 램은 데이터를 쓰는 것과 읽는 것이 모두 가능한 반면, 롬은 읽는 것만 가능하다. 롬은 한번 쓰면 데이터를 수정할 수 없다. 대신 전원이 꺼졌을 때, 램은 데이터를 잃어버리는 휘발성인 반면 롬은 잃지 않는 비휘발성이다. 따라서 컴퓨터를 부팅할 때 필요한 운영체제의 핵심 프로그램을 롬에 담아둔다. 컴퓨터를 켜면 롬 속의 프로그램이 컴퓨터 곳곳을 깨우며 사용 가능한 상태로 만들어준다.

인텔의 초기 제품인 3101(왼쪽)과 1103(오른쪽)이라는 메모리 칩이다. 과거의 유물이 된, 사람 몸통만한 크기의 지연 라인 메모리와 윌리엄스-킬번 튜브 메모리와 용량이 비슷하다. 큼직한 통이 손가락 마디만한 칩이 되었다.

자동차의 혁신과 컴퓨터의 혁신

교수님 얼굴을 보니 또 장난기가 발동한 듯하다.

"재미있는 이야기 해줄까?"

"해주세요."

"미국에서 발행되는 『인포월드』라는 컴퓨터 잡지가 있는데, 크린질리라는 사람이 연재물을 맡으면서 인기가 치솟게 된다. 어느 곳이든 입담이 좋은 사람이 있기 마련인 모양이다. 그 사람의 글에서 따온 인용구가 하나 있는데, 컴퓨터공학자 사이에서 꽤 유명했다."

"뭔데요?"

"컴퓨터와 자동차의 발전 속도를 비교한 건데… 자동차의 발전 속도가 컴퓨터와 같았다면, 롤스로이스의 현재 가격은 100달러고, 1갤런의 휘발유로 100만 마일을 달릴 수 있다."

"예? 1갤런이요?"

"미국 사람들은 유독 미터법을 따르지 않아 세상을 혼란시켜요. 1갤런은 3.785리터란다. 대략 승용차의 기름 탱크가 50리터가량이니 1/15 정도를 채우면, 지구 둘레가 약 4만km이니 지구를 40바퀴 돌 수 있단다. 인류가 고민하고 있는 에너지 문제가 한 방에 해결된 셈이지."

"그런 롤스로이스를 10만원 정도에 살 수 있다니 천국이네요. 그런데 무슨 반전이 있을 것 같은데…"

"입담이 좋은 크린질리가 거기서 끝낼 리 만무하지. 그 사람이 덧붙이길… 그런데 차에 탄 사람이 모두 죽는 사고가 1년에 한 번 꼴로 일어난다."

"명언이네요. 컴퓨터는 윈도우의 버그에, 수시로 걸리는 바이러스에 그런 말 들을 만해요."

"그런데 왜 자동차와 컴퓨터가 그런 큰 차이가 나는지 알겠니?"

"그럼요. 자동차는 쇳덩어리가 움직이는 것이고 공기 저항도 받고 땅과 마찰도 일으키니, 제아무리 강력한 엔진을 쓴다 해도 한계가 있고요. 컴퓨터는 우리 눈에 안 보이는 전자가 움직이는 것이니 그렇게 빠를 수 있겠지요."

"그럼 컴퓨터는 왜 그렇게 사고를 많이 치니?"

"일을 하는 과정이 자동차보다 훨씬 복잡한 탓이겠지요."

"컴퓨터공학자가 다 되었구나. 크린질리는 『우연의 왕국』이라는 책을 썼단다. 개인용 컴퓨터와 실리콘밸리의 역사에 관한 이야기 책인데, 그 책에서 자신은 역사가가 아니고 해설가라고 말하며 특유의 입담을 발휘한다. 역사가는 일부를 빼먹으면 오류인데, 자신과 같은 해설가는 맛있는 부분만 골라 쓰면 된다라며."

"말이 되네요."

미니와 슈퍼

모클리와 에커트는 1946년에 에니악을 완성한 뒤, 곧바로 창업하여 유니백이라는 명품 컴퓨터를 만들어 1950년대 초에 컴퓨터 시장을 일군다. IBM은 50여 년 간 주력 품목이던 표 작성기가 시대에 뒤떨어짐을 깨닫고, 701과

650 같은 기종을 들고 컴퓨터 시장에 뛰어든다. 또한 대기업들이 경쟁적으로 컴퓨터 시장에 뛰어들어 바야흐로 상업용 컴퓨터 시대가 활짝 열린다. 이들이 만들어 판매하는 컴퓨터는 큰 방을 꽉 메울 정도로 덩치가 컸으며, 컴퓨터 센터는 일반인의 접근이 통제되었으며 신비로운 분위기를 풍겼다. 이러한 컴퓨터는 커다란 캐비넷 수십 개로 구성되어 있었다. 이런 모양과 분위기를 보고 사람들이 떠올린 이름은 메인프레임mainframe이었다. 메인프레임 컴퓨터는 은행, 보험 회사, 자동차 회사, 정부 기관 등이 대용량 자료 처리에 주로 사용하였다. 이 기계는 매우 고가였으며 유지비가 많이 들어 큰 기관만 보유할 수 있었다. 이러한 상황은 1950년대 내내 지속된다. 하지만 시간이 지남에 따라 새로운 발상을 하는 사람이 나타난다. 그들은 미니와 슈퍼라는 반대 방향을 향하는 두 줄기의 길을 개척한다. 첫 번째 길은, 성능은 떨어지지만 크기가 작고 가격이 싸서 중소 규모의 기관에 적합한 '미니컴퓨터'이다. 두 번째 길은, 고도의 계산이 필요하여 메인프레임으로 감당할 수 없는 특수 분야를 겨냥한, 메인프레임보다 수십 배 빠르고 가격은 훨씬 비싼 '슈퍼컴퓨터'이다.

미니컴퓨터 시장을 개척한 DEC

켄 올슨(Ken Olsen, 1926~2011, 미국)과 할런 앤더슨(Harlan Anderson, 1929~2019, 미국)은 MIT의 링컨연구소에서 비행 시뮬레이터를 만드는 훨윈드 프로젝트에 참여하고 있었다. 비행 시뮬레이터에서 핵심 요구사항은 실시간 작동과 대화형interactive이었다. 비행사가 입력 장치를 조작하면 컴퓨터는 즉시 반응을 해야만 한다. 둘은 메인프레임에 의존할 수 없었다. 메인프레임을 쓰기 위해서는 펀치카드에 프로그램과 데이터를 기록한 후 전산실에 제출하고, 전산 요원이 처리해 줄 때까지 기다려야만 한다. 메인프레임은 작업을 모아 한꺼번에 처리하는 일괄 처리 방식이었던 것이다. 올슨과 앤더슨은 입력 장치를 조작하면 그래픽 단말기에 곧바로 응답이 나타나는 대화형 컴퓨터인 TX-0를 1955년에 발명한다. 학생들에게 TX-0를 개방한 올슨과 앤더슨은 학생들이 보이는 반응을 눈여겨 보게 된다. 학생들은, 훨씬 성능이 좋고 안정

맨 위는 1953년에 시장에 나온 유니백 1103이라는 메인프레임 컴퓨터이다. 큰 방을 가득 채우고 있다. 가운데와 아래는 미니컴퓨터로서 크기가 아담하다. 가운데는 DEC사의 PDP-1으로서 작은 방에 설치할 수 있을 정도이다. 그림의 왼쪽부터 중앙처리장치, 프린터 역할을 한 타이프라이터, 그리고 벡터그래픽 디스플레이 장치를 볼 수 있다. 맨 아래는 VAX-11/780이다. 큰 방에 설치하면 적당할 정도의 크기이다.

적인 IBM 메인프레임 컴퓨터 대신 멋없는 포장 박스에 담긴 TX-0를 사용하기 위해 기꺼이 긴 줄을 섰다. 둘은 이 줄에서 '더욱 작지만 대화형으로 작동하는' 컴퓨터 시장을 발견한다.

올슨과 앤더슨은 창업하기로 마음먹고 1957년에 자금 모집에 들어간다. 하지만 돈을 가진 사람들의 썰렁한 반응에 당황한다. 당시 컴퓨터 성능은 하루가 멀다하고 혁신을 이루고 있었고, RCA나 제너럴 일렉트릭 같은 대기업도 IBM의 위세에 눌려 고전하는 상황이었다. 자본은 컴퓨터 분야의 신규 진입을 위험성 높은 투자처로 보았던 것이다. 그때 한 사람이 관심을 보인다. 그는 나중에 벤처 투자의 아버지라는 칭송을 듣는 조지 도리옷(Georges Doriot, 1899~1987, 미국)이다. 도리옷은 컴퓨터 시장의 치열한 경쟁을 피하는 방법으로 두 가지를 조언하고 7만 달러를 투자한다. 그의 조언은, 회사 이름으로 정해놓은 Digital Computer Corporation에서 Computer 대신 다른 것을 쓸 것과 사업 초기에 컴퓨터 대신 컴퓨터 부속품에 전념하라는 것이었다. 올슨과 앤더슨은 두 가지 조언을 모두 받아들인다. 그리고

1957년에 DEC(Digital Equipment Corporation)이 탄생한다. DEC은 투자자의 조언대로 컴퓨터를 검사하는 데 쓰는 장비를 만들어 팔기 시작한다. 그것으로 흑자를 본 DEC은 곧바로 컴퓨터 개발을 시작하고, 1960년에 PDP-1이라는 기종을 가지고 컴퓨터 시장에 뛰어든다. 여전히 신중한 올슨은 컴퓨터 이름을 PDP(Programmable Data Processor)라 지어, 컴퓨터 냄새를 풍기지 않으며 조용히 시장에 잠입한다. IBM은 DEC이 자신의 잠재적인 경쟁자라는 점을 눈치채지 못한다. PDP-1은 세계 최초의 '미니컴퓨터'였다. 그것은 메인프레임이 부담스런 사용자를 겨냥하여 만든, 성능은 낮지만 크기가 작고 가격이 훨씬 저렴한 새로운 형태의 컴퓨터였다. 게다가 대화형으로 작업할 수 있는 입력 장치와 디스플레이 장치를 부착하여, 순식간에 학생과 해커들의 뜨거운 반응을 얻는다.

PDP-1은 당시 메인프레임에 비하면 매우 저렴한 12만 달러였다. DEC은 MIT에 한 대를 기증하는데 TX-0의 옆방에 설치된다. 학생들의 반응은 뜨거웠다. 그들은 PDP-1을 가지고 우주전쟁Spacewar이라는 비디오 게임뿐 아니라, 문서 편집기와 음악 플레이어 등의 재미있는 프로그램을 작성한다. 그저 재미있어 작성해 보는 것이고 자신이 만든 프로그램을 누구에게나 공개하는 분위기였다. 해커 문화의 전조가 나타난 것이다. DEC은 PDP-1에 이어, PDP-2부터 PDP-7까지 신기종을 쏟아놓는다. 이들 기종은 시장에서 크게 성공하지 못했는데, 1965년에 나온 12비트의 PDP-8은 대박을 터뜨린다. PDP-1보다 작은 규모로 설계된 PDP-8은 성능은 낮았지만 1만8천 달러에 불과하여 대학의 학과 단위에서 구입하기에 적당한 규모였다. PDP-8은 5만 대가량이 판매되어, 당시 컴퓨터 시장에서 가장 많이 팔려나간 기종이 된다. 이것으로 PDP-8은 진정한 최초의 미니컴퓨터라는 찬사를 받고, DEC은 IBM에 이어 세계 두 번째로 큰 컴퓨터 회사로 발돋움한다. 더불어 도리옷의 투자는 신화로 자리잡는다. 그가 1957년에 투자한 7만 달러는 1968년에 DEC이 기업공개할 때 3억 5천5백만 달러 이상의 가치로 치솟았다. 이후 DEC은 PDP-11을 출시하며, 그 이후에는 VAX 기종으로 이름을 바꾼다. VAX는 미니컴퓨터의 왕자로 군림한다.

DEC이 미니컴퓨터를 가지고 성장하는 이야기를 하는 데 빼놓을 수 없는 공학자가 있는데, 바로 고든 벨(Gordon Bell, 1934~, 미국)이다. 벨은 PDP 시리즈와 VAX 시리즈를 설계하는 데 핵심적인 역할을 하는데, 그 공적을 인정받아 '미니컴퓨터의 아버지'라는 칭송을 받는다. 그는 컴퓨터역사박물관의 설립자이기도 하다. 1975년부터 DEC은 건물 현관에 오래된 컴퓨터와 부속품을 전시하는 프로젝트를 시작한다. 그것을 토대로 삼아 벨과 그의 부인 그웬은 1979년 보스턴에 컴퓨터박물관을 설립하고, 그웬이 초대 관장이 된다. 이 박물관은 1996년에 실리콘밸리로 옮기고, 컴퓨터역사박물관Computer History Museum으로 이름을 바꾸어 지금까지 이어오고 있다.

DEC의 성공 신화에 자극받은 사람들은 미니컴퓨터를 생산하는 회사를 만든다. DEC의 엔지니어이던 에드슨 드카스트로(Edson de Castro)는 DEC의 정책에 불만을 품고 뛰쳐나와, 동료들과 함께 데이터제너럴Data General을 창업한다. 데이터제너럴은 당시로서는 매우 저렴한 4천 달러가량의 16비트 미니컴퓨터, 노바Nova를 생산하여 대박을 터뜨린다. 노바는 소규모 실험실도 구입할 수 있을 정도였다. 왕연구소, 프라임, 아폴로와 같은 회사가 미니 컴퓨터를 생산하였으며, IBM도 미니컴퓨터 기종을 내놓아 치열한 경쟁 체제로 들어선다. 하지만 PDP-1이 세상에 나온 지 20년가량 지난 1970년대 후반에 들어서 개인용 컴퓨터가 쏟아져 나온다. 그리고 10년가량 더 지난 1980년대 후반에는, 인텔이 개발한 고성능 펜티엄 프로세서를 탑재한 1천 달러가량의 값싼 IBM PC가 개인의 손에 들어간다. 게다가 서버급 운영체제인 유닉스와 윈도우 NT가 이런 고성능 PC에 탑재됨으로써, 미니컴퓨터는 점점 설 자리를 잃게 되고 미니컴퓨터 시장 자체가 소멸한다. DEC은 인텔에 맞설 고성능 마이크로프로세서로서 알파칩을 개발하고 회생을 꾀한다. 알파 칩은 인텔의 펜티엄보다 성능이 뛰어나다는 기술적인 평가를 받지만, 시장에서는 IBM PC와 결합한 펜티엄을 이기지 못한다. 결국 DEC은 1998년에 콤팩Compaq이라는 회사에 매각된다. DEC은 죽지만, 밀알이 된다. 벨연구소의 톰슨과 리치는 역사적인 발명품인 유닉스와 C 언어를 세상에 내놓는데, 그들의 상상력을 자극한 것은 바로 연구소 구석방에 방치된 PDP 컴퓨터였다.

실리콘밸리에 있는 컴퓨터역사박물관이다. 전시품은 개인용 컴퓨터부터 슈퍼컴퓨터에 걸쳐 폭이 넓다. 희귀하거나 세계에 단 한 점뿐인 전시품을 많이 보유하고 있는데, 총 9 만여 점에 달한다. 웹사이트는 http://www.computerhistory.org/이다.

미니컴퓨터는 더 작은 종류의 컴퓨터인 워크스테이션workstation을 파생시킨다. 워크스테이션은 작은 실험실 또는 특수 목적의 일을 하는 직업인에게 적합한 규모이다. 1982년에 설립된 선마이크로시스템즈Sun Microsystems라는 회사가 선 시리즈로 시장을 주도한다. 실리콘그래픽스Silicon Graphics라는 회사는 3 차원 컴퓨터그래픽스 전용 워크스테이션으로 특수 분야의 시장을 개척하고 주도한다. 워크스테이션은 1980년대 말에 미니컴퓨터와 비슷한 운명을 맞이한다. PC의 고성능화로 입지가 점점 축소되고 현재는 매우 작은 시장으로 연명하는 정도이다.

1970년대 중반부터 시장에 나타난 개인용 컴퓨터(PC)는 1980년대 초반에는 수백 종이 넘을 정도로 세를 불려나간다. 1980년대 들어, 난잡한 시장은 정리되고 IBM PC와 애플 매킨토시로 양분되어 현재까지 이어진다. 원하는 사람 누구나 적은 비용으로 가정에 컴퓨터를 보유할 수 있는 시대가 된다.

슈퍼컴퓨터의 아버지, 크레이

한편으로 메인프레임보다 낮은 방향으로 미니컴퓨터, 워크스테이션, 개인용 컴퓨터가 출현하여 작은 조직과 개인의 욕구를 만족시켜준 반면, 메인프레임보다 높은 방향으로 슈퍼컴퓨터가 나타난다. 그것은 메인프레임이 감당하기 어려운 방대하고 빠른 계산이 필요한 특수 응용 분야가 만들어냈다. 예를 들어, 날씨 예측의 경우 아주 많은 변수가 개입하는 복잡한 방정식을 풀어야 한다. 그 계산은 일정한 시간 내에 끝나야만 한다. 아무리 정확하더라도 시간이 지나면 예측이라 할 수 없으니까. 자동차 회사는 새로운 모델의 자동차를 생산하기 전에, 설계에 흠이 없는지 확인하기 위해 실제 모형을 제작하여 실험을 해본다. 이것을 컴퓨터 모의 실험으로 대신할 수 있다면, 훨씬 빠른 시간 내에 생산에 들어갈 수 있다. 빨리 시장에 내놓을수록 회사의 수익은 커진다. 이런 욕구를 읽어내고, 메인프레임에 비해 수십~수백 배 빠른 슈퍼컴퓨터를 만들려는 사람들이 나타난다. 만들기만 하면 사갈 곳은 얼마든지 있었다.

왼쪽은 컴퓨터역사박물관에 전시된 크레이-1의 모습이다. C 자 모양이 이채롭다. 크레이는 멋을 위해서가 아니라, 부품을 연결하는 전선의 길이를 짧게 하여 전자의 이동 길이를 최소화하기 위해 이런 모양을 설계하였다. 빙 둘러 놓여 있는 의자처럼 생긴 곳에 앉으면 안 된다. 그곳에는 빠른 계산으로 인해 발생하는 열을 식히기 위한 냉각 장치가 들어 있다. 오른쪽은 스위스 연방기술연구소EPFL에 전시된 크레이-1이다. 내부를 볼 수 있게 전시해 놓았다.

1975년에 크레이리서치Cray Research라는 회사에서 진풍경이 벌어지고 있었다. 이 회사가 만든 크레이-1의 첫 생산 제품을 누가 가져갈지 로렌스리버모어 국립연구소와 로스알라모스 국립연구소 간에 경쟁이 벌어진 것이다. 결국 로스알라모스로 가게 된다. 크레이-1은 1972년에 설립된 크레이리서치가 시장에 내놓은 첫 번째 모델로서 명실상부한 슈퍼컴퓨터였다.[10] 크레이-1은 5백만~8백만 달러의 고가였음에도 불구하고 80여 대가 팔린다. 이후 크레이 X-MP(1982년), 크레이-2(1985년), 크레이 Y-MP(1988년), 크레이 재규어 Cray Jaguar(2009년) 등의 후속 모델이 나오며, 이들 크레이 시리즈는 슈퍼컴퓨터의 대명사로 자리잡는다.

시모어 크레이(Seymour Cray, 1925~1996, 미국)는 한때 CDC의 핵심 엔지니어였다. 슈퍼컴퓨터로 일컬어지기도 하는 CDC 6600을 탄생시킨 주역이다. 그는 사장 노리스가 컴퓨터의 속도 경쟁에 소극적이라는 이유로 CDC를 빠져나와, 자신의 회사 크레이리서치를 1972년에 설립한다. 크레이의 인생 목표는 오로지 세계 최고속 컴퓨터라는 타이틀을 누구에게도 빼앗기지 않는 것이었다. 자신의 목표를 달성한 그는 슈퍼컴퓨터의 아버지라는 칭호를 받는다. 불행하게도 크레이는 무모하게 그를 추월하려는 어떤 젊은이의 차와 충돌하는 교통사고로 숨진다.

슈퍼컴퓨터의 성능은 1초 동안 실행할 수 있는 실수 연산의 개수를 나타내는 플롭스FLOPS(FLoating-point Operations Per Second)라는 단위로 측정한다. 보통 메가플롭스(100만 개 연산), 기가플롭스(10억), 테라플롭스(1조), 페타플롭스(1000조)로 나타낸다.[11] 슈퍼컴퓨터 분야의 전문가 집단이 1993년에 출범시킨 TOP500이라는 프로젝트가 있다. TOP500은 일 년에 두 번, 세계에서 가장 빠른 500대의 컴퓨터를 선정하여 발표한다.[12] 1993년 출범 당시 싱킹 머신스의 CM-5가 59.7기가플롭스로 1위를 차지하였는데, 2010년은 크레이의 회사가 만든 크레이 재규어가 1.759페타플롭스(1,759,000기가

---

10 IBM의 NORC(1954), CDC의 6600(1964) 등이 자칭 세계 최초의 슈퍼컴퓨터라 주장하기도 하는데 이들을 슈퍼컴퓨터로 인정할 지에 대해서 찬반 논란이 있다. 하지만 크레이 시리즈에 대해서 슈퍼컴퓨터 여부를 문제 삼는 사람은 없다.

11 큰 수를 표시할 때, 킬로kilo, 메가mega, 기가giga, 테라tera, 페타peta, 엑사exa, 제타zetta, 요타yotta라는 단위를 사용한다. 1킬로는 1000=10^3을 뜻한다. 그리고 1000배씩 증가하며 1메가=1백만, 1기가=10억, 1테라=1조, 1페타=1000조가 된다.

12 http://www.top500.org/. TOP500 프로젝트는 다양한 프로그램과 테스트 데이터를 가지고 성능 측정을 시도하여 최대한 객관성을 유지하려 노력한다.

플롭스)로 1위를 차지하여, 17년 동안 무려 3만 배가량 빨라졌다. 놀라운 속도 향상이 아닐 수 없다. 이것은 대략 14개월에 두 배씩 빨라진 셈으로 무어의 법칙이 슈퍼컴퓨터에서도 얼추 맞아떨어지는 것을 알 수 있다. 2010년의 TOP500 리스트에 한국은 대덕 연구단지에 있는 한국과학기술정보연구원KISTI의 슈퍼 컴퓨터가 0.2748페타플롭스로 15위에 올라와 있다. 1위는 오크리지 국립연 구소에 있는 크레이 재규어이고, 2위는 중국이 차지했다. 2020년 6월 선정에서는 일본의 후가쿠Fugaku 컴퓨터가 442페타플롭스의 속도로 1위를 차지한다.

미국 오크리지 국립연구소에 있는, 2010년 기준으로 세계에서 가장 빠른 슈퍼컴퓨터인 크레이 재규어이다. 동양의 병풍을 연상시키는 외관이 참으로 이채롭다. 1초에 1759조 개 이상의 연산을 수행할 수 있다. 인류는 이것을 동전만한 칩으로 구현하는 연구를 하고 있다. 큰 방 하나를 채웠던 에니악을 칩으로 만들었다는 것을 생각하면 결코 꿈이 아니다.

슈퍼컴퓨터 시장에서는 크레이리서치뿐 아니라 IBM과 인텔 같은 미국 회사, 중국의 정부기관과 회사, 그리고 NEC, 후지스, 히다치와 같은 일본 회사가 치열한 경쟁을 벌인다. 하지만 슈퍼컴퓨터 시장도 개인용 컴퓨터(PC)의 위세로 인해 축소되는 운명을 맞는다. 빠른 계산을 달성하는 가장 기본적인 원리는 주어진 문제를 여러 개의 작은 문제로 쪼개고, 각각의 작은 문제를 여러 개의 프로세서가 동시에 실행하는 것이다. 이것을 병렬처리parallel processing라 부른다. 따라서 슈퍼컴퓨터 속에는 수천~수십만 개의 마이크로 프로세서가 들어 있다. 이러한 원리는 슈퍼컴퓨터가 아닌 다른 방식으로 구현할 수도 있다. 그것을 가능하게 해주는 것이 바로 인터넷이다. 이제 지구상의 거의 모든 PC가 인터넷으로 묶여 있다. 따라서 잘게 쪼개진 작은 문제를 인터넷을 통해 현재 놀고 있는 여러 PC에 분산시켜 푸는 것이다. 이것을 그리드 컴퓨팅Grid computing이라 부른다. 슈퍼컴퓨터 속에 있는 여러 프로세서에 나누어주는 것과 인터넷에 연결된 여러 PC에 나누어주는 것은 원리상으로 같은 것이다. 그리드 컴퓨팅은 슈퍼컴퓨터의 시장을 잠식하고 있다.

지금까지 메인프레임을 기준으로 그것보다 작은 미니컴퓨터, 워크스테이션, 개인용 컴퓨터, 그것보다 큰 슈퍼컴퓨터를 살펴보았다. 이것들의 구분이 애매한 경계 지역이 있다. 자동차로 치면, 소나타의 고급 사양이 그랜저의 기본 사양보다 비싸고 성능이 좋은 경우에 비유할 수 있다. 게다가 컴퓨터는 인류가 가진 그 어느 기계보다 빠른 속도로 성능 향상을 거듭하고 있다. 크레이 시리즈의 성능을 살펴보자. 1975년의 크레이-1은 0.25기가플롭스, 1982년의 크레이 X-MP는 0.941기가플롭스, 1985년 크레이-2는 3.9기가 플롭스로 발전을 거듭하는데, 2009년에 나온 크레이 재규어는 1.795페타플롭스(1,795,000기가플롭스)가 된다. 1980년대 초반의 크레이 컴퓨터들은 현재 우리가 가정에서 사용하는 PC보다 못하다.

실리콘밸리를 무대로 한 영화

교수님께서 방금 전에 말씀하신, 실리콘밸리의 역사를 다룬 『우연의 왕국』이란 책에서 왕국은 이해가 되는데, '우연'은 좀처럼 와 닿지 않는다. 실리콘밸리가 우연히 생겼단 말인가?

"네 얼굴을 보니, 머리 속에 뭔가 의문이 떠올랐구나."

"맞아요. 『우연의 왕국』이라면 실리콘밸리와 개인용 컴퓨터가 필연이 아니라 우연히 생겼단 말인가요?"

"아마 저자는 계획된 도시가 아니라 어떤 씨앗을 중심으로 자연스럽게 성장해 나간 것을 강조하기 위해 『Accidental Empires』라는 이름을 붙였고, 번역자가 accidental을 우연이라고 번역한 모양이다."

"정부가 계획하여 만든 도시는 분명 아니겠네요."

"그건 확실하다. 세금을 낮추어 준다거나 하는 등의 캘리포니아 주의 간접적인 지원은 있었지만, 깊은 개입은 없었다. 정부에서 일하는 사람들은 보통 상상력이 부족할 뿐 아니라 창의력을 발휘할 여지도 부여 받지 못하기 때문에, 그들이 직접 개입하면 초반에 살아나는 듯하다가 필경 죽어버린다. 실리콘밸리의 씨앗은 스탠퍼드 대학의 터먼 학장이 뿌렸다고 보면 된다. 그는 스탠퍼드가 가진 부지를 이용하여 산업단지를 조성하고, 졸업생과 교수들에게 창업을 부추겼으며 자신도 직접 투자자가 되기도 한다. 누구에게나 실리콘밸리는 공부해 볼 가치가 충분하단다. 책뿐 아니라 인터넷에서 여러 자료를 찾아 읽어보기 바란다."

"꼭 그럴게요. 특히 터먼 학장과 스탠퍼드 대학에 대해서 자세히 알아봐야겠어요."

"누군가 터먼 학장에게 질문을 했단다. 스탠퍼드 대학은 교육 중심과 연구 중심 중에 어느 것이어야 하나요? 터먼 학장은 '스탠퍼드는 학습 중심이어야 한다'라고 대답했단다. 그의 말이 꽤 심오한데, 학생을 받아 일방적으로 교육시켜 내보내는 기관이 아니라 학생과 교수가 어우러져 같이 학습하는 기관이란 뜻이겠지. 학습은 자율성과 상호작용을 내포하고 있지 않겠니. 터먼 학장은 우리나라의 과학기술 발전에도 크게 관여한다. 우리 정부가 KAZST를 구성할 때 설계도를 그려준 분이란다."

"그분의 뜻을 알 것 같아요."

"그분은 30대 초반에 『라디오 공학』이라는 전공 책을 저술하는데 전기전자 분야의 명저란다. 40대에는 2차 세계대전이 일어났는데, 적군의 레이더를 교란하는 부서에서 크게 공헌을 한다. 그리고 50대에 스탠퍼드대학의 학장이 되어, 실리콘밸리를 설계하기 시작한단다."

"대단한 분이네요."

"꼭 권하고 싶은 영화가 있다."

"영화라면 저 무척 좋아해요. 꼭 볼게요."

"『실리콘밸리의 신화』라는 영화란다."

"터먼 학장의 이야기인가요?"

"아니. HP나 인텔과 같은 회사가 실리콘밸리에 막 뿌리를 내리고 있을 때 실리콘밸리에 또 다른 이야기가 움트기 시작한다."

"개인용 컴퓨터죠?"

"제법이구나. 1975년에 알테어라는 최초의 개인용 컴퓨터가 나오고, 그것이 씨앗이 되어 스티브 잡스와 빌 게이츠 같은 사람이 활약하기 시작한다. 이 영화는 이들 두 사람의 이야기란다."

"재미있을 것 같아요."

"1999년에 나온 영화인데, 보고 나면 마치 중간에 필름이 끊긴 것 같은 느낌이 든단다. 그 이후에 영화에 나온 것보다 훨씬 극적인 일들이 많이 벌어졌고, 그걸 우리가 알고 있는데 영화가 거기까지 가지 못해서 그런단다."

"감안하고 볼게요."

실리콘밸리

1800년대 스페인 출신의 이민자들이 샌프란시스코 만 주위에 삶의 둥지를 틀기 시작한다. 그들은 새로운 도시를 개척한 후, 자신의 언어로 샌프란시스코, 산타클라라, 새너제이와 같은 이름을 붙인다. 태평양을 넘실대는 바닷물은 금문교 밑을 흘러 커다란 샌프란시스코 만을 들락거린다. 남북으로 길게 뻗은 샌프란시스코 만의 남쪽 끝 바로 밑에는 역시 남북으로 길게 뻗은 넓직한 계곡이 있다. 사람들은 그곳을 산타클라라 밸리라 부른다. 이민자들은 미국 어느 지역보다 좋은 기후를 가진 자양분 넘치는 땅을 밑천으로 삼아 농사를 시작한다. 산타클라라 밸리는 살구와 자두 따위를 생산하는 과수원과 통조림 공장이 곳곳에 들어선다. 정착민들은 자신의 삶의 터전인 이 계곡을 환희의 마음 계곡Valley of heart's delight이라는 애칭으로 부른다.

스탠퍼드라는 자양분

1884년, 철도 산업의 거물인 릴랜드 스탠퍼드(Leland Stanford, 1824~1893, 미국)는 대학에 들어갈 나이의 아들을 잃는다. 그는 슬픔을 이기기 위해 죽은 아들 이름으로 대학을 설립하기로 마음먹는다. 스탠퍼드 대학은 이런 이야기 속에서 1891년에 탄생한다.

"If you are going to San Francisco, be sure to wear some flowers in you hair~~"라는 노래와 금문교Golden gate bridge로 잘 알려진 매력적인 도시 샌프란시스코에서 자동차로 출발하여 남쪽으로 한 시간가량 달리면 산타클라라 밸리가 나타난다. 이곳이 바로 과수원 농장에서 세계 최첨단 산업 단지로 탈바꿈한 실리콘밸리이다. 동서로 20km, 남북으로 50km가량 되는 이곳은 전 세계 컴퓨터 산업의 심장이다.

스탠퍼드 대학의 캠퍼스 전경(왼쪽)이다. 스탠퍼드는 세계 두 번째로 큰 부지를 가진 대학으로도 유명하다. 아들의 죽음을 '캘리포니아의 아이들은 모두 내 아들'이라는 마음으로 이겨낸 스탠퍼드(가운데)가 설립한 이 대학은 금세기 최고의 명문으로 자리잡는다. 터먼 학장(오른쪽)은 스탠퍼드 대학을 지렛대 삼아 실리콘밸리를 창조한다. 그는 실리콘밸리의 아버지라 불리는 명예를 얻는다.

스탠퍼드 대학의 교수 아들로 태어나 스탠퍼드 교정에서 뛰놀며 자란 프레드릭 터먼(Frederick Emmons Terman, 1900~1982, 미국)은 MIT에 진학하여 배너바 부시의 영향을 받으며 공부를 마친다. 고향으로 돌아온 그는 1937년에 스탠퍼드 대학의 공과대학 학장이 된다. 당시 터먼의 가장 큰 고민은 두뇌 유출이었다. 스탠퍼드의 졸업생이 좋은 직장이 많은 동부로 대거 빠져나가고 있었던 것이다. 그는 스탠퍼드의 교수와 졸업생이 창업하는 것을 권장하는 제도를 만들어 적극적으로 실시한다. 또한 캠퍼스 가까이에 스탠퍼드 산업단지Stanford Industrial Park를 조성하고, 첨단 기술을 가진 회사에게 낮은 가격으로 땅을 임대해 주는 조건을 내세우고 적극 유치한다. 그의 노력은 졸업생이 설립한 배리언과 휴렛팩커드로 초기 결실을 거둔다. 배리언은 레이더 장비, 휴렛팩커드는 오실로스코프를 주력 품목으로 삼았다.

윌리엄 휴렛(William Reddington Hewlett, 1913~2001, 미국)과 데이빗 팩커드(David Packard, 1912~1996, 미국)는 스탠퍼드를 졸업한 후 동부로 옮긴다. 1938년에 터먼 학장은 그들을 스탠퍼드로 불러들인다. 둘은 세들어 사는 집의 차고에서, 기존 제품보다 성능과 가격 면에서 뛰어난 오실로스코프를 만드는데 성공한다. 터먼 학장은 제품화하여 팔 것을 권유한다. 이렇게 하여 1939년에 휴렛팩커드라는 회사가 탄생한다. 사람들은 줄여 HP라 부르게 되고, 차고에서 출발한 회사로 뭇사람들의 머리에 각인된다. 한동안 전자 제품에 휴렛과 팩커드, 그리고 둘의 사업이 시작된 차고이다. 이 차고는 팰로앨토에 있다.

주력하던 HP는 1970년대 들어 사업 영역을 컴퓨터로 확장한다. 초기에는 계산기를 생산하여 팔았으며, 나중에는 여러 기종의 컴퓨터를 시장에 내놓는다. 1984년에는 획기적인 방식의 레이저젯 프린터를 시장에 내놓아 프린터 시장을 주도하기 시작한다. 이렇게 휴렛과 팩커드는 은사인 터먼 학장의 꿈을 현실로 바꾸어준 초기 인물이 된다. 하지만 계곡은 아직 뜨겁지 않았다. 여전히 곳곳에 농장이 운영되고 있었고 농업이 첨단 산업보다 컸다.

불붙은 계곡, 상전벽해 되다

쇼클리는 트랜지스터를 발명한 직후, 동부의 뉴저지에 있는 벨연구소와 갈등을 겪는다. 결국 그는 벨연구소를 떠나 어릴 적 뛰놀던, 산타클라라 밸리의 북쪽에 위치한 도시 팰로앨토Palo Alto에 쇼클리 반도체를 1955년에 설립한다. 그는 자신의 명성을 이용하여 미국에 있는 최고의 엔지니어를 끌어들여 인적 토대를 닦는다. 하지만 그의 괴팍한 성격으로 인해 8명의 유능한 엔지니어가 집단으로 회사를 떠나는 일이 벌어진다. 이로써 쇼클리의 회사는 껍데기만 남고 결국 망한다. 하지만 계곡은 불이 붙는다. 쇼클리는 자신을 태워 계곡에 불을 지른 꼴이 된 것이다.

쇼클리를 떠난 8인은—쇼클리는 그들을 8인의 반란자라 불렀다—회사 창업에 필요한 자금을 끌어들인다. 8인의 지도자가 된 노이스는 페어차일드라는 회사에서 파견된 아서 록으로부터 창업 자금을 확보하고, 1957년에 페어차일드 반도체를 창업한다. 나중에 아서 록은 실리콘밸리의 벤처 투자자로서 창업 열기를 조성하는 핵심 인물이 된다. 노이스는 집적회로를 발명하게 되고 페어차일드 반도체는 급성장한다. 계곡이 실리콘으로 덮이기 시작한 것이다. 하지만 페어차일드 반도체가 벌어들인 돈이 모기업으로 흘러들어가고, 결국 회사가 모기업에 합병되자 8인은 뿔뿔이 흩어져 자신의 회사를 세우기 시작한다. 이렇게 하여 계곡은 내셔널 반도체(1959년 창립), AMD(1969년 창립), 인텔(1968년 창립) 등의 반도체 회사로 채워진다. 바야흐로 자두와 살구를 실은 트럭보다 실리콘을 실은 트럭이 더 많이 다니는 계곡으로 탈바꿈해 가고 있었다.

1968년에 창업한 무어와 노이스의 머리에 처음 떠오른 회사 이름은 무어-노이스였다. 하지만 곧 반대에 부딪친다. 이유는 무어-노이스가 모어 노이즈(more noise)와 발음이 비슷하여 '더 많은 잡음'을 연상시킨다는 점이었다. 충분히 타당한 이유였다. 결국 이들은 인텔(INTegrated ELectronics)이라는 이름을 고른다. 하지만 곧 벽에 부딪친다. 호텔 체인업을 하는 사람이 인텔코라는 이름을 소유하고 있었던 것이다. 무어와 노이스는 1만5천 달러를 주고 이름을 산다. 인텔이라는 회사는 이렇게 출범한다. 인텔은 초기에 두 가지 혁신을 이룬다. 첫 번째 혁신은 메모리 칩이다. 인텔이 시장에 처음 내놓은 3101 램은 8바이트의 용량에 불과하여 시장성이 낮았다. 하지만 이듬해에 나온 128바이트의 1103은 대박을 터뜨린다. 이때 인텔은 산타클라라 밸리에 있는 큰 배나무 농장을 인수하여 번듯한 본사 건물을 짓는다. 두 번째 혁신은 1971년에 시장에 나온 4004라는 마이크로프로세서이다. 4004는 4비트에 불과하여 큰 시장을 형성하진 못하지만, 그 이후에 나온 8080은 큰 히트를 친다. 1981년에는 IBM PC를 개발하고 있던 IBM과 8086의 공급 계약을 맺음으로써 세계적인 회사로 발돋움한다.

1971년 『일렉트로닉 뉴스』라는 잡지의 시리즈 기사를 맡은 돈 호플러(Don Hoefler)는 시리즈에 '실리콘밸리 USA'라는 이름을 붙인다.[13] 반도체를 만드는 데 사용하는 물질인 실리콘과 산타클라라 밸리의 합성어인 셈이다. 이후 사람들은 산타클라라 밸리의 첨단산업 단지를 실리콘밸리라 부르게

13 실리콘밸리라는 이름은 호플러의 친구 바에스트(Ralph Vaerst)가 지은 것으로 알려져 있다.

되며, 미국의 다른 지역뿐 아니라 전 세계의 뜨거운 주목을 받는다. 실리콘밸리는 성공 신화가 넘친다. 초기에 정착한 배리언과 휴렛팩커드가 그렇고, 페어차일드를 떠난 사람들이 설립한 내셔널 반도체, AMD, 인텔의 모든 사람이 신화의 주인공이 된다.

인텔은 4004라는 마이크로프로세서를 시작으로 8080, 8086을 시장에 내놓음으로써 PC 시장을 후끈 달군다. 1975년에는 알테어라는 PC가 시장에 나온다. 같은 해, 청바지와 티셔츠를 입고 다니는 젊은이들은 실리콘밸리 지역을 중심으로 HCC(Homebrew Computer Club)라는 협회를 결성하여 실리콘밸리를 자신의 무대로 꾸미기 시작한다. HCC는 하드웨어와 소프트웨어뿐 아니라, 아이디어와 최근 소식을 상호 교환하는 허브 역할을 톡톡히 한다. HCC에서 활약하던 인물들은 서서히 창업의 꿈을 현실로 옮기기 시작한다. 빌 게이츠는 실리콘밸리를 떠나 자신의 고향인 시애틀에 마이크로소프트를 설립하고, 스티브 잡스는 쿠퍼티노에 남아 애플을 설립한다. 제록스의 팰로앨토 연구소PARC(Parlo Alto Research Center)는 그래픽 사용자 인터페이스를 가진 컴퓨터를 개발하여 실리콘밸리를 더욱 뜨겁게 한다. 이 기술은 애플로 흘러들어가 리사와 매킨토시라는 컴퓨터를 탄생시킨다. 마이크로소프트는 애플의 기술을 흡수하여 윈도우라는 운영체제를 만든다. 스탠퍼드 연구소SRI(Stanford Research Institute)의 연구원인 엥겔바트는 마우스를 개발하여 입력장치에 혁신을 몰고 온다. 이러한 젊은 창조력에 의해 힘을 받은 실리콘밸리는 하드웨어뿐 아니라 소프트웨어와 인터넷에서도 많은 신화를 낳는다. 오라클, 어도비, 시스코, 이베이, 야후, 구글, 페이스북 등이 바로 그들이다. 이제 세계 컴퓨터 산업을 휘어잡고 있는 수많은 회사가 실리콘밸리를 덮고 있다.

물고기가 살기 위해서는 하천에 충분한 물이 있어야 한다. 그뿐 아니라 플랑크톤과 산소, 물고기가 숨을 수 있는 수초, 알을 낳을 수 있는 모래톱과 자갈 등의 양호한 생태계가 갖추어져야 한다. 실리콘밸리는 뛰어난 실력과 창조력을 지닌 기술자뿐 아니라, 위험을 감수하는 벤처 투자자, 서비스 정신으로 무장한 법률 전문가, 실패를 두려워하지 않는 기업가 등이 어우러져

초기 정착민들의 삶의 터전이었던 과수 농장(위 줄)과 최첨단 산업 단지로 바뀐 뒤의 현재 모습(가운데와 아래 줄)이 무척 대조적이다. 가운데 줄의 왼쪽부터 인텔, 애플, 구글의 본사이다. 아래는 남북으로 뻗은(왼쪽이 남, 오른쪽이 북) 실리콘밸리의 전경이다. 오른쪽 끝을 지나 조금만 더 가면 샌프란시스코 만의 남쪽 끝이다.

양호한 기업 생태계를 일구었기 때문에 성공하였다. 배후에 스탠퍼드 대학, UC 버클리, UC 데이비스, 새너제이 주립대학, 산타클라라 대학 등의 인재 공급처가 있었던 것은 말할 것도 없다. 실리콘밸리의 성공 신화에 감동한 미국의 다른 지역과 아시아와 유럽의 여러 나라가 앞다투어 실리콘이라는 이름을 붙이고 흉내를 내었지만, 아직 이렇다할 성공 사례가 없다.

중국의 유정지(劉廷芝)가 지은 『대비백발옹(代悲白髮翁)』이라는 고전에 상전벽해(桑田碧海)라는 고사성어가 나온다. 표면적인 뜻은 뽕나무 밭이 바다로 바뀌었다는 것이다. 농장으로 뒤덮인 산타클라라 밸리가 첨단 기업으로 꽉 찬 실리콘밸리가 된 일은 상전벽해라 할 만하다.

洛陽城東桃李花(낙양성동도이화) 낙양성 동쪽 복숭아꽃 오얏꽃
飛來飛去落誰家(비래비거락수가) 이리저리 날아 뉘 집에 지는가

洛陽女兒惜顔色(낙양여아석안색) 낙양의 아가씨 고운 얼굴 아까운지
行逢洛花長嘆息(행봉낙화장탄식) 지나가다 꽃을 보며 한숨을 짓는구나
今年花落顔色改(금년화락안색개) 올해에 꽃이 지면 얼굴빛도 시들리니
明年花開復誰在(명년화개복수재) 내년에 꽃이 피면 누가 다시 있을까
已見松柏摧爲薪(이견송백최위신) 소나무 잣나무 땔감 된 것 보았고
更聞桑田變成海(갱문상전변성해) 뽕나무 바다로 된 얘기도 들었네

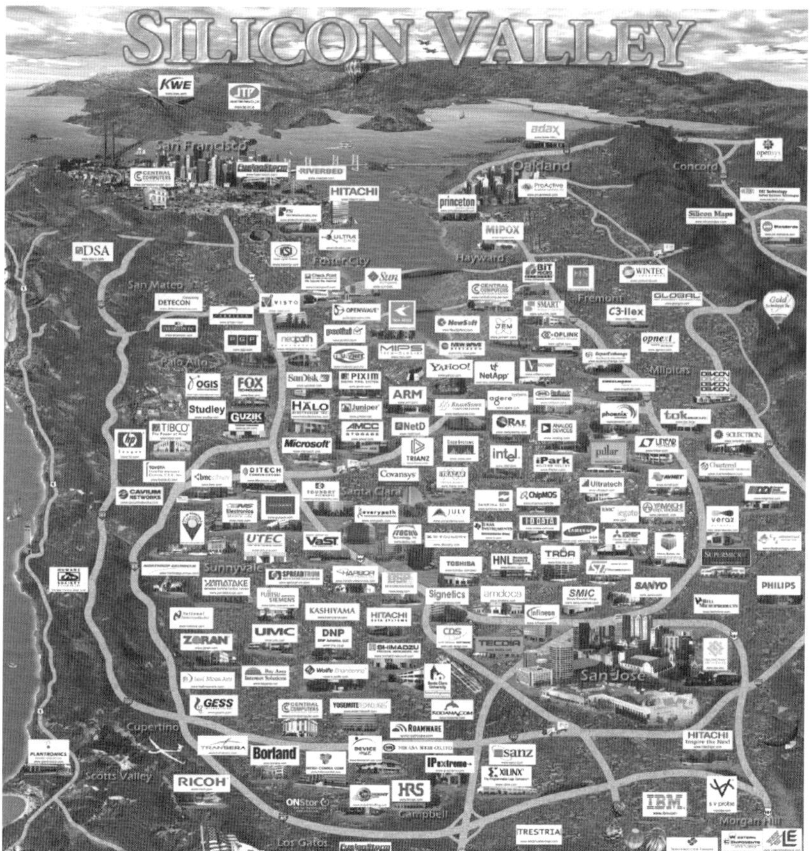

CHAPTER

08

소프트웨어의 독립

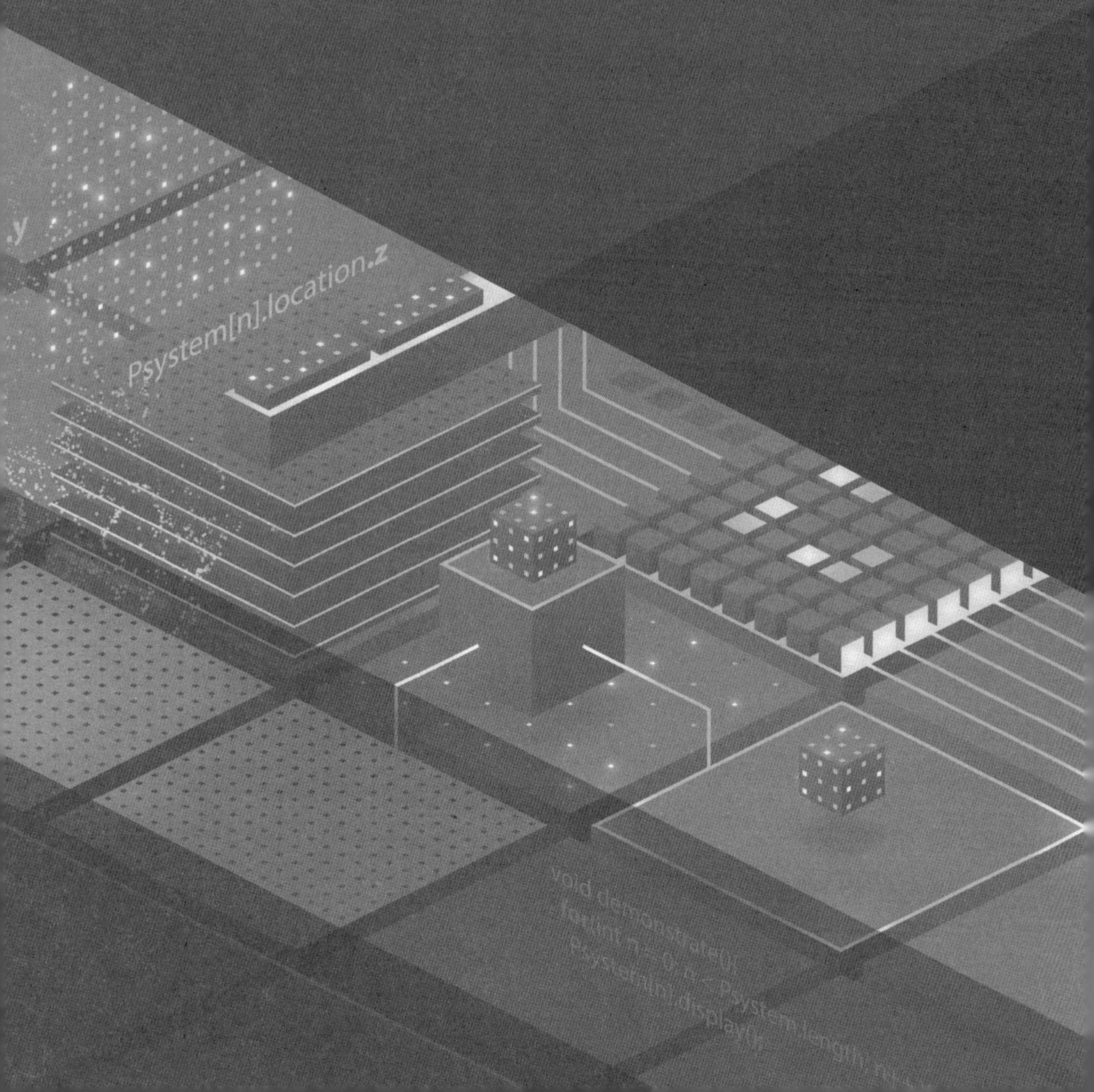

08

소프트웨어의 독립

교실이 야단법석이다. 다음 시간에 특별한 분이 오시기 때문에 그렇다.

“지우야, 진짜 컴퓨터 교수가 오냐?”

“그거 따분하겠다.”

“우리 선생님보다 낫지 않겠냐.”

“야, 선생님 온다~~ 조용히 해~~~”

선생님은 교수님과 같이 교실로 들어오신다. 친구들은 호기심 어린 눈으로 교수님을 바라본다.

“자, 오늘은 특별한 수업을 진행합니다. 저 대신 지우가 오늘 수업에 대해 소개하는 것이 좋겠어요.”

‘헉, 왜 나에게…’ 친구들의 시선이 모두 나를 향한다. 피할 수 없다.

“음… 음… 교수님은 컴퓨터공학을 가르치시는데… 저는 프로그래밍을 배우고 있어요. 얼마 전부터 컴퓨터 역사를 공부하고 있는데 처음에는 싫었는데, 조금씩 알게 되니 재미있기도 하고… 선생님께 말씀드리니 초청하여 교실 수업을 해보자고 하셔서 오늘 오시게 되었어요. 친구들 떠들지 말고 잘 들었으면 좋겠네요.”

“소개 참 잘했어요. 오늘은 나도 여러분과 마찬가지로 학생이 되어 교수님 수업을 듣겠습니다. 저기 빈 자리가 내 것입니다. 그럼 교수님, 부탁드립니다.”

컴퓨터 과목 재미있나요?

교수님은 어색한 표정으로 연단에 오르신다.

"여러분 반갑습니다. 대학 강단보다 여기가 더 긴장됩니다. 대학 강단에 선 지 30년 가까이 되었는데, 이렇게 중학생 교실 연단에 오른 것은 처음입니다. 처음은 항상 어색하고 어려운 모양입니다. 교실에 오기 전에 선생님과 이야기를 나누다가, 여러분이 공부하는 컴퓨터과학 교과서를 보았습니다. 컴퓨터 과목 재미있나요?"

"아니요. 정말 지루해요."

"외우는 것 투성이에요."

"왜 그딴 걸… 그거 없이도 컴퓨터만 잘 쓰는데…"

"여러분 생각을 알겠어요. 사실 교과서를 대강 훑어보고 여러분의 반응을 예상했지요. 실체와 그것을 기술한 문서 사이에 큰 격차가 있어 그런 듯합니다."

"예?"

"무슨 말씀이신지?"

"쉽게 얘기해 주세요."

"여러분이 좋아하는 컴퓨터는 얼마나 동적입니까? 움직이는 그림에 아름다운 음악까지. 하지만 교과서는 단순한 사실을 나열하고 있습니다. 매우 정적이지요. 움직임이 없어요."

"책은 원래 움직임이 없잖아요?"

"글도 움직이나요?"

"만일 지금 여러분과 내가 나누는 대화를 기록했을 때, 그 글도 교과서처럼 밋밋할까요?"

"조금 낫겠네요."

"교과서보단 재미있겠네요."

"지금 우리는 종이 위에 묻은 잉크를 말하는 것이 아니라, 그것이 전달해 주는 이야기를 말하고 있지요. 무협지도 교과서처럼 그냥 글이지만, 그것이 움직임이 없나요? 바람이 휘날리는 넓은 평원과 칼을 든 주인공이 글 속에 살아 꿈틀대지요."

"그렇네요."

"글과 내용?"

"말이 되네요."

"물론 교과서와 무협지는 추구하는 목표가 다르니까, 둘을 나란히 세워 놓고 같은 자를 가지고 비교하는 것은 아인슈타인과 아이언맨을 견주는 것과 같이 어울리지 않는 일입니다. 하지만 제가 본 교과서는 너무 무미건조했어요. '소프트웨어는 시스템 소프트웨어와 응용 소프트웨어가 있다', '1946년 모클리와 에커트의 세계 최초의 전자식 컴퓨터 에니악', …"

"죽을 것 같아요."

"우리 심정을 알아주시네요."

"감사드려요."

"사실만 죽 나열하니 맛이 나지 않는 것입니다. 공부해도 그때뿐이고 머릿속에 남는 것은 별로 없고. 괴로운 기억만 남지요. 모클리와 에커트가 왜 컴퓨터를 만들 생각을 했는지. 기술적으로 또는 정책적으로 어떤 고난과 영광이 있었는지. 만든 다음에는 어떤 일이 펼쳐지는지. 교과서에 이런 풍경을 넣으면 훨씬 흥미가 있겠지요. 이런 이야기 속에 여러분에게 유익한 교훈이 들어 있습니다."

"그렇겠네요."

"오늘 내가 준비한 주제는 소프트웨어입니다. 여러분이 교과서에서 배울 내용만 해도 충분히 많을 테니, 내가 알고 있는 지식을 일방적으로 전달하는 것은 피하기로 합시다. 여러분 중에 누가 질문을 한다면 그것을 소재로 삼아 이야기를 이어 나가는 방식이 좋을 듯합니다. 강의 잘 하기로 유명한 조벽 교수는, 제일 나쁜 강의는 교수가 묻고 교수가 답하고, 조금 나은 강의는 교수가 묻고 학생이 답하고, 가장 좋은 강의는 학생이 묻고 학생이 답하는 것이라 했습니다. 오늘은 조벽 교수 흉내를 내 보고 싶네요. 누구…"

평소 질문을 않고 조용하던 민준이 벌떡 일어난다.

"저 그런데… 제가 산 게임 소프트웨어를 친구에게 주면 안 되나요? 불법이라던데. 책은 다 읽은 다음 누구에게 주건 상관없잖아요."

"토론하기 아주 좋은 주제입니다. 누가…"

"그러면 다 복사할 텐데 소프트웨어 회사는 망하겠네요."

"그럼 책도 마찬가지 아닌가요?"

"혼란스럽지요? 이럴 때는 몇 가지 중요한 개념을 생각해내고, 하나씩 따져 보는 것이 좋습니다. 먼저 복제에 대해 생각해 봅시다. 아까 질문한 학생 이름이?"

"민준입니다."

"민준이 복제라는 면에서 소프트웨어와 책, 거기에 자동차까지 더해서 어떻게 다른지 말해 볼 수 있나요?"

"예. 자동차는 복제할 수 없을 테고. 책은 복사집에 맡기면 되는데 비용은 조금 드네요. 소프트웨어는 파일을 복사해 컴퓨터에 깔기만 하면 되니 비용도 안 들고 순식간이네요."

"정확합니다. 이 차이가 결국 서로 다른 법을 적용할 수밖에 없도록 만드는 요인이지요. 원인과 결과가 명확해졌지요. 그럼 법은 어떻게 달라야 할까요? 출판사나 소프트웨어 회사가 망하면 안 되잖아요. 법적인 보호막이 없으면, 재미있는 책이나 게임 프로그램을 만드는 사람이 없겠지요. 결국 문화나 산업이 쇠퇴할 테고 국가적인 재앙이 오겠지요. 그렇다고 너무 강한 힘을 가하여 소비자가 움츠러들면 그것도 바람직하지 않겠지요. 누가 법을 어떻게 만들면 될지 말해 볼까요."

평소 법률가를 꿈꾸는 승현이가 벌떡 일어난다.

"자동차는 어차피 복제를 못할 테니 그냥 두면 될 거구요. 소프트웨어는 복사해 여러 사람이 사용할 수 있으니 다른 사람에게 주는 것을 금지해야겠어요. 책은 어느 순간에 한 사람만 가질 수 있으니 다른 사람에게 주는 것을 허용해도 될 거고요. 다만 책을 복사하는 것은 금지해야겠어요."

"맞습니다. 자동차를 사면 소유권이 나에게 옵니다. 그러니 그 다음부터는 내 마음대로지요. 누구에게 공짜로 줘도 되고. 하지만 소프트웨어는 돈을 주고 사더라도 소유권은 여전히 회사가 가집니다. 나에게 오는 것은 사용할 권한, 법적 용어로 말하면 라이선스가 오는 것입니다. 나에게 소유권이 없으니 누구에게 줄 권한이 없는 것이지요. 종이로 된 물리적인 책은 나에게 소유권은 있지만, 그 곳에 담긴 내용은 작가의 것입니다. 그래서 친구에게 책을 주는 행위는 허용되지만, 복사하는 것은 작가의 권리를 침해하는 행위가 됩니다. 거기에다 무단으로 내용을 내 글에 가져다 쓰는 것은 표절이 되는 것이지요."

"그렇구나."

"말이 되네요."

친구들 모두 흥미로운 표정이다.

"또 누가 새로운 주제를 던져 볼까요."

"소프트웨어는 빌 게이츠가 발명했나요?"

"IBM 아닌가?"

"소프트웨어도 발명하나?"

"누가 정리된 생각을 말해 볼까요?"

선생님께서 손을 드신다.

"저는 국어를 담당하는데, 컴퓨터 이야기가 학생들의 글감으로 좋다는 사실을 오늘 깨달았습니다. 이제 글쓰기 숙제의 주제를 컴퓨터에서 찾아봐야겠습니다. 그건 그렇고… 소프트웨어는 발명하는 것이 아닌 듯합니다. 하드웨어가 만들어지면 당연히 그 위에서 돌아가는 프로그램이 필요할 테고. 그것에 소프트웨어라는 그럴듯한 이름을 붙여주고. 특정한 기능을 갖는 소프트웨어는 발명이라는 이름을 붙일 수 있을 것 같은데… 예를 들어 표에 들어 있는 숫자를 가지고 가로 세로로 계산을 해주는 스프레드시트 프로그램의 발명가는 누구냐? 이런 질문은 성립할 듯해요. 지금 쓰는 엑셀 전에 로터스인가… 뭐가 있었다고 들었는데… 로터스가 맞나요?"

"선생님께서 생각의 틀을 만들어 주셨어요. 혼란이 조금 줄어들었지요? 최초의 스프레드시트 프로그램은 비지캘크이고, 그것을 발명한 사람은 브리클린입니다. 로터스는 그 뒤에 나옵니다. 비지캘크의 등장은 컴퓨터 소프트웨어뿐 아니라 개인용 컴퓨터 역사에서 매우 중요한 사건이었습니다. 아까 글감을 말씀하셨는데, 브리클린이 언제, 왜, 어떻게 비지캘크를 발명했는지, 그리고 그것이 컴퓨터 산업에 어떤 영향을 끼쳤는지를 살펴보는 것도 좋겠습니다. 그리고 지금은 비지캘크를 쓰는 사람이 없잖습니까. 왜 그것이 없어지고 엑셀이 시장을 주도하게 되었는지도. 비지캘크 하나만 가지고도 여러 글감을 만들 수 있습니다."

"그렇네요."

"선생님께서 말씀하신 것처럼, '소프트웨어를 발명했다'고 표현하는 것은 '옷을 발명했다'라고 말하는 것처럼 적절치 않습니다. 너무 포괄적인 개념이지요."

"빌 게이츠는 윈도우를 발명했나요?"

"매킨토시가 더 먼저라던데"

"빌 게이츠. 굉장한 사람이지요. 그냥 이야기하는 대신 교실에 있는 멀티미디어 시설을 사용해 봅시다. 인터넷이 되니… 위키백과를 뒤져봅시다. 잠시만."

소프트웨어 시장이 열리다.

"…주의 깊게 작성된 루틴, 컴파일러, 여타의 자동 프로그래밍 요소로 구성된 '소프트웨어'는 현대 전자식 계산 장치 측면에서 보면, 최소한 튜브, 트랜지스터, 전선, 테이프 장치 따위의 하드웨어만큼 중요하다"—존 터키, 『미국 월간수학』(1958년 1월호)

소프트웨어라는 용어를 자신이 처음 만들었다고 주장하는 사람은 여럿 있다. 니켓이나 플러드 같은 사람이 그들인데, 공식 문서에 처음 사용한 사람은 터키이다. 하드웨어가 대세를 이루던 시대에 살았던 터키는 소프트웨어의 중요성을 미리 내다 본 선각자였다.

마크 I(1943년)과 에니악(1946년)이 등장한 1940년대는 프로그래밍을 꽤 소홀히 생각하였다. 당시는 컴퓨터를 구성하는 물리적 장치인 '하드웨어'를 제작한 팀이 직접 프로그래밍을 담당하였다. 해군 소속의 호퍼가 하버드 대학의 마크 I에 합류하였을 때, 에이컨 교수가 처음 던져준 문제는 삼각 함수의 보간표를 구하는 것이었다. 펜실베이니아 대학의 에니악 팀은 여섯 명의 계산 전문 여성을 채용하여 탄도 계산에 필요한 미분 방정식을 푸는 프로그램을 제작하였다. 영국 맨체스터 대학이 쌤 컴퓨터를 제작한 후, 테스트용으로 사용한 문제는 메르센 소수를 구하는 것이었다. 이와 같이 초창기 컴퓨터는 특정한 수학 문제를 푸는 데 주로 사용되었으며, 문제의 복잡도는 낮은 편이었다. 프로그래머는 갓 태어난 세계 최초의 컴퓨터 앞에서 의기양양해 하는 발명가와 한 팀이 되어 프로그래밍 작업을 하였다. 프로그래머는 하드웨어 발명가의 보조원 정도로 취급되었다. 하지만 이들이 프로그래밍의 중요성을 깨닫게 되는 데까지 많은 시간이 걸리지 않았다. 이들이 생각한 이상으로 프로그래밍에 많은 시간과 인력이 필요했던 것이다. 게다가 소문을 듣고 여기저기에서 새로운 문제를 들고 오는 사람이 많아졌는데, 그럴수록 프로그래밍의 중요성은 더욱 커져 갔다.

번들 소프트웨어

1950년대 초에 상업용 컴퓨터가 등장하면서 상황은 더욱 빠르게 변한다. 1951년에 래밍톤랜드의 유니백, 1952년에 IBM 701이 시장에 등장하고, 허니웰, 버로우, NCR 등이 컴퓨터 시장에 뛰어든다. 이로써 정부 기관뿐 아니라 은행, 보험 회사, 공장, 연구소, 대학 등의 다양한 민간 분야에서 컴퓨터를 보유한 고객이 빠른 속도로 늘어난다. 이러한 큰 변화는 항상 새로운 요구를 몰고 오는 법이다. 사용자마다 풀고자 하는 문제가 크게 달랐다. 보험 회사는 고객 관리에 관심이 있고, 생산 공장은 자동화를 원한다. 대학과 연구소는 삼각 함수나 선형 방정식 같은 수학 문제를 주로 푼다. 계산 결과를 수치로 프린트 해주면 만족하는 고객이 있는가 하면, 그래프로 그려주기를 원하는 고객도 있다. 사용자의 요구가 급속히 다양화 된 것이다. 게다가 도입 초기에는 월급을 계산하여 봉투에 인쇄해 주면 고마워하던 고객이, 조금 지나 총 지출에서 인건비가 차지하는 비율을 그래프로 그려주는 프로그램을 원하게 되고, 조금 더 지나서는 인건비 비율의 월별 추이를 그려달라는 식으로 욕구가 빠르게 팽창한다.

당시 컴퓨터를 보유한 고객은 프로그램을 컴퓨터 회사로부터 무료로 받았다. 다시 말해, IBM 같은 컴퓨터 제조 회사는 컴퓨터 하드웨어에 소프트웨어를 끼워서 파는 정책을 썼다. 이런 소프트웨어를 '번들' 소프트웨어라 bundle software 부른다. 컴퓨터 회사는 소프트웨어뿐 아니라 컴퓨터 사용 교육이나 프로그래밍 교육도 무료로 제공하였으며, 게다가 엔지니어를 파견하여 컴퓨터 운영을 무료로 지원하였다. 이런 고객 지원은 얼핏 보면 무척 고마워해야 할 것 같지만, 세상에 공짜는 없다. 사실은 고객 지원 비용을 컴퓨터

1955년에 결성된 IBM 701 사용자 그룹인 SHARE는 테이프에 소프트웨어를 담아 원하는 사람에게 무료로 제공하였다.

가격에 이미 포함시켰으므로 컴퓨터 회사는 손해날 일이 없다.

컴퓨터를 보유한 기관은 번들 소프트웨어 목록에 자신이 원하는 프로그램이 없는 경우, 자체적으로 프로그래머를 고용하여 개발하기도 하였다. 또한 컴퓨터 사용자 그룹이 형성되어, 소프트웨어를 무료로 서로 교환하는 분위기가 형성되었다. 대표적인 사용자 그룹은 IBM 701 사용자들이 1955년에 로스엔젤레스 지역을 중심으로 결성한 SHARE이다. 이들은 자신이 개발한 소프트웨어를 SHARE 라이브러리로 묶어 누구나 무료로 가져다 쓸 수 있게 공개하였다. 컴퓨터 초창기의 이런 생태 환경은 '소프트웨어로 돈 벌 생각하지 마라'는 인식을 넓고 깊게 퍼뜨렸다. 억울하게도 소프트웨어는 태어날 당시부터, 먼저 태어난 하드웨어의 부속물로 취급되었으며 그로 인해 돈을 받고 파는 상품 자격을 얻지 못하였다. 하지만 컴퓨터의 활용 분야가 빠르게 팽창하면서 소프트웨어의 중요성은 하드웨어보다 훨씬 빠른 속도로 커졌다. 어떤 산업에서든 이런 어긋난 틀은 진공 상태의 시장을 형성하고 많은 사람을 빨아들이는 법이다. 1950년대 중반에 자연스럽게 '맞춤' 소프트웨어 custom software 시장이 형성된다.

맞춤 소프트웨어

맞춤 소프트웨어는 전문 소프트웨어 회사가 어떤 기관으로부터 의뢰를 받아 개발한 특정 임무를 담당하는 소프트웨어를 말한다. 특정 은행의 업무처리를 자동화하는 소프트웨어가 여기에 해당한다. 경쟁입찰을 통해 공사를 따내는 토목 회사의 방식과 비슷하다고 볼 수 있다. 당시 형성된 맞춤 소프트웨어 시장은 소프트웨어 규모에 따라 크게 두 가지로 나눌 수 있다. 첫째는 IBM, 래밍톤랜드, 허니웰, 버로우, NCR과 같은 컴퓨터 제조 회사만 대응할 수 있는 대규모 소프트웨어 시장이다. 이들 대기업은 번들 소프트웨어를 개발하는 고급 인력을 이미 갖추고 있었다. 미국 정부는 이 시장에 불을 붙인다. 2차 세계대전이 끝난 후 미국과 소련이 대립하는 냉전시대가 오는데, 미 국방성은 소련에 대항할 목적으로 조기경보 시스템을 구축하기로 하고 세이지SAGE(Semi Automatic Ground Environment)라는 엄청난 규모의 프로젝트를 시작한다. IBM은 세이지의 컴퓨터 부문을 수주한다. 그중 소프트웨어 부분을 랜드라는 회사에 의뢰하는데, 랜드는 자회사 SDC(System Development Corporation)를 설립하고 프로그래머 700여 명을 새로 채용한다. 당시 미국 전역에 퍼져 있던 프로그래머가 1200여 명이라고 추산한 점을 감안하면, 세이지 소프트웨어의 규모가 얼마나 컸는지 가늠할 수 있다. 세이지 소프트웨어는 당시 최고 규모인 100만 줄 정도였다.

미 국방성의 세이지 프로젝트는 소프트웨어 기술을 크게 향상시켰을 뿐 아니라, 소프트웨어 시장을 키우는 데 지대한 공헌을 한다. IBM은 세이지에서 얻은 소프트웨어 개발 경험을 바탕으로 아메리칸에어라인 항공사를 위한 사브르SABRE(Semi_Automated Business Research Environment)라고 불리는 항공권 예약 소프트웨어를 개발해 준다. 사브르는 1954년에 시작되어 실제 개발은 1957~1959년에 집중적으로 이루어지며, 1964년에 완전 개통된다. 사브르는 민간이 발주한 최초의 대규모 소프트웨어 개발 프로젝트라는 중요한 의미를 가진다. 곧이어 IBM은 다른 여러 항공사를 위한 소프트웨어를 개발해 준다. IBM 이외의 컴퓨터 회사도 번들 소프트웨어 제작 경험과 인력을 바탕으로 맞춤 소프트웨어 시장에 뛰어든다. 버로우는 은행 전산화, 스페리랜드는 실시간 처리, NCR은 소매업에 특화된 소프트웨어 시장을 개척하여 바야흐로 소프트웨어로 돈을 벌 수 있는 시대를 연다.

한편에서 풍부한 프로그래머 인력을 갖춘 컴퓨터 제조 회사들이 정부나 큰 민간 기관을 대상으로 대규모 맞춤 소프트웨어 시장을 만들어가는 동안, 다른 한편에서 가진 것은 별로 없지만 창업 정신이 고취된 사람들이 등장한다. 이들은 자신의 처지에 맞추어 중소 규모의 맞춤 소프트웨어 시장을 겨냥한다. 당시 소프트웨어 시장이 막 열리고 있었지만, 여전히 소프트웨어는 돈

주고 사는 상품이 아니라는 인식이 팽배하였으며 정부처럼 큰 기관만이 대규모 소프트웨어 용역을 발주할 수 있다는 인식이 지배적이었다. 이런 상황을 감안하면, 이들은 또 다른 진공 상태의 시장을 본 선각자라 할 수 있다. 컴퓨터를 보유한 고객이 늘고 고객의 응용 욕구가 기하급수적으로 늘어남에 따라, 번들 소프트웨어와 SHARE 같은 사용자 그룹에서 만들어 내는 소프트웨어로 감당할 수 없게 되어 수요 공급에 틈이 생긴 것을 이들은 본 것이다.

다행스럽게도 진입 장벽이 매우 낮았다. 토목 회사라면 최소한 중장비 몇 대는 갖추고 시작해야 하지만, 소프트웨어 회사는 몇 명의 프로그래머를 고용하고 종이와 연필을 살 수 있으면 일단 시작할 수 있는 것이다. 프로그래밍을 하는 과정에 필요한 컴퓨터는 고객이 보유한 것을 쓰거나 한밤중에 놀고 있는 컴퓨터 '시간'을 사서 쓰면 된다. 이런 상황에서 IBM에서 실력을 쌓은 셀든과 쿠비가 뛰쳐나와 1955년에 CUC(Computer Usage Corporation)를 창업한다. CUC는 네 명의 프로그래머로 시작하였으며, 창업자의 집을 사무실로 사용하였다. 1960년대 초반에는 맞춤 소프트웨어를 겨냥한 창업이 봇물을 이룬다. CSC(Computer Science Corporation), PRC(Planning Research Corporation), 인포매틱스, ADR(Applied Data Research), UCC(University Computing Company), CAC(California Analysis Centers), MSA(Management Science America) 등이 CUC와 마찬가지로 가난하지만 큰 꿈을 안고 출범한다. 이들은 급성장한다. 1965년의 한 통계에 따르면, 수백 명의 프로그래머가 있고 년 매출액이 천만~일억 달러 정도 되는 회사가 미국에 대략 40~50개 있었다. 이들은 빙산의 일각이었고, 1967년 자료에 따르면 10명 미만의 작은 회사가 2800여 개 있었다. 인포매틱스의 창업자인 바우어의 인터뷰 기사는 당시의 뜨거운 창업 열기를 잘 보여준다.

"… 당시 소프트웨어 창업 정신은 해변에서 놀고 있는 소년에 비유할 수 있다. 해변에 모래는 무한정 널려 있다. 소년은 작은 양동이와 삽을 가지고 모래를 퍼 담는다. 그들에게 문제가 되는 것은 양동이와 삽(개발 인력이나 자금)이 작은 것이지, 상대 소년(경쟁 회사)이나 모래의 양(시장의 크기)은 문제가 되지 않는다."

소프트웨어 회사에게 맞춤 소프트웨어의 개발을 의뢰하는 고객은 두 부류였다. 한 부류는 컴퓨터 제조 회사이다. 자사 컴퓨터를 보유한 고객의 대다수가 요구하는 소프트웨어가 있어 번들로 제공하려는데, 자체 개발보다 용역을 주는 것이 유리하다고 판단하는 경우이다. 두 번째 부류는 컴퓨터를 보유하고 있는 기관인데, 새로운 소프트웨어가 필요해졌는데 번들 목록에 없고 컴퓨터 회사가 제때 공급할 가능성도 낮을 때 소프트웨어 개발 회사를 찾게 된다. 이러한 시장은 컴퓨터 보급이 늘어남에 따라 빠르게 팽창한다. 이와 같이 맞춤 소프트웨어 시장이 열리고 있고 뜨거운 창업 열기와 훈훈한 성공담이 퍼져나감에도 불구하고, 여전히 적지 않은 컴퓨터 사용자는 공짜 소프트웨어를 얻고자 어정쩡한 자세를 취하고 있었다. 공짜를 포기하는 데에는 시간이 걸리는 모양이다.

IBM의 언번들링 선언과 소프트웨어의 독립

공짜로 얻는 번들 소프트웨어와 돈을 들여 마련하는 맞춤 소프트웨어가 공존하는 상황에서 사람들의 생각을 크게 바꾸는, 소프트웨어 역사에서 매우 중요한 사건이 생긴다. 1969년에 IBM이 '언번들링unbundling' 선언을 한 것이다. 그동안 하드웨어에 끼워 무료로 제공하던 번들 소프트웨어를 1970년 1월 1일부터 하드웨어와 분리하여 별도 판매하기로 선언한 것이다. IBM이 언번들링 선언을 하게 된 데에는 크게 두 가지 이유가 작용하였다. 첫째, 당시 컴퓨터 시장은 IBM과 일곱 난장이라고 일컬어졌다. IBM이 시장의 70% 가까이 차지하고 나머지를 일곱 회사가 나누어 먹고 있었다. IBM은 반독점법으로 기소당할 처지에 있었던 것이다. 게다가 조무래기 격인 ADR사로부터 '소프트웨어 시장을 가로막는다'는 죄목으로 기소를 당한 상태였다. 어떻게든 소나기를 피하고 봐야 할 처지에 놓여 있었다. 두 번째 이유는 소프트웨어 개발비의 상승이었다. 1960년에 연구개발비에서 소프트웨어가 차지하던 비중이 5%였는데 1969년은 33%였다. 이런 상승세는 더욱 커질 전망이었으므로, 이제 하드웨어 한 대를 팔 때 번들 목록에 있는 모든 소프트웨어를 공짜로 줄 수 있는 상황이 한계에 부딪쳤다. 이제 고객은 자신이 필요한 소프트웨어만 골라서 가져가고, 그것만큼 소프트웨어 비용을 지불하는 정책이 바로 언번들링 선언의 핵심이다. 이 새로운 가격 정책은 '패키지 소프트웨어package software' 시장에 자양분을 공급한다.

패키지 소프트웨어

패키지란 같은 소프트웨어를 여러 개 복사하여 다수의 고객에게 판매하는 방식이다. 현재 우리가 구입하는 게임 프로그램이나 포토샵 따위가 패키지 소프트웨어이다. 고객의 특수 상황에 맞추어 주는 맞춤 소프트웨어와 달리, 패키지 소프트웨어는 하나를 가지고 다수 고객을 만족시켜야 하므로 기능과 인터페이스에서 보편성을 가져야 한다. 소프트웨어 회사에게 패키지 소프트웨어 시장은 큰 매력이 아닐 수 없다. 몇 카피를 팔면 개발비가 회수되고 그 이후 판매는 모두 순수익이 된다. 일정한 제조 과정을 거쳐 생산해야 하는 하드웨어는 제조 비용이 발생하는데, 소프트웨어는 파일을 복사한 후 예쁘게 포장만 하면 되기 때문에 제조 비용이 거의 들지 않는다. 사실 패키지 소프트웨어 시장은 IBM의 언번들링 선언 이전에도 있었다. 어려운 상황에서도 어딘가에서 개척가 정신을 발휘하고 있는 사람은 있게 마련이다. 하지만 IBM이라는 거인이 소프트웨어에 별도 가격을 책정하겠노라고 선언한 사실이 패키지 소프트웨어 시장에 큰 파장을 몰고 온 점은 부인할 수 없다. 고객이 '소프트웨어를 사라고요? 그거 다른 회사는 그냥 주던데'라고 말하면 마땅히 대꾸할 말이 없던 영업 사원이 이제 'IBM도 팝니다'라고 말할 수 있게 된 것이다.

언번들링 선언 이전에 패키지 소프트웨어 시장을 연 회사는 ADR이다. ADR은 유니백 컴퓨터를 판매하는 스페리랜드에서 나온 일곱 명의 프로그래머가 1959년에 설립한다. 이들은 스페리랜드에서 번들 소프트웨어와 맞춤 소프트웨어를 개발하던 프로그래머이니 패키지의 싹은 번들과 맞춤에서 나온 셈이다. ADR도 당시 시장에 순응하여 맞춤 소프트웨어로 출발한다.

1964년에 컴퓨터 제조 회사인 RCA는 자사컴퓨터에서 돌아가는 플로차트 프로그램을 ADR에 의뢰하였다. 당시 프로그래머들은 어셈블리어를 주로 사용하였는데, 보통 종이 위에 플로차트 그림을 그린 후 그것을 보고 프로그램을 작성하였다. 따라서 어셈블리어 프로그램을 입력으로 주면 반대로 플로차트를 자동으로 그려주는 프로그램은 무척 쓸모 있는 프로그래밍 보조 도구였다. ADR은 의뢰받은 플로차트 자동 생성 프로그램을 완성한 후, RCA에 2만5천 불을 요구한다. 하지만 RCA는 기능 대비 가격이 높다는 핑계를 대고 수령을 거부한다. 개발비로 이미 1만 달러가량을 쓴 프로젝트 책임자 마틴 고에츠(Martin A. Goetz, 1930~, 미국)는 곤경에 빠진다. 하지만 그의 머릿속에 수렁에서 빠져나올 방도가 떠오른다. RCA를 건너 뛰어, RCA 컴퓨터를 보유한 사용자를 직접 상대하기로 마음먹은 것이다. 당시 RCA 501 기종을 보유한 곳이 대략 100여 곳이었는데 그들이 고에츠의 고객 수첩에 오른다. 고에츠는 플로차트 소프트웨어에 오토플로Autoflow라는 이름을 붙이고, 100여 명의 잠재 고객에게 오토플로를 2,400달러에 판다는 홍보물을 발송한다. 고에츠는 '패키지' 소프트웨어 시장의 문을 두드린 것이다. 그는 네다섯 카피가 팔리면 개발비로 쓴 1만 달러를 회수할 수 있다고 생각했을 것이다. 하지만 두 카피 판매에 그친다.

이 사건은 두 가지 다른 눈으로 바라볼 수 있다. 어두운 눈은 '소프트웨어로는 돈을 못번다'라는 기존 인식을 증명한 셈치고 끝낸다. 하지만 밝은 눈도 있다. '어, 팔리네! RCA 말고 다른 기종을 가진 사용자를 대상으로 가능하겠는걸.' 고에츠는 밝은 눈으로 바라보았다. 그의 눈에 비친 새로운 기종은 당시 유행하던 IBM 1401이었다. 1401을 보유한 곳은 수천이었다. 잠재적 시장은 찾았는데, 여전히 넘어야 할 산이 버티고 있었다. 1401 기종의 프로그래머는 주로 오토코더Autocoder라는 언어를 사용하였다. 따라서 오토플로는 RCA의 어셈블리 프로그램이 아니라 1401의 오토코더 프로그램을 처리할 수 있게 수정되어야 한다. 얼마 후 오토플로는 1401 기종에 맞게 새단장을 마치고 세상에 나온다. 기대한 대로 판매는 호조를 이뤄 개발비를 메우고 순수익이 발생하기 시작하였다. 패키지 소프트웨어 시장이 활짝 열린 것이다. 하지만 공짜 소프트웨어 분위기에 따른 역풍도 만만치 않았다. 1401 고객 중에는 IBM이 언젠가 비슷한 소프트웨어를 공짜로 주겠지하는 마음으로 오

소프트웨어 시장을 연 선구자 중의 하나인 고에츠이다. 그는 1969년에 '소프트웨어 산업 발전을 가로막는다'는 이유로 IBM을 미국 법무부에 고소한다.

토플로의 구매를 주저하였다. 게다가 IBM이 자체 개발한 플로차트 프로그램이 번들 목록에 끼어 있었다. 다행스럽게 IBM의 프로그램은 사람이 손으로 입력을 만들어 주어야 하는 반자동 방식이었다. 하지만 그것이 언젠가 자동으로 바뀔 수 있으므로 고에츠에게 큰 위협 요소가 아닐 수 없었다.

고에츠는 법적 보호막을 치기로 한다. 1965년에 오토플로를 특허 출원하고, 1968년에 특허 승인을 받는다.[1] 이 특허는 큰 의미를 지닌다. 이제 소프트웨어는 누군가의 의뢰를 받고 개발해 주는 '서비스' 틀을 벗어나 여러 고객에게 판매하는 '상품'의 법적 지위를 확보한 것이다. 1969년에 ADR은 내친 김에 IBM을 소프트웨어 산업 발전을 가로막는다는 이유로 미국 법무부에 고소한다. 결국 ADR은 거인 IBM으로부터 거액의 배상금을 받고 고소를 취하한다. 이 고소 사건은 IBM이 언번들링 선언을 하는 데에도 영향을 미친다. 이렇게 한 고비를 넘긴 고에츠는 또 다른 고민에 빠진다. 당시 컴퓨터 종사자들 사이에 프로그램 소스를 서로 교환하는 행위는 일종의 문화였는데, 패키지 소프트웨어 공급자의 눈에 비친 이런 문화는 불법 복제의 온상이었다. 한 카피를 사서 자신의 컴퓨터에 설치해 쓰던 사용자가 친구에게 그 소프트웨어를 복사해 주었을 때 또는 돈을 받고 팔았을 때, 그 행위를 막을 법적 장치가 없었던 것이다. 타던 자동차를 다른 사람에게 중고로 판다거나 다 읽은 책을 친구에게 거저 주는 행위가 불법이 아니듯이, 소프트웨어를 다른 사람에게 건넨 행위를 막을 수 없었던 것이다. 변호사가 ADR에게 제안한 방법은 판매 대신 일정 기간 사용할 권리를 주는 '임대' 방식을 택

1 고에츠는 세계 최초의 소프트웨어 특허를 받아낸 사람으로 알려져 있다. 컴퓨터가 상업 분야에 쓰이기 시작하면서 데이터를 크기에 따라 정렬하는 문제가 중요해졌다. 그는 빠른 시간 안에 정렬을 할 수 있는 새로운 방법을 고안하였으며, 1965년에 특허 출원하고 1968년 4월에 승인을 받는다.

하라는 것이었다. 임대 방식이 숨어서 몰래 복제하는 행위까지 막지는 못하지만, 발각되었을 때 손해 배상을 받을 수 있는 법적 장치는 만들어 둔 셈이 된다. IBM 360이 시장에 나온 후에, 오토플로는 어셈블리어, 포트란, 코볼로 짠 프로그램을 모두 처리할 수 있게 확장된다. 1970년경에는 미국과 유럽에 30여 개의 오토플로 판매 사무소가 있었으며 사용자가 수천 명에 달하였다.

세계 최초로 1년에 백만 달러를 벌어준 소프트웨어

IBM의 언번들링 선언의 가장 큰 수혜자는 인포매틱스라는 회사일 것이다. 인포매틱스는 1967년에 마크 IVMark IV라는 소프트웨어를 패키지 시장에 내놓는다. 마크 IV는 ADR의 오토플로에 비해 2년 늦게 시장에 나왔지만 소프트웨어의 복잡도와 규모 면에서 오토플로를 크게 앞섰다. 오토플로는 2천4백 달러고 마크 IV는 3만 달러였으니 가격에서 10배 이상 차이가 났다. 마크 IV는 출시 뒤 12개월 동안 백만 달러 이상의 수입을 거두어, 최초의 백만 달러 패키지 소프트웨어로 명성을 얻는다. 마크 IV도 오토플로 못지 않게 극적인 사건을 겪으며 시장에 진출한다.

마크 IV의 기원은 1960년에 설립된 AIS(Advanced Information Systems)로 거슬러 올라간다. 창업자 중 하나인 포스트리는 더글라스 항공사로부터 '파일 관리' 소프트웨어의 개발을 의뢰받는다. 더글라스 항공은 사내의 여러 부서에서 발생한 파일이 100여 개의 테이프에 무질서하게 저장되어 있었는데, 일관된 방법으로 정보를 검색하고 리포트를 작성할 수 있는 파일 관리 기능이 필요했던 것이다. AIS는 개발비로 5만 달러를 받고 성공적인 소프트웨어를 개발하여 더글라스에 납품한다. 전형적인 맞춤 소프트웨어 사례이다. 포스트리는 이 소프트웨어에 걸스GIRLS(Generalized Information Retrieval and Listing System)라는 이름을 붙여 준다. 처음 시연에서 취향에 맞는 소녀를 검색하는 기능을 선보였기 때문에 이런 이름을 얻은 것으로 전해진다. 지금 용어로 하면 '데이터베이스' 시스템의 일종인 셈이다. 이후 개선을 통해 마크 I과 마크 II로 발전한다. 마크 II는 버지니아 주에 있는 알렉산드리아의 도시관리 목적으로 사용된다. 신호등이나 공공 건물을 지을 장소를 결정하는 데 사용한 점을 보면, 요즘 용어로 지리정보시스템GIS(Geographical Information System)으로 활용한 셈이다. 이후 IBM 360용의 마크 III로 업그레이드된다. 포스트리는 뉴욕 주의 의뢰를 받아 알렉산드리아 시보다 훨씬 큰 규모의 지리정보를 다룰 수 있는 소프트웨어 설계도를 작성한다. 하지만 뉴욕 주는 실제 시스템 구축을 포기한다. 설상가상으로 AIS는 휴지스다이나믹에 팔린다. 휴지스다이나믹은 AIS를 인수하였지만, AIS가 가진 마크 III의 잠재력을 잘 이해하지 못한다. 우여곡절 끝에 휴지스는 인수한 AIS를 폐쇄하기로 결정하는데, 포스트리의 설득으로 간신히 폐쇄하는 대신 다른 회사에 팔기로 결정한다. 결국 '보물을 품에 깊숙이 안고 있는' AIS는 1964년에 인포매틱스에 인수된다. 역설적으로, 이때 인포매틱스는 휴지스로부터 3만8천 달러를 받는다. 인포매틱스는 돈을 '받고' 보물을 산 셈이다.

인포매틱스는 1962년에 맞춤 소프트웨어 회사로 탄생하였다. 창업 2년 뒤에 AIS를 인수한 인포매틱스는 마크 III를 전담하는 독립된 부서를 설치하고 포스트리를 책임자로 임명한다. 포스트리는 마크 III를 '패키지' 소프트웨어로 판매해 볼 작정으로 미국 전역을 돌며 마케팅에 열중한다. 네덜란드의 필립스를 방문하여 세계적인 마케팅도 시도한다. 하지만 성공하지 못한다. 이런 불리한 상황에 빠졌음에도 불구하고, 포스트리는 경영진에게 마크 III를 개선한 마크 IV의 개발에 필요한 비용으로 50만 달러를 요청한다. 하지만 요구액의 10%인 5만 달러를 지원해 줄 테니, 나머지는 투자자를 모집하여 해결하라는 응답을 받는다. 이 응답은 두 가지 측면에서 바라볼 수 있다. '쓸데없는 짓 그만하라'는 어두운시각과 '어, 투자자를 자체적으로 모집해도 좋다는 허락이 떨어졌네'라는 밝은 시각. 포스트리는 밝은 면을 바라본다. 즉시 예전에 뉴욕 주의 의뢰로 만들어 둔 설계도를 꺼내 들고, 대기업을 상대로 투자자를 모집하러 다니기 시작한다. 결국, 당시 소프트웨어 분야에 투자를 망설이는 분위기를 감안하면 매우 놀랍게도 프루덴셜 생명 보험을 포함하여 10만 달러 투자자 다섯 곳을 모은다. 포스트리는 프로그래밍 팀을 이끌고 1965년에 개발을 시작하여 1967년 11월에 마크 IV를 완성한다. 곧바로 패키지 소프트웨어로 출시된 마크 IV는 한 해 동안 1백만 달러 이상의 수

익을 올린다. 개발비의 두 배 이상을 벌어들인 셈이다. 곧이어 뜻밖의 행운이 찾아온다. IBM이 언번들링 선언을 하고 1970년 1월부터 소프트웨어를 돈을 받고 팔기 시작한 것이다. 마크 IV의 판매량은 급속히 늘어나 인포매틱스의 주력 상품으로 자리잡는다. 이제 고객이 소프트웨어를 공짜로 얻기 어렵다는 인식을 가지기 시작한 탓이다.

인포매틱스는 마크 IV를 가지고 초창기 패키지 소프트웨어 시장을 주도한다. 이 성공 사례의 이면을 좀 더 살펴볼 가치가 있다. 포스트리는 잠재적인 고객을 투자자로 모집하여 개발비를 충당하는 사례를 만들어 냈다. 이러한 일이 가능했던 데에는 포스트리 개인의 설득의 힘도 있었겠지만, 이전에 뉴욕 주를 대상으로 만들어 놓은 설계 문서도 한몫했음이 틀림없다. 일을 추진하는 과정의 일관성과 건강성은 성공의 지름길임을 보인 셈이다. 마크 IV를 완성한 후, 인포매틱스는 가격을 얼마로 할지 고민에 빠진다. 싸게 하여 많은 수의 카피를 판매하는 쪽과 비싸게 하여 빨리 개발비를 회수하는 쪽 사이에서 줄다리기를 하다가, 3만 달러를 책정한다. 이 가격은 당시에도 여전히 소프트웨어를 공짜로 여기는 인식이 남아 있었으니, 많은 사람이 '아니 소프트웨어 하나에 3만 달러나 받다니…'하고 놀라기에 충분히 높은 가격이었다. 그럼에도 불구하고, 시판을 시작한 첫 해에 백만 달러어치를 팔았으니 30카피 이상을 판매한 셈이다.[2] 마크 IV로 성공한 인포매틱스는 무단 복제에 대한 고민에 빠진다. 그들이 고안한 방법은 라이선스 방식이었다. 마크 IV를 구매한 고객은 법적으로 상품의 소유권이 아니라 '사용 권한'을 받는 것이다. 임대와 다른 점은 사용 권한이 무기한이라는 사실이다. 이때 개발된 라이선스 판매 방식은 지금도 널리 사용되고 있다.

1950년대 컴퓨터가 처음 시장에 나온 시절에는 하드웨어에 무료로 끼워주는 번들 소프트웨어가 대세였다. 컴퓨터 보급이 늘어남에 따라, 1950 년대 중반에는 맞춤 소프트웨어 시장이 열리고, 1960년대 중반에는 패키지

---

2 인포매틱스의 창업자인 바우어는 어떤 인터뷰에서, '마크 IV의 가격을 두 배로 책정했어도 비슷한 양이 팔렸을 것이다'라는 견해를 밝혔다. 그만큼 마크 IV는 회사 업무를 효율적으로 처리하는 데 쓸모가 있었던 것이다.

소프트웨어 시장이 열린다. 번들 소프트웨어를 제공하던 컴퓨터 제조 회사들은 자연스럽게 맞춤 소프트웨어를 거쳐 패키지 소프트웨어까지 다루게 된다. 이들 회사는 인력, 자본력, 세일즈 역량이 뛰어났으며, 이들이 만든 컴퓨터를 사용하는 고객이 관성을 제공하였으므로 세 종류의 소프트웨어 시장에 발을 담그는 일이 그리 어렵지 않았다. 예를 들어, IBM은 언번들링 선언 이후에도 운영체제와 같은 시스템 소프트웨어는 번들로 제공하였으며, 나머지는 돈을 받고 팔았으므로 자연스럽게 패키지 소프트웨어 시장을 점유하게 된다. 게다가 정부의 대형 프로젝트를 맡아 맞춤 소프트웨어 시장에도 발을 담그고 있었다. 1950년 중반에 맞춤 소프트웨어로 시작한 중소 규모의 회사는 서서히 패키지 소프트웨어에 관심을 갖는다. 이들 중 가장 모범적인 사례는 오토플로로 성공한 ADR과 마크 IV로 성공한 인포매틱스이다. 이제 회사는 다양성을 띤다. 패키지 전문도 있고, 맞춤 전문도 있다. 그리고 둘 다 다루는 회사도 있다. 시장의 상황이 시시각각 변함에 따라 이들의 이해관계는 복잡하게 얽힌다. 적인 듯 보이지만 동지이고, 동지인 듯 보이지만 적인 미묘하고 복잡한 관계를 갖게 된다. 예를 들어 거인 IBM은 소프트웨어 시장의 발전을 저해한다는 죄목으로 난장이 ADR에게 고소당하는 지경에 이른다. 하지만 IBM이 360 같은 새로운 기종을 퍼뜨리면 360 사용자는 ADR에게 새로운 고객으로 떠오르는 셈이다. IBM에게 ADR은 파리와 같은 귀찮은 존재일 수 있지만, ADR의 오토플로 때문에 360을 사기로 마음먹는 고객이 늘어날 수 있다. 그들은 파이를 놓고 서로 큰 조각을 차지하려 다투는 경쟁자임과 동시에 파이를 같이 키워나가는 동업자라고 보는 것이 좋다. 적절한 강도의 긴장 관계를 유지하는 동업자라고 표현하면 더 어울릴 것이다.

소프트웨어 산업을 선점한 미국

현재 소프트웨어 산업은 거대하다. 이 시장을 미국이 주도하고 있다. 미국에서 시작한 반도체 산업이나 자동차 산업은 한국이나 일본 같은 나라에 주도권을 빼앗겼다. 하지만 유독 소프트웨어 산업에 대한 주인 행세는 지금도 요지부동이다. 미국은 어떻게 소프트웨어 산업의 주도권을 움켜쥐었을까? 첫째, 미국은 유럽에 비해 컴퓨터 보급이 몇 년 앞섰다. 1940년대 독일의 Z3나 영국의 콜로서스는 미국의 마크 I이나 에니악과 세계 최초를 두고 앞서거니 뒤서거니 하는 상황이었다. 영국 맨체스터 대학의 컴퓨터 기술을 활용하여 만든 상업용 컴퓨터인 페란티 마크 1은 미국의 유니백이나 IBM 700 시리즈와 비슷한 시기에 시장에 나왔다. 하지만 컴퓨터를 정부 기관이나 민간 기업에 빠른 속도로 파급시킨 것은 미국이 한 수 위였다. 하드웨어 보급은 소프트웨어의 요구를 낳으므로 자연스럽게 소프트웨어 시장을 선점하는 데 결정적인 도움이 된다. 둘째, 정부의 개입이다. 사실 미국은 시장 불간섭주의에 가깝고 유럽은 간섭주의에 가깝다. 하지만 영국, 프랑스, 독일은 컴퓨터 하드웨어와 소프트웨어의 중요성을 인식하고 정부 투자를 하긴 하였지만, 개입의 강도는 세계 시장을 석권할 정도가 되지 못하였다. 반면 시장 불간섭주의의 미국은 역설적으로 에니악의 개발에 전폭적인 지원을 하였으며 유니백의 첫 번째 구매자가 되었다. 세이지라는 방공망 프로젝트 속에는 큰 덩치의 소프트웨어 개발 자금이 들어 있었다. 그것은 당시 놀라울 정도의 규모였으며 프로그래머들이 대형 소프트웨어 개발 기술을 익히는 데 부족함이 없었다. 게다가 새로운 기술 개발이 완료되면 학술 대회나 특강을 대학과 공동으로 개최하여 신기술을 파급시키는 노력을 게을리하지 않았다.

이러한 노력의 결과, 프로그래머의 개인 기량에 기대던 관행을 고쳐 소프트웨어 개발 과정 전반에 걸쳐 일정한 규범을 따를 것을 부르짖는 '소프트웨어 공학'이라는 학문 분야를 태동시키기도 한다. 1960년대에 소프트웨어 기술과 시장의 주도권을 미국에 고스란히 넘겨준 유럽이나 아시아 나라들은 지금까지 되찾지 못하고 있다. 이들 대부분 나라는 주로 언어나 문화와 같이 자국의 특수 상황에 국한된 소프트웨어 시장을 확보하는 데 그치고 있다. 미국이 20세기의 강자로 떠오르는 데 소프트웨어가 일조하였다는 사실은 부인하기 힘들 것이다. 1990 년대에는 컴퓨터 그래픽스 소프트웨어가 영화 제작에 널리 활용되기 시작한다. 소프트웨어는 미국이 영화 산업을 쥐는 데 필요한 힘도 보태주었다.

1970년대 후반에는 매우 독특한 소프트웨어 시장이 새로 열린다. 바로 개인용 컴퓨터PC(Personal Computer)에서 동작하는 PC 소프트웨어이다. 개인용 컴퓨터는 1970년대 중반부터 등장하였는데, 개인용 컴퓨터의 특성으로 인해 이전 소프트웨어 시장과 매우 다른 독특한 영역을 만든다. 기존 소프트웨어가 수천~수만 달러 짜리를 수십~수천 카피를 파는 것과 달리 PC 소프트웨어는 수십~수백 달러 짜리를 수만~수백만 카피를 판다.

1950~1960년대의 프로그래머는 자유 정신을 가졌다. 누구든 자신이 작성한 프로그램을 다른 사람에게 돈을 받지 않고 원시 프로그램 형태로 제공하는 것이 대세였다. 하지만 맞춤 소프트웨어와 패키지 소프트웨어를 지렛대로 삼아 거대한 소프트웨어 시장이 형성되면서, 프로그램은 사고 파는 상품이 되었다. 게다가 돈을 주고 사더라도 원시 프로그램이 아니라 컴파일하여 나온 기계어 프로그램만을 받았다. 기계어 프로그램은 사람이 이해할 수 없다. 따라서 업무에 활용하는 사람에게는 문제 될 게 없지만, 그것을 수정하여 기능을 개선하려는 사람에게는 무용지물이 된다. 이러한 상황을 개탄하고, 예전의 '자유 정신'을 회복하자고 반기를 높이 드는 사람이 나타난다. 그는 스톨먼이다. 스톨먼은 이념만 앞세운 것이 아니라 스스로 운영체제를 개발하고 원시 프로그램을 무료로 공개함으로써 '자유' 소프트웨어 시장을 활짝 연다. 이 시장에서는 누구나 돈을 내지 않고 물건을 들고갈 수 있다. 자유 소프트웨어라는 큰 물줄기가 형성된 것이다.

1955년 동갑내기 잡스와 게이츠

교수님은 컴퓨터 책상으로 가셔서 키보드를 두드리신다. 친구들의 표정이 자못 진지하다. 시선은 모두 화면을 향한다. 의자에 앉아 있는 두 사람이 서로를 바라보며 해맑게 웃고 있는 장면이 화면을 가득 채운다. 친구들 모두 들뜬 표정이다.

2007년 실리콘밸리에서 열린 '모든 것이 디지털All Things Digital'이라는 컨퍼런스에서 대담하고 있는 스티브 잡스(왼쪽)와 빌 게이츠(오른쪽)이다.

"스티브 잡스다."

"누가?"

"빌 게이츠도 있네."

"두 사람 다 알아냈네요. 두 사람은 컴퓨터 산업에서 매우 상징적입니다."

"교수님. 그런데 이름이 참 특이해요."

"어째서요?"

"게이츠는 G..a..t..e..s이니 대문이란 뜻 아닌가요?"

"아~~ 관찰력이 뛰어나네요. 이름이?"

"저는 문소리입니다."

"문 씨라면, 게이츠와 친척? 학생 이름도 게이츠처럼 특이하네요."

교실이 온통 웃음바다가 된다.

"잡스도 못지 않지요. J..o..b..s이니 직업이란 뜻이지요. 스티브는 사생아였는데 잡스 집안으로 입양되어 그런 성을 가지게 되었습니다."

"사생아요?"

"그래요. 스티브는 어린 시절을 좀 불우하게 보냈어요. 성격이 고집스러워 양부모 속을 꽤 썩였다고 전해집니다. 생모와의 약속 때문에 양부모는 스티브를 대학에 입학시키는데 적응하지 못하고 중퇴하지요."

"그런데 어떻게 그리 유명한 사람이 되나요?"

"그런 사람 꽤 있습니다. 여러분 알다시피 빌 게이츠도 대학을 중퇴했습니다. 이름이 풍기는 특이한 느낌과 대학 중퇴. 둘이 공통점이 많지요. 그것뿐이 아닙니다. 잡스 곁에는 워즈니악이라는 사람, 게이츠 곁에는 앨런이라는 사람이 있습니다. 워즈니악과 앨런은 모두 그들보다 연상인데 실제로는 친구나 다름없는 각별한 사이입니다. 이들 단짝이 없었다면 둘 모두 성공하지 못했을 것입니다. 둘은 비슷한 점만 있을까요?"

"아닌 것 같아요."

"사진 보면 다르잖아요!"

"사진… 한번 봅시다. 무엇이 다르죠?"

도연이 나선다.

"스티브 잡스가 튀네요. 검정 목티에 청바지. 그리고 운동화. 빌 게이츠는 그냥 평범한 정장 차림이고요. 잡스는 항상 그런 것 같은데요. 지난번 텔레비전에서도 그랬던 것 같아요."

"정말 그런지 한번 찾아볼까요?"

교수님은 네이버에서 스티브 잡스를 검색하신다.

"온통 비슷한 차림이지요. 잡스가 돈이 없어 그러지는 않겠고… 일부러 그러는 것 같지요."

"왜요?"

"그게 무슨 도움이 되나요?"

"사람들이 지겨워 할 텐데."

"오히려 새로운 느낌을 줄 수도 있지 않을까요? 남들과 반대로 해보는 것도 효과가 있을 듯해요. 돈도 조금 들고. 같은 것 여러 벌 한꺼번에 사면 깎아 주잖아요."

"그렇네요."

"그러게."

"분명 잡스의 의도된 행위일거예요. 그것도 비즈니스를 위한 어떤 의도. 짧게 깎은 머리. 청바지에 운동화 차림. 사람들은 주목합니다. 잡스가 노리는, 사람들의 시선이 향하는 종착지는 자기 자신이 아닙니다. 항상 손에 무언가를 들고 있지요. 아이팟, 아이폰, 아이패드… 애플의 기술자가 새로운 제품을 만들면 잡스는 그것에 이미지를 덧칠하는 역할을 하고 있습니다. 상품 가치를 높이고 사고 싶은 욕구를 충동질하는."

"…"

"잡스는 매우 뛰어난 사람입니다. 자신이 만든 애플에서 쫓겨난 적이 있어요. 곧바로 재기하여 넥스트라는 회사를 만듭니다. 곧이어 픽사라는 회사를 인수하여 세계적인 애니메이션 회사로 키웁니다."

"토이 스토리"

"니모를 찾아서"

"인크레더블"

"카"

"맞습니다. 잡스가 없었으면, 여러분이 즐기는 3차원 애니메이션 영화가 탄생하지 못했을 수도 있습니다."

"그거 디즈니가 만든 것 아닌가요?"

"픽사와 디즈니가 손잡고 만들었습니다. 컴퓨터 애니메이션 제작은 픽사가 맡고, 영화 흥행은 디즈니가 맡고."

"스티브 잡스는 강연의 귀재라던데…"

"그렇습니다. 상품 홍보를 위한 강연도 뛰어나지만 젊은이에게 건네는 메시지도 훌륭합니다. 인터넷에서 '잡스의 스탠퍼드 졸업식 연설'을 찾아 꼭 한번 보기 바랍니다. 오른쪽에 있는 빌 게이츠가 섭섭하겠어요. 여러분 빌 게이츠 하면 무엇이 생각나나요?"

"윈도우"

"소프트웨어 황제"

"돈"

"세계 최고 부자"

"빌과 멀린다 게이츠 재단"

"빌 게이츠는 비교적 유복한 집안에서 성장하였습니다. 그는 어릴 때부터 운이 따라다니는 사람이었어요. 고등학교 다닐 때 학교에 컴퓨터 단말기가 있었는데, 당시로서는 상당히 좋은 환경이었지요. 빌 게이츠는 거기에서 컴퓨터에 첫발을 담그게 됩니다. 공부도 아주 잘했어요. 미국 수능인 SAT에서 만점 가까운 점수를 받은 수재였습니다. 하버드 대학에 들어간 게이츠는 중간에 그만둡니다. 친구 앨런의 꼬임? 아마 당시 게이츠 부모는 그런 심정이 아니었을까요? 어디에라도 분풀이를 하고 싶은."

"…"

"빌 게이츠는 스티브 잡스와 달리 외길입니다. 하버드를 그만두고, 곧바로 앨런과 함께 마이크로소프트를 창업하고, 베이직 인터프리터를 만들어 사업 기초를 닦고, IBM을 만나 도스라는 운영체제를 공급하게 되고, 윈도우를 만들고… 각종 소프트웨어로 사업을 확장하고. 그렇게 세계 제일의 부자가 됩니다."

승자 독식

"예전에 우리나라는 익스플로러만 써서 문제였던 적이 있다는 기사를 읽었는데, 그것에 대해 이야기해 주세요."

"웹 브라우저에는 익스플로러말고도 크롬, 넷스케이프, 오페라, 파이어폭스, 사파리… 많지요. 아바 아나요?"

"가수?"

"프로그램인가요?"

"영화 맘마미아에 나온 가수 아닌가요?"

"맞았어요. 스웨덴 출신의 4인조 그룹이지요. 아바의 노래 중에 'Winner takes it all'이라는 곡이 있습니다."

"들어봤어요~~"

"아바는 승자가 사랑을 독차지한다는, 승자에게는 아름답지만 실연한 패자에게는 서글픈 곡을 불렀습니다. 패자는 한순간 절망하다가 다른 짝을 찾으면 극복할 수 있죠."

"여자는 많아요~~"

"남자는 더 많아요."

"소프트웨어 시장은 승자독식입니다. 패자가 기댈 다른 짝은 없어요. 주식은 휴지가 되고 한 순간에 거지가 됩니다. 냉혹하죠?"

"춥네요."

"아까 비지캘크 이야기 했었지요. 비지캘크는 로터스에게 인수당합니다. 지금은 어떻습니까? 모두 엑셀을 쓰고 있지요. 선생님께서도 여러분 성적 처리에 엑셀을 쓰실 것입니다. 비지캘크를 물리친 로터스는 엑셀에 당한 것입니다. 엑셀을 가지고 스프레드시트 시장에 뛰어든 빌 게이츠는 승자가 되고 독식하고 있잖습니까."

"월급쟁이 해야겠어요."

"다시 익스플로러 이야기로 돌아갈까요. 이것이 전쟁을 일으킵니다."

"전쟁요?"

"미국이 어느 나라를 쳤나?"

"소프트웨어 분야에서는 시장 쟁탈전을 전쟁이라고 부르곤 합니다. 운영체제 전쟁. 에디터 전쟁. 웹 브라우저 전쟁… 최초의 웹 브라우저는 모자이크입니다. 그것을 이어받은 넷스케이프는 명실상부한 브라우저의 산업 표준으로 자리잡았지요. 그것을 지켜보던 빌 게이츠는 익스플로러를 만들어 시장에 뛰어듭니다. 그게 1990년대 말이고, 여러분이 중학생이니~~ 여러분이 세상에 나오기 한참 전입니다. 브라우저 전쟁이 터진 것입니다."

"누가 이기나요?"

"익스플로러만 쓰는 것 보면 모르냐."

"빌 게이츠는 초반부터 유리한 고지에 있는 셈입니다. 브라우저가 자신의 운영체제인 윈도우 위에서 돌아가니까요. 빌 게이츠는 윈도우에 무료로 끼워주는 전략을 씁니다. 그러니 빌 게이츠가 얄밉더라도 누가 돈 주고 다른 것을 사서 쓰겠습니까? 다른 것이 무료이더라도, 다운 받아 설치하는 일이 귀찮거나 모르거나… 윈도우에 딸려 있는 것을 그냥 쓰기 십상이잖아요. 아마 빌 게이츠는 다른 것들이 다 죽으면 그때 유료화하려는 속셈이었을 겁니다. 아니면 윈도우 가격을 약간 올리고 익스플로러는 여전히 무료로 주고. 그게 그거잖아요."

"그렇네요.…"

"우리나라는 첫 단추를 잘못 꿰었습니다. 전자 정부, 인터넷 뱅킹, 인터넷 쇼핑 따위가 가장 왕성한 나라라는 것은 알고 있지요. 인터넷으로 증명서도 떼고, 은행 송금도 하고. 이런 걸 하려면 보안이 무척 중요하겠지요. 이때 사용하는 기술이 마이크로소프트가 개발한 액티브엑스라는 것인데, 이것이 익스플로러에서만 동작합니다. 우리는 인터넷 사업을 하는 기업뿐 아니라 대한민국 정부까지도 액티브엑스를 사용했어요. 산업계의 보편 기술이 아니라, 마이크로소프트라는 특정 기업의 기술을 사용하는 어리석음을 범해버린 것입니다. 그래서 익스플로러가 아닌 다른 브라우저를 쓰려면 꽤 불편함을 감수해야 되는 시절이 있었어요. 우리 정부와 기업은 브라우저 전쟁에서 빌 게이츠 편을 들어준 꼴이 되었어요. 다른 브라우저가 가진 장점을 스스로 버린 꼴이지요."

"좀 그렇네요."

"어쩌다가…"

"까맣게 몰랐네."

선생님께서 질문하신다.

"다른 나라는 어떤가요?"

"미국과 유럽은 꽤 센 법이 있어요. 반독점법입니다. 독점 지위에 있다고 판명되면 가차없습니다. 법원의 명령에 따라 회사를 쪼개야 합니다. 빌 게이츠는 미국에서 제소됩니다. 회사를 운영체제와 그 밖의 것으로 분할하라는 명령을 받았는데, 항소하여 가까스로 살아납니다. 마이크로소프트는 유럽에서도 기소됩니다. 유럽은 엄청난 벌금과 함께 가혹한 벌을 내립니다. 이후에는 윈도우 화면에 시중에 나와 있는 여러 가지 브라우저 프로그램의 아이콘을 같이 배치해두어야 합니다. 그렇게 하지 않으면 유럽연합의 법을 어기는 행위가 됩니다. 이제 사용자는 여러 개 중에서 골라 쓰는 시대가 되었습니다."

"좀 다르네요."

"말이 되네요."

"분위기를 좀 바꾸어야겠네요. 스티브 잡스와 빌 게이츠 중에 누가 더 좋나요?"

"스티브요."

"빌요."

"스티브"

"스티브"

"빌"

"스티브"

…

"대충 보니, 스티브가 많은 것 같네요. 내가 편애하였나?"

"아니요. 복장이 마음에 들어요."

"아이폰이요."

"잘생겼어요."

"여러분도 미국 십대와 취향이 비슷하네요. 예전에 미국에서 십대들을 대상으로 가장 좋아하는 기업인을 조사한 적이 있는데 잡스가 1등했어요."

"어떻게 그런 것까지 아세요?"

"사실 컨닝했지요. 여기 화면에 위키백과 보이잖아요. 2009년 8월 잡스는 이러쿵저러쿵…"

"위키에 그런 것까지."

PC 소프트웨어 시장

1946년에 세상에 나온 에니악은 큰 강의실 하나를 채울 정도로 덩치가 컸는데, 트랜지스터를 집적하는 기술이 발명되면서 컴퓨터는 급속도로 작아지고 저렴해진다. 기술은 점점 발전하여 개인이 컴퓨터를 가지는 것이 가능한 시대로 접어들고 있었다. 이런 구현 기술이 나오기에 앞서 미래를 상상한 사람들이 있었다. 1940년대 중반에 이미 배너바 부시는 책상 위에 올려놓고 쓰는 컴퓨터 모형을 그림으로 제시하고 메멕스라 불렀다. 에니악을 만든 모클리는 1962년 『타임』 지와 인터뷰에서 개인용 컴퓨터PC(personal computer)라는 용어를 사용하였다. 1968년에 엥겔바트는, 지금도 여전히 '데모의 어머

세계 최초의 마이크로프로세서라는 명성을 가진 인텔의 4004이다. 컴퓨터를 획기적으로 작고, 빠르고, 싸게 만들 수 있는 길을 닦는다.

니'라는 찬사를 받고 있는 역사적인 강연을 한다. 그는 그래픽 사용자 인터페이스와 하이퍼텍스트 기능을 가진 개인용 컴퓨터 세상을 예견하였다. 이런 상상과 꿈을 현실로 이어주는 구현 기술이 1971년에 발표된다. 인텔이라는 회사가 4004라는 세계 최초의 마이크로프로세서를 만들어낸 역사적인 사건이 발생한 것이다. 손가락 마디만한 4004는 연산과 제어라는 컴퓨터의 핵심 기능을 모두 담고 있었다. 냉장고 크기의 컴퓨터를 책가방만하게 만들 수 있는 토대가 닦인 셈이다. 게다가 대량 생산이 가능하여 가격이 극적으로 싸졌다. 4비트인 4004에 이어 8비트의 8008, 16비트의 8086이 연달아 나온다. 자일로그라는 회사는 Z80이라는 또 다른 마이크로프로세서를 개발하여 경쟁 체제를 몰고 온다.

이러한 마이크로프로세서 기술에 힘입어 개인용 컴퓨터의 실물이 여러 모양과 성능을 가지고 우후죽순처럼 나온다. 1975년에 MITS라는 회사는 알테어Altair 8800이라는 개인용 컴퓨터를 시판하기 시작한다. 애플이라는 회사의 스티브 잡스는 애플과 매킨토시 컴퓨터로 시장에 돌풍을 몰고 온다. 『바이트』 지는 1977년 당시 가장 돋보이는 컴퓨터로 애플 II, PET2001, TRS-80을 묶어 '1977 삼위일체'라고 부른다. 삼위일체는 각각 수백만 대가 팔렸다. 이런 후끈한 PC 시장을 관망하던, 그동안 메인프레임 컴퓨터에 주력하던 IBM은 1981년에 IBM PC를 선보인다. 이후 PC 시장은 IBM과 애플 두 회사가 석권해 버린다.

개인용 컴퓨터의 등장과 빠른 확산은 자연스럽게 PC 소프트웨어를 이끌어준다. 1970년대 초반에는 운영체제가 없는 상태의 개인용 컴퓨터가 시판되었다. 그야말로 '벌거벗은' 컴퓨터였다. 따라서 에니악과 비슷하게, 종이 위에 기계어 프로그램을 작성한 후, 그것을 보면서 스위치를 조작하여 프로그

1977년에 시장에 돌풍을 몰고 온 애플 II(왼쪽), PET2001(중앙), TRS-80(오른쪽)이다. 매스컴은 이들을 묶어 '1977 삼위일체'라 불렀다.

램을 입력해야 했다. 개인이 이런 방식의 원시적인 프로그래밍을 하는 상황은 분명 곤혹스러움 그 자체이다. 그럼에도 불구하고 열광하는 사람이 적지 않았다. 이런 부류의 얼리 어답터early adoptor는 어느 시대에나 있게 마련이다. 이들 중 대부분이 컴퓨터를 장난감으로 여기고 시시껄렁한 프로그램을 작성하여 친구나 가족에게 보여주며 으쓱해하고 있을 때, 뭔가 쓸만한 것을 만들려는 사람이 있었다. 그들 중 몇을 꼽아보자면 킬달, 게이츠, 브리클린, 잡스이다.

빌 게이츠가 될 뻔한 사나이

게리 킬달(Gary Arlen Kildall, 1942~1994, 미국)은 해군대학에서 장교를 대상으로 컴퓨터공학을 가르치는 교수였다. 당시 시분할 방식의 미니컴퓨터에서 다른 사람과 경쟁하다시피 작업하던 그는, 1971년에 발표된 4004 마이크로프로세서를 보고 새로운 눈을 뜬다. 마이크로프로세서는 혼자 쓸 수 있는 장점이 있었다. 킬달은 마이크로프로세서를 가지고 여러 가지 프로그래밍을 해 보았는데, 뛰어난 프로그래밍 실력으로 인해 인텔의 자문 역할을 맡게 된다. 그는 우선 8008의 프로그래밍 환경을 개선하기 위해 PL/I 언어를 개조하여 PL/M이라는 언어를 개발한다. 그후 킬달은 아주 중요한 작업에 착수한다. 마침 IBM이 개발한 플로피 디스크가 시장에 나왔는데, 마이크로프로세서와 디스크 드라이브를 연결하여 파일을 자유자재로 조작할 수 있는 제어 프로그램이 없었다. 킬달은 사용자가 파일 생성, 삭제, 이동 따위의 명령을 내리면, 마이크로프로세서가 해독하여 디스크 드라이브를 제어해 주는 '제어 프로그램'을 만들기 시작한다. 이 기능은 운영체제의 핵심을 이루기 때문에, 그는 운영체제를 만들고 있었던 셈이다. 우여곡절 끝에 개발에 성공한다. 이후 에디터나 언어 번역기 같은 각종 유틸리티 프로그램을 덧붙여 명실상부한 운영체제의 모습을 갖춘다. 그는 이 운영체제에 CP/M(Control Program for Micros)이라는 이름을 붙인다. 킬달은 PL/M과 CP/M을 1973년에 완성하여 누구보다 먼저 개인용 컴퓨터의 핵심 소프트웨어를 확보한 사람이 된다.

킬달은 CP/M을 인텔에 팔기로 마음먹고 인텔에서 시연을 한다. 그리고 2만 달러에 사갈 것을 제안한다. 그러나 의외로 인텔은 CP/M에 흥미를 보이지 않고 대신 PL/M을 산다. 나중에 CP/M이 운영체제 시장을 휩쓴 점에 비추어 보면, 인텔의 의사결정은 분명 커다란 실수이다. 당시 인텔은 마이크로프로세서 시장을 주도하였지만, 마이크로프로세서가 향후 어떻게 쓰일 지에 대한 예측은 크게 빗나간 셈이다. 인텔은 마이크로프로세서를 개인용 컴퓨터의 핵심 부품으로 보지 않고 각종 전자 장치의 깊숙한 곳에 들어가는 임베디드 부품으로 보았던 것이다. 전자 장치에 마이크로프로세서 혼자 들어가는 것이 아니라 그것을 제어하는 프로그램도 같이 들어가야 하므로 프로그래밍 언어인 PL/M에 관심이 많았지만, 아직 시장이 확실치 않은 개인용 컴퓨터의 운영체제인 CP/M에는 관심이 없었던 것이다. 제안을 거절당한 킬달은 CP/M을 자신이 직접 팔기로 마음먹는다. 자신은 프로그래밍에 매달리고 부인 도로시는 경영을 맡는 구도를 짜고, 1974년에 디지털리서치라는 회사를 설립한다. 그들은 크게 성공하고 디지털리서치는 PC 소프트웨어 시장의 강자로 떠오른다. CP/M은 1970년대 중반 이후 사실상 PC 운영체제의 표준으로 군림한다. 표준이라는 의미는, 컴퓨터를 구매하려는 대부분 고객이 'CP/M 되나요?'라고 묻는다는 뜻이다. 결국 개인용 컴퓨터를 만들어 파는 회사는 어떻게든 디지털리서치로부터 CP/M 라이선스를 구매하여 고객에게 공급해야 했다. 판매가 절정에 달했던 1981년의 기록에 따르면, CP/M은 약 3천 종류의 컴퓨터 기종에 사용되었으며 1년 매출이 5백만 달러에

육박하였다. 태어나자마자 인텔에 2만 달러에 팔릴 뻔한 CP/M은 5년 가까이 업계의 표준으로 자리 잡고 주인인 킬달에게 거대한 부를 가져다준 것이다. 하지만 영광 뒤에 큰 좌절이 뒤따른다.

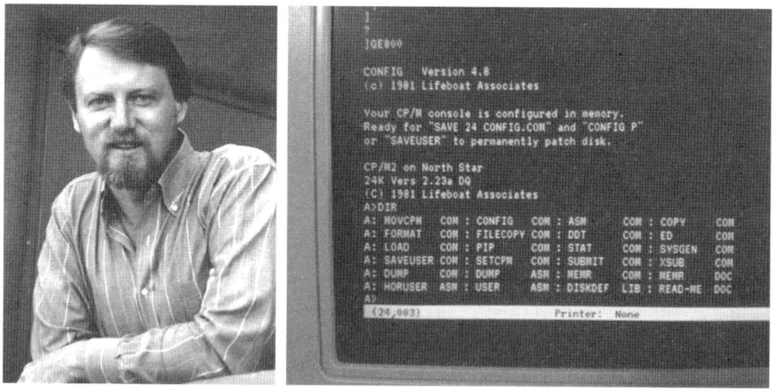

킬달과 그가 만든 CP/M 운영체제의 부팅 화면이다. 킬달은 CP/M으로 1970년대 후반 개인용 컴퓨터의 운영 체제 시장을 휘어잡는다.

1980년 여름 어느 날, IBM 협상단이 마이크로소프트에 나타난다. 그들은 빌 게이츠에게 개인용 컴퓨터에서 동작하는 운영체제를 가졌는지 묻는다. 비밀스럽게 개인용 컴퓨터를 개발하고 있던 IBM은 운영체제가 필요했는데, 직접 개발하는 대신 그것을 가진 회사로부터 라이선스를 사고자 했던 것이다. 빌 게이츠는 운영체제를 가지고 있지 않았다. 마이크로소프트는 애플 컴퓨터에 꽂아 쓸 수 있는 소프트카드라는 제품이 있었고, 디지털리서치로부터 CP/M 라이선스를 구매하여 묶어 판매하는 실정이었다. 빌 게이츠는 IBM 사람들에게 CP/M을 가진 킬달에게 가보라고 권한다. 발길을 돌려 킬달의 디지털리서치를 방문한 IBM 협상단은 킬달의 부인 도로시만 만날 수 있었다. 그 시간에 킬달은 개인용 비행기로 하늘을 날고 있었다. 여기서부터 이야기는 난맥상이 된다.

"… 진실을 찾기가 무척 힘들다. 입장이 다른 모든 사람을 인터뷰했지만 1980년 여름의 그날 광경은 여전히 흐릿하다. 킬달은 그날 IBM 사람을 만났고 합의에 이르러 악수까지 했다고 말한다. 당시 디지털리서치의 변호사였던 데이비스는 협상 자체가 없었다고 말한다. IBM 협상단의 어떤 사람은 킬달을 만나지 못했다고 말하고, 또 다른 사람인 샘스는 기억이 가물가물하지만 본 것 같다고 말한다. 샘스는 모두가 흐릿한 기억으로 자신에게 유리한 설명을 하려들기 때문에, 혼란스럽던 그날 무슨 일이 생겼는지 정확히 알아내는 것은 불가능할 것이라고 덧붙인다. … IBM도, 킬달도, 마이크로소프트도 빙빙 돌리기만 한다."—『비즈니스위크』 2004년 10월 25일 기사 「빌 게이츠가 될 뻔한 사나이The man who could have been Bill Gates」

이 사건은 'IBM이 방문했을 때 비행한' 일로 매스컴에 자주 등장한다. 이 일로 인해 킬달이 아닌 빌 게이츠가 IBM과 계약을 맺게 되고 결국 게이츠가 세계 제일의 갑부 자리에 앉게 되는데, 기업 경영에서 의사결정의 중요성을 말하기에 이보다 흥미진진하고 명쾌한 일화가 없기 때문일 것이다. 그날 사건은 이렇다. IBM이 디지털리서치를 방문한다. IBM은 의례대로 비밀 준수 문서에 서명할 것을 요구하는데, 변호사의 권유에 따라 킬달의 부인 도로시는 거부한다. IBM과 협상을 마무리하지 못한 채 킬달과 도로시는 예정되어 있던 플로리다 휴가 여행을 떠난다.[3] IBM은 발길을 돌려 빌 게이츠에게 다시 간다.

빌 게이츠와 IBM은 시애틀 컴퓨터라는 회사의 패터슨이 만든 운영체제로 관심을 돌린다. 빌 게이츠가 묻는다. '패터슨의 86-DOS를 직접 사실겁니까? 아니면 구해드릴까요?' IBM은 답한다. '어떻게 해서든 구해 주십시오.' 빌 게이츠는 움직이기 시작한다.

시애틀 컴퓨터는 8086 마이크로프로세서를 장착한 컴퓨터 키트를 1979년에 판매하기 시작하는데, 당시 8086에서 동작하는 운영체제가 없었다. 그

---

3 이 상황에 대한 여러 가지 해석이 난무한다. 디지털리서치가 워낙 바빠, IBM이 요구하는 기일 안에 8086 마이크로프로세서에서 동작하는 CP/M을 만들기 어려워 미적거렸을 것이라고 말하는 사람도 있다. IBM은 25만 불에 무제한 공급할 수 있는 라이선스를 요구한 반면, 디지털리서치는 카피당 로열티를 지급하는 방식을 고집하여 타결되지 못했다는 이야기도 있다.

들은 디지털리서치의 킬달에게 8086용 CP/M을 만들어달라고 요청한다. 하지만 시장 선점을 노리고 있던 시애틀 컴퓨터는 납품이 늦어지는 답답한 상황을 마냥 지켜보고만 있을 수 없었다. 시애틀 컴퓨터는 운영체제를 직접 제작하기로 하고 패터슨에게 개발 업무를 맡긴다. 패터슨은 몇 개월의 제작 기간을 거쳐 86-DOS를 완성한다. 빌 게이츠와 IBM이 주목한 운영체제가 바로 이 86-DOS이다. 1980년 12월에 빌 게이츠는 시애틀 컴퓨터에 2만 5천 달러를 지급하고 86-DOS의 라이선스를 구매한다. 이후 운영체제 시장이 전개되는 양상을 생각하면, 시애틀 컴퓨터는 '보물'을 너무 싸게 판 꼴이 된다. 시애틀 컴퓨터는 빌 게이츠 뒤에 IBM이 있다는 사실을 까맣게 몰랐던 것이다.

86-DOS의 라이선스를 확보한 마이크로소프트는 내친 김에 아예 패터슨을 고용하여 86-DOS를 IBM PC에 설치하는 작업을 시작한다. IBM의 엄밀한 테스트 과정에서 지적된 300여 곳의 오류를 손본 뒤, 86-DOS는 MS-DOS라는 새 이름을 달고 세상에 나온다. IBM PC가 세상에 발표되기 한 달 전인 1981년 7월에 빌 게이츠는 시애틀 컴퓨터에 5만 달러를 추가로 지급하고 86-DOS의 소유권을 통째로 확보한다. IBM과 협상에 나선 빌 게이츠는 라이선스 비용을 한 몫에 받는 게 아니라 카피당 받는 로열티 방식을 고집하고 결국 성사시킨다. 게다가 IBM에 배타적 라이선스를 주지않아, 자신도 판매할 수 있는 근거를 열어 둔다. 이때부터 마이크로소프트의 운영체제는 IBM이 직접 생산한 PC에서는 PC-DOS라는 이름을 달게 되지만, 다른 회사가 만들어 파는 클론 PC에서는 MS-DOS라는 이름을 가지게 된다. 이것으로 PC 소프트웨어 시장은 빌 게이츠의 손 안에 빨려들어가기 시작한다.

시애틀 컴퓨터는 자신이 한 일의 의미를 모든 상황이 종료된 뒤에야 깨닫는다. 이 회사는 86-DOS를 싸게 사기 위해 배후에 IBM이 있다는 사실을 비밀에 붙였다는 죄목으로 마이크로소프트를 고소한다. 결국 마이크로소프트로부터 1백만 달러를 받고 1986년 고소를 취하한다.

IBM PC에 실려 시장에 나온 MS-DOS를 본 킬달은 분개한다. 화면 구성뿐 아니라 명령어 체계가 CP/M과 거의 같았던 것이다. 그는, 패터슨이 86-

DOS를 개발하면서 CP/M을 도용하였다고 생각한다. 킬달은 장물을 산 셈이 된 빌 게이츠를 만나 원만한 해결을 시도하지만 상황을 바꿀 수는 없었다. 운영체제 시장은 개인의 설득으로 포기할 수 있는 선을 이미 넘어가 있었다. 킬달에게 남은 방법은 소송밖에 없게 되었다. 하지만 그는 법정으로 가지 못한다. 당시 소프트웨어 보호 법안이 허술했던 이유뿐 아니라 IBM이라는 거인에 맞서는 부담도 작용했을 것이다. 대신 그는 IBM과 협상하여 CP/M을 공급하기로 한다. IBM은, CP/M은 카피당 240달러에 판매하는 반면 PC-DOS는 40달러에 판매하였다. 고객은 비슷한 기능의 두 운영체제 중에서 6배나 비싼 CP/M을 집어들지 않는다. 이것으로 상황은 일단락된다. 킬달은 지고 빌 게이츠는 뜬다.

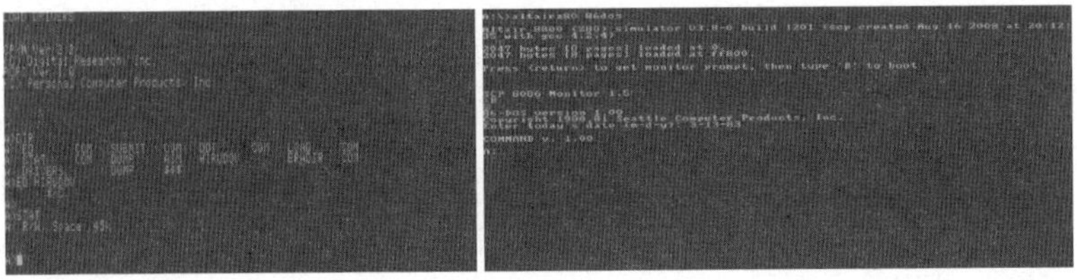

킬달의 CP/M 화면(왼쪽)과 빌 게이츠가 패터슨으로부터 산 86-DOS(오른쪽)의 화면이다. 킬달은 빌 게이츠가 장물을 샀다고 비난한다. 실제로 명령어 체계가 거의 같았다.

디지털리서치와 킬달, IBM과 협상단, 마이크로소프트와 빌 게이츠, 시애틀 컴퓨터와 패터슨이 등장하는 이야기의 전개 광경은 때로 분명하고 때로 불분명하다. 하지만 승자와 패자는 분명하다. 이 이야기에 대한 사람들의 해석은 긴 스펙트럼을 이룬다. '당시 소프트웨어를 공짜로 주고받던 분위기를 감안하면 86-DOS가 CP/M을 훔쳤다는 말은 지나친 것이다.' 'IBM과 마이크로소프트의 행위는 정교하게 짠 음모에서 비롯되었다.' 패터슨은 86-DOS의 명령어를 CP/M과 호환되게 설계한 점은 인정하지만, CP/M의 프로그램 코드를 참조하였다는 주장은 단호하게 부인한다. 패터슨은 『그들이 미국을 만들었다They made America』라는 책을 쓴 에반스를 명예훼손죄로 고소한다. 이 책은 70명의 미국 발명가를 다루었는데, 킬달 편에서 '패터슨이

CP/M을 강탈'했다고 쓰고 있다. 판사는 헌법이 보장한 의사 표현이며 거짓이 아닐 가능성이 있다는 근거를 들어 명예훼손이 아니라고 판결한다. 이런 극단적으로 다른 해석뿐 아니라 누구나 고개를 끄덕이는 견해도 있다. 킬달의 변호사인 데이비스의 말은 인상적이다. '빌 게이츠는 물고 늘어지는 사업가적 기질로 성공한다. 킬달은 그런 기질이 없다.'

이후 킬달은 리스프LISP의 방언인 로고Logo 언어를 개발하고, 광학 디스크 기술을 개발하고, 컴퓨터 백과사전을 출시하여 히트를 친다. 그는 재능있는 혁신가였던 것이다. 킬달은 에이즈 퇴치 운동에 관여하고, PC 역사를 주제로 삼은 컴퓨터 연대기Computer Chronicles라는 TV 프로그램을 주도하여 만들기도 한다.[4] 하지만 킬달의 마음 한 구석에 IBM과 마이크로소프트 사건의 그림자가 짙게 드리워져 있었던 듯싶다. 지인들은 킬달이 그 이야기만 나오면 분개하였다고 전한다. 1992년에 참기 어려운 일이 벌어진다. 자신이 박사 학위를 받은 워싱턴 대학의 컴퓨터과학과의 창립 축하식에 초청받았는데, 주제 강연을 하버드 대학의 중퇴생 빌 게이츠에게 맡겼던 것이다. 킬달은 말년에 알코올 중독에 빠진다. 1994년 선술집 계단에서 넘어져 머리를 크게 다친다. 사고 경위가 명확히 밝혀지지 않은 채 그는 52세의 나이에 숨을 거둔다.

인류 역사상 37번째 갑부, 빌 게이츠

빌 게이츠(Bill Gates, 1955~, 미국)는 PC 소프트웨어 시장에서 가장 성공한 사람이다. 아니 1995년부터 2020까지 줄곳 『포브스』 지의 세계 갑부 1~3위에 오른 사실에 따르면, 전 세계의 모든 산업에 걸쳐 가장 영향력 있는 사람으로 묘사하는 것이 더 어울릴 것이다. 『포브스』는 사람들의 재산을 현재 미국 달러로 환산하여 인류 역사상 최고 갑부 75명을 꼽은 적이 있는데, 1위 록펠러, 2위 카네기, 3위 러시아 황제 리콜라스 2세, …, 21위 이집트 왕녀 클레오파트라, … 37위 빌 게이츠, …, 55위 폴 앨런, …이었다. 마이크로소프트 사람이

4 http://www.archive.org/details/computerchronicles

둘이나 들어 있다. 빌 게이츠와 폴 앨런.

빌 게이츠는 어린 시절부터 행운이라 표현할 수밖에 없는 기회를 줄곧 안고 산다. 물론 그의 재능과 노력이 이들 기회와 적절히 상호작용하여 행운의 끈이 끊어지지 않았을 것이다. 아버지가 변호사인 비교적 유복한 집에서 태어난 게이츠는 시애틀에 있는 레이크사이드 사립학교에 다니게 된다. 학교 자모회는 근처에 있는 컴퓨터 회사에 돈을 주고 회사에 있는 메인프레임 컴퓨터와 학교 단말기를 연결하여, 학생들이 자유롭게 컴퓨터를 쓸 수 있는 교육 환경을 갖추어 준다. 당시 대학의 컴퓨터공학과 학생조차 펀치카드를 사용한 일괄 처리 작업을 한 점을 감안하면, 단말기를 이용한 대화식 작업을 할 수 있도록 배려한 자모회는 굉장한 존재였다. 틱택토 게임을 만들어 본 게이츠는 컴퓨터 세계에 깊숙히 빠져 든다. 그는 레이크사이드 학생일 때, 학교를 위해 수업 시간표 작성 프로그램을 만들어 주고[5], CCC라는 컴퓨터 회사를 위해 소프트웨어 버그를 찾아주고 대신 컴퓨터를 무료로 썼으며, ISI 회사에게 코볼 언어로 급여 프로그램을 짜 주고 로열티를 받았다. 인근에 있는 워싱턴 대학의 컴퓨터를 새벽 3시부터 6시 사이에 무료로 쓸 수 있다는 사실을 안 게이츠는 2년 선배인 폴 앨런과 한밤중에 걸어서 대학 캠퍼스를 오가기도 했다. 학교의 허락을 받고 TRW라는 회사에 근무하며 전력 관리 프로그램을 짜는 일에 매달리기도 한다. 17세가 된 게이츠는 앨런과 함께, 마이크로프로세서를 이용하여 교통 제어를 하는 트래프-오-데이터라는 벤처 기업을 차리기도 한다. 빌 게이츠의 뛰어난 프로그래밍 실력과 탁월한 사업 수완은 고등학교 시절에 이미 그의 몸에 깊이 배게 된다.

빌 게이츠는 1973년에 하버드 대학에 입학한다. 그는 컴퓨터에 대한 애정을 버리지 못하고, 하버드 컴퓨터 센터를 기웃거리며 프로그래밍에 많은 시간을 쓴다. 1974년 여름에는 레이크사이드의 선배, 아니 친구가 돼버린 폴 앨런이 보스턴에 있는 허니웰에 취직하여 단짝은 재회한다. 앨런은 워싱턴 주립 대학을 중퇴하고 보스턴으로 날아온 것이다. 게이츠는 미래를 설계

---

5 빌 게이츠는, 자신을 여학생이 많은 반에 배치하도록 프로그램을 조작한 일화로도 유명하다.

하지 못한 어정쩡한 상태로 대학을 다니고 있었다. 이런 둘에게 결정적인 일이 벌어진다. 1975년 『파퓰러 일렉트로닉스』 1월호에 실린 「알테어 8800: 세계 최초의 미니컴퓨터 키트로 획기적인 프로젝트를…」이라는 표지 기사와 MITS라는 회사가 알테어 키트를 397달러에 판매한다는 내용이 이들을 단숨에 사로잡는다. 게이츠와 앨런은 'PC 소프트웨어로 큰돈을 벌 수 있다'는 믿음을 굳힌다. 둘은 알테어 컴퓨터의 프로그래밍에는 베이직 언어가 최적이라고 판단하고, 베이직 인터프리터를 만들기 시작한다. 선점의 중요성을 누구보다 잘 알고 있는 둘은, 베이직 인터프리터를 완성하기도 전에 MITS의 로버츠 사장과 시연 약속을 해 버린다. 아슬아슬하게 약속 날짜 이전에 개발을 마친 둘은 로버츠 앞에서 성공적으로 시연을 한다. 이들은 1975년 4월에 마이크로소프트 **Microsoft** 를 설립한다. 게이츠는 이후 하버드로 돌아가지 못해, 세상에서 가장 성공한 대학 중퇴생이라는 별칭을 얻는다. 게이츠는 로버츠에게 베이직의 소유권을 파는 대신 한 카피마다 로열티를 받는 방식으로 계약한다. 알테어 베이직이라는 이름으로 시장에 등장한 프로그램은 그 당시 입력 장치로 널리 사용되던 종이 테이프에 담겨 고객에게 배달된다. 신생 기업 마이크로소프트에게 수익이 발생하기 시작한다.

종이 테이프에 담겨 공급된 알테어 베이직 인터프리터 프로그램이다. 빌 게이츠는 이것을 판매하여 마이크로소프트의 토대를 구축하는 데 성공한다.

1976년 말경에 마이크로소프트와 MITS 사이에 법정 분쟁이 발생한다. 계약에 따르면 알테어 베이직은 로열티 지급액이 어느 정도 이상이 되면 MITS의 소유가 되는데, 마이크로소프트가 알테어가 아닌 다른 컴퓨터에서 돌아가는 베이직 인터프리터를 만들자 MITS는 그것도 자신의 소유라고 주장하고 마이크로소프트는 그렇지 않다고 맞선다. 결국 법정은 마이크로소프트의 손을 들어준다. 이후 마이크로소프트의 MS-베이직은 표준으로 자리잡게 되고, 개인용 컴퓨터를 생산하는 거의 모든 회사가 마이크로소프트에 로열티를 지급하고 라이선스를 받아간다. 마이크로소프트는 도약할 기반을 마련한 것이다.

1975년부터 1980년에 걸쳐, 운영체제는 잭 킬달의 CP/M이고 언어는 빌 게이츠의 MS-베이직이라고 일컬어졌다. 그런데 IBM이 개입하면서 양강 구도가 허술하게 무너진다. IBM은 IBM PC에서 돌아가는 운영체제가 필요했는데, 킬달의 CP/M과 협상이 실패하자 빌 게이츠와 계약을 맺는다. 이로써 1981년에 세상에 나온 IBM PC는 마이크로소프트의 MS-DOS를 탑재하게 된다. 마이크로소프트는 IBM과 '매우 유리한' 계약을 맺는다. 카피당 돈을 받는 로열티 방식이었으며, 마이크로소프트도 자체적으로 판매할 수 있는 비배타적 라이선스였다. IBM PC는 공개 아키텍처이므로, 다른 회사들이 IBM PC와 완전 호환되는 클론 제품을 만들어 팔기 시작한다. 곧 IBM의 원조 PC보다 클론 PC가 더 많이 팔리게 된다. 이 클론 회사들은 마이크로소프트가 직접 거래할 수 있는 거대한 고객군이 된다. 급속도로 MS-DOS가 시장을 석권하게 되고 CP/M은 퇴출된다. 마이크로소프트는 베이직에 이어 운영체제 시장까지 석권함으로써 세계 제1의 소프트웨어 기업으로 발돋움하게 된다.

MS-DOS는 파일 복사라는 단순한 작업조차도 C:〉 COPY A.TXT B.TXT와 같이 키보드로 문자를 쳐야 하는 불편하기 짝이 없는 명령행 인터페이스command-line interface였다. 반면 당시에 IBM PC에 맞서고 있던 애플의 매킨토시는 화면에 떠 있는 아이콘을 마우스로 끌어 옮기면 되는 그래픽 사용자 인터페이스GUI(graphic user interface)를 채택하고 있었다. 마이크로소프트는 이 혁신적인 GUI 방식을 모방하여 만든 윈도우 1.0이라는 운영체제를 1985년 11월에 선보인다. 애플은 자신의 GUI 기술을 침해하였다고 소송을 건다. 하지만 법정은 마이크로소프트에 유리한 판결을 내린다. 윈도우 초기 버전은 단지 기존 MS-DOS의 겉에 윈도우 인터페이스만 씌운 것이었는데, 1990년에 나온 윈도우 3.0부터는 완전히 새로 설계된 운영체제이다. 윈도우 시리즈는 윈도우 95, …, 윈도우 NT, 윈도우 2000, …, 윈도우 ME, 윈도우 XP, 윈도우 Vista, 윈도우 7, 윈도우 8, 윈도우 10으로 발전해 온다. 현재 마이크로소프트는 PC의 운영체제 시장을 독점하다시피 하고 있다.

운영체제를 휘어잡은 마이크로소프트는 그것을 지렛대 삼아 응용 소프트웨어 영역으로 사업을 확장한다. 워드프로세서로 워드Word, 스프레드시트로 엑셀Excel, 데이터베이스로 액세스Access, 그리고 발표용 소프트웨어로 파워포인트PowerPoint를 내놓아, 사용자가 가장 많이 사용하는 응용 영역까지 차지한다. 1990년부터는 이들 제품을 하나로 묶어 오피스 스위트Office Suite로 판매하는 전략을 구사한다. 이들이 완벽한 상호호환을 이루도록 하여, 다른 회사의 도전을 막는 견고한 방어막을 친다. 예를 들어, 엑셀로 만든 막대그래프는 워드나 파워포인트에 자유자재로 붙여넣기가 된다. 이제 개별 제품을 판매하는 회사는 이들 스위트 모두와 호환을 이루지 못하면 불편한 소프트웨어라는 불명예를 안고 퇴출되는 운명을 맞을 수밖에 없다. 그리고 실제 그렇게 된다. 현재 마이크로소프트는 오피스 시장을 싹쓸이하고 있다시피 한다.

안고, 키우고, 소멸시키고

1990년대 초반에 팀 버너스리(Tim Berners-Lee, 1955~, 영국)는 웹이라는 획기적인 인터넷 서비스를 발명한다. 이어 모자이크Mosaic라는 공개 웹 브라우저가 등장하고, 그것을 이어 받아 혁신적인 아이디어로 무장한 넷스케이프Netscape가 브라우저 시장을 석권한다. 이런 상황을 지켜보던 마이크로소프트가 1995년에 익스플로러Explorer를 세상에 내놓는데, 이것으로 인해 브라우저 전쟁Browser war이 시작된다. 마이크로소프트는 익스플로러를 윈도우에 끼워파는 전략을 구사한다. 넷스케이프는 견디지 못하고 죽는다.

"… Q: 6년전 선이 자바를 가지고 첨단 기술 계획을 수립하였을 때, 마이크로소프트는 닷넷.Net을 가지고 방어막을 친 것으로 보입니다. 맞나요?
A: 그들은 우리가 수년간 이야기해 온 것에 자기 이름을 붙이고 스스로 발명한 것처럼 행동합니다. 2억 달러의 마케팅 비용을 쓴다면 누구나 자기가 원하는 방향으로 역

> 사의 흐름을 바꿀 수 있겠지요. 마이크로소프트가 스스로 발명한 것이 있나요? 만일 하나라도 떠오르면, 나한테 이메일을 보내주세요. 그럼 그들이 누구한테서 구했는지 알아봐 드릴께요. 그들에게 RD(연구개발)는 MA(기업합병)와 같은 말입니다. …”
>
> —『비즈니스위크』 2001년 11월 19일 기사 “스코트 맥닐리와 QA”[6]

마이크로소프트는 많은 사람의 찬사와 부러움을 받고 있다. 하지만 그 이면에 강한 비판도 있다. 사람들은 마이크로소프트의 사업 방식을 보통 ‘안고, 키우고, 소멸시키는embrace, extend and extinguish’ 전략으로 표현한다. 새로운 표준이나 기술이 나오면, 가만히 지켜보고 있다가 적절한 시점에 자신의 제품을 들고 뛰어든다. 안는 단계이다. 제품에 그들만의 요소를 첨가하여 ‘마이크로소프트 표준’을 만들어낸다. 키우는 단계이다. 마지막 단계는 혹독하다. 마이크로소프트 표준에 호환을 이루지 못하는 경쟁 대상이 자연히 소멸하는 전략을 구사한다. 이런 전략이 먹히는 이유는 운영체제에 있다. 모든 응용 소프트웨어는 운영체제 위에서 돌아가는데, 운영체제를 마이크로소프트가 꼭 쥐고 있는 것이다. 마이크로소프트가 그들의 운영체제인 윈도우를 판매하는 전략도 교묘하다. IBM PC 클론을 만들어 파는 컴퓨터 회사는[7] 대부분 윈도우를 탑재하여 판매하기로 마이크로소프트와 계약을 맺고 있다. 고객이 윈도우가 아닌 리눅스와 같은 운영체제를 설치해 쓰고자 할 때 문제가 발생한다. 윈도우 가격을 빼고 PC를 사는 방법이 있긴 한데, 꽤 까다로운 절차를 거쳐야 한다. 사람들은 이러한 상황을 ‘마이크로소프트 세금’이라고 표현한다. 현재 개인용 컴퓨터 시장은 IBM PC에 점령되어 있고, 그 위에서 돌아가는 소프트웨어의 대부분이 마이크로소프트의 표준에 맞추어져 있다. 따라서 소프트웨어 공급자와 PC 사용자 모두 마이크로소프트의 덫에

---

6 스코트 맥닐리(Scott McNealy, 1954~, 미국)는 1982년에 창립된 선마이크로시스템즈의 공동 창업자이자 회장이다. 그는 마이크로소프트의 독점 구도와 경쟁자를 소멸시키는 사업 전략에 대해 날선 비판을 아끼지 않는 사람이다.

7 삼성과 LG와 같은 우리나라 회사뿐 아니라 HP, 델Dell, 소니와 같은 외국 회사 모두 여기에 속한다. 우리가 이들 회사의 PC를 살 때 지불하는 금액에는 마이크로소프트의 윈도우 가격이 포함되어 있다. 마이크로소프트는 그 몫을 가져간다.

걸려 있다는 주장이 힘을 얻고 있다. 맥닐리의 『비즈니스위크』 대담을 좀 더 들어 보자.

"… Q: 당신은 하버드에서 경제학, 특히 반독점법을 공부하였지요. 경제학자로서 마이크로소프트에 대한 견해를 말씀해 주시겠습니까?
A: 현재 PC 산업은 계획 경제와 다를 바 없습니다. 이론적으로는 중앙에서 통제하는 계획 경제가 작동해야지요. 하지만 그것은 망했습니다. 여러 곳에서 이루어진 실험이 그것을 여실히 보여주잖습니까? 동독과 서독, 북한과 남한, 모스크바와 뉴욕을 비교해 보세요. 자유시장 경제가 우월하다는 것은 이미 증명되었습니다. 하지만 유독 PC에서는 그런 실험이 전혀 없습니다. … PC 사용자는 동베를린에 갇혀 있고, 찰리 검문소를 넘을 수조차 없는 지경에 빠져 있습니다. 더 좋은 세계가 있을 수 있다는 사실을 깨달을 기회조차 봉쇄되어 있습니다. …"—『비즈니스위크』 2001년 11월 19일 기사 「스코트 맥닐리와 QA」

1991년에 미국 정부는 마이크로소프트의 소프트웨어 독점 문제를 인지하고 정밀 조사에 들어간다. 그 결과 1994년에 법무부와 마이크로소프트는 윈도우에 다른 '제품'을 끼워 팔지 않되, 새로운 '기능'의 추가는 허용하기로 합의하고 법적 공방을 일단락한다. 하지만 이듬해에 마이크로소프트는 익스플로러는 개별 제품이 아니라 운영체제의 기능의 하나라고 주장하며 윈도우에 끼워 무료로 제공하기로 결정한다. 이 같은 행위는 당시 웹 브라우저 시장의 경쟁 제품인 넷스케이프의 퇴출을 몰고 올 것이 뻔하였다. 1998년에 미국 법무부는, 마이크로소프트가 독점 아성을 지키기 위해 의도적으로 경쟁을 가로막고 있다고 보고 반독점법으로 기소한다.8 이 소송은 전 세계의 이목을 끌었다. 긴 법정 공방을 거쳐, 잭슨 판사는 마이크로소프트가 독점 지위에 있으며, 애플, 자바, 넷스케이프, 로터스, 리얼 네트워크, 리눅스 등을

8 미국은 1890년에 독점을 금지하는 반독점법antitrust law을 제정한다. 이 법의 제정에 앞장선 셔먼 의원의 이름을 따 셔먼 법이라고도 부른다. 이 법에 따르면 독점 지위를 확보하기 위한 행위는 위법이며, 한 산업을 독점하는 자체도 위법이다.

상대로 독점을 지키기 위해 의도적인 행위를 하였다고 판결한다. 그리고 마이크로소프트 회사를, 운영체제 부문과 그 이외의 부문으로 분할할 것을 명령한다. 마이크로소프트는 항소한다. 그리고 기사회생한다. 항소심에서는 단지 다른 회사와 API를 공유할 것만 명령한다.[9] 사람들은 법무부가 빌 게이츠에게 팔목 때리기 벌을 내렸으며, 결과적으로 마이크로소프트의 반독점법에 대한 면역만 길러주었다고 강하게 비판한다.

마이크로소프트는 유럽에서도 기소 당한다. 1993년에는 네트워크 소프트웨어를 주력으로 하는 노벨Novell이라는 회사가 마이크로소프트의 운영체제 공급 관행을 문제 삼아 유럽 연합의 법원에 기소한다. 윈도우를 실제로 탑재하건 말건, PC 공급 업체는 컴퓨터를 팔 때마다 마이크로소프트에 로열티를 지불하는 불공정 관행을 문제삼은 것이다. 법은 나쁜 관행을 바로잡는다. 1998년에는 선마이크로시스템즈가 윈도우 NT의 API를 숨겼다고 기소한다. 한술 더 떠, 유럽 연합은 미디어 플레이어를 끼워 파는 행위를 문제 삼아 기소한다. 2004년에 법원은 4억9700만 유로의 벌금과 함께, 미디어 플레이어를 별도로 판매하고 네트워크 소프트웨어의 API를 공개하라는 명령을 내린다. 마이크로소프트는 '저작권법과 선도 기업의 혁신 능력을 악의적으로 무력화하는 법을 제멋대로 만들어내고 있다'고 신랄하게 비난한다. 마이크로소프트는 한편으로 벌금을 납부하고 명령을 부분적으로 이행하면서, 동시에 항소한다. 2005년 12월 법원은 마이크로소프트가 명령을 불성실하게 이행한다고 지적하고, 성실하게 이행할 때까지 하루에 2백만 유로의 벌금을 내도록 명령한다. 2007년 항소는 기각되고, 마이크로소프트는 굴복한다. 2009년 1월에 유럽 연합은, 마이크로소프트의 익스플로러 끼워 팔기가 웹브라우저의 경쟁을 해쳐 결국 제품 혁신과 사용자 선택권을 침해한다고 보고 조사에 착수한다고 발표한다. 마이크로소프트는 유럽에 공급하는 윈도우에서 익스플로러를 빼는 것으로 한발 물러선다.

빌 게이츠는 2008년에 마이크로소프트의 실질적인 회장직을 사임하고,

---

9 APIApplication Programming Interface는 서로 다른 프로그램 간에 자료를 주고받는 인터페이스를 뜻한다.

부인과 더불어 빌과 멜린다 게이츠 재단을 설립한다. 현재는 이 재단을 통해 자선사업과 공익사업에 매진하는 모습을 보여주고 있다.

킬러 응용 소프트웨어, 비지캘크

1975년 알테어 8800이 개인용 컴퓨터의 팡파르를 울리자, 젊은이들은 뜨거운 관심과 호기심을 보였으며 장년층도 컴퓨터 가게를 기웃거리기 시작한다. 킬달은 CP/M이라는 운영체제, 빌 게이츠는 베이직 인터프리터를 만든다. 그들은 PC 소프트웨어 시장을 창조해 냈으며 큰 돈을 벌기 시작한다.

이제 개인이 컴퓨터를 쓰고, 간단한 프로그램도 만들어 볼 수 있는 터전이 마련된 셈이다. 게다가 각종 게임이 젊은이들의 흥미를 돋우었다. 하지만 한계 상황도 만만찮았다. '신기한 물건임이 틀림없는데, 그래서 어쨌다는 거야? 아이들이 게임이나 즐기는 장난감에 불과한데.' 당시 개인용 컴퓨터는 값이 싼 대신, 메모리 용량이 적을 뿐 아니라 마땅한 소프트웨어가 없어 업무나 생활에 실질적인 도움이 되기에 턱없이 부족하였다. ' 옆집 봐라. 허구헌날 게임만 하더라.' 사람들은 구입을 망설였다. 이때 구세주처럼 킬러 응용killer application이 나타난다.

"비지캘크VisiCalc는 개인용 컴퓨터에서 쓸 수 있는 최초의 스프레드시트 프로그램이다. 비지캘크는 매니아의 장난감 정도로 취급받던 개인용 컴퓨터를 비즈니스용 도구로 변모시키는 데 결정적인 역할을 한 응용 프로그램이다. 비지캘크는 6년 동안 70만 카피 이상이 팔렸다.…"—위키백과

대니얼 브리클린(Daniel Bricklin, 1951~, 미국)은 하버드 대학에서 MBA 과정을 공부할 때, 경영에서 발생하는 지루한 계산 문제를 수없이 보았다. 그의 눈에 대부분 계산은 정형화되어 있었다. 가로 방향으로 연도와 세로 방향으로 예산 항목이 표시되어 있는 표에 액수를 기입한 다음, 가로 합계와 세로 합계를 구하는 따위의 단조로운 계산이었다. 잘못 기입된 숫자 하나를 발견하면 그것이 영향을 미치는 곳의 계산을 처음부터 다시 해야 한다. 물론 메

인프레임이나 미니컴퓨터를 가진 큰 기관은 자신의 고유 업무에 맞는 소프트웨어를 사용하여 업무를 자동화하고 있었지만, 작은 개인 사업체, 법인 사무소, 은행 지점, 대학 학과 사무실 등에서는 여전히 사람이 일일이 계산하는 수밖에 없었다. 이런 상황에서 프로그램의 인터페이스만 잘 설계한다면 같은 프로그램으로 모든 곳의 문제를 해결할 수 있을 것으로 보였다. 이것이 브리클린의 착안점이었다.

그는 지체하지 않고, MIT에서 컴퓨터과학을 전공할 때 만났던 친구인 프랭스톤과 더불어 애플 컴퓨터에서 동작하는 스프레드시트 프로그램을 작성하기 시작한다. 둘은 소프트웨어 아츠Software Arts라는 소프트웨어 벤처기업을 1979년에 설립한다. 판로를 고민하던 둘은 퍼스널 소프트웨어Personal Software라는 회사를 운영하는 파일스트라를 만나게 되고 그에게 판매를 맡긴다. 1979년에 초기 버전이 완성되고, 이들은 논의를 거듭한 끝에 비지캘크라는 이름을 붙인다. 파일스트라는 『바이트』 지의 1979년 5월호에 비지캘크의 광고를 싣고, 그해 10월에 100달러의 가격으로 판매하기 시작한다. 처음에는 반응이 미지근하였는데, 시간이 지나면서 점점 뜨거워진다. 결국 비지캘크는 시장에서 크게 성공한다. 비지캘크를 사용하기 위해 애플 컴퓨터를 찾는 고객이 늘어, 애플은 어리둥절한 채로 덩달아 즐거운 비명을 지르게 된다. 이제 사람들은 개인용 컴퓨터를 아이들 장난감으로 보던 시선을 거두고 뭔가 유용한 일을 해주는 고마운 대상으로 바라보게 된다. 드디어 개인용 컴퓨터의 킬러 응용 소프트웨어가 나타난 것이다. 브리클린은 애플 II 이외에 HP, TRS, PET, 코모도어, 아타리 등과 같이 당시 널리 팔리던 개인용 컴퓨터에서 동작 하는 버전도 개발하여 사업을 확장한다. 비지캘크의 성공은 또 다른 영향을 미치기도 한다. 줄곧 메인프레임 컴퓨터에 주력하던 IBM을 쿡 찌른 것이다. IBM은 개인용 컴퓨터 시장에 눈독을 들이기 시작한다.

비지캘크의 개발을 담당한 소프트웨어아츠와 판매를 담당한 퍼스널 소프트웨어는 저작권copyright과 상표trademark 등록으로 비지캘크에 법적 보호막을 친다. 하지만 그것으로 부족했던지, 곧바로 비지캘크를 모방한 클론 제품이 쏟아져 나온다. 그것도 비지캘크의 단점을 몇 가지 극복한다거나 편리

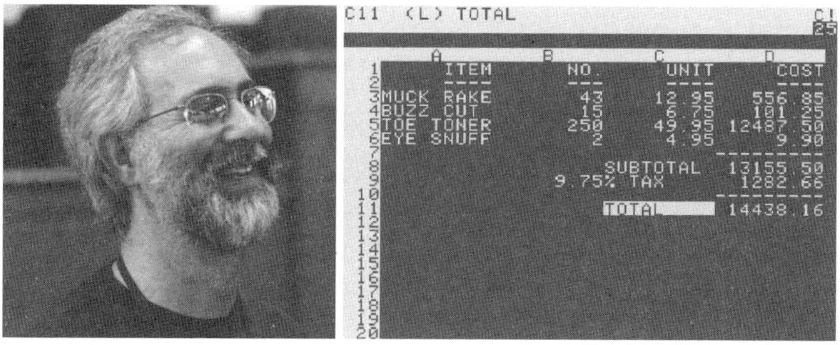

브리클린과 그가 개발한 비지캘크의 화면이다. 장난감으로 취급받던 개인용 컴퓨터를 쓸만한 기계로 격상시켜준 킬러 응용으로 평가된다. 비지캘크가 애플 컴퓨터에서 동작한 탓에 애플은 덩달아 판매가 크게 늘어난다.

한 기능을 추가한 형태를 띠고 나타났다. 1980년의 슈퍼캘크, 1982년의 마이크로소프트의 멀티플랜 등이 대표적이다. 브리클린이 자신의 발명품에 특허patent를 걸어두지 못한 탓이다. 그가 가장 많이 받는 질문은 '왜 비지캘크에 특허를 걸어두지 않았나요? 그렇게 했더라면 로열티로 2억 달러 이상 받았을 텐데요'이다. 그의 홈페이지에 답변과 함께 소프트웨어 특허에 관한 그의 생각이 올라와 있다.[10] 1983년에는 로터스Lotus 1-2-3이라는 이름의 진짜 무서운 강적이 나타난다. 비지캘크의 판매를 담당하던 회사 비지코프 (퍼스널 소프트웨어가 이름을 바꿈)에서 일하던 미첼 카포르(Mitchell David Kapor, 1950~, 미국)가 로터스라는 회사를 차리고 비지캘크를 능가하는 로터스 1-2-3을 시장에 내놓은 것이다. 이 소프트웨어는 스프레드시트뿐 아니라 그래픽과 데이터베이스 기능도 가지고 있어 1-2-3이란 꼬리가 붙게 된다. 여러 개 프로그램을 묶은 일종의 소프트웨어 스위트software suite였다. 당시는 개인용 컴퓨터 시장이 IBM PC로 수렴해 가는 추세였으므로 로터스는 IBM PC 버전만 공급한다. IBM PC를 가진 사용자는 이제 비지캘크와 로터스 중에서

---

10 http://www.danbricklin.com/ "... 1981년 이전에는 소프트웨어 특허가 거의 불가능했으니까요. 비지캘크는 1979년에 대중에게 선보였습니다. ... 당시 변호사는, 비지캘크를 소프트웨어가 아니라 마치 기계인 것처럼 위장하면 10% 정도의 성공 가능성이 있다고 설명했습니다. ... 지금이야 당연히 누구나 특허를 걸겠지만 그때는 사뭇 달랐습니다."

골라 쓸 수 있게 되었다. 승부는 곧 판명난다. 로터스는 출시 첫 해인 1983 년에 5천3백만 달러, 이듬해에는 1억5천만 달러의 매출을 올린다. 1985년에 소프트웨어 아츠는 로터스에 헐값에 팔린다.

비지캘크에게 로터스가 그랬던 것처럼, 로터스에게 새로운 도전자가 속속 나타난다. 모자이크에서 만든 더트윈The Twin, 아담 오스본의 VP-플래너와 같은 제품이 로터스와 호환이 되도록 모습을 갖추고 시장에 등장한다. 로터스는 저작권법으로 도전자를 막으려 시도한다. 법원에서는 저작권이 보호할 수 있는 범위를 놓고 치열한 논쟁이 벌어진다. 원시 프로그램은 당연히 보호된다. 다시 말해 원시 프로그램의 일부라도 복사한 점이 드러나면 위법이다. 그렇다면 명령어는? 화면 디자인은? 이런 요소는 법에 룩앤필look and feel이라는 개념으로 정립되어 있다. 로터스는 룩앤필을 들이대어 클론 제품에 대해 승소한다. 볼랜드의 쿼트로 프로Quattro Pro에 대한 소송은 더욱 치열하다. 로터스는 자신의 메뉴를 복사했다고 주장하고, 볼랜드는 '모든 자동차의 조작 방식이 같을 수밖에 없듯이, 스프레드시트도 그렇다'고 맞선다. 패소한 볼랜드는 항소하고 항소심은 메뉴는 저작권에 해당하지 않는다고 뒤집는다. 이후 대법원에서 4:4의 동점 평결이 나는데, 그 경우 항소심 판결에 따르도록 되어 있어 결국 볼랜드의 승리로 막을 내린다. 이후 마이크로소프트의 엑셀이 무서운 경쟁자로 떠오른다. 서서히 시장을 잠식해 나가는 엑셀에 긴장한 로터스는, 상황을 역전시키기 위해 로터스 심포니Lotus Symphony와 로터스 스마트스위트Lotus SmartSuite를 선보이는 피나는 노력을 기울이지만, 결국 시장의 마이너리티로 전락하고 만다. 지금은 PC 사용자의 대부분이 마이크로소프트의 엑셀을 쓰고 있다. 마이크로소프트는 스프레드시트 시장을 '안아키우고', 결국 경쟁자인 로터스를 '소멸'시켰다.

사람들이 가장 많이 사용하는 3대 응용 소프트웨어는 무엇일까? 방금 살펴본 스프레드시트가 그중 하나다. 나머지 둘은 워드프로세서와 데이터베이스이다. 1970~1980년대에는 키보드, 디스플레이, 프린터가 한 몸체를 이루는 전용 워드프로세서 기계가 시판되고 있었다. 종이에 빨간 펜으로 첨삭하던 작가에게, 자유자재로 첨삭하고 복사할 수 있을 뿐 아니라 버튼을 누르면 인쇄까지 해주는 기계는 분명 욕심나는 물건이었을 것이다. 하지만 PC가 널리 보급되자 이 기계는 구닥다리가 되어 시장에서 즉시 퇴출된다. PC에서 돌아가는 워드프로세서 프로그램이 등장한 탓이다. 워드스타WordStar는 1980년대 초와 중반에 산업 표준으로 행세할 정도로 강력한 브랜드였으나 워드퍼펙트Wordperfect에게 자리를 내어준다. 현재는 마이크로소프트의 워드Word가 시장을 휘어잡고 있다. 나라마다 언어에 따른 특수성을 가지고 있음에도 불구하고, 워드가 세계 시장을 석권하고 있는 것이다. 예외는 우리나라와 일본인데, 우리나라에서는 흔글, 일본에서는 이치타로Ichitaro가 워드와 시장을 나누어 가지는 정도이다.

데이터베이스는 고객이나 사원 따위의 대용량 데이터를 관리하고 검색하는 데 사용하는 프로그램이다. 웨인 래틀리프(Cecil Wayne Ratliff, 1946~, 미국)는 나사의 화성 탐사선인 바이킹의 개발 프로젝트에 참여하여 데이터 관리 분야의 프로그래밍을 담당하였다. 그는 그때의 경험을 살려 1978년에 개인용 컴퓨터에서 동작하는 데이터베이스 프로그램을 개발한 후 스타트렉에 나오는 행성 이름을 따 벌칸Vulcan이라 부른다. 벌칸의 시장 가치를 본 래틀리프는 스스로 판매에 나선다. 하지만 마케팅이 꽤 골치 아픈 일임을 깨달은 그는 애쉬튼테이트Ashton-Tate 회사의 테이트에게 판매를 맡긴다. 래틀리프는 벌칸의 가격을 50달러로 생각하였으나, 테이트는 훨씬 비싸게 책정해야 더 잘 팔릴 것이라며 695달러로 결정한다. 그리고 이름을 디베이스 IIdBase II로 바꾼다. 테이트는 디베이스 I으로 하면, 사람들이 첫 버전으로 여겨 잘 사지 않을 것이라 주장하였다. 디베이스 II는 히트를 치고, 산업 표준으로 자리잡게 된다. 이후 폭스프로FoxPro, 아라고Arago, 디비패스트dbFast, 코드베이스CodeBase 등 무수히 많은 클론 제품이 쏟아지는데, 사람들은 디베이스와 구분 짓기 위해 이들을 묶어 엑스베이스라xBase 부르곤 하였다. 마이크로소프트는 액세스라는 제품을 1992년에 선보인다. 마이크로소프트는 워드, 엑셀, 액세스, 그리고 파워 포인트를 하나로 묶어 소프트웨어 스위트 제품으로 만들고, '마이크로소프트 오피스'라는 이름을 붙여 판매하고 있다. 빌 게이츠는 광활한 응용 소프트웨어 시장의 노른자 영역에 다른 경쟁자가 넘보기 힘든 높고 견고한 성을 쌓은 셈이다.

스티브와 스티브

1976년에 두 명의 스티브, 스티브 잡스(Steve Jobs, 1955~2011, 미국)와 스티브 워즈니악(Steve Wozniak, 1950~, 미국)은 주차장을 작업장 삼아 애플Apple을 설립한다. 이들은 애플 I과 애플 II로 일약 개인용 컴퓨터 시장의 강자로 떠오른다. 당시 무척 많은 회사들이 설립되고 없어지고 하였으니, 애플이라는 회사의 설립 자체는 주목받을 일이 아니었다. 애플이 강자가 된 이유는 컴퓨터 애호가뿐 아니라 일반인에게 가지고 싶은 마음을 일게 하는 외관 디자인뿐 아니라, TV에 연결하여 컬러 그래픽이 되게 한 점이다. 두 명의 스티브는 컴퓨터를 가정용 전자 제품의 반열에 올려 놓으려 노력하고 있었다. 조금 거창하게 말하자면, '기술'을 매개로 새로운 '문화'를 창조하려 했던 것이다.

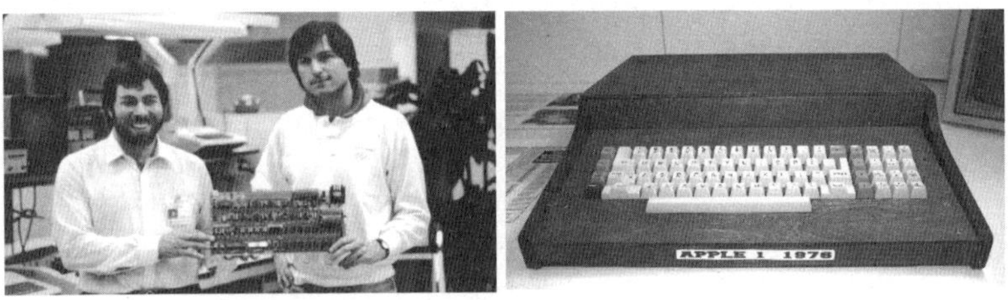

워즈니악과 잡스가 애플 컴퓨터에 들어가는 머더보드를 들고 있는 장면(왼쪽)과 이 보드로 제작된 애플 I 컴퓨터(오른쪽)이다. 둘은 이것을 가지고 애플이라는 회사의 토대를 구축한다.

애플은 1983년에 리사Lisa라는 새로운 컴퓨터를 발표한다. 리사[11]는 귀퉁이를 베어 먹은 사과 모양의 애플 로고 못지않게 당시로서는 매우 독특한 특성을 지녔다. 예쁜 모양과 더불어, 그래픽 사용자 인터페이스GUI를 갖

11 리사는 스티브 잡스의 딸 이름이다. 브레넌과의 동거에서 얻은 리사를 한동안 딸로 인정하지 않던 고집스러운 잡스는 나중에 딸과 화해한다. 리사는 작가로 활약하고 있다. 애플은 리사 컴퓨터의 이름은 Local Integrated Software Architecture의 약어라고 말하지만, 많은 사람들이 잡스의 딸 이름에 끼워 맞춘 것으로 생각한다.

춘 운영체제를 탑재하고 있었다. 당시 시장을 휩쓸고 있던 마이크로소프트의 MS-DOS가 키보드로 문자를 쳐 명령을 내리는 명령행 인터페이스를 벗어나지 못한 점을 감안하면, 마우스로 화면에 있는 아이콘을 클릭하여 명령을 내리는 리사는 분명 혁신적인 제품이었다. 하지만 리사는 매혹적인 특성에도 불구하고 비쌌기 때문에 시장에서 실패한다. 이듬해에는 매킨토시Macintosh라는 컴퓨터를 출시하고, 운영체제를 맥 OS라 부른다. 이것으로 1980년대의 개인용 컴퓨터 시장은, 하드웨어는 IBM PC와 매킨토시, 운영체제는 MS-DOS와 맥 OS가 분점하는 구조로 재편된다. IBM PC와 MS-DOS가 훨씬 큰 시장을 점유하고 나머지 조각을 애플의 매킨토시와 맥 OS가 차지한다. IBM PC는 여러 응용 분야에 두루두루 사용되는 편이었고, 매킨토시는 일러스트레이션, 정교한 그림, 또는 출판에 종사하는 사람이 주로 사용하였다. IBM PC는 공개 아키텍처이므로 다른 회사가 법적 소송을 걱정하지 않고 클론 제품을 많이 만들어 팔았지만, 매킨토시는 아키텍처를 공개하지 않고 몇 가지 예외 사례를 제외하고 모두 애플이 직접 만들어 판다.

애플이 생산한 리사(왼쪽)과 매킨토시(오른쪽)이다. 리사는 곧 단종되지만, 매킨토시는 지금까지 이어져 현재 IBM PC와 쌍벽을 이루고 있다. 두 기종 모두 그래픽 사용자 인터페이스를 채택한 당시로서 획기적인 제품이다.

1980년대 중반에 운영체제 시장에 팽팽한 긴장감이 감돈다. 마이크로소프트가 MS-DOS의 후속 제품으로 그래픽 사용자 인터페이스를 갖춘 윈도우Windows라는 운영체제 개발을 완료하고 출시에 들어갈 예정이었던 것이다. 1985년 여름에 애플은 마이크로소프트에게 윈도우가 맥 OS의 저작권을 침해하고 있다고 이의를 제기한다. 급기야 애플은 소송을 제기하겠다고 위협하는데, 이에 굴복한 마이크로소프트는 애플로부터 라이선스를 사기로 합의한다. 이런 우여곡절 끝에 IBM PC용 윈도우 1.0이 1985년 11월에 시장에 등장한다. 하지만 이것은 끝이 아니었다. 1987년에 윈도우 2.0이 출시되자, 이전에 합의한 라이선스는 단지 1.0 버전에 대해서만 유효하다는 이유를 들어, 애플은 마이크로소프트를 상대로 1988년 3월에 소송을 건다. 빌 게이츠는 GUI 아이디어는 저작권 보호 대상이 될 수 없다고 반박한다. 애플은 윈도우의 룩앤필이 맥 OS와 같다고 주장한다. GUI에는 '아이디어'와 '표현'이 있는데, 아이디어는 저작권에 해당하지 않지만 표현과 관련된 룩앤필은 저작권으로 보호받아야 한다는 것이 애플 측 주장의 핵심이다. 재판이 진행되는 와중에 제록스가 개입한다. 애플의 스티브 잡스는 리사를 설계하는 과정에서 제록스를 방문하여 제록스 알토Xerox Alto라는 컴퓨터를 견학한 적이 있다. 제록스는 이것을 이유로 들어, 만일 저작권을 인정한다면 혜택은 자신에게 돌아와야 마땅하다며 애플을 상대로 소송을 제기한 것이다. 실제로 리사팀은 제록스를 방문하여, 앨런 케이가 만든 GUI 방식의 알토 컴퓨터를 보고 영감을 얻었던 것이다. 애플은 알토에서 아이디어를 얻은 사실은 맞지만, 화면 디자인이라는 '표현'은 자신의 고유 발명이라고 반박하고 맞선다. 결국 판사는 애플의 주장을 기각하여, 마이크로소프트의 윈도우는 시장에 남을 수 있게 된다. 어떤 인터뷰에서 빌 게이츠는 이 소송으로 매년 30여 명의 변호사를 고용하였으며 천만 달러가량 썼다고 귀띔한다.

1980년대 들어 하드웨어 성능이 향상되고, 윈도우를 탑재한 IBM PC와 맥 OS를 탑재한 매킨토시라는 두 플랫폼이 사실상 산업 표준으로 자리잡게 된다. 그 위에 응용 소프트웨어가 꽃을 피운다. 워드프로세서, 스프레드시트, 데이터베이스라는 3대 소프트웨어는 말할 것도 없고, 인간 생활의 거의 모든 분야에 걸쳐 고성능 소프트웨어가 봇물처럼 시장에 나온다. 이미지를 처리할 수 있는 포토샵PhotoShop, 3차원 그래픽이 가능한 쓰리디 맥스3D Max, 고품질 출판에 쓰는 쿼크익스프레스QuarkExpress, 수학 계산에 유용한 매트

랩MatLab, 통계 처리에 쓰이는 SPSS, 웹 브라우저인 넷스케이프Netscape, 바이러스 치료제 V3, 인공지능에 해당하는 음성 인식기와 언어번역기 등 이루 셀 수 없이 많은 소프트웨어가 사람들의 일상 생활에 파고들어 온다. 거의 모든 가게와 사무실에 컴퓨터가 설치되어 업무에 맞는 소프트웨어를 설치하여 사용하고 있다. 게임은 몇 가지 장르로 구분하지 않으면 나열하기 힘들 정도로 많이 쏟아져 나온다. 이제 인류는 이들 없이는 일상 생활을 하기가 불가능한 시대로 깊숙이 들어와 있다.

PC 소프트웨어 시장은 아주 많은 사람이 들락거렸다. 킬달, 게이츠, 잡스, 브리클린 같은 사람은 들어와 눌러앉은 대표적인 인물이다. 이들의 나이를 살펴보면 매우 흥미롭다. 인텔이 4004라는 마이크로프로세서를 발표하던 1971년을 개인용 컴퓨터의 태동기라 보고, 그때 나이를 따져보면 킬달 29세, 게이츠 16세, 잡스 16세, 브리클린 20세이다. 개인용 컴퓨터의 등장은 젊은이들이 마음껏 뛰어놀 수 있는 광활한 운동장뿐 아니라 야심을 펼칠 수 있는 무주공산의 시장을 제공한 셈이다. 1960년대에 성장한 맞춤 소프트웨어와 패키지 소프트웨어에 종사하는 중소 업체와 IBM, 버로우, 허니웰 같은 대기업은 PC 소프트웨어 시장에 매우 둔감하였다. 그들은 개인용 컴퓨터 시장이 어떻게 전개될지 관망하다가, 그들 눈에 애송이로밖에 보이지 않는 새파란 젊은이들에게 주도권을 빼앗겨버린 것이다. 이렇게 야심찬 젊은이들은 새로운 시장을 창조하고 그것을 선점해버린다. 중견 세대는 넥타이를 맨 정장 차림으로 돌아다닌 반면, PC 세대는 티셔츠와 청바지 차림으로 돌아다녔다. 신세대의 차림 그 자체가 홍보거리였다. 막 물오른 컴퓨터 산업을 이해하기 시작한 언론은 앞다투어 컴퓨터 섹션을 신설하는가 하면 전문 잡지도 창간하였다. 기자들 눈에 젊은 세대의 새로운 문화는 더없이 좋은 기사 거리였던 것이다.

소프트웨어는 자동차, 책, 텔레비전, 고등어, 쌀 따위의 다른 상품과 분명히 다른 독특한 특성을 가진다. 소프트웨어 시장이 급속히 커짐에 따라 이해관계가 다른 주체 간에 심각한 충돌이 발생한다. 이해관계를 스스로 조정하지 못하고 법정으로 간 소송 당사자들은, 시장 규모가 무척 클 뿐 아니라 소프트웨어의 승자독식 속성 때문에 결과에 따라 자칫 회사가 망할 수도 있으므로 선불리 양보할 수 없는 절박감이 있었을 것이다. 소프트웨어의 고유한 특성으로 인해 법률적인 해석이 어려운 상황이 꽤 많았다. 판사와 배심원도 곤혹스러워하는 경우가 적지 않았을 듯싶다. 이런 치열하고 때로 혼란스러운 과정을 거쳐 사람들은 소프트웨어의 본질과 가치에 대한 인식을 차츰 정립해 나간다.

CHAPTER

09

홍익인간 소프트웨어

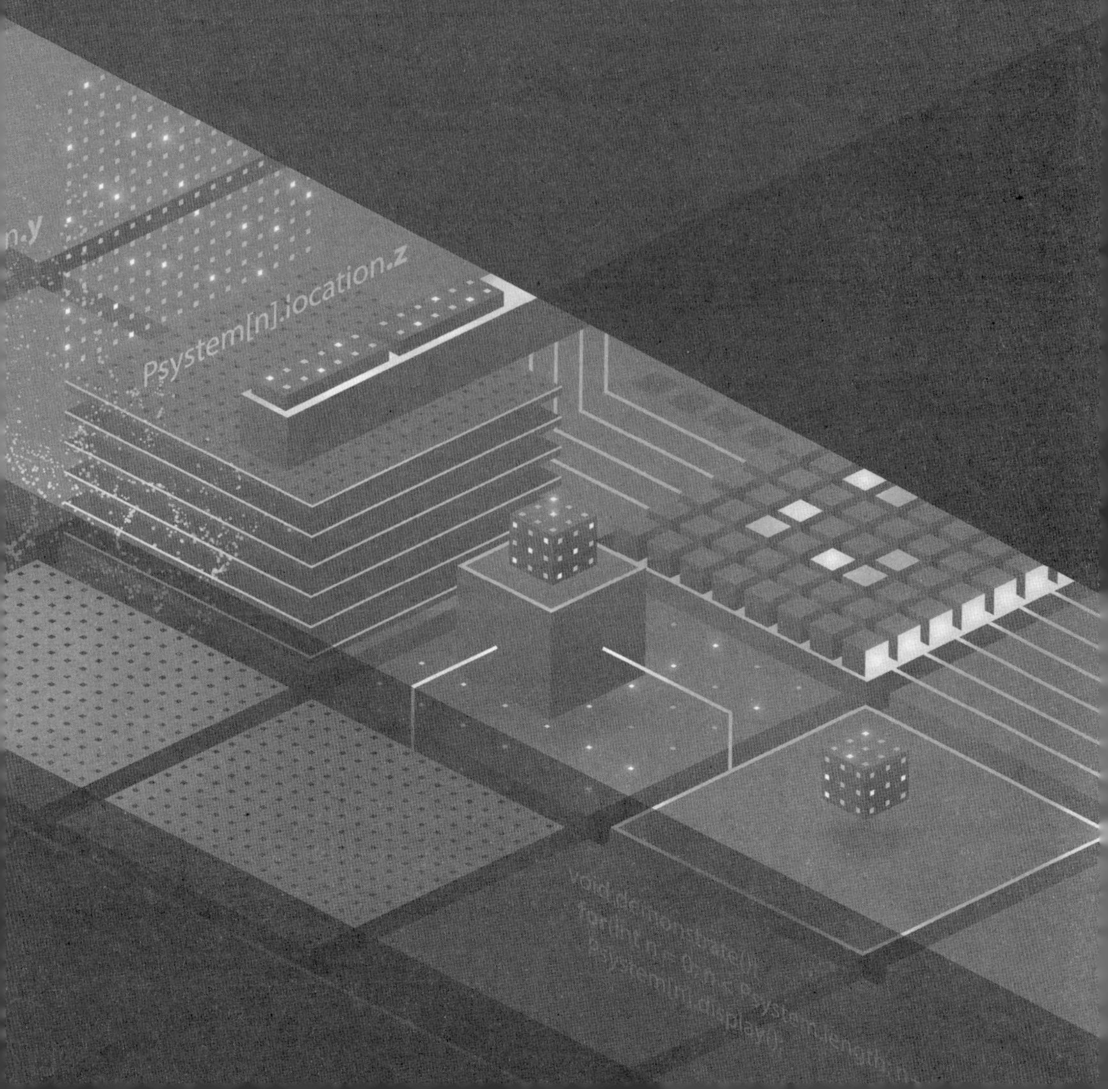

09

홍익인간 소프트웨어

교수님께서 이번에는 영문판 위키백과에서 'Wikipedia'를 검색하신다. 화면 내용이 온통 영어라 해독이 쉽지 않다. 눈에 들어오는 단어들. Volunteer(자원자), collaborative(협업), neutral(중립성), Wales(웨일스)…

"위키백과를 설명하는 페이지입니다. 몇 가지 중요한 단어를 살펴볼까요. 웹, 무료, 다중 언어, 협업, 백과사전, 비영리 재단… 그렇습니다. 위키백과는 비영리 재단에서 운영하는 무료 백과사전이고 웹을 통해 접근할 수 있습니다. 협업이라는 단어는 놓치면 안 됩니다. 위키백과는 웹에서 수많은 사람이 협업을 통해 만들어 갑니다. 이 순간에도 지구상의 누군가 새로운 내용을 추가하고 있습니다."

"…"

"조금 더 볼까요. 2001년에 웨일스와 생어라는 사람이 만들었고, 현재 285개 언어로 서비스되고 있고, 모든 언어를 합쳐 5천 5백만 건가량의 주제를 담고 있다. 한번 계산해 볼까요. 탄생한 지 약 20년 되었지요. 20년이면 7300일이니… 하루 평균 7500 건가량이 새로 만들어진 셈이지요. 인쇄 미리보기 해볼까요. … 58쪽이나 되네요. 큰 제목만 훑어볼까요. 역사, 특성, 운영, 라이선스, 문화적 의미, 관련 프로젝트, 참고자료. 깊이가 있어 보이지요. 실제 그렇습니다. 전 세계 사람이 힘을 합쳐야만 달성할 수 있는 거대한 프로젝트이지요. 웹이라는 기술이 없다면 이런 시도 자체가 불가능합니다. 과학기술은 종종 인류 문명을 혁신으로 이끌어주는 등대 구실을 해요."

"한국어 위키는 어떤가요?"

"자 검색해 볼까요. … 한국어 위키는 52만 개가량의 주제가 입력되어 있네요. 영어가 600여만개 주제를 담고 있으니 빈약한 편이지요. 여러분이 커서 새로운 주제를 많이 입력하면 좋겠어요."

"아무나 올릴 수 있나요? 그럼 장난치는 나쁜 사람이 생길 텐데…"

"아주 중요한 지적입니다. 전 세계 컴퓨터를 연결해 주고 쉽게 글을 올릴 수 있게 해주는 웹이라는 발명품이 있으니 전 세계 사람이 같이 만드는 백과 사전 프로젝트를 해볼까. 이런 발상이 떠올랐다가, 바로 막히는 장애물이 분탕질치는 사람이 있지 않을까 하는 걱정이지요. 여기 화면에 반달리즘Vandalism이라는 단어 보이지요. 혹 반달족이라고 들어봤나요?"

"어디서 들어본 것 같기도"

"흉노족은 들어봤어도"

"만주 쪽인가?"

"만주가 아니라 독일 지역에 살던 민족입니다. 5세기경 로마가 약해진 틈을 타, 로마를 침략하여 문명을 심하게 망가뜨린 족속으로 역사에 기록되어 있습니다. 이후 역사가들은 공을 들여 만든 무언가를 분별력 없이 망가뜨리는 행위를 반달리즘이라 부릅니다. 참으로 불명예스런 역사의 낙인이지요."

"그런 사람이 꼭 있을 것 같아요."

"그렇다고 지레 겁먹고 포기해야 할까요?"

"…"

"뭐… 많은 사람들은 포기할 거예요. 나도 그랬을 것 같아요. 하지만 그런 걸 이겨내고 쓸만한 것을 만들어내는 사람이 꼭 있어요. 창의력은 용기를 필요로 합니다."

선생님께서 끼어드신다.

"그렇네요. 창의력과 용기. 얼핏 상관없는 것 같아 보이는데 그렇지 않네요. 용기는 신념과 판단력을 요구할 테고. 신념은 지식을 요구하고. 우리 반 학생들, 왜 열심히 공부해야 하는지 알겠지요?"

"예~~" "알겠습니다."

공개와 협업, 그리고 민주주의

교수님께서 화면의 다른 곳을 가리키신다. 브리태니커라는 단어가 눈에 들어온다.

"여러분 『네이처』라는 잡지 들어봤지요. 『네이처』와 『사이언스』는 과학 분야의 가장 권위 있는 학술지입니다. 과학자들이 자기 논문을 무척 싣고 싶어하는 학술지이지요. 『네이처』의 논문을 인용한 곳을 봅시다. '네이처의 조사에 의하면, 정확도가 브리태니커 백과사전에 근접했고 심각한 오류가 발생한 비율도 비슷하였다.' 결과적으로 위키백과는 성공한 것이지요. 브리태니커를 클릭해 봅시다. 잠깐만… 떴습니다. 여기 보면, '어떤 주제는 편향되고 부정확하다는 비판을 받는다'라고 쓰여 있지요. 100명의 전속 편집자와 4천 명의 전문가가 만든다고 되어 있네요. 잘 구성된 전문가 집단이 급여를 받고 만든 브리태니커와 전 세계 사람 누구나 권한을 가지고 자발적인 협업으로 만들어 가는 위키백과가 정확도 면에서 비슷하다! 놀랍지 않나요?"

"놀랍네요."

"위키백과는 매우 민감한 주제는 전문 에디터에게만 편집권을 주는 따위의 조치를 취하고 있지요. 하지만 제한된 범위에서만 제약을 가하고, 전체적으로는 자유 영역입니다. 새로운 주제를 추가하고 이전 내용을 수정하는 따위의 모든 행위를 누구에게나 허용합니다. 이런 자유 공간에서 어떻게 반달리즘이 거의 나타나지 않고 브리태니커 수준의 정확도를 유지하는지는 사실 나도 의문입니다. 이유를 알기 위해서는 사회심리학적인 분석이 있어야 할 것 같아요. 이제 내용의 양과 질에 대해 생각해 볼까요? 브리태니커에 비해 양이 몇 배 정도 될까요?"

"두 배요."

"다섯 배?"

"열 배요."

"화면을 살펴봅시다. 브리태니커의 양은 약 50만 건의 주제에 대해 4천만 단어이다. 아까 위키백과가 몇 건이라 했지요?"

"천만?"

"아니요. 5천 5백만이었어요."

"내 기억도 오천오백만입니다. 브리태니커의 몇 배입니까? 5500을 50으로 나누면… 약 100배이네요. 또 다른 계산을 해 봅시다. 브리태니커는 50만 건에 4천만 단어이니… 4000을 50으로 나누면… 하나의 주제를 평균 80단어로 설명하고 있네요. 책이 보통 한 줄에 10단어 정도이니 8줄 가량으로 설명하고 있는 셈이지요. 그럼 위키와 비교해 볼까요? 주제마다 양이 천차만별이니 쉬운 문제는 아니지만… 우리나라 도시 하나 넣어 볼까요?"

"서울이요."

"평양요."

"전주~~"

"가장 크게 외친 전주를 넣어봅시다. 자…"

"풍남문이다."

"전동성당"

"객사네."

"전라감영"

"누가 넣었을까?"

"몇 단어나 될까요? 복사하여 글에 넣어보면, 잠시만요. 1830단어이네요. 전주라는 주제는 브리태니커 평균에 비해 20배이상 길게 설명되어 있는 셈이지요. 지구에 얼마나 많은 도시가 있습니까? 아마 브리태니커는 대한민국의 서남부에 있는 어쩌고 저쩌고… 서너 줄로 설명하고 있을 것 같아요. 지금까지 양을 따져봤지요. 이제 질을 따져봅시다. 누가 의견을 말해 볼까요?"

평소 선생님께서 발표를 시켜도 꽁무니를 빼곤 하던 민서가 손을 번쩍 든다. 친구들 모두 의아한 표정이 된다.

"교수님. 위키에 '손흥민' 입력해 보세요."

"아~~ 좋은 생각입니다. 잠시만요."

잠시 후 화면에 손흥민의 잘생긴 얼굴 사진과 경기 장면이 잔뜩 나타난다.

"거기 2020-21 시즌을 클릭해 주세요"

"잠시만요. 아~~"

"브리태니커는 이런 걸 그때 그때 담지 못해요. 며칠 전 경기 결과가 올라와 있잖아요."

"참 멋진 설명이었어요. 예를 하나 가지고 위키의 본질적인 특징을 잘 설명했지요."

선생님께서 또 끼어드신다.

"우리 학생들 참 똑똑하지요."

"그렇습니다. 미래가 참 밝아요."

"그런데 뭐랄까? 편향이라고 해야 하나? 특히 정치적으로, 외교적으로, 종교적으로 또는 사업적으로 민감한 주제들이 꽤 많을 텐데요. 예를 들면, 이라크 전쟁, 이스라엘과 팔레스타인 등. 보는 시각이 첨예하게 다른 주제에서는 상반된 단체가 자신에 유리하게 설명하기 위해 다툼이 생길 것 같은데요."

"맞습니다. 반달리즘은 폭력적이니 눈에 쉽게 띕니다. 그런 게 발견되면 저장해 두었던 이전 버전으로 복구하면 되니까 덜 위험합니다. 선생님께서 말씀하신 편향은 매우 위험할 수 있습니다. 왜냐하면 겉으로 공정한 듯 꾸미고 실제 내용은 교묘한 투로 한쪽을 편들 수 있으니까요. 따라서 위키백과는 검증 가능성과 중립에 선 시각을 모토로 삼고 있으며, 사람들에게 그것을 요구하고 있습니다. 하지만 그것은 선언일 따름이고 사람들을 강제할 수 있는 장치는 없습니다. 아까 말한 바와 같이, 아주 민감한 주제에 대해 전문 편집인을 지정하는 정도뿐입니다. 그럼 위키는 속수무책일까요? 그렇지는 않습니다. 자연발생적인 장치가 하나 있지요. 아마 이것보다 강력한 어떠한 장치도 개발하기 어려울 듯싶습니다."

"그게 무언가요?"

"많은 눈입니다."

"아~~"

"위키는 지구상의 수많은 사람이 지켜보고 있습니다. 몇 사람이 교묘히 한편을 들면, 굴레에 씌어 있는 몇 사람은 속일 수 있을지 몰라도, 눈을 뜨고 있는 수많은 자유인을 속일 수는 없습니다. 어떤 반작용이 생기겠지요. 다시 수정하는 사람이 생기고 다수가 옳다고 보는 방향으로 수렴할 것입니다."

"어찌 보면 민주주의의 원리가 자연스럽게 이루어지는 공간이네요."

"바로 그것입니다. 자 그럼. 우리 정리해 볼까요? 위키 하면 떠오르는 단어는?"

"개방요."

"공개요."

"협업"

"홍익인간요~~"

"민주주의요."

"빨리빨리요."

"중요한 단어 다 나왔어요. 홍익인간도 나왔네요. 두 단어로 정리할게요. '공개와 협업'"

"좋아요~~"

"훌륭하세요."

"빨리빨리도 나왔어요. 위키는 하와이 원주민이 쓰는 단어인데 빨리라는 뜻입니다. 빨리빨리를 좋아하는 우리나라 사람들의 심성과도 잘 어울리지요. 자 그럼, 소프트웨어 이야기로 돌아가 볼까요? 공개와 협업 하면 떠오르는 게 있나요?"

"리눅스요."

"아 좋습니다. 설명해 볼 수 있나요?"

"음… 무료고… 윈도우 대신 쓸 수 있고…"

"훌륭합니다. 리눅스도 위키와 비슷한 과정을 거쳐 만들어졌습니다. 백과사전뿐 아니라 운영체제라는 중요한 소프트웨어도 공개와 협업으로 만들 수 있음을 리눅스가 보여주었어요."

"버그가 있으면 누가 책임져요?"

"아까 본 것과 비슷한 상황이지요. 소수의 전문가가 만든 브리태니커와 대중이 만드는 위키. 마이크로소프트라는 폐쇄된 공간 안에서 고용된 프로그래머가 만든 윈도우와 인터넷이라는 공개된 공간에서 수많은 해커들의 자발적인 협업으로 이룩된 리눅스. 많은 눈 앞에서는 버그도 숨기 어려운 법입니다. 실제로 리눅스가 윈도우보다 훨씬 안정적이라고 평가됩니다. 공개 정신이 강세가 되자 마이크로소프트도 2010년부터 자사의 일부 소프트웨어를 공개로 전환하는 정책을 펼치기 시작합니다."

"…"

"더 오래하면 지루해질 것 같아요. 몇 사람 이름을 말해 줄 테니 집에 가서 컴퓨터에서 검색해 보세요. 리누스 토르발스, 리처드 스톨먼, 에릭 레이먼드. 모두 여러분이 좋아할 만한 사람입니다. 이들이 쓴 글이 꽤 많아요. 책으로 출판된 것도 있고. 이들은 모두 자유주의자들이어서 자신의 글과 책도 인터넷에 막 공개하고 있어요. 무료로 볼 수 있습니다. 이제 여러분 점심 먹으러 갈 시간이 되었네요. 오늘 수업은 여기까지입니다."

선생님께서 연단으로 나아가신다.

"오늘 수업 어땠습니까?"

"재미있어요."

"컴퓨터공학 전공해야겠어요."

"교수님. 오늘 수업 참 유익했습니다. 흥미로웠고요. 감사드립니다."

"고맙습니다."

"또 오세요."

"지우랑 같이 가도 되나요?"

"좋습니다."

소프트웨어의 자유 정신

상업용 컴퓨터가 처음 시장에 등장했을 즈음에 상품의 지위를 확보하지 못한 소프트웨어는 자유를 만끽하고 있었다. 컴퓨터 회사는 하드웨어를 한 대 팔면 모든 소프트웨어를 무료로 끼워주었고 프로그래밍 기술 지원과 교육도 무료로 제공하였다. 컴퓨터 사용자들은 자신이 개발한 소프트웨어를 거리낌 없이 교환하였다. 급기야 교환 행위를 활성화하기 위해 사용자 그룹을 결성한다. IBM 701과 704를 보유한 기관은 1955년에 SHARE를 결성하고, 곧이어 702와 705 보유 기관의 GUIDE, 유니백 사용자의 USE, DEC 컴퓨터를 보유한 사용자의 DECUS가 나타난다. 컴퓨터를 보유한 기관은 이들 그룹에 대표를 파견하였는데, 자신이 가진 아이디어나 소프트웨어를 들고가 무료로 나누어주고 대신 다른 회원의 것을 받아 오곤 했다. 분명 소프트웨어는 돈으로부터 자유로웠다. 게다가 사람이 이해할 수 없는 기계어 코드가 아니라 원시 코드 자체를 주고 받았다. 내 소프트웨어를 다른 사람이 읽고 더 좋게 개조하는 행위를 차단해야 하는 비밀주의가 아니라, 오히려 그런 행위를 독려하는 분위기였다.

왜 그런 문화가 형성되었을까? 그 이유는 시대 상황을 살피면 쉽게 이해할 수 있다. 당시 새로 구입한 컴퓨터는 거의 벌거숭이였다. 쇳덩어리와 책자

몇 권이 고객이 받는 전부였다. 소프트웨어라 하면 원시적인 운영체제와 프로그래밍을 위한 어셈블러가 고작이었다. 컴퓨터를 구입한 기관은 프로그래머를 고용하고 컴퓨터 회사로부터 기술 지원을 받아 필요한 프로그램을 스스로 작성하였다. 이들은 좋은 품질의 소프트웨어를 적은 비용으로 빨리 확보하기 위해서 서로 협조하지 않으면 안 될 상황에 처해 있었던 것이다. 그리고 그때까지만 해도 향상된 프로그램은 다시 내 손에 들어온다는 보장이 있었다. 소프트웨어가 자유로웠던 것은 자유 '정신' 때문이 아니라 필요가 강요한 자유 '문화' 때문이었다. 이런 이유로 당시 소프트웨어 종사자들은 '공개와 협업'을 모토로 하는 공동체 안에 머물러 있었다.

상업주의에 밀리는 자유주의

이런 상황은 균형이 깨지기 쉽다. 분명 무임 승차자가 생겼을 것이다. '가져가기만 해. 얄미운…' 또한 소프트웨어 개발 비용이 의외로 크다는 사실을 점점 깨닫기 시작한다. 게다가 컴퓨터를 보유한 기관이 많아지고 응용 분야가 폭발적으로 늘어남에 따라 소프트웨어의 수요와 공급 사이에 큰 차이가 생기게 된다. 자연스럽게 소프트웨어 개발을 전문적으로 하는 회사가 생겨난다. 그들은 소프트웨어에 특허와 저작권을 걸어두기 시작한다. 소프트웨어는 상품 목록에 올라가게 되고 가격도 빠르게 상승한다. 소프트웨어는 점점 시장 체제에 편입되고 자유를 잃어간다.

물론 소프트웨어가 자유를 한꺼번에 내준 것은 아니다. 여전히 SHARE 같은 사용자 그룹은 가동되고 있었다. 소프트웨어는 전문 회사에 돈을 지불하고 구하는 방식과 무료로 서로 교환하는 방식이 혼재되어 있었다. 특히 대학과 연구소는 공개와 협업 문화가 여전히 팽배하였다. 유닉스라는 걸출한 운영체제를 개발한 AT&T의 벨연구소는 기업 연구소임에도 불구하고 유닉스를 대학에 무료로 제공하였다. 유닉스는 공개와 협업 정신을 지키는 데 일조했다는 명성을 얻는다. 대학 캠퍼스에는 프로그래밍 자체를 즐기며 대단한 자부심을 가진 해커 문화가 널리 퍼져 있었다. 그들은 거리낌 없이 자신이 작성한 프로그램을 원시 코드 형태로 원하는 사람에게 그냥 주었다. 다른 사람에게 받은 프로그램을 개조하여 성능을 높이면, 그것을 다시 원하는 사람에게 주었다. 하지만 1970년대부터는 대학에도 원시 코드는 감추고 기계어 코드만 넘겨주는 비밀주의와 회사를 설립하여 돈을 벌려는 상업주의가 밀려들기 시작한다.

1975년의 알테어를 시작으로, 마이크로프로세서를 장착한 개인용 컴퓨터가 시장에 쏟아져 나온다. 그동안 대중이 가까이하기 힘든, 대기업이나 정부 기관의 비밀스런 공간을 차지하고 간혹 텔레비전에나 모습을 드러내는 메인 프레임과 미니컴퓨터가 독차지하던 컴퓨터 시장에 개인용 컴퓨터가 불쑥 나타난 것이다. 개인용 컴퓨터는 선배 컴퓨터들과 분명 다른 독특한 소프트웨어 문화를 일군다. 개인용 컴퓨터 매니아들은 1975년에 실리콘밸리 지역을 중심으로 HCC(Homebrew Computer Club)를 결성한다. HCC에서는 20년 전에 결성된 SHARE와 마찬가지로 정보와 의견 그리고 소프트웨어를 자유롭게 교환하였으며, 멤버의 상호 호혜를 궁극적인 목적으로 하였다. 하지만 이전과 다른 독특한 점이 있었다. HCC는 기성 컴퓨터 전문가가 아니라 10대와 20대의 새로운 세대가 독차지한다. 자유 문화로 출발한 기성 협회는 느린 속도로 자유 정신을 잃어가지만, HCC의 자유주의는 순식간에 상업주의에 물들어간다. 이런 HCC는 벤처 기업의 산파 노릇을 톡톡히 한다. 빌 게이츠와 스티브 잡스는 HCC에 열심히 들락거린 사람이다.

HCC에서 상업주의를 공개적으로 주장한 사람은 빌 게이츠였다. 당시 베이직 인터프리터를 만들어 알테어 컴퓨터에 로열티를 받고 공급하던 그에게 HCC는 고민거리 하나를 안겨준다. 빌 게이츠가 보기에, HCC는 분명 얻어올 것도 많았지만 소프트웨어 불법 복제의 온상이었던 것이다. 참다 못한 게이츠는 공개 편지를 협회 뉴스레터에 싣는다. 그럼으로써 그는 소프트웨어 불법 복제를 사회적 의제로 제시한 초기 인물 중의 하나가 된다. 이제 HCC는 같은 행위를 놓고 누구는 '공유'로 보고 누구는 '도둑질'로 보는 균열이 생긴 것이다.

"회원에게 드리는 공개 편지—
… 소프트웨어가 없는 컴퓨터는 무용지물입니다. … 제가 앨런과 함께 만든 알테어 베이직에 대한 평판은 매우 좋습니다. 하지만 돈을 지불하지 않고 복제하는 사람들로 인해 정당한 댓가를 받지 못하고 있습니다. … 왜 이런 일이 벌어지나요? 하드웨어는 기꺼이 돈을 지불하면서 소프트웨어는 훔치고 있습니다. 보상이 없으면 누가 쓸만한 소프트웨어를 만들겠습니까? …"—마이크로소프트의 빌 게이츠, 『HCC 뉴스레터』 (1976년 1월호)

『닥터 돕 저널Dr. Dobb Journal』은 흥미로운 실험을 시도한다.[1] 이 잡지는 베이직 인터프리터의 기본 스펙을 제시한 후, 그에 맞춰 프로그램을 개발하여 보내줄 것을 독자들에게 호소한다. 그렇게 확보한 프로그램을 반송용 우표가 붙은 봉투를 보내오는 누구에게나 무료로 공급하겠다는 기사를 내보낸 것이다. 이 발상의 핵심은 누군가 향상시킨 버전을 만들면 그것을 같은 방식으로 재배포하여 베이직 인터프리터를 완성해나가자는 것이었다. 다시 말해 『닥터 돕 저널』을 매개로 하여 공개와 협업에 의한 소프트웨어 개발 실험을 해보자는 제안이었던 것이다. 매니아들은 예상외로 뜨거운 반응을 보였으며, 이 실험으로 타이니 베이직Tiny BASIC이 완성되어 누구나 사용할 수 있게 되었다. 첫 버전을 제공한 리첸 왕은 자신의 소프트웨어에 '@COPYLEFT ALL WRONGS RESERVED'라는 문구를 넣어, 개선한 버전도 공개하여 공공성을 확보해야 한다는 뜻을 분명히 하였다. 이 실험을 이끈 데니스 앨리슨은 '서로의 발등이 아니라 어깨에 올라서자!'라고 호소한다. 편집장 짐 와렌은 『ACM 프로그래밍 언어 뉴스레터』의 1976년 7월호에 '빌 게이츠가 성난 투로 매니아들에게 제기한, 소프트웨어를 훔치는 문제를 해결할 수 있는 다른 방도가 있다. 소프트웨어를 무료로 하거나 또는 복사하는 것보다 값을 치르는 것이 싸면 누구도 훔치려 들지 않을 것이다'라고 썼다. 소프트웨어

---

1 1975년에 피플컴퓨터컴퍼니의 뉴스레터 형태로 창간된, 개인용 컴퓨터의 소프트웨어를 다루는 전문 잡지이다. 이후 컴퓨터 기술과 시장 전반을 다루는 대표적인 컴퓨터 잡지로 자리잡는다.

리첸 왕의 타이니 베이직을 실행시키면 나타나는 머리말이다. 그는 오픈소스를 통해 소프트웨어를 완성해 가는 사회적 실험을 시도한 초창기 사람이다. 카피라이트를 패러디한 카피레프트란 용어가 인상적이다.

```
;*********************************
;
;       TINY BASIC FOR INTEL 8080
;             VERSION 2.0
;           BY LI-CHEN WANG
;     MODIFIED AND TRANSLATED
;         TO INTEL MNEMONICS
;          BY ROGER RAUSKOLB
;          10 OCTOBER,1976
;             @COPYLEFT
;        ALL WRONGS RESERVED
;
;*********************************
```

의 자유 정신이 엿보이는 대목이다. 분명 PC 소프트웨어 영역에서도 자유주의와 상업주의가 맞서고 있었다. 하지만 조직과 제도를 갖추지 못한 자유주의가 상업주의를 이겨낼 수 없는 법이다. 게다가 당시 상황도 녹록지 않았다. 두뇌와 경험을 갖춘 고급 프로그래머는 어디에서나 부족하였다. 이런 상황을 잘 아는 프로그래머는 돈의 유혹을 이겨내기 어려웠을 것이다.

상업주의자들은 회사라는 조직을 만들어 소프트웨어 시장을 만들어 나간다. 또한 소프트웨어에 특허, 저작권, 상표라는 법적 장치를 씌워 소유권을 지켜줄 보루를 만든다. 그들은 소프트웨어 구매자에게 기계어로 되어 있는 실행 파일만 제공하여 프로그램을 개조할 수 있는 가능성을 원천적으로 차단해 버린다. 소프트웨어 구매자는 상품의 소유권을 받는 것이 아니라, 소프트웨어를 사용할 권리, 즉 라이선스만 받는다. 대부분 라이선스는 복사하는 행위(망가짐을 대비한 백업 용도의 복사만 허용), 다른 사람에게 재배포하는 행위, 수정하는 행위를 모두 위법으로 규정하고 있다. 이런 상업주의는 맹렬한 기세로 깊고 넓게 퍼져 나간다.

자유라는 깃발을 치켜든 스톨먼

이런 바람은 대학 캠퍼스에도 불기 시작한다. 하버드 대학에서 물리학을 전공하던 리처드 스톨먼(Richard Matthew Stallman, 1953~, 미국)은 컴퓨터 프로그래밍의 재미에 빠져, 학생 시절 MIT 인공지능연구실의 프로그래머로 일한다. 하버드를 마치고 1975년에 MIT 물리학과의 대학원에 진학하였으나, 중도에 물리학을 포기하고 아예 인공지능연구실로 옮겨버린다. 당시 MIT 인공지능연구실은 세계 최고 수준의 '해커'들이 모여 있었고 그들은 해커 문화를 즐기고 있었다. 해커 문화는 최고 품질의 소프트웨어를 만든다는 목표뿐만 아니라 그것을 다른 사람에게 거리낌 없이 제공하는 자유 정신을 품고 있었다. 하지만 1970년대 말부터 이런 문화는 조금씩 퇴조하는 징조를 보이기 시작한다. MIT 해커들은 대거 이탈하여, 인공지능연구실에서 개발한 리스프 머신LISP machine을 상업화하기 위해 심볼릭스Symbolics라는 회사를 설립한다. 심볼릭스 측이, 인공지능연구실의 결과물을 토대로 만든 심볼릭스의 소프트웨어를 보여달라는 요청을 거절하자 스톨먼은 분개한다. 스톨먼을 화나게 만드는 사건은 계속 이어진다. 스톨먼은 프린터 업체로부터 드라이버 프로그램의 원시 코드를 받아 개조하여 프린터 사용 환경을 개선하곤 하였다. 어느 날 제록스가 생산한 레이저 프린터 한 대가 연구소에 들어왔는데, 여러 단말기가 공유하였으므로 다른 층에 있는 사용자는 출력물을 가지러 오르락 내리락해야 하는 불편을 겪고 있었다. 따라서 프린터 상태를 어느 단말기에서나 확인할 수 있게 드라이버 프로그램을 개조하기로 마음먹고 제록스에 원시 코드의 제공을 요청한다. 예상외로 제록스는 거절한다. 이에 분개한 스톨먼은 반기를 높이 치켜든다.

1983년에 스톨먼은 그누GNU 프로젝트를 시작한다는 예사롭지 않은 계획을 발표한다. GNU는 'GNU is Not Unix'의 약어이다. 당시 해커들은 익살 맞게, 약어 자체를 원문에 집어넣어 순환적인 약어를 만드는 일을 즐겼다. 누gnu는 남아프리카에 사는 영양을 뜻하기도 하여, 천연덕스러운 영양 얼굴을 로고로 사용한다. 그누 프로젝트는 유닉스에 호환되는 운영체제를 개발하기 시작한다. 스톨먼은 소프트웨어 자유를 확보하는 가장 효과적인 방법은 상업용에 필적하는 소프트웨어를 무료로 배포하는 것이라고 굳게 믿었다. 그럼으로써 상업용을 밟고 올라서든지 아니면 최소한 독점 체제가 들어서는 것을 방지할 수 있다고 본 것이다. 첫 번째 제품으로 유닉스를 선택한 그의 안목은 뛰어나다. 만일 상업용 운영체제 위에서 돌아가는 응용 소프트웨어를 개발한다면, 그 운영체제에 영영 종속되게 되어 자유 확보가 요원해지기 때문이다. 그누 프로젝트를 시작한 이듬해에는 MIT를 아예 그만두고 프로그램 개발에 매진한다.

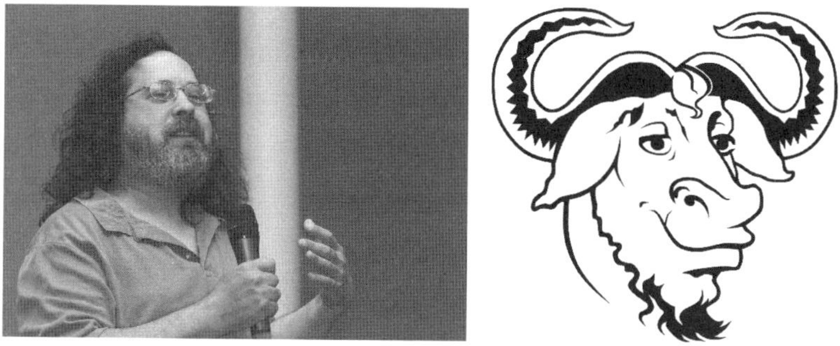

2008년 디자인 비엔날레에서 '자유 소프트웨어와 당신의 자유'라는 제목의 연설을 하고 있는 스톨먼과 그가 창설한 그누 프로젝트를 상징하는 로고이다. 형식에 얽매이지 않는 스톨먼의 티셔츠 차림과 천연덕스럽게 웃고 있는 영양의 얼굴이 인상적이다.

스톨먼은 뛰어난 프로그래머였다. 그는 먼저 운영체제를 구성하는 유틸리티 프로그램으로, C 언어의 번역기인 gcc 컴파일러와 이맥스emacs 에디터 등을 개발하기 시작한다. 1989년경에 이런 유틸리티는 완성하였으나, 정작 운영체제의 핵심 부분인 그누 허드GNU Hurd라 불린 커널은 지지부진한 상태였다. 이때 리누스 토르발스가 구세주처럼 등장한다. 토르발스는 공개와 협업 방식으로 리눅스Linux라는 이름의 커널을 완성한 상태였다. 소프트웨어 공유 정신으로 무장한 토르발스와 스톨먼은 자연스럽게 결합한다. 리눅스와 유틸리티는 한몸이 되어 완전한 운영체제인 그누/리눅스를 1992년에 탄생시킨다. 이후 대중은 그누/리눅스를 줄여 리눅스라 부른다. 스톨먼은 그누/리눅스로 되돌리려 무척 애쓰지만, 짧은 이름을 유독 좋아하는 컴퓨터 종사자들은 잘 따르지 않는다.

1985년에 자유 소프트웨어 재단FSF(Free Software Foundation)이 설립되어 자유 소프트웨어 운동은 조직화된다. 자유 소프트웨어는 원시 코드를 공개하고, 복사, 수정, 재배포할 권리를 누구나 누리게 하겠다는 운동이다. 얼핏 이 선언이 완벽하다고 생각할 수 있지만, 사실 매우 순진한 생각에 불과하다. 왜냐하면 누군가 그것을 가져다 조금 향상시킨 다음 저작권을 걸어 접근을 봉쇄해 버리면 자유는 거기에서 멈추어버리기 때문이다. 자칫 상업용 소프트웨어 회사에게 도움만 주는 꼴이 되어 버릴 수 있다. 스톨먼은 이런 행위를 방지하는 것이 자유 획득의 핵심이라고 본다. 그는 법의 테두리 안에서 행동하기로 하고, 저작권법을 역으로 이용하기로 마음먹는다. 1989년에는 GPLGeneral Public Licence이라는 라이선스를 제정한다. GPL은 소스를 공개하고, 복사, 수정, 재배포를 무제한 허용한다. 그리고 핵심 조항이 하나 추가된다. GPL이 걸린 소프트웨어에서 파생된 소프트웨어는 자동으로 GPL이 걸린다는 조항이다. 이 조항으로 인해, 수정판이 사유화될 가능성을 법적으로 차단할 수 있게 된다. 이제 자신이 개발한 소프트웨어를 자유롭게 하고자 마음먹은 사람은 그것에 GPL을 걸어 공개하면 된다. 누군가 그것을 가져다 향상된 버전을 만든 후 공개를 거부한다면 저작권법에 따라 고소하면 된다.

원래 저작권법은 저자의 권리를 보호할 목적으로 복사, 수정, 재배포를 금지시킨다. 거의 모든 라이선스가 이런 취지를 담고 있다. 하지만 GPL 라이선스는 반대다. 저자의 권리를 포기하고 대신 저작물을 누구나 가질 수 있도록 강제한다. 따라서 자유 소프트웨어 진영은 저작권을 뜻하는 영어 단어 카피라이트copyright를 패러디하여 카피레프트copyleft라 부른다. 카피레프트🄯는 우스개 패러디가 아니라 철학적 패러디이다. 한발 더 나아가, 카피라이트가 사용하는 문구 '© All rights reserved(모든 권리는 저자에게)'를 '🄯 All rights reversed(모든 권리는 반대로)'로 패러디한다. GPL은 진화하고 있다. GPL 1.0이 1989년, GPL 2.0이 1991년, GPL 3.0이 2007년에 발표된다. 재배포 조항을 완화한 LGPLLesser GPL이 있고, 소프트웨어를 설명한 문서에 사용할 수 있는 FDLFree Documentation License도 있다. 또한 GPL에서 파생한 AGPLAffero GPL이 있다.

자유를 둘러싼 갈등

어떤 사람 눈에는 수정판에 자동으로 GPL을 거는 조항은 자유라는 이름을 빌려 오히려 자유를 침해하는 것으로 보일 수 있다. '공짜로 풀었으면 그만이지. 그것을 가지고 무슨 짓을 하건 왠 상관이야'라고 주장하는 사람도 있다. 자신의 주장이야말로 완전한 자유라고 말하면서. 사실 그런 종류의 라이선스도 있다. 가장 대표적인 것은, 버클리 대학에서 개발된 유닉스 프로그램에 걸려 있는 BSD 라이선스이다. 저작권자를 표시하는 정도의 약속을 지키면, 어떤 목적으로 어떤 행위를 하건 상관하지 않는다. 아예 저작권 자체를 포기한 상태로 공개한 소프트웨어도 있다. 따라서 소유권자가 없고 법적 제한이 전혀 없다. 이것을 퍼블릭 도메인 소프트웨어public domain software라 부른다. 여기서 철학적 논쟁이 발생한다. GPL, BSD, 퍼블릭 도메인 중 어느 것이 진정한 자유를 주나? BSD나 퍼블릭 도메인의 손을 들어주는 사람은 자유란 어떠한 구속도 없어야 마땅하다고 말한다. 반면 GPL 진영은 BSD나 퍼블릭 도메인은 진정한 자유가 아니라고 설파한다. 그 이유는 처음 접한 사람에게는 무한한 자유를 주지만 그 이후의 자유는 그 사람에게 달려 있기 때문이다. 사실 모든 소프트웨어는(소프트웨어뿐 아니라 모든 상품은) 계속 진화하게 마련이다. 기능, 디자인, 사용 편리성 따위에서 계속 향상되어야 생명력을 가지는데, 누군가 향상된 버전을 만들고 문을 걸어 잠그면 자유는 거기서 멈춰 버린다. GPL 진영은 무한정한 자유는 자유가 아니라고 분명한 목소리로 말한다.

자유를 가진 소프트웨어를 자유 소프트웨어free software라 부른다. 여기에서 자유란, 원시 코드가 공개되어 누구나 읽을 수 있고, 복사, 수정, 재배포가 누구에게나 허용되어 있음을 뜻한다. 공교롭게 영어는 자유와 공짜를 구별하는 별도의 단어가 없고, 모두 free이다. 따라서 free 소프트웨어라는 말을 접하면, 사람들은 관념적인 자유보다 실용적인 공짜를 먼저 떠올리게 된다. 이를 우려한 스톨먼은 '공짜 맥주free beer가 아니라 언론 자유free speech'를 떠올리라고 주문한다. free 소프트웨어는 공짜 소프트웨어가 아니라, 자유 소프트웨어이다. 자칫 공짜로 오해하기 십상인데다가 공유 정신을 강조하다보니, 자유 소프트웨어는 돈을 받으면 안 된다고 여기기 쉽다. 하지만 GPL은 무료로 배포해야 한다고 강제하지 않는다. 재배포할 때 무료도 좋고 유료도 좋다. 스톨먼은 자신이 만든 에디터, 이맥스를 판매하여 재단 수익금을 확보하기도 하였다. 그누 프로젝트의 프로그래머인 길모어와 티만은 1989년에 시그너스 솔루션Cygnus Solutions이라는 회사를 설립한다. '자유 소프트웨어를 당신의 구미에 맞게'라는 슬로건을 내걸고, 시그너스는 그누 소프트웨어의 서비스 지원을 주력으로 한다. 그들은, 플레이스테이션 하드웨어가 완성되기 전에 그 위에서 수행될 게임 소프트웨어를 미리 제작해두려는 소니와 계약한다. 그렇게 하기 위해서는 플레이스테이션을 모방(에뮬레이션)하는 소프트웨어를 만들면 되는데, 시그너스는 그누/리눅스와 gcc 컴파일러를 이용하여 에뮬레이션 소프트웨어 제작을 지원해 주고 수익을 올린다. 플레이스테이션의 출시는 몇 달 앞당겨졌고 소니의 수입은 그만큼 커졌다. 시그너스는 고객들에게 말한다. '만일 우리 서비스가 마음에 들지 않는다면, 우리가 하던 것을 가지고 직접 고쳐도 됩니다.' 그들이 이런 말을 할 수 이유는 자유 소프트웨어를 쓰기 때문이다. 시그너스는 레드햇Red Hat에 인수되고, 레드햇은 리눅스 시장의 최대 강자가 된다.

자유 소프트웨어 운동은 점차 힘을 키워간다. 그에 대한 반발도 나타난다. 자연스럽게 상업용 소프트웨어의 첨단에 서 있는 마이크로소프트가 앞장선다. 마이크로소프트의 CEO인 스티브 발머는 『시카고 선타임즈』와 가진 2001년 6월 인터뷰에서 '리눅스와 오픈소스 운동이 마이크로소프트에게 위협이 되나요?'라는 질문에 '… 그들은 좋은 경쟁 상대로서, 우리를 더욱 혁신하게 만듭니다. … 리눅스는 퍼블릭 도메인에 있어야 합니다. 유감스럽게도 그렇지 않습니다. 리눅스의 라이선스는 지적 재산권 입장에서 보면 아무 것에나 달라붙는 암과 같습니다. …'라고 답변한다. 마이크로소프트는 GPL이 걸려 있는 코드 일부를 가져다 쓰고도 소스 공개를 거부하여 GPL을 어긴 적이 있다. 거센 비난을 이기지 못한 그들은 GPL에 해당하는 부분의 코드를 2009년에 공개한다. GPL을 싫어하는 사람은 관련없는 소프트웨어까지 감염시키는 바이러스 라이선스라고 폄하하기도 한다.

2004년 독일 뮌헨 지방법원은 GPL을 어겼다는 이유를 들어, 사이트콤Sitecom 회사에게 네트워크에 관련된 일부 소프트웨어의 배포를 중지하라고 명령을 내린다. 이 판결은 GPL이 엄연히 법적 효력을 가진다는 사실을 보여주는 첫 번째 사례로 그 의미가 크다. 2005년에 대니얼 월러스라는 사람은, GPL이 소프트웨어 가격을 떨어뜨려 결국 경쟁력을 해친다고 주장하며

GPL을 무효화 시켜달라는 소송을 자유 소프트웨어 재단을 상대로 낸다. 법원은 'GPL이 경쟁을 해치는 것이 아니라 촉진한다'고 판시하고 소송을 기각한다. 1998년 1월 넷스케이프라는 회사는 자신의 웹 브라우저의 원시 코드를 공개한다고 발표한다. 스톨먼의 자유 소프트웨어 진영에 몸담았던 레이먼드, 티만, 옥멘, 홀, 어거스틴, 앤더슨, 페터슨은 이 기회를 이용하여 스톨먼이 외치는 자유주의에 반대 의견을 분명히 한다. 이들은 스톨먼이 취하는, 훈계와 투쟁 성격을 지닌 '철학적' 방식을 벗어던진다고 외친다. 그동안 스톨먼 방식에 불만을 가진 자들에게 넷스케이프 사건이 불을 지핀 것이다. 이들은 자유 소프트웨어를 대치할 새로운 용어를 두고 고민한다. 레이먼드의 '오픈소스'와 티만의 '소스웨어'를 두고 투표한 결과 오픈소스를 선택한다. 레이먼드는 자유 소프트웨어 진영에 자유 소프트웨어를 버리고 오픈소스라는 용어를 사용할 것을 공개 요청한다. 이들은 내친 김에 새로운 단체 OSI(Open Source Initiative)를 결성하고, 레이먼드를 의장으로 앉힌다. 자칫 진보 진영의 파벌 싸움을 연상시킬 수 있는 이데올로기 분열이 나타난 것이다.

"… 오픈소스는 개발 방법론을 말하고 있고, 자유 소프트웨어는 자유를 지키자는 사회 운동이다. 오픈소스 진영은 단지 '어떻게 하면 더 좋은 소프트웨어를 개발할 수 있을까'라는 실용적 관점에 머물러 있다. … 두 진영은 적이 아니다. … 진보 진영의 분열이라는 시각으로 보는 것은 적절하지 않다. … 하지만 올바른 용어를 사용하는 것은 매우 중요하다. … 두 진영이 다른 시각을 가졌기 때문에, 어떤 상황에서는 완전히 다른 행동을 취할 수 있다. 상업용 회사가 훌륭한 소프트웨어를 개발하였을 때 보이는 반응이 좋은 예이다. 오픈소스 진영은 '우리 방식을 사용하지 않고도 그런 좋은 소프트웨어를 개발할 수 있군요. 한 카피 얻을 수 있을까요?'라고 말할 것이다. 자유 소프트웨어 진영은 '매력적이네요. 하지만 나는 자유에 더 큰 가치를 둡니다. 따라서 당신의 소프트웨어를 사용하지 않을 것입니다. 대신 당신의 소프트웨어에 맞먹는 자유 소프트웨어를 개발하는 프로젝트를 당장 시작할 것입니다'라고 반응한다. … 적지 않은 사람이 자유라는 말에 부담을 느낀다는 사실을 잘 알고 있다. 그렇다고 포기할 수는 없다. 왜냐하면 포기하는 순간 자유를 잃게 되니까."

— 스톨먼 '오픈소스는 자유 소프트웨어의 핵심을 놓치고 있다.'

이제 자유 소프트웨어와 오픈소스 진영은 사람도 다르고 주장하는 바도 달라졌다. 얼핏 서로 배척하는 양상도 보인다. 하지만 속 내용을 잘 살펴보면 그렇지 않다. 둘이 사용하는 라이선스는 아주 세세한 부분 몇 가지를 빼고 같다. 보통 사람이 그 차이를 따지는 일은 쉽지 않을 뿐더러 무의미하다. 같은 것을 놓고, 단지 바라보는 방향과 주장하는 말만 다를 뿐이다.

성당과 시장

에릭 레이먼드(Eric Steven Raymond, 1957~, 미국)는 뛰어난 프로그래머일 뿐 아니라 두 권의 책, 『유닉스 프로그래밍의 기술The Art of Unix Programming』과 「성당과 시장The Cathedral and the Bazaar」으로 유명하다. 두 권 모두 웹에 공개되어 있어 무료로 읽어볼 수 있다.[2] 첫 번째 책은 유닉스의 설계 철학, 개발 역사, 운영체제 비교, 사용법을 망라한 유닉스의 명저로 평가받는다. 두 번째 글은 비유가 뛰어나다. 레이먼드는 닫힌 공간에서 비밀스럽게 상업용 소프트웨어를 개발하는 방식을 성당으로, 원시 코드를 공개한 채 해커들이 협업하는 방식을 시장으로 대별하였다. 그의 글은 소프트웨어 개발 방식에 대한 최고의 비유라고 평가된다.

"… 리눅스는 기존 관념을 깼다. 지구 곳곳에 퍼진 채 단지 인터넷으로 연결된 수천 명의 파트타임 해커들이 협동하여 마술과 같이 세계적인 운영체제를 만들어냈다. 그것이 가능하다는 사실을 5년 전인 1991년에 누가 감히 상상이나 할 수 있었을까?

나는 분명 상상을 못했다. 리눅스를 처음 접한 1993년 당시, 1980년대의 그누 초창기 멤버인 나는 10여 년간 유닉스에 관련한 오픈소스 개발을 해오고 있었다. 당시 우리는 현재도 널리 사용되고 있는 여러 가지 프로그램을 공동 개발하여 네트워크에

2 http://www.catb.org/~esr/writings/taoup/html/.
http://www.catb.org/~esr/writings/ cathedral-bazaar/

공개하고 있었다. 그것 때문에 나는 협업을 잘 알고 있다고 생각했다.

리눅스는 그런 내 생각을 뒤집었다. 나는 수년간 간편한 도구, 빠른 모형개발, 진화적 프로그래밍을 유닉스 복음처럼 전파하고 다녔다. 하지만 복잡도가 어느 선을 넘어서면 중앙에서 틀어쥐는 접근 방법을 쓰는 수밖에 없다고 믿고 있었다. 또한 운영체제나 에디터와 같이 중요한 소프트웨어는 '성당'이 그렇듯이 대중으로부터 철저히 고립된 상태에서 몇몇 뛰어난 개인 또는 그룹에 의해 만들어지는, 때가 무르익기 전에는 베타 버전도 공개하지 않는 방식이 꼭 필요하다고 믿었다.

가급적 빨리 그리고 자주, 위임할 수 있는 것은 모두, 그리고 뒤범벅일지라도 공개하는 리누스 토르발스의 개발 스타일은 놀라움 그 자체였다. 여기에 조용하고 엄숙한 성당 분위기는 찾아볼 수 없다. 리눅스 공동체는 서로 다른 의제와 방식을 가지고 왁자지껄 떠들어대는 '시장'을 연상시킨다. 누구나 다른 사람이 올린 것을 가져갈 수 있는 리눅스 아카이브 사이트가 바로 시장이다. 이 시장에서 일관되고 안정된 시스템이 탄생한 사실은 기적의 연속이라 말할 수밖에 없다.

이 시장 스타일이 동작하고, 그것도 꽤 잘 동작한다는 사실은 분명 충격이다. 개인 프로젝트를 열심히 수행하고 있던 나는 조금 눈을 뜨게 되자, 어째서 리눅스 공동체가 혼란 속에 공중 분해되지 않을 뿐더러 성당 건축가가 도저히 이해할 수 없는 속도로 힘을 키워가는지 그 이유를 찾으려 노력하였다. 1996년에 조금씩 이해가 되었다. 내 이론을 시장 스타일의 오픈소스 프로젝트 형태로 시험해 볼 기회가 온 것이다. 나는 시도하였고, 큰 성공을 거두었다.

이 글은 그 프로젝트에 관한 이야기이다. 지금부터 효과적인 오픈소스 개발에 필요한 금언을 들려줄 것이다. 모든 이야기가 리눅스로부터 나오진 않았지만, 리눅스 세계는 분명 의미를 보태주었다. 내가 틀리지 않다면 이 금언들은 리눅스 공동체가 어떻게 훌륭한 소프트웨어를 만들 수 있었는지 그 이유를 들려줄 것이고 당신이 좀 더 생산적인 사람이 되는 데 도움이 될 것이다. …"—레이먼드「성당과 시장」

·

시장 방식은 오래 전에도 있었다. 비록 탄생 배경과 협업 방식은 다르지만, SHARE나 DECUS 같은 사용자 그룹도 분명 시장 방식을 사용하였다. 타이니 베이직을 탄생시킨 『닥터 돕 저널』의 실험도 물론 시장 방식이다. 이러한 원시적인 형태를 현대화시킨 사람은 리눅스를 개발한 리누스 토르발스다. 레이먼드의 「성당과 시장」이라는 글은 토르발스 스타일을 멋지게 표현하고 있다.

그냥 재미로!

리누스 토르발스(Linus Benedict Torvalds, 1969~, 핀란드)는 열한 살 무렵에, 헬싱키 대학의 통계학과 교수였던 외할아버지가 구입한 개인용 컴퓨터 코모도어를 가지고 놀 기회를 얻는다. 거기에 설치되어 있는 프로그램에 곧 실증을 느낀 토르발스는 베이직 언어와 심지어 어셈블리 언어로 프로그램을 작성하며 코모도어를 장난감처럼 가지고 논다. 1988년에는 헬싱키 대학의 컴퓨터과학과에 입학하게 되고 C 언어를 배운다. 1991년에 IBM PC를 구입하는데, 그 위에서 돌아가는 운영체제 MS-DOS에 크게 실망한 그는 학과 실험실에 있는 미니컴퓨터에서 써본 유닉스를 구하려 애쓴다. 불행하게도, 아주 간단한 시스템조차도 5천 달러를 훌쩍 넘었다. 그가 관심을 돌린 대상은 네덜란드의 타넨바움 교수가 만든 유닉스의 미니 버전인 미닉스Minix였다. 하지만 미닉스는 MS-DOS보다는 나았지만 여전히 토르발스의 성에 차지 않았다. 분명 당시의 토르발스에게 이런 상황은 큰 불행이었을 것이다. 하지만 이 사건은 인류에게 그리고 토르발스 자신에게 커다란 축복이 된다. 그는 유닉스와 미닉스를 참조하여 처음부터 새로 운영체제를 만들기로 마음먹는다. 당시 토르발스는 이 일이 얼마나 엄청난 것인지 가늠하지 못했다. 핀란드에서 대학은 학비가 공짜였고 졸업에 목매는 분위기가 아니었으므로, 그는 휴학을 하고 본격적으로 운영체제 개발에 매달린다. 1991년 8월 25일 토르발스는 인터넷의 미닉스 뉴스그룹에게 아래와 같은 메시지를 발송한다.

"…

발송: torvalds@klaava.helsinki.fi(Linus Benedict Torvalds)

수신: 뉴스 그룹: comp.os.minix

제목: 미닉스에서 가장 필요한 기능은 무엇인가요?

요약: 새로운 운영체제에 대한 소규모 의견 조사
미닉스 사용자에게 전합니다.

저는 IBM 386(486) AT에서 그냥 재미로, 그누처럼 아주 크고 전문적이지는 않은 운영체제를 만들고 있습니다. 작업은 4월에 시작했으며 점점 모습을 갖추어가고 있습니다. 이 운영체제는 실용적인 이유로 미닉스의 특성을 따르고 있습니다. 따라서 미닉스의 장점과 단점에 대한 여러분의 의견을 받고 싶습니다. 현재까지 bash(버전 1.08)와 gcc(버전 1.40)를 설치하였는데 잘 작동합니다. 이것으로 미루어볼 때, 몇 달 이내에 쓸만한 것이 될 것으로 보입니다. 그래서 더욱이나 사람들이 어떤 특성을 원하는지 알고 싶습니다. 어떠한 제안도 환영합니다. 비록 제가 그것을 구현한다고 약속하지는 못하지만 말입니다.

—리누스 토르발스"

토르발스는 메일을 보내고 불과 40여 일이 지난 10월 5일에 첫 번째 공식버전 0.02를 공개한다. 그는 물을 길어올릴 수 있는 샘을 하나 깊이 파놓고 드넓은 농장을 같이 조성하자고 제안한 셈이다. 완성된 농장의 과실은 누구나 따가도 좋다고 약속하고. 버전 0.02를 공개하면서 그가 보낸 메시지이다.

"… 멋진 프로젝트가 없나요? 내 마음대로 운영체제를 수정하는 첫 경험을 하고 싶나요? … 그렇다면 이 메시지에 주목하세요. … 한 달 전에 말한, 미닉스와 비슷한 공짜 운영체제가 쓸만한 정도가 되었습니다. 버전 0.02의 소스를 공개 배포합니다. … 소스는 nic.funet.fi(128.214.6.100)의 /pub/OS/linux에서 받아갈 수 있습니다. … 미닉스 코드를 전혀 빌려다 쓰지 않았기 때문에 전체 커널 소스를 공개할 수 있습니다. … 헤."

이 메시지는 운영체제라는 대규모 소프트웨어를 공개와 협업으로 만들어 보자는 거대한 사회적 실험의 팡파르였다. 쓸만한 프로그램을 작성하는 일, 그 자체에 큰 성취감을 느끼는 해커들이 의외로 뜨거운 반응을 보였고 토르발스는 조정자 역할을 한다. 조정자의 일은 협업자가 제출한 코드의 정확성과 효율성을 검증하여 일정한 기준을 통과한 것을 골라내는 일이다. 이렇게 골라낸 코드를 기존 프로그램에 추가하면 운영체제는 점점 제 모습을 갖춰나가는 것이다. 세상에는 돈이라는 보상이 없으면 움직이지 않는 사람이 많은 것이 사실이다. 하지만 세계적인 프로젝트에 참여하여 자신의 기량을 뽐내고 프로젝트 결과가 만인에게 혜택이 된다면 그 자체에서 큰 행복감을 맛보는 사람도 적지 않다. 이런 사람들을 발굴하여 한 작업장에 모이게 한 것이 토르발스가 한 일의 핵심이다. 프로그램 버그는 많은 사람들의 눈앞에서는 숨을 수 없게 마련이다. 공개와 협업은 가시밭길이 아니라 비단길이었던 것이다. 토르발스의 실험은 멋지게 성공한다. 그는 말한다. 자신의 생애 최고의 의사결정은 리눅스에 GPL을 적용한 것이라고.

이후 토르발스의 인생은 크게 달라진다. 헬싱키 대학에서 강의를 맡은 그는 첫 시간에 자신에게 이메일을 보내라는 숙제를 내 준다. 당시만해도 컴퓨터 과학과 학생조차 이메일이 생소하여 교수들이 그런 숙제를 내주곤 하였다. 핀란드의 가라테 챔피언인 토브라는 여학생은 토르발스에게 데이트를 신청하는 이메일을 보낸다. 3년 후에 둘은 딸을 얻는다.

1996년에는 기능과 성능이 크게 업그레이드된 리눅스 2.0을 발표한다. 1997년에는 미국으로 옮겨 칩을 생산하는 트랜스메타라는 회사에 취직한다. 토르발스는 일부러 리눅스와 이해 관계가 적은 하드웨어 업체를 택하였다. 그는 자신의 일대기를 기록한 『리눅스 그냥 재미로Just for fun』라는 책을 출판한다. 책 제목처럼 그와 협업자들은 프로그래밍과 창의적 마인드 자체를 즐기는 문화 속에서 그냥 재미로 리눅스를 개발하였다. 1999년에는 리눅스와 관련한 소프트웨어 서비스를 제공하는 레드햇과 VA 리눅스라는 회사가 그의 발명품인 리눅스에 대한 대가로 토르발스에게 주식을 제공한다. 그는 하루아침에 백만장자가 된다.

2001년에 IBM은 리눅스 연구개발과 진흥을 위해 수십억 달러 규모의 기금을 제공한다고 발표한다. IBM의 결정은 박애 때문만은 아니었을 것이다.

토르발스와 그가 개발한 리눅스의 로고이다. 토르발스는 사회적 실험을 성공시켜 명성을 얻는데 뜻하지 않게 부자가 된다.

IBM은 자신의 운영체제인 AIX와 OS/2를 유지 관리하는 데 꽤 부담을 느끼고 있었는데, 마침 공개 영역에서 스스로 진화하는 리눅스를 보고 대안이라고 판단한 것이다. 리눅스는 마이크로소프트의 윈도우를 싫어하는 사람들이 자신의 PC에 설치하여 사용하곤 한다. 또한 국가적으로 리눅스 활용 진흥 정책을 펴는 나라가 여럿 있다. 리눅스는 핸드폰, MP3 플레이어, 자동차 따위의 장치에 들어가는 임베디드 소프트웨어의 커널로 널리 활용된다. 프로그램을 내 마음대로 개조할 수 있다는 장점뿐 아니라 무료이므로 상품 단가를 낮추는 데 크게 도움이 되기 때문이다. 리눅스가 크게 성공한 또 다른 영역은 웹 서버이다. 웹 서버는 기본적으로 운영체제와 더불어 웹 서비스 프로그램을 설치해야 한다. 이때 리눅스를 운영체제로 쓰고 웹 서비스 용도로 아파치Apache를 주로 사용한다. 다행히 아파치 프로그램도 무료로 자유롭게 가져다 쓸 수 있다. 홈페이지에 데이터베이스 기능을 추가하려면, 데이터베이스 관리 소프트웨어인 MySQL과 웹 프로그래밍 언어인 PHP를 무료로 받아 설치하면 된다. 이들 네 가지 소프트웨어, Linux, Apache, MySQL, PHP의 앞 글자를 따 램프LAMP라 부른다. 램프는 모두 오픈소스이다. 2008년 통계에 따르면, 웹 서버의 60%가량이 리눅스를 사용한다. 거대한 웹 시장이 자유 정신에 의해 무료 시장이 된 것이다. 마이크로소프트가 점령하지 못한 영역 중의 하나가 바로 웹 시장이다.

자유 소프트웨어는 광활한 소프트웨어 시장에서 당당히 자신의 영역을 구축하는 데 성공하였다. 2001년에는 자유 소프트웨어 진영과 오픈소스 진영을 망라하여 그들의 활약상을 그린 『운영체제 혁명Revolution OS』이라는 다큐멘터리 영화가 제작되었다. 유튜브에서 무료로 감상할 수 있다. 이들의 이야기는 현재 진행형이다. 자유 소프트웨어와 상업용 소프트웨어는 시장에서 힘겨루기가 한창이다.

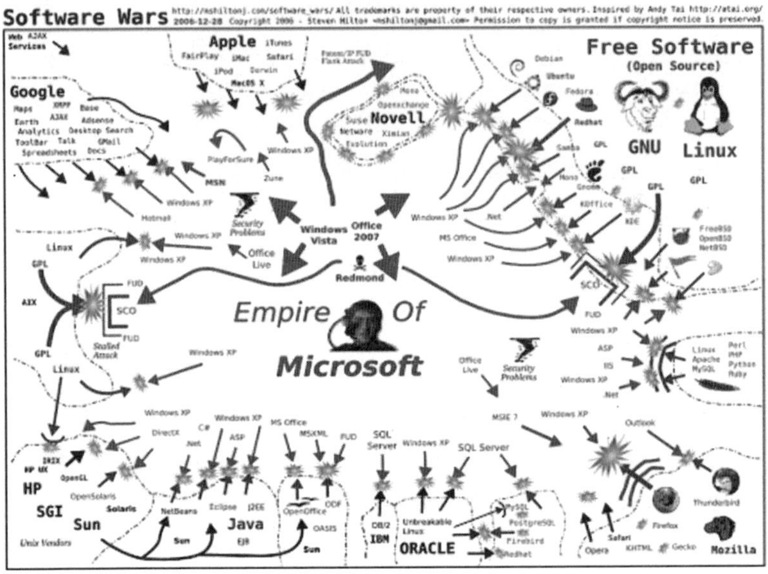

(출처: http://mshiltonj.com/software-wars/current)

상업용 소프트웨어에 속한 회사들은 '승자독식'과 '약육강식'의 치열한 싸움을 벌이고 있다. 법정으로 달려가기도 한다. 반독점법은 때로 승자독식을 견제한다. 힐튼이라는 사람은 이런 양상을 '소프트웨어 전쟁'이라 칭하고, 상업 진영과 자유 진영이 차지한 영역과 그들 간의 전투를 익살맞은 그림으로 표현하였다. 그림에서 중원의 넓은 지역은 역시 마이크로소프트가 차지하고 있다. 마이크로소프트뿐 아니라 애플, 구글, 노벨, 선, 오라클, IBM, SGI, HP 같은 회사가 진을 치고 있다. 동북부 지역은 자유 소프트웨어가 점

오픈소스는 소프트웨어 영역을 넘어 다양한 상품으로 확산 중이다. 오픈콜라와 자유 맥주가 대표적이다. 신약 개발에 적용하려는 사람도 있다.

령하고 있다. 곳곳에서 벌어지고 있는 전투 장면은 불꽃으로 표현하고 있다.

자유 진영의 활약은 소프트웨어 이외의 다른 분야에도 영향을 미친다. 2001년에 시작한 위키백과는 공개와 협업으로, 불과 10년 만에 세계 제일의 백과사전을 구축하였으며 꾸준히 진화하고 있다. 캐나다에서는 펩시와 코카콜라에 도전하는 오픈콜라 회사가 2001년에 창업한다. 이 회사는 콜라 제조법을 GPL에 따라 공개하고 그에 따라 콜라를 제조하여 판매하고 있다. 덴마크에서는 자유 맥주가 출시된다. OSDD(Open Source Drug Discovery)라는 단체는 열대병의 치료약 제조에 오픈소스 방식을 사용하고 있다. OSSI(Open Source Seed Initiative)는 종자를 특허로 묶어두는 몬산토나 듀폰과 같은 기업으로부터 식물 종자를 지키는 운동에 오픈 소스 방식을 사용한다. '미래는 모두 오픈소스'라는 토르발스의 말마따나, 이제 오픈소스는 삶의 모든 분야에 공개와 협업을 도입하여 더 나은 세상을 만들어 보자는 운동이자 문화가 되었다. 공개와 협업은 민주주의의 핵심 강령이다. 열린 공간에서는 모두가 같은 권리를 나누어 가지며 의사결정은 다수의 이익에 따른다. 오픈소스는 민주주의의 증진에까지 영향을 미치고 있다.

참고 문헌

인터넷 사이트

- 위키백과(http://wikipedia.org)
- 컴퓨터역사박물관Computer History Museum(http://www.computerhistory.org)
- 찰스 배비지 연구소Charles Babbage Institute(http://www.cbi.umn.edu)
- 국립컴퓨팅박물관The National Museum of Computing(http://www.tnmoc.org)
- 컴퓨터의 역사History of Computers(http://history-computer.com)
- 에니악 박물관ENIAC Museum(http://www.seas.upenn.edu/about-seas/eniac)
- 컴퓨팅 역사 프로젝트The History of Computing Project(http://www.thocp.net)
- 정보기술 역사 협회IT History Society(http://www.ithistory.org)
- 소프트웨어 산업 특수관심그룹The Software Industry Special Interest Group (http://www.softwarehistory.org)
- 컴퓨터 연대기The Computer Chronicles(http://www.archive.org/details/computerchronicles)
- 컴퓨팅 역사The History of Computing(http://www.computermuseum.li)
- 소비에트 디지털 전자 박물관Soviet Digital Electronics Museum (http://www.leningrad.su/museum)
- 옛 계산기 웹 박물관The Old Calculator Web Museum(http://oldcalculatormuseum.com)
- 초기 오피스 박물관Early Office Museum(http://www.officemuseum.com)
- 컴퓨터와 통신기술 박물관Museum of Computer and Communication Technology (http://www.technikum29.de)

책

- Paul Ceruzzi, A History of Modern Computing, 2nd Ed., The MIT Press, 2003.
- Michael Williams, History of Computing Technology, 2nd Ed., IEEE Computer Society Press, 1977.

- Robert Slater, Portraits in Silicon, The MIT Press, 1992.
- Andrew Hodges, Alan Turing: the Enigma, Vintage Books, 1992.(역서: 『앨런 튜링의 이미테이션 게임』, 동아시아)
- Scott McCartney, ENIAC the Triumphs and Tragedies of the World's First Computer, Berkley Books, 2001.
- Herman Goldstine, The Computer from Pascal to von Neumann, Princeton University Press, 1993.
- Raul Rojas, The First Computers : History and Architectures, The MIT Press, 2000.
- George Ifrah, The Universal History of Computing: from the Abacus to the Quantum Computer, John Wiley and Sons, 2001.
- Martin Campbell-Kelly and William Aspray, Computer: A History of the Information Machine, Basic Books, 1996.
- Atsushi Akera and Frederik Nebeker, From 0 to 1: An Authoritative History of Modern Computing, Oxford University Press, 2002.
- 정지훈, 거의 모든 IT의 역사, 메디치, 2010.
- 박지훈, 누가 소프트웨어의 심장을 만들었는가, 한빛미디어, 2005.
- 이종문 외 편저, IT혁명 1번지 실리콘밸리를 만든 사람들, 중앙일보뉴스위크, 2001.
- 김정남, 김정현, 세계 최고의 디지털 리더 9인의 이야기, 팜파스, 2007.
- 이정일, 그래서 그들은 디지털 리더가 되었다, 길벗, 2008.
- 리누스 토르발스, 데이비드 다이아몬드 (안진환 역), 리눅스 그냥 재미로, 한겨레신문사, 2001.
- 김중태, 대한민국 IT 史 100: 파콤222에서 미네르바까지, e비즈북스, 2009.
- 시드니 파두아(홍승효 역), 에이다, 당신이군요. 최초의 프로그래머, 곰출판, 2017
- 월터 아이작슨(안진환 역), 스티브 잡스, 민음사, 2015

학술지

- IEEE Annals of the History of Computing

컴퓨터이야기 연표

1550 존 네이피어의 탄생(1550~1617, 스코틀랜드)

1592 빌헬름 시카르트의 탄생(1592~1635, 독일)

1622 오트레드가 슬라이드 자를 발명

1623 시카르트가 계산 클럭을 발명
블레즈 파스칼의 탄생(1623~1662, 프랑스)

1645 파스칼이 파스칼린을 발명

1646 파스칼이 프랑스 정부로부터 파스칼린의 특허를 획득
고트프리트 라이프니츠의 탄생(1646~1716, 독일)

1694 라이프니츠가 스텝드 레코너를 발명

1791 찰스 배비지의 탄생(1791~1871, 영국)

1815 어거스타 에이다의 탄생(1815~1852, 영국)
조지 불의 탄생(1815~1864, 영국)

1820 콜마가 아리스모미터를 발명

1843 에이다가 해석 엔진에 관한 논문을 발표

1847 알렉산더 벨의 탄생(1847~1922, 영국, 캐나다, 미국)

1848 불이 '논리의 미적분학'이라는 논문을 발표

1851 콜마가 아리스모미터를 출시

1853 슈츠가 차분 엔진의 개발에 성공(1855년의 세계박람회에 전시)

1860 허먼 홀러리스의 탄생(1860~1929, 미국)

1874 토머스 왓슨의 탄생(1874~1956, 미국)

1876 톰슨이 미분 해석기를 발명
벨이 전화를 발명

1879 지붕 수리공이 스텝드 레코너의 실물을 발견

1887 펠트가 컴퓨토미터를 발명

1890 홀러리스가 펀치카드와 표 작성기를 발명
미국 인구조사국이 센서스 조사에서 표 작성기를 사용

1891 스탠퍼드가 스탠퍼드 대학교를 설립

1896 홀러리스가 TMC를 창업

1900 하워드 에이컨의 탄생(1900~1973, 미국)

1903 존 폰 노이만의 탄생(1903~1957, 헝가리, 미국)
존 아타나소프의 탄생(1903~1995, 미국)

1906 배비지의 아들인 헨리가 해석 엔진을 제작
그레이스 호퍼의 탄생(1906~1992, 미국)

1907 존 모클리의 탄생(1907~1980, 미국)

1908 존 바딘의 탄생(1908~1991, 미국)

1910 콘라드 추제의 탄생(1910~1995, 독일)
윌리엄 쇼클리의 탄생(1910~1989, 미국)

1911 윌리엄 노리스의 탄생(1911~2006, 미국)

1912 앨런 튜링의 탄생(1912~1954, 영국)
데이빗 팩카드의 탄생(1912~1996, 미국)

1913 모리스 윌크스의 탄생(1913~2010, 영국)
윌리엄 휴렛의 탄생(1913~2001, 미국)

1916 클로드 섀넌의 탄생(1916~2001, 미국)

1919 존 프레스퍼 에커트의 탄생(1919~1995, 미국)

1923 잭 킬비의 탄생(1923~2005, 미국)

1924 왓슨이 CTR을 IBM으로 개명
존 배커스의 탄생(1924~2007, 미국)

1925 시모어 크레이의 탄생(1925~1996, 미국)
더글러스 엥겔바트의 탄생(1925~, 미국)

1926 존 케메니의 탄생(1926~1992, 미국)

1927 배너바 부시가 미분 해석기를 개발
로버트 노이스의 탄생(1927~1990, 미국)

1928 토머스 커츠의 탄생(1928~, 미국)

1929 고든 무어의 탄생(1929~, 미국)

1930 에츠허르 데이크스트라의 탄생(1930~2002, 네덜란드)
마틴 고에츠의 탄생(1930~2019, 미국)
로스 페로의 탄생(1930~, 미국)

1934 니클라우스 비르트의 탄생(1934~, 스위스)

1936 튜링이 튜링 머신에 관한 논문을 발표

1937 섀넌이 『릴레이와 스위칭 회로의 기호학 분석』이라는 석사 논문을 발표
터먼이 스탠퍼드 대학의 학장이 됨
마르샨 테드 호프의 탄생(1937~, 미국)

1939 2차 세계대전이 발발
휴렛과 팩커드가 휴렛팩커드를 창업

1940 스티비츠가 다트머스 대학에서 컴퓨터의 원격조정을 시연
앨런 케이의 탄생(1940~, 미국)

1941 펜실베이니아 대학의 무어 스쿨이 첨단전자 기술에 관한 단기강좌를 개설
추제가 Z3를 발명
데니스 리치의 탄생(1941~2011)

1942 아타나소프와 베리가 ABC를 발명
게리 킬달의 탄생(1942~1994, 미국)

1943 모클리와 에커트가 프로젝트 PX(에니악 제작)에 착수
켄 톰슨의 탄생(1943~, 미국)

1944 에이컨이 마크 I을 발명
플라워스가 콜로서스 마크 1과 마크 2를 발명
모클리와 에커트가 저장 프로그램에 대한 메모를 작성

1945 폰 노이만이 「에드박에 관한 보고서 초안」을 발표
추제가 플랑칼쿨이라는 프로그래밍 언어를 발명
배너바 부시가 '우리가 생각하는대로'라는 글을 발표

1946 모클리와 에커트가 에니악을 발명
모클리와 에커트가 EMCC를 창업
무어 스쿨이 '디지털컴퓨터 설계를 위한 이론과 기술'이라는 단기강좌를 개설

1947 하버드 마크 II 팀이 '최초로 발견된 실제 버그'를 기록
바딘과 브레튼이 점 접촉형 트랜지스터를 발명

1948 윌리엄스와 킬번이 쎔을 완성
IBM이 SSEC을 완성
허츠스탁이 커타를 발명하고 출시

1949 윌리엄스와 킬번이 맨체스터 마크 1을 완성
윌크스가 에드삭을 완성
EMCC가 바이낙을 완성
호주에서 사이랙을 완성

1950 튜링이 튜링 테스트에 관한 논문을 발표
영국 국립 물리연구소가 에이스를 완성
EMCC가 래밍톤랜드에 인수됨
ERA가 아트라스를 완성(1101이라는 이름으로 출시)
스티브 워즈니악의 탄생(1950~, 미국)

1951 페란티사가 페란티 마크 1을 완성
래밍톤랜드사가 유니백을 완성
펜실베이니아 대학이 에드박을 완성
쇼클리가 접합형 트랜지스터를 발명
왕이 왕연구소를 창업
리옹사가 레오를 완성
댄 브리클린의 탄생(1951~, 미국)

1952 에이컨이 마크 IV를 완성
IBM이 IBM 701로 컴퓨터 시장에 데뷔
유니백이 미국 대선의 결과를 예측
ERA가 래밍톤랜드에 인수됨
호퍼가 A-0라는 언어와 컴파일러를 발명

1953 IBM이 IBM 650을 출시
맨체스터 대학이 트랜지스터 컴퓨터를 완성
리처드 스톨먼의 탄생(1953~, 미국)

1954 IBM이 NORC를 출시
유니백을 제너럴 일렉트릭에 설치(첫 민간 고객에의 판매)

IBM이 세이지 프로젝트의 컴퓨터 부문 공식 계약자로 선정됨

1955 에니악의 가동 중단
IBM이 시장 점유율에서 래밍톤랜드를 추월
쇼클리가 쇼클리 반도체를 창업
왕이 코어 메모리의 특허를 획득
MIT 링컨연구소가 TX-0를 발명
IBM 701의 사용자 모임인 SHARE가 결성됨
스티브 잡스의 탄생(1955~2011, 미국)
제임스 고슬링의 탄생(1955~, 캐나다)
빌 게이츠의 탄생(1955~, 미국)

1956 왓슨 1세의 사망으로 왓슨 2세의 IBM 체제가 들어섬
페란티사가 페란티 페가수스를 출시
제너럴모터스가 GM-NAA I/O라는 운영체제를 발명
바딘, 쇼클리, 브레튼이 트랜지스터 발명으로 노벨 물리학상을 수상
다트머스 컨퍼런스에서 인공지능 용어 탄생

1957 노리스가 CDC를 창업
올슨과 앤더슨이 DEC을 창업
배커스가 포트란 언어를 발명
소련이 스푸트니크 인공위성의 발사에 성공
'8인의 반란자'가 쇼클리 반도체를 이탈하여 페어차일드 반도체를 창업

1958 킬비가 집적회로를 발명
터키가 『미국 월간수학』에서 소프트웨어라는 용어를 처음 사용

1959 IBM이 1401을 출시
SHARE가 SOS라는 운영체제를 완성
코볼 언어가 발표됨
내셔널 반도체의 창업
ADR의 창업

1960 DEC이 PDP-1을 출시

1961 MIT가 시분할 운영체제인 CTSS를 발명
DEC 컴퓨터의 사용자 그룹인 DECUS가 결성됨

1962 페로가 EDS를 창업

페란티사가 가상 메모리를 제공하는 아트라스를 발명
인포매틱스의 창업
모클리가 『타임』과 인터뷰에서 '개인용 컴퓨터'라는 용어를 사용

1963 서덜랜드가 스케치패드 시스템을 발명

1964 IBM이 IBM/360을 출시
다트머스 대학이 시분할 운영체제인 DTSS를 발표
MIT가 멀틱스 운영체제의 개발을 시작
케메니와 커츠가 베이직 언어를 발명
사브르라는 소프트웨어 시스템이 개통됨

1965 무어가 『일렉트로닉스 매거진』에 무어의 법칙을 발표
DEC이 PDP-8을 출시
ADR이 오토플로를 출시

1966 ACM 학회가 튜링상의 시상을 시작

1967 IBM이 OS/360을 출시
달과 니가드가 시뮬라 언어를 발명
인포매틱스가 마크 IV를 출시

1968 CDC가, 비윤리적인 행위를 했다는 이유로 IBM을 고소
독일 가미쉬에서 세계 최초로 '소프트웨어 공학' 학술대회가 개최됨
데이크스트라가 「GOTO 문은 해롭다」라는 논문을 발표
노이스와 무어가 인텔을 창업
드카스트로가 데이터제너럴을 창업
고에츠가 소팅 방법으로 세계 최초로 소프트웨어 특허를 획득
엥겔바트가 '데모의 어머니'로 칭송받는 강연을 함

1969 미국 대법원이 IBM을 반독점법으로 고소
ADR이, 소프트웨어 산업을 가로막는다는 이유로 IBM을 고소
IBM이 언번들링 선언을 함
MIT가 멀틱스 서비스를 시작
톰슨과 리치 등이 유닉스를 발명
인텔이 3101 메모리 칩을 출시
AMD의 창업
리누스 토르발스의 탄생 (1969~, 핀란드)

1970 비르트가 파스칼 언어를 발명

1971 벨연구소가 『유닉스 프로그래머 매뉴얼』을 출간
호프가 4004 마이크로프로세서를 발명
호이플러가 『일렉트로닉 뉴스』에서 실리콘밸리라는 이름을 처음으로 사용

1972 크레이가 크레이리서치를 창업
리치가 C 언어를 발명
케이가 스몰토크 언어를 발명

1973 라슨 판사가 에니악 특허는 무효라고 판결
킬달이 PL/M과 CP/M을 완성

1974 킬달이 디지털리서치를 창업

1975 브룩스가 『신화적 맨먼스』를 출간
크레이리서치가 크레이-1을 출시
MITS가 알테어 8800을 출시
『파퓰러 일렉트로닉스』에 알테어 8800의 기사가 실림
게이츠와 앨런이 마이크로소프트를 창업
HCC가 결성됨
『닥터 돕 저널』이 타이니 베이직이라는 공개 소프트웨어 실험을 시작함

1976 자이로그가 Z80 마이크로프로세서를 출시
스티브 잡스와 워즈니악이 애플을 창업
빌 게이츠가 『HCC 뉴스레터』에 '회원에게 드리는 공개 편지'를 실음
디피와 헬만이 공개키 교환 알고리즘 발명

1977 '1977 삼위일체'가 시장에서 돌풍을 일으킴

1978 커니핸과 리치가 『C 프로그래밍 언어』를 출간
마이크로프로인터내셔널이 워드스타를 출시

1979 보스턴에 컴퓨터박물관이 개관됨
브리클린이 소프트웨어아츠를 창업
브리클린이 비지캘크를 발명하고 출시
래틀리프가 디베이스 II를 출시
미국방성은 개발 중이던 새로운 언어를 에이다라 이름 붙임

1980 IBM과 킬달의 협상이 결렬됨
빌 게이츠가 IBM에 PC 운영체제를 공급하기로 계약

빌 게이츠가 시애틀 컴퓨터와 86-DOS 라이선스 계약을 맺음

1981 IBM이 IBM-PC에 인텔의 8086을 사용하기로 계약
IBM이 IBM PC를 출시
마이크로소프트가 PC-DOS와 MS-DOS를 출시

1982 조이와 맥닐리 등이 선마이크로시스템즈를 창업
『타임』이 '올해의 인물'로 개인용 컴퓨터를 선정
클라크 등이 실리콘그래픽스를 창업
크레이리서치가 크레이 X-MP를 출시
카포르가 로터스를 창업

1983 스트롭스트룹이 C++ 언어를 발명
로터스사가 로터스 1-2-3을 출시
애플이 리사를 출시
스톨먼이 그누 프로젝트를 출범시킴

1984 애플이 매킨토시를 출시
HP가 레이저젯 프린터를 발명

1985 소니와 필립스가 시디롬을 발명
마이크로소프트가 윈도우 1.0을 출시
스톨먼이 자유 소프트웨어 재단을 설립

1988 애플이, GUI를 침해하였다고 마이크로소프트를 고소

1989 스톨먼이 GPL을 제정
길모어와 티만이 시그너스솔루션을 창업
아래한글(워드프로세서) 출시
팀 버너스리가 월드와이드웹 발명

1990 마이크로소프트가 오피스 스위트를 출시
마이크로소프트가 윈도우 3.0을 출시

1991 귀도 반 로섬이 파이썬 언어 발명
런던 과학박물관이 배비지 탄생 200주년을 기념하여 차분 엔진을 제작
미국 법무부가 마이크로소프트의 독점 여부에 대한 조사에 착수
토르발스가 리눅스 개발 프로젝트를 시작하고 최초 버전을 공개

1992 마크 레이버트가 보스톤다이내믹스 창업
스톨먼과 토르발스가 그누/리눅스를 완성하고 공개

DEC이 알파 마이크로프로세서를 출시
페로의 미국 대선 출마와 실패

1993 레드햇의 창업
TOP500 프로젝트의 출범

1994 소니가 게임기 PlayStation 출시
앤드리슨과 클라크가 넷스케이프를 창업
제프 베조스가 아마존 창업

1995 고슬링이 자바 언어를 발명
박건희와 이재웅이 다음커뮤니케이션 창업
펜실베이니아 대학이 '칩 위의 에니악'을 개발

1996 컴퓨터박물관이 실리콘밸리로 이사하고 컴퓨터역사박물관으로 개명
토르발스가 리눅스 2.0을 발표

1997 레이먼드가 「성당과 시장」이라는 글을 발표
딥블루가 세계 체스 챔피언 카스파로프를 이김
리드 해스팅스와 마크 랜돌프가 넷플릭스 창업

1998 미국 법무부가 반독점법 위반으로 마이크로소프트를 고소
넷스케이프가 웹브라우저의 원시코드를 공개
레이먼드 등이 OSI를 결성
스타크래프트 출시
래리 페이지와 세르게이 브린이 구글 창업

1999 엔비디아가 GPU(그래픽처리장치)를 출시
이해진이 네이버 창업

2000 킬비가 집적회로 공로로 노벨 물리학상을 수상
IBM이 USB 메모리 출시

2001 위키백과의 탄생
마이크로소프트가 게임기 Xbox 출시

2004 마크 저커버그가 페이스북 창업

2005 구글이 구글지도 서비스 시작

2006 구글이 구글트랜스(언어번역) 서비스 시작

2007 런던 근교인 블레츨리 파크에 국립 컴퓨터박물관이 개관됨

애플이 아이폰 출시

2009 삼성이 갤럭시 출시

2010 카카오톡 서비스 시작
데미스 하사비스가 딥마인드 창업
안드로이드 앱 개발 언어인 앱인벤터 탄생

2011 IBM 왓슨이 제퍼디 우승자 이김
세계 최초의 양자 컴퓨터인 D-Wave One 출시

2012 자율주행차가 시각장애인을 태우고 세계 최초로 시범 운행 성공

2014 다음과 카카오 합병하여 다음 카카오 탄생

2015 클라우스 슈밥이 4차 산업혁명 언급

2016 알파고가 이세돌을 이김
네이버가 파파고 언어번역 서비스 시작

2017 알파고 제로가 알파고를 이김

2018 대한민국이 세계 최초로 5G(5세대 이동통신) 서비스 개통
인공지능이 그린 초상화 "에드몽 벨라미"가 경매시장에서 팔림

2019 알파스타가 스타크래프트 그랜드 마스터 수준 달성

2020 현대자동차가 보스톤다이내믹스 인수

찾아보기

가상 머신virtual machine 276
가상 메모리virtual memory 230
개발 모형developmental model 230
개인용 컴퓨터PC 367
객체object 274
객체지향 언어object-oriented language 273
걸스GIRLS 353
게리 킬달Gary Arlen Kildall 18, 369
계산 24
계산기calculator 129
계산 보조 도구 107
계산 클럭calculating clock 119
고급 언어high-level language 264
고든 무어 Gordon Earle Moore 18
고등 연구원IAS 86
고트프리트 라이프니츠 Gottfried Wilhelm Leibniz 121
골드스타인 78
공진화coevolution 231
괴델 36
괴팅겐 대학 122
구조적 프로그래밍structured programming 230, 270
국립 인구조사국National Bureau of Census 94
국립 컴퓨터박물관 The National Museum of Computing 154
그누GNU 408
그레이스 머리 호퍼 Grace Murray Hopper 16
그리드 컴퓨팅Grid computing 324
기계식 계산기 117
기계 언어machine language 259
기상 측정용 비행기 57
기술 혁명 146
네이피어 막대Napier bone 108
노벨Novell 382
누산기accumulator 74
니클라우스 비르트Niklaus Wirth 271
대니얼 브리클린Daniel Bricklin 18, 383
데니스 리치Dennis MacAlistair Ritchie 272
데이빗 팩커드David Packard 328
데이빗 휠러David Wheeler 156
도르 펠트Dorr Eugene Felt 205
디버깅debugging 215
라이프니츠 드럼 122
래밍톤랜드 189
램RAM 313
런던 과학박물관 30
런던 수학회 학회지 44
레오Leo(Lyons Electronic Office) 197
레오나르도 다빈치 164
레이먼드 커즈와일Raymond Kurzweil 301
로빈슨 152
롬ROM 313
리누스 토르발스 Linus Benedict Torvalds 19, 416

리눅스Linux 278, 409
리니엔펠드Julius Edgar Lilienfeld 292
리처드 도킨스 301
리처드 스톨먼Richard Matthew Stallman 18
릴레이 135
릴레이relay 139
마르샨 테드 호프Marcian Ted Hoff 299
마이크로 칩micro chip 297
마틴 고에츠Martin A. Goetz 351
매튜 효과 85
맨체스터 대학 43
맨해튼 프로젝트 62
멀티프로그래밍multi-programming 226
멀틱스MULTICS(MULTiplexed Information and Computing Service) 240
메인프레임mainframe 222
명령어 34, 38
명령어instruction 259
모리스 윌크스 156
모리스 윌크스Maurice Wilkes 17
모클리 50
목적 프로그램object program 269
무어 스쿨 53
미분 해석기 56, 60
밀mill 130
바이낙 169
바이낙BINAC 94
바이런 251
바이트 코드byte code 276
반덧셈기half adder 287
방직 기계 127
배너바 부시Vannevar Bush 60
배비지 26
버그bug 215
버로우Burroughs 193
범용 전자식 92
베이직BASIC 268
벤자민 프랭클린Benjamin Franklin 138
벨연구소 73
브레이크스루breakthrough 128
블레즈 파스칼Blaise Pascal 14, 120
비야네 스트롭스트룹Bjarne Stroustrup 275
비지캘크VisiCalc 383
빌 게이츠 Bill Gates 19, 172
빌헬름 시카르트Wilhelm Schickard 118
사격표firing table 62
사브르SABRE 347
사용자user 216
사이랙CSIRAC 157
사칙 연산 121
상태 전이 32
선마이크로시스템즈Sun Microsystems 246, 320
세이지SAGE 347
셸shell 243
소프트웨어 39
소프트웨어 공학software engineering 229
소프트웨어 아츠Software Arts 384
소프트웨어 위기software crisis 229
수학적 모델링 58
숫자열 34
스몰토크Smalltalk 275

스와핑memory swapping 240
스케치패드Sketchpad 274
스크래치 104
스탠퍼드 산업단지Stanford Industrial Park 328
스탠퍼드 연구소SRI(Stanford Research Institute) 331
스텝드 레코너stepped reckoner 121
스티브 잡스 172
스티브 잡스Steve Jobs 18
시모어 크레이 Seymour Cray 17, 322
시모어 크레이Seymour Roger Cray 191
시뮬라Simula 274
시분할time-sharing 237
시카르트 112
신화적 맨먼스The Mythical Man-Month 229
쎔SSEM 309
쎔 프로젝트SSEM 155
아리스모미터Arithmometer 203
아파치Apache 278
안 왕An Wang 310
알렉산더 벨Alexander Graham Bell 139, 183
암호 해독 42
암호 해독 연구소 25
액티브엑스 콘트롤 278
앨런 튜링 Alan Turing 17
어거스타 에이다 Augusta Ada Lovelace 15, 30, 255
어셈블러 159
어셈블러assembler 260
어셈블리 언어assembly language 159
어시너스 대학 54
언번들링unbundling 349
얼리 어답터early adoptor 369
에니그마 43
에니악 52
에드박EDVAC 77
에드박에 관한 보고서 초안 First draft of a report on the EDVAC 87
에드삭EDSAC 156
에른스트 지멘스Ernst Werner von Siemens 139
에릭 레이먼드Eric Steven Raymond 414
에이스ACE 154
에츠허르 데이크스트라Edsger Wybe Dijkstra 270
에커트 50
오토코더Autocoder 351
올림수carry 118
왕연구소Wang Laboratories 311
우주여행SpaceTravel 243
운영체제 210
운영체제operating system 216
운영체제 혁명Revolution OS 420
워크스테이션workstation 320
원시 코드 268
원자폭탄 87
원주율 π 32
웹web 277
윌리엄 길버트William Gilbert 138
윌리엄 노리스William Norris 191
윌리엄 쇼클리William Bradford Shockley 17, 292
윌리엄 휴렛William Reddington Hewlett 328
유니백UNIVAC 94, 167

유니버설 기계 35
유니버설 튜링 기계 39
유닉스Unix 241
유닉스 프로그래머 매뉴얼 244
음극선관CRT(Cathode Ray Tube) 309
이기적 유전자 301
이식성portability 260
이진수 135
이진 코드binary code 259
인터프리터 269
일렉트론electron 138
임의 접근random access 313
자기 코어 메모리 312
자동 계산 장치 58
자바 104
자바Java 276
자바 애플릿Java Applet 278
자연 언어natural language 258
자유 소프트웨어 재단FSF 409
작업 스케줄링job scheduling 227
재사용성reuse 274
잭 킬비(Jack Kilby 298
저장 프로그램 99
저장 프로그램stored program 222
저장 프로그램 개념 39
전기 표 작성 시스템 177
전자electron 148
전자 기술 55
전자식 계산기 207
전자식 컴퓨터 147
절차적 언어procedural language 273
점접촉형 트랜지스터point-contact transistor 293
접합형 트랜지스터junction transistor 294
정보이론Information Theory 290
정지 문제halting problem 36
정형 기법formal method 230
제너럴 일렉트릭 173
제닉스Xenix 246
제어통control barrel 130
제이 포레스터Jay Wright Forrester 311
제임스 고슬링James Gosling 276
제임스 톰슨James Thomson 60
조셉 자카드Joseph Marie Charles Jacquard 255
조셉 톰슨Joseph John Thomson 148
조지 도리옷Georges Doriot 317
조지 불 George Boole 15
조지 불George Boole 285
조지 슈츠George Scheutz 131
조지 스티비츠George Robert Stibitz 237
조지 웨스팅하우스George Westinghouse 139
존 네이피어John Napier 108
존 모클리 John Mauchly 16
존 모클리John William Mauchly 151
존 바딘John Bardeen 292
존 배커스John Warner Backus 264
존스홉킨스 대학 92
존 아타나소프 John Vincent Atanasoff 16, 149
존 케메니John George Kemeny 267
존 폰 노이만John von Neumann 16
존 프레스퍼 에커트John Presper Eckert 17, 151

주판abacus 107
지리정보시스템GIS 354
지연 라인delay line 307
진공관 58
진공관vacuum tube 148
집적회로integrated circuit 297
차분 엔진difference engine 28, 129
찰스 배비지Charles Babbage 14, 128
채플린 66
추상 기계 24
추상화 210
축전기(캐패시터) 150
카드 천공기card puncher 222
캐슬린 맥널티Kathleen McNulty Mauchly Antonelli 76
커타Curta 206
컴파일러compiler 264
컴퓨터 아키텍처 158
컴퓨터 알고리즘 88
컴퓨터역사박물관Computer History Museum 319
컴퓨토미터Comptometer 205
케임브리지 22
케플러 112
켄 올슨Ken Olsen 316
켄 톰슨Ken Thompson 272
코볼COBOL 266
콘라드 추제 Konrad Zuse 16
콘라드 추제(Konrad Zuse 139
콜로서스Colossus 153
콜로서스 마크 2 154
콤팩Compaq 319
크레이리서치Cray Research 321
클래스class 274
클로드 섀넌Claude Elwood Shannon 286
클리퍼드 베리Clifford Berry 149
킹스 대학 42
탄도학 연구소BRL(Ballistic Research Laboratory) 62
텍사스 인스트루먼트Texas Instrument 297
토머스 에디슨Thomas Edison 139
토머스 커츠Thomas Eugene Kurtz 267
토머스 콜마Thomas de Colmar 203
토미 플라워스Tommy Flowers 153
튜링 기계Turing machine 37
튜링상 45, 105
트라이오드 148
파리 산업기술박물관 120
파스칼 110
파스칼린Pascaline 120
파이썬 104
퍼블릭 도메인 소프트웨어public domain software 411
퍼스널 소프트웨어Personal Software 384
펀치카드punch card 222
페어차일드 반도체Fairchild Semiconductor 297
포트란FORTRAN(FORmula TRANslating) 159, 264
폰 노이만 컴퓨터 86
표 작성기tabulating machine 131, 166
프레드릭 터먼Frederick Emmons Terman 15
프로젝트 PX 70, 97

플랑칼쿨Plankalkul 142
필라멘트 72
하드웨어 39
하워드 에이컨Howard Aiken 15, 142
할런 앤더슨Harlan Anderson 316
해석 엔진 26, 28
해석 엔진analytical engine 130
허니웰Honeywell 193
허먼 골드스타인Herman Heine Goldstine 64
허먼 홀러리스Herman Hollerith 15, 176
헬무트 슈라이어Helmut Schreyer 148
현대식 컴퓨터 37
홀러리스 255
힐베르트 35

ABC 96
ABC(Atanasoff–Berry Computer) 150
ACMAssociation for Computing Machinery 42
AIS(Advanced Information Systems) 353
arithmometer 199
bare computer 214
BSD 유닉스 245
C 104
CDCControl Data Corporation 194
CP/M 370
CPU(중앙처리장치) 221
CRCComputer Research Corporation 193
CTR Computing Tabulating Recording 177
CTSS 241
CTSS(Compatible Time–Sharing System 238
DEC(Digital Equipment Corporation) 318
DOS/360 228
DTSS(Dartmouth Time–Sharing System) 238
ECC(Electronic Control Company) 187
EDSElectronic Data Systems 195
Electronic Numerical Integrator 71
Electronic Numerical Integrator and Computer 71
EMCC(Eckert–Mauchly Computer Corporation) 94, 166, 188
GE 173
GE–645 243
GPLGeneral Public Licence 410
HCC(Homebrew Computer Club) 331
IBM 74
IBM 407 178
IBM International Business Machines 177
LSI(Large–scale IC) 300
MSI(Middle–scale IC) 300
NCRNational Cash Register 193
OS/360 227
OSDD(Open Source Drug Discovery) 421
OSF(Open Software Foundation) 246
OSSI(Open Source Seed Initiative) 421
PDP–7 243
PDP(Programmable Data Processor) 318
PL/M 370
RCA 73
SHARE 라이브러리 346
SOSSHARE Operating System 226
SSECSelective Sequence Electronic Calculator 179

TCP/IP 프로토콜 245

TMCTabulating Machine Company 177

TOS/360 228

troff 244

Unics 244

VLSI(Very large-scale IC) 300

Wikipedia 394

Z 시리즈 컴퓨터 137

2차 세계대전 60